本丛书由澳门基金会策划并资助出版

澳门研究丛书 MACAU STUDIES

澳门特别行政区法律丛书

澳门刑事诉讼法
总 论

A General Introduction of Macau
Criminal Procedure Law

李 哲 / 著

社会科学文献出版社
SOCIAL SCIENCES ACADEMIC PRESS (CHINA)

澳門基金會
FUNDAÇÃO MACAU

总　序

　　自 1995 年澳门基金会开始编辑出版第一套《澳门法律丛书》至今，整整 17 年过去了。在历史的长河中，17 年或许只是昙花一现，但对澳门来说，这 17 年却具有非同凡响的时代意义；它不仅跨越了两个世纪，更重要的是，它开创了"一国两制"的新纪元，首创性地成功实践了"澳人治澳、高度自治"的政治理念。如果说，17 年前我们编辑出版《澳门法律丛书》还仅仅是澳门历史上首次用中文对澳门法律作初步研究的尝试，以配合过渡期澳门法律本地化政策的开展，那么，17 年后我们再组织编写这套更为详细、更有深度的《澳门特别行政区法律丛书》，便是完全受回归后当家做主的使命感所驱使，旨在让广大澳门居民更全面、更准确、更深刻地认识和了解澳门法律，以适应澳门法律改革的需要。

　　目前，在澳门实行的法律包括三个部分，即《澳门基本法》、被保留下来的澳门原有法律和澳门特别行政区立法机关新制定的法律；其中，《澳门基本法》在整个澳门本地法律体系中具有宪制性法律的地位，而被保留下来的以《刑法典》、《民法典》、《刑事诉讼法典》、《民事诉讼法典》和《商法典》为核心的澳门原有法律，则继续作为澳门现行法律中最主要的组成部分。正因为如此，澳门回归后虽然在政治和经济领域发生了巨大的变化，但法律领域相对来说变化不大。这种法制现状一方面表明澳门法律就其特征而言，仍然保留了回归前受葡萄牙法律影响而形成的大陆法系成文法特色，另一方面也表明澳门法律就其内容而言，"老化"程度比较明显，不少原有法律已经跟不上澳门社会发展的步伐。近几年来，澳门居民要求切实加强法律改革措施的呼声之所以越来越强烈，其道理就在于此。从这一意义上说，组织编写《澳门特别行政区法律丛书》，既是为了向澳门地区内外的广大中文读者介绍澳门特别行政区的法律，同时也是为了对澳门法律作更系统、更深入的研究，并通过对澳门法律的全面梳理，激浊扬清，承前启后，以此来推动澳门法律改革的深化与发展。

与回归前出版的《澳门法律丛书》相比，《澳门特别行政区法律丛书》除了具有特殊的政治意义之外，其本身还折射出很多亮点，尤其是在作者阵容、选题范围与内容涵盖方面，更具特色。

在作者阵容方面，《澳门特别行政区法律丛书》最显著的特点就是所有的作者都是本地的法律专家、学者及法律实务工作者，其中尤以本地的中青年法律人才为主。众所周知，由于历史的原因，澳门本地法律人才的培养起步很晚，可以说，在1992年之前，澳门基本上还没有本地华人法律人才。今天，这一状况得到了极大的改善，由澳门居民组成的本地法律人才队伍已经初步形成并不断扩大，其中多数本地法律人才为澳门本地大学法学院自己培养的毕业生；他们年轻，却充满朝气，求知欲旺盛；他们羽翼未丰，却敢于思索，敢于挑起时代的重任。正是有了这样一支本地法律人才队伍，《澳门特别行政区法律丛书》的编辑出版才会今非昔比。特别应当指出的是，参与撰写本套法律丛书的作者分别来自不同的工作部门，他们有的是大学教师，有的是法官或检察官，有的是政府法律顾问，有的是律师；但无论是来自哪一个工作部门，这些作者都对其负责介绍和研究的法律领域具有全面、深刻的认识；通过长期的法律教学或法律实务工作经验的积累，通过自身孜孜不倦地钻研和探索，他们在相应部门法领域中的专业水平得到了公认。毋庸置疑，作者阵容的本地化和专业性，不仅充分展示了十多年来澳门本地法律人才的崛起与成熟，而且也使本套法律丛书的权威性得到了切实的保证。

在选题范围方面，《澳门特别行政区法律丛书》最显著的特点就是范围广、分工细。如上所述，澳门法律具有典型的大陆法系成文法特色，各种社会管理活动都必须以法律为依据；然而，由于澳门是一个享有高度自治权的特别行政区，除少数涉及国家主权且列于《澳门基本法》附件三的全国性法律之外，其他的全国性法律并不在澳门生效和实施；因此，在法律领域，用"麻雀虽小，五脏俱全"来形容澳门法律是再合适不过了。正是考虑到澳门法律的全面性和多样性，我们在组织编写《澳门特别行政区法律丛书》时，采用了比较规范的法律分类法，将所有的法律分为两大类：第一类为重要的部门法领域，包括基本法、刑法、民法、商法、行政法、各种诉讼法、国际公法与私法、法制史等理论界一致公认的部门法；第二类为特定的法律制度，包括与选举、教育、税务、金融、博彩、劳资关系、居留权、个人身份资料保护、环境保护等社会管理制度直接相关的各种专项法律。按此分类，本套法律丛书共计 34 本（且不排除增加的可能性），将分批出版，其规模之大、选题之全、分类之细、论述之新，实为澳门开埠以来之首创。由此可见，本套法律丛书的出版，必将为世人认识和研究澳门法律，提供一个最权威、最丰富、最完整的资料平台。

在内容涵盖方面，《澳门特别行政区法律丛书》最显著的特点就是既有具体法律条款的解释与介绍，又有作者从理论研究的角度出发所作之评析与批判。在大陆法系国家或地区，法律本身与法学理论是息息相关、不可分割的，法学理论不仅催生了各种法律，而且也是推动法律不断完善、不断发展的源泉。澳门法律同样如此，它所赖以生存的理论基础正是来自大陆法系的各种学说和理念，一言以蔽之，要真正懂得并了解澳门法律，就必须全面掌握大陆法系的法学理论。遗憾的是，受制于种种原因，法学理论研究长期以来在澳门受到了不应有的"冷落"；法学理论研究的匮乏，客观上成为澳门法律改革步履维艰、进展缓慢的重要原因之一。基于此，为了营造一个百家争鸣、百花齐放的法学理论研究氛围，进一步深化对澳门法律的认识和研究，提升本套法律丛书的学术价值，我们鼓励每一位作者在介绍、解释现行法律条款的同时，加强理论探索，大胆提出质疑，将大陆法系的法学理论融入对法律条款的解释之中。可以预见，在本套法律丛书的带动下，澳门的法学理论研究一定会逐步得到重视，而由此取得的各种理论研究成果，一定会生生不息，成为推动澳门法律改革发展的强大动力。

编辑出版《澳门特别行政区法律丛书》无疑也是时代赋予我们的重任。在《澳门基本法》所确立的"一国两制"框架下，澳门法律虽是中国法律的一个组成部分，但又具有相对的独立性，从而在中国境内形成了一个独特的大陆法系法域。我们希望通过本套法律丛书在中国大陆的出版，可以让所有的中国大陆居民都能更深刻、更全面地了解澳门、熟悉澳门，因为澳门也是祖国大家庭的一个成员；我们也希望通过本套法律丛书在中国大陆的出版，为澳门和中国大陆法律界之间的交流架起一道更宽阔、更紧密的桥梁，因为只有沟通，才能在法律领域真正做到相互尊重，相互理解，相互支持。

编辑出版《澳门特别行政区法律丛书》显然还是一项浩瀚的文字工程。值此丛书出版之际，我们谨对社会科学文献出版社为此付出的艰辛努力和劳动，表示最诚挚的谢意。

《澳门特别行政区法律丛书》

编委会

2012 年 3 月

目　录

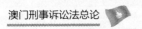

第一章

澳门刑事诉讼法概述

第一节　刑事诉讼法的概念、性质及目的

一　刑事诉讼法的概念

诉讼一词来源于拉丁语"procedere",是指一定的官方机构解决纠纷的活动①。根据《说文解字》,"诉,告也;讼,争也"。为争议告之于公便称为诉讼。诉讼一般分为三种,即民事诉讼、刑事诉讼和行政诉讼。

刑事诉讼也可以作狭义和广义两种理解。狭义的刑事诉讼,是指法院为解决被告是否犯罪、犯什么罪、是否应受刑事处罚和应处以何种刑事处罚等问题,而在控方、辩方和其他诉讼参与人的共同参加下,以庭审为中心而进行的一系列活动。这是在法院的主持下进行的,因此从诉讼阶段上看,仅是指审判阶段②。而广义的刑事诉讼,则是包括审判前的侦查阶段、

---

① 田圣斌:《刑事诉讼人权保障制度研究》,法律出版社,2008,第 8 页。
② 张建伟:《刑事诉讼法通义》,清华大学出版社,2007,第 6 页。

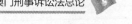

起诉活动和裁判确定后执行中的诉讼活动①。

（一）刑事诉讼法的定义

根据《布莱克法律词典》，刑事诉讼法是指对犯罪进行侦查、起诉、审判和执行的各种活动之规则，也包括对被追诉人宪法权利的保障②。根据美国法学院的教材，刑事诉讼法是刑事司法系统据以运作的各种方法，也包括逮捕嫌疑人、搜查和搜索、讯问嫌疑人、适用辨认方法、在法庭上提供证据，等等③。法国学者指出，刑事诉讼法是对负责适用刑事法律的组织、管辖权限和运作方式做出规定的程序法律，以及对查明犯罪行为人，对其进行追诉与审判，在必要时做出有罪裁判的规则④。葡萄牙学者认为，刑事诉讼法是负责执行国家惩罚权的法律规范，尤其是通过调查对实施犯罪的被控诉人的行为进行的司法价值裁判和可能适用的刑罚或保安处分⑤。日本学者提出，刑事诉讼法是以正确、快速地解决刑事案件为目的的法律制度。所谓刑事案件，是指因犯罪而应给予刑罚处罚的案件；所谓正确、快速地解决刑事案件，是指根据法律程序，在保障个人人权的同时查明案件真相、恢复社会法律秩序⑥。中国内地学者认为，刑事诉讼法是国家制定的规范人民法院、人民检察院和公安机关进行刑事诉讼，当事人和其他诉讼参与人参加刑事诉讼的法律⑦。

综上，刑事诉讼法是调整一系列诉讼活动的法律规范的总和，是"确定并实现国家于具体刑事个案中对被告刑罚权的程序规范，实体刑法亦借此得以实现"⑧。因此，刑事诉讼法"首先是对负责裁判刑事诉讼的法院（刑事法院）的组织与管辖权作出规定；其次是要确定在追查、认定与追诉犯罪，查明证据以及在法庭上对犯罪人进行审判时应当遵循与遵守的形式和规则；最后是刑事诉讼程序还要规定刑事裁判的权威效力与效果，以及

① 宋英辉等：《外国刑事诉讼法》，法律出版社，2006，第3页。
② Bryan A. Garner, *Black's Law Dictionary*, Thomson Reuters, 2009, p. 18.
③ Steven L. Emanuel, *Criminal Procedure*, Wolter Kluwer, 2012, p. 1.
④ 〔法〕贝尔纳·布洛克：《法国刑事诉讼法》，罗结珍译，中国政法大学出版社，2009，第5页。
⑤ Jorge de Figueiredo Dias：《刑事诉讼法》（第一部分），《澳门大学法律学院学报》2007年总第24期。
⑥ 〔日〕田口守一：《刑事诉讼法》，张凌、于秀峰译，中国政法大学出版社，2010，第1页。
⑦ 陈光中主编《刑事诉讼法》（第五版），北京大学出版社、高等教育出版社，2013，第4页。
⑧ 林钰雄：《刑事诉讼法》，元照出版有限公司，2010，第4页。

可以对此种裁判提出上诉的各种途径"①。

（二） 刑事诉讼法与刑法的关系

刑事诉讼法是广义刑法的组成部分，但又有别于最狭义的刑法。根据费格雷多·迪亚士（Figueiredo Dias）教授的论述，广义的刑法不仅包括实体刑法，还包括刑事诉讼法（形式上的刑法）及刑罚和保安处分的执行法（刑事执行法）。狭义的刑法仅指刑法的实体法②。

由于作为实体法的刑法是以抽象和概括的方式订出哪些类型的事实应被认定为犯罪并订出该类犯罪相应的抽象刑罚或者保安处分，而刑法规定的内容要在具体个案中得以适用，单靠刑法是不够的，必须通过一个补充性的法律部门——刑事诉讼法——使刑法在具体犯罪中得以落实。刑法在本质上是"裁判法"，原则上只有通过诉讼才能得到适用。刑事诉讼作为一种程序，是犯罪的必然后续，是"犯罪"与"刑罚"之间必不可少的连接线。没有刑事诉讼，刑法的实体规则就得不到适用，犯罪之后也就不可能受到刑罚宣告③。民法则正好相反，民事诉讼只不过是民事领域里具有偶然性的事件，即使没有争议，民事法律也可以得到适用。例如，合同法规范的合同履行行为，并不一定导致合同争议的诉讼；婚姻法规范的缔结婚姻行为，并不必然导致婚姻关系的诉讼；等等。

《澳门刑事诉讼法典》第 2 条"诉讼程序之合法性"规定，"必须依据本法典之规定，方得科处刑罚及保安处分"。这足以体现刑事诉讼法对刑法中"刑罚"的实现功能。学者 Germano Marques da Silva 教授亦曾强调，"刑法是以社群生活的秩序为宗旨，并以概括及抽象的方式订出在法律上具有重要性的人类行为，并对损害该等法益的行为订定惩罚的机制和方式"；而"刑事诉讼法则是规范调查的程序，就所发生的事实是否构成犯罪作出决定，并对实施相关行为的责任人适用刑事的罚则"④。因此，刑法与刑事诉讼法之间存在着功能互补的关系，并构成刑事法律体系的两个主要部分。

---

① 〔法〕卡斯东·斯特法尼等：《法国刑事诉讼法精义》（上），罗结珍译，中国政法大学出版社，1999，第 1~2 页。

② Jorge de Figueiredo Dias：《刑事诉讼法》（第一部分），《澳门大学法律学院学报》2007 年总第 24 期。

③ 〔法〕贝尔纳·布洛克：《法国刑事诉讼法》，罗结珍译，中国政法大学出版社，2009，第 5 页。

④ Germano Marques da Silva, *Curso de Processo Penal I*, Editorial Verbo, 1994, p. 16.

刑事诉讼法的首要任务是为了获得一个依照实体刑法的正确裁判。

二 刑事诉讼法的性质

（一）刑事诉讼法是公法

在英美法系国家，传统上并无公法与私法之分，但是在最近几十年，英美法系国家逐渐采用了公法与私法的分类方法，虽然这一分类方式在英美法系国家学者内部仍存在争论。区分公法和私法有助于在法律体系中论证某些措施的正当性和合理性问题，例如，对于是否适用某一法律程序，是否采纳某一实体法的原则，或者是否采纳某种问责机制等，都可以从该问题属于公法还是私法的角度予以论证[1]。荷兰学者以荷兰和英国为例进行考察，提出在普通法传统下，公法更容易得到宽泛的解释，而大陆法传统下的公法定义则有所限缩[2]。

在大陆法系国家，公法与私法的划分有着悠久的历史传统，但在公法与私法的划分标准上则存在着不同的理论。例如，葡萄牙 Marcello Caetano 教授及 Freitas do Amaral 教授所提倡的利益标准和法律关系主体标准[3]，以及现今刑事诉讼法中较为常用的法律关系主体地位标准。所谓利益标准，即公法与私法的划分是以保护利益的公私性质而定的，公法即法律保护的利益在于公共利益（公益），私法即法律保护的利益在于私人利益（私益）。但是这种分类标准并不可靠，因为有些法律难以区分其保护的利益为公益还是私益，如民法虽然侧重于保护私益，但是如公共秩序、善良风俗等亦是民法所需保护的利益，那么民法到底是私法还是公法呢？因此，以所保护的利益作为分类标准难以将公私法截然划分。所谓法律关系主体标准，是指规定私人与私人之间的法律关系的法律为私法，而规定国家（公法人）与其他拥有公权力的实体之间、国家与私人之间的

---

① Gerdy Jurgens, Frank Van Ommeren, "The Public-private Divide in English and Dutch Law: A Multifunctional and Context-dependant Divide," *Cambridge Law Journal*, Vol. 71, Issue 1, 2012, p. 172.

② Gerdy Jurgens, Frank Van Ommeren, "The Public-private Divide in English and Dutch Law: A Multifunctional and Context-dependant Divide," *Cambridge Law Journal*, Vol. 71, Issue 1, 2012, p. 199.

③ 〔葡〕João Castro Mendes：《法律研究概述》，黄显辉译，澳门基金会、澳门大学法学院，1998，第116页。

法律关系的法律为公法。中国台湾学者蔡墩铭也指出，"国家之法律可分为公法与私法，二者之区别在于规定之对象及内容，亦即规定国家或公共团体之组织或其与个人之关系者，为公法，而规定个人与个人之关系者，为私法"①。但是这种分类标准也是不可靠的，因为并非国家与私人之间发生的所有关系都是公法关系，如两者之间的平等买卖关系就是一种典型的私法关系。

现今在葡萄牙的刑事诉讼中采用较多的则是法律关系主体地位标准，而非法律关系主体标准。根据这一标准，公法是指规范国家（公法人）与其他拥有公权力的实体之间、国家与私人之间在行使公权力时订定的法律关系的法律。私法则是指规范私人之间（即平等主体之间）所建立的法律关系的法律，又或是规范国家或其他拥有公权力的实体在不行使该种权力时所参与的关系的法律。故此，这种分类标准的着重点在于国家或其他拥有公权力的实体在订定法律关系时，是否行使公权力。透过行使公权力而订定的法律关系，是公法法律关系，并受公法所规范。刑事诉讼法主要是规范国家与私人之间关系的法律，国家在此行使公权力，并享有刑罚的专属权限，因而刑事诉讼法无疑属于公法。

可以说，无论在具有公法与私法划分传统的大陆法系国家，还是新近采用公私法划分标准的英美法系国家，刑事诉讼法作为规范国家行使刑罚权、公正追究犯罪人刑事责任的法律，当属公法，这一点并无争议。

（二）刑事诉讼法是程序法

按照法律所规范的内容分类，刑事诉讼法是程序法（direito adjetivo），或称诉讼法（direito formal），是相对于实体法（direito substantivo / direito material）而言的。如上所述，刑法为一实体法，实体法主要规范抽象的法律关系，即权利义务关系。但是，"由于权利不可能受到自动保护，因而权利的强制实现需要借助司法途径，其做法是提起一个诉讼"②。故在实践中，若仅有实体法而没有以运用它的诉讼程序为内容的法律，实体法往往无以致用。因此，该等内容需要通过程序法来予以实施或依照一定程序加以实现，程序法是实体法得以落实的工具。

---

① 蔡墩铭：《刑事诉讼法概要》，三民书局，2011，第5页。
② 〔葡〕J. Baptista Machado：《法律及正当论题导论》，黄清薇、杜慧芳译，澳门大学法学院，2007，第65页。

"所谓程序，就是为解决实体问题——性质及范围——所采取的方法。"[1] 刑事诉讼法的内容主要是有关诉讼程序的规定，规定刑事诉讼的提起和持续进行所需遵循的程序等。刑事诉讼中，通过刑事诉讼法的相关规定，刑法上相应的权利和义务的实质内容得到具体实现。因此，刑事诉讼法是程序法。

（三）刑事诉讼法是强行法

按照法律的效力分类，刑事诉讼法可以归类为强行法，与任意法相对。强行法与任意法的不同之处在于私人对某一法律能否依据己意来决定是否适用。强行法是指法律的适用不可以任由私人自由决定是否采用，这是因为有关法律规定的内容涉及公益。因此在一般情况下并不会问及当事人的意思，而是必须予以适用。而在任意法中，由于有关法律规定的内容并未涉及公益，这些法律规定与国家、社会或其他非当事人个人的法益并没有直接的关联，因此可以依照当事人的意思，任意予以排除适用（任意法仅在当事人之间没有特殊约定时才有适用的余地）。

刑事诉讼法是具有公法性质的法律，其立法目的多为规范公权力关系或者为保护公益。因此，其中多数规定都属于强行法，因而可以说刑事诉讼法是强行法；相对而言，民法、商法等具有私法性质的法律，其中多数规定都属于任意法。然而需要注意的是，公法中的规定虽然多属强行法，但并非全部规定都是强行法，当中仍会有任意法规定的存在，例如，涉及半公罪和私罪程序开展的相关规定等。

（四）刑事诉讼法是国内法

按照法律的制定主体和适用范围划分，刑事诉讼法属于国内法，相对于国际法而言。国内法是指由国家立法机关制定的，规定一个国家内部法律关系的法律，并在一个国家的主权范围内有效。国际法则是指由国际社会制定或者认可，规定国与国之间法律关系的法律。两者具有如下区别。

首先，调整的主体不同。国内法调整的主体为个人、法人或国家机构；而国际法调整的主体则主要为国家、政府间国际组织及争取独立的民族。

其次，制定的主体不同。国内法的制定主体是国内立法机关；而国际

---

① 张建伟：《刑事诉讼法通义》，清华大学出版社，2007，第39页。

法制定主体是国际法主体，即国家本身。

再次，法律关系不同。国内法一般规范政府机关之间、国家与个人之间的水平与垂直关系；而国际法原则上规范国家与国家之间的水平关系。

最后，表现形式不同。国内法一般是制定法和判例法，并以国内立法机关制定的法律或行政机关颁布施行的行政命令为渊源；而国际法则源自各国的同意或认可，通常表现为国际条约、国际习惯、各国所承认的一般法律原则、司法判例和具有权威性的法学家的学说等。刑事诉讼法一般由国家立法机关制定，并在国家本身的主权范围（领土、领水、领空）内适用，因而属于国内法。

（五）刑事诉讼法是普通法

按照法律适用范围的大小，可以把刑事诉讼法归类为普通法，相对于特别法而言。在这一分类标准中，普通法是指全国范围内一般人、一般事项都可以适用的法律，即一般时空内都可以予以适用的法律。而特别法则是指仅适用于特定人、特定事项、特定时间或特定范围内的法律。

一般而言，刑事诉讼法属于普通法，普遍适用于全国范围。但是仍需要注意的是，一些属于刑事诉讼范围内的单行法规范，由于仅适用于特定人、特定事项、特定时间或特定范围，因而属于特别法。

另外需要提及的是，刑事诉讼法不仅具有程序和技术等性质，而且具有更高的道德和政治性的意义。这是因为刑事诉讼法表现为清楚地协调国家（或地区）与个人的关系[1]。一方面，刑事诉讼法强调打击犯罪行为、保护社会大众的利益；另一方面，刑事诉讼法亦强调保障个人的基本权利，尤其是人的行动自由的权利、名誉权和财产权。

三　刑事诉讼法的目的

提及刑事诉讼法的目的，是为了探讨刑事诉讼法的价值标准。立法机关制定任何一项法律，都是为了达到一定的预期目标、取得某种预期的结果，而实现这种目标和结果就是制定该项法律的目的。有学者认为"刑事诉讼的目的，可以说是刑事诉讼法的根本，自始至终支配侦查、起诉、审

---

[1] Germano Marques da Silva, *Curso de Processo Penal I*, Editorial Verbo, 1994, p. 17.

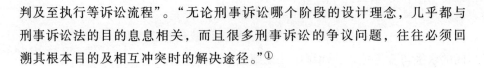

判及至执行等诉讼流程"。"无论刑事诉讼哪个阶段的设计理念，几乎都与刑事诉讼法的目的息息相关，而且很多刑事诉讼的争议问题，往往必须回溯其根本目的及相互冲突时的解决途径。"①

（一）关于刑事诉讼目的的学说

关于刑事诉讼的目的，理论上有不同的学说。德国从 20 世纪 60 年代起对刑事诉讼目的论进行了大量的研究②。正如德国法学家托马斯·魏根特（Thomas Weigend）教授所言，在德国历史上出现过不同的刑事诉讼目的学说，如"刑事诉讼是实现国家刑罚权的工具"，"刑事诉讼的目的是发现事实真相"，"刑事诉讼的目的是解决冲突或确立法律秩序"，"刑事诉讼的目的是恢复法律秩序及确定事实"等③。目前德国学术界关于刑事诉讼目的的通说为著名学者施密特（Garl Schmitt）提出的"法的平和恢复说"④，但是所谓"法的平和恢复"到底是实体法的平和恢复，还是程序法的平和恢复，还是兼而有之，在德国仍然存在争论。其根本原因在于，实体公正与程序公正存在着某种程度的紧张关系，甚至在某些时候表现为不可调和的矛盾。为平和二者之紧张关系，就要从恢复法律秩序的角度予以权衡。德国克劳思·罗科信（Claus Roxin）教授也指出，"刑事诉讼的目的有三，一为实体事实之正确性，二为诉讼程序之合法性，三为为维护法和平而对被告为有罪之判决"⑤。

《日本刑事诉讼法典》第 1 条明确规定，"本法对于刑事案件，以维护公共福祉和贯彻保障个人的基本人权，查明案件事实真相，正确而迅速地适用刑罚法令为目的"。日本学者田口守一教授指出，同时实现"查明事实真相"与"保障人权"只是一种理想。《日本刑事诉讼法典》第 1 条也只是对这种理想做出了宣言⑥。那么，刑事诉讼的目的究竟是什么，到底是为了

---

① 林钰雄：《刑事诉讼法》，中国人民大学出版社，2005，第 6 页。
② 转引自〔日〕田口守一《刑事诉讼的目的》，张凌、于秀峰译，中国政法大学出版社，2011，第 29 页。
③ 〔德〕托马斯·魏根特：《德国刑事诉讼程序》，岳礼玲、温小洁译，中国政法大学出版社，2004，第 13～17 页。
④ 转引自〔日〕田口守一《刑事诉讼的目的》，张凌、于秀峰译，中国政法大学出版社，2011，第 34 页。
⑤ 〔德〕克劳思·罗科信：《德国刑事诉讼法》，吴丽琪译，三民书局，1998，第 5 页。
⑥ 〔日〕田口守一：《刑事诉讼的目的》，张凌、于秀峰译，中国政法大学出版社，2011，第 45 页。

查明真相而牺牲保障人权呢，还是为了保障人权而牺牲查明真相呢？日本的通说为"正当程序优先"理论①。其立论之依据为《日本宪法》第31条的"正当程序条款"。然而，该学说的提出者田宫裕先生也指出，"正是发现真实和程序保障之间良好的协调感觉，才是法律的生命力"②。为了使人权保障和追求真实处于大体平衡的状态，最重要的问题是不断地进行比较权衡，找到这个大体的均衡点③。总结来说，日本的刑事诉讼目的可以总结为"查明事实真相"与"保障人权"的双重目的观，实行以"正当程序观"为基础的利益权衡。

在中国台湾地区，刑事诉讼之目的理论与上述德、日理论有相似之处。根据台湾著名学者蔡墩铭教授的阐述，"刑事诉讼法追求之目的在于不侵害刑事被告权利之前提下，发见实体之真实，进而对有罪者科处刑罚，用以维护法律秩序与生活利益。国家不能为贯彻实质真实之发见，而使刑事被告之权利完全失却保障，他方面，亦不宜为保障刑事被告之权利，而置真实发见于不顾，致使犯人逍遥法外，无法达成处罚犯人之目的。由斯以观，如何调和国家与刑事被告之利益，兼顾真实发见与人权之保障，不至于发生矛盾，不失为刑事诉讼法在追求其目的时所面临之课题"④。台湾学者林钰雄也指出，刑事诉讼目的包括"实体真实"、"法治程序"（即正当程序。——笔者注）与"法和平性"。当三者出现冲突时，则以"最小牺牲原则"调和之⑤。

在中国内地，于20世纪90年代出版的宋英辉教授的著作《刑事诉讼目的论》率先系统、完整地提出了有关中国内地刑事诉讼目的的理论⑥。根据该学说，刑事诉讼目的分为直接目的与根本目的。直接目的是"控制犯罪"与"保障人权"，根本目的是"维护宪法制度及其赖以巩固和发展的秩序"。当刑事诉讼的两个直接目的发生冲突时，则应以根本目的，即维护宪法及其秩序作为权衡的基准⑦。

概言之，在大陆法系国家或地区，刑事诉讼目的大体可以分为三个，

---

① 〔日〕田宫裕：《刑事诉讼与正当程序》，有斐阁，1972，第39页。
② 〔日〕田宫裕：《刑事诉讼法》，有斐阁，1992，第7页。
③ 〔日〕田口守一：《刑事诉讼的目的》，张凌、于秀峰译，中国政法大学出版社，2011，第48页。
④ 蔡墩铭：《刑事诉讼法概要》，三民书局，2011，第12页。
⑤ 林钰雄：《刑事诉讼法》，元照出版有限公司，2010，第7～13页。
⑥ 宋英辉：《刑事诉讼目的论》，中国公安大学出版社，1995。
⑦ 宋英辉：《刑事诉讼原理导读》，法律出版社，2003，第91页。

即"惩罚犯罪"（实体公正）、"保障人权"（程序公正）、"恢复法的秩序"（法平和性），而如何实现上述三种目的之平衡，则需要权衡理论或者"最小牺牲原则"。虽然大陆法系各国或各地区在刑事诉讼的具体目的及各目的之调和问题上存在差异，甚至在一国或一个地区内部不同时间、不同学者之间也存在着激烈的争论，但上述规律基本已成为大陆法系各国或各地区关于刑事诉讼目的的通说。

（二）澳门刑事诉讼的目的

葡萄牙法学界对于刑事诉讼目的理论的阐述可以说与上述大陆法系典型国家的目的理论有相似之处，并且涵盖了上述各国刑事诉讼目的的理论与立法的基本内容。葡萄牙著名法学家迪亚士教授在论述葡萄牙刑事诉讼目的时引用了德国法学家罗科信教授的论述，即"刑事诉讼的主要目的，一方面是实现公正及发现事实真相；另一方面是保障个人面对国家时的基本权利，以及使受犯罪影响的社会法律安宁得以恢复及继而重新肯定被侵犯规范的效力"①。根据迪亚士教授的论述，刑事诉讼的目的包括："实现司法公正和查明事实真相"，"保障人的基本权利"，"重建法律上的安宁"。当上述目的出现矛盾时，则针对具体问题进行协调②。可以说，葡萄牙目前关于刑事诉讼目的的通说是在借鉴德国法学说的基础上发展起来的，与日本、中国台湾、中国大陆的刑事诉讼目的并无本质差异。澳门关于刑事诉讼目的的理论沿袭了葡萄牙关于刑事诉讼目的的学说和看法。

1. 实现司法公正和查明事实真相

对于实现司法公正和查明事实真相，即实体真实主义，人们在学说和实务上都无争议地承认其是刑事诉讼的目的③。实体真实主义的观念来自德国法④，随后在大陆法系的诉讼理论中占据了重要的地位。实体真实主

---

① 转引自 Jorge de Figueiredo Dias《刑事诉讼法》（第一部分），《澳门大学法律学院学报》2007 年总第 24 期。

② Jorge de Figueiredo Dias, *Direito Processual Penal*, Lições coligidas por Maria João Antunes, Universidade de Coimbra, 1988, pp. 20 – 26.

③ Jorge de Figueiredo Dias, *Direito Processual Penal*, Lições coligidas por Maria João Antunes, Universidade de Coimbra, 1988, p. 21.

④ 〔日〕松尾浩也：《刑事诉讼原理》，东京大学出版社，1974，第 92 页，转引自宋英辉《刑事诉讼原理导读》，法律出版社，2003，第 73 页。

义可以分为"积极的实体真实主义"和"消极的实体真实主义"。"积极的实体真实主义"是传统的观点，认为凡是出现了犯罪，就应当毫无遗漏地加以发现、认定并处以刑罚；为不使一个犯罪者逃脱，刑事诉讼以发现真相为要。"消极的实体真实主义"是将发现真实与保障无辜相联系的目的观，认为刑事诉讼目的在于发现实体真实，本身应包含力求避免处罚无辜者的意思，而不单纯是无遗漏地处罚任何一个犯罪者[①]。"宁可让十个有罪的人逃脱，也不错杀一个无辜"的格言，就是"消极的实体真实主义"理念的体现[②]。

澳门刑事诉讼法采用的是"消极的实体真实主义"，即对事实真相的追求不能以牺牲无辜人的利益为代价。《澳门刑事诉讼法典》第113条规定，透过酷刑或胁迫，又或一般侵犯人之身体或精神之完整性而获得之证据，均为无效，且不得使用。并且明确规定，利用下列手段获得之证据，即使获有关之人同意，亦属侵犯人之身体或精神之完整性：①以虐待、伤害身体、使用任何性质之手段、催眠又或施以残忍或欺骗之手段，扰乱意思之自由或做出决定之自由；②以任何手段扰乱记忆能力或评估能力；③在法律容许之情况及限度以外使用武力；④以法律不容许之措施做威胁，以及以拒绝或限制给予依法获得之利益做威胁；⑤承诺给予法律不容许之利益。而且，在未经有关权利人同意的情况下，透过侵入私人生活、住所、函件或电讯而获得之证据亦为无效，但属法律规定之情况除外。《澳门刑事诉讼法典》关于证据禁用的规定表明澳门刑事诉讼法采取的基本立场为"消极的实体真实主义"，并不以追求事实真相为唯一的诉讼目的，实现司法公正和查明事实真相必须以合法、公平、公正及尊重人权的手段达致。在《澳门刑事诉讼法典》中类似的范例还有很多，例如刑事起诉法庭法官在审判前诉讼程序中，包括强制措施、搜查、搜索、监听等的适用，都体现了"消极的实体真实主义"的立场。

2. 保障人的基本权利

在消极实体真实主义目的观下，正当程序，即对人的基本权利的保障，

---

① 宋英辉：《刑事诉讼原理导读》，法律出版社，2003，第74页。关于实体真实主义的两种学说，详情可参阅〔日〕田口守一《刑事诉讼的目的》，张凌、于秀峰译，中国政法大学出版社，2011。

② 〔日〕土本武司：《日本刑事诉讼法要义》，董璠舆、宋英辉译，五南图书出版有限公司，1997，第16页。

也是刑事诉讼的重要目的。正当程序主义的认识论基础在于,刑事诉讼并不能发现客观存在的真实,而只能通过诉讼程序内的活动来尽可能地接近客观真实。刑事诉讼所追求的,是在法律规定的程序范围和框架内,尽可能地通过人类的智慧和努力,接近客观真实,并将此结果认定为诉讼中的真实。正当程序的要求,是刑事程序人权主义化的要求。因此,遵从正当程序,是人权保障的必然要求。为落实此要求,应当在刑事诉讼中确立无罪推定、疑罪从无等理念,保障被追诉人沉默权、辩护权,强调证明责任由追诉机关承担,禁止使用非法证据,贯彻直接言词原则等。

《中华人民共和国澳门特别行政区基本法》(以下简称《澳门基本法》)第4条规定,澳门特别行政区依法保障澳门特别行政区居民和其他人的权利和自由。而且《澳门基本法》第三章"居民的基本权利和义务"规定了若干与刑事诉讼程序有关的基本权利,例如,不受任意和非法逮捕的权利,有权向法院申请颁发人身保护令的权利,无罪推定的权利,免受任意、非法搜查的权利,通讯自由权等①。这些基本法规定的权利在刑事诉讼中通过拘留、审前羁押、搜查、搜索、人身保护令、沉默权、辩护权等诸多制度予以保障。

3. 重建法律上的安宁

重建法律上的安宁,也被称为保持法的平和性,也是刑事诉讼的重要目的。重建法律安宁,不仅包括确定嫌犯是否犯罪及如何处罚,还包括对社会群体产生的效应,即维护社会群体对法律秩序的确信。该观点由德国魏根特教授提出。魏根特教授提倡的社会平和包括以下内容:社会平和因犯罪行为受到双重侵害,所以必须清除对社会平和的双重侵害所造成的混乱。其一要清除犯罪行为的结果,即清除社会共同体中的不安、混乱、不

---

① 《澳门基本法》规定了如下与刑事诉讼密切相关的权利。第28条,"澳门居民的人身自由不受侵犯。澳门居民不受任意或非法的逮捕、拘留、监禁。对任意或非法的拘留、监禁,居民有权向法院申请颁发人身保护令。禁止非法搜查居民的身体、剥夺或者限制居民的人身自由。禁止对居民施行酷刑或予以非人道的对待"。第29条,"澳门居民除其行为依照当时法律明文规定为犯罪和应受惩处外,不受刑罚处罚。澳门居民在被指控犯罪时,享有尽早接受法院审判的权利,在法院判罪之前均假定无罪"。第30条,"澳门居民的人格尊严不受侵犯。禁止用任何方法对居民进行侮辱、诽谤和诬告陷害。澳门居民享有个人的名誉权、私人生活和家庭生活的隐私权"。第31条,"澳门居民的住宅和其他房屋不受侵犯。禁止任意或非法搜查、侵入居民的住宅和其他房屋"。第32条,"澳门居民的通讯自由和通讯秘密受法律保护。除因公共安全和追查刑事犯罪的需要,由有关机关依照法律规定对通讯进行检查外,任何部门或个人不得以任何理由侵犯居民的通讯自由和通讯秘密"。

稳定这些结果，恢复到犯罪以前的法律状态。其二是清除嫌疑状态，即侵害平和的特殊状态，通过查明事实消除人们对犯罪的恐惧，恢复平和状态①。因此，重建社会安宁，恢复法的平和性，才是刑事诉讼的最终目的，而发现实体真实及保障人权，只是实现这一最终目的的手段，或称为中间目的。

《澳门基本法》第29条第2款规定，"澳门居民在被指控犯罪时，享有尽早接受法院审判的权利"。根据迪亚士教授的观点，实施犯罪与实现刑事诉讼之间的时间距离越短，越能体现刑事诉讼对保护法益的可能性及效力②。因此，应确保被告在尽可能短的时间内获得审判并得到有罪或无罪的裁判，尽快知悉最终结果，从而积极地面对和计划其将来的生活，这有利于特别预防的实践。对社会大众而言，快捷的刑事诉讼程序更能有效恢复人们对刑法保护法益的信心，从而约束其自身的行为，强化人们守法的态度，有助于一般预防的实现。

但是，重建法律的安宁所追求的法的稳定性和安定性也并非毫无限制的。《澳门刑事诉讼法典》第431条及续后条文规定的"非常上诉的再审"便是一例。原则上，面对一个已经具有确定力的裁判，即使在诉讼程序当中存在瑕疵，但是基于法律安稳性的考虑，亦不允许再行争执。然而，过于注重法律安稳性，就很可能阻却真相的发现，甚至可能出现对法治秩序的重大违反。因此，根据法律规定，基于查明事实真相，或由于不可忍受的不公平判罪③，即使原审裁判是在符合诉讼程序的要求下做成的，仍然可以重新审查和变更已确定生效的裁判。

4. 刑事诉讼各目的之实际协调与权衡

如果刑事诉讼能够同时兼容以上所列的三个刑事诉讼的目的，当然最好不过。但是现实中，刑事诉讼程序所涉及的各种利益往往不能完全或在具体问题中和谐共存。如查明事实真相往往受制于保障人的基本权利而不能完全实现；又如为确保被告获得谨慎的审判结果往往亦不能在短时间内

---

① 转引自〔日〕田口守一《刑事诉讼的目的》，张凌、于秀峰译，中国政法大学出版社，2011，第35~36页。

② 转引自 Jorge de Figueiredo Dias《刑事诉讼法》（第一部分），《澳门大学法律学院学报》2007年总第24期。

③ "非常上诉的再审"只有在《澳门刑事诉讼法典》第431条第1款所规定的四种情况下才能进行。

完成刑事诉讼程序以重建法律上的安宁。德国学者罗科信教授指出，确认刑事诉讼之目的就意味着要接受在所有或具概括性刑事诉讼的具体问题中不可能获得完整的协调这一事实①。在司法实践中，刑事诉讼的诸目的间具有无可救药的矛盾和对立的特征。而解决这些矛盾和对立的办法就是实际协调②。因此，必须平衡诉讼中的各种利益，追求各种利益的和谐共存。

在查明事实真相的过程中，事实上往往可能限制甚至侵犯到人的基本权利，例如调查过程中搜查房屋所衍生的侵犯安宁权和隐私权等，因此立法者需在刑事诉讼法中加入保障基本人权的机制，以确保兼顾查明事实真相和保障人的基本权利这两个目的。这些机制如《澳门刑事诉讼法典》第113条所规定的禁止通过酷刑、胁迫或以侵犯人的身体或精神完整性的手段获得证据，又或一些在《澳门刑事诉讼法典》中规定需要预审法官事先批准的调查行为。但是保障人的基本权利这一刑事诉讼的目的亦不应是绝对的，刑事诉讼的立法不能只追求人权的保障，而应尽可能设定标准让人的基本权利在一定的合理尺度和正当理由下可以被限制甚至被侵害，以便让刑事诉讼程序能够有效地进行，进而实现重建法律安宁之最终目的。

第二节　澳门刑事诉讼法的历史发展及法律渊源

本节将以澳门刑事诉讼法形式意义上的成文法渊源③为线索介绍刑事诉讼法在不同的历史阶段的面貌、改革背景及其内容以及将来的发展路向。具体而言，澳门刑事法律体系正式、主要的渊源有以下几种：宪法或宪法性法律、国际法或区际法规范、刑事诉讼法典，以及其他载有刑事诉讼规范的法规。

一　宪法或宪法性法律

回归前，在澳门生效的宪法是葡萄牙在 1976 年制定的《葡萄牙共和国

---

① 转引自 Jorge de Figueiredo Dias《刑事诉讼法》（第一部分），《澳门大学法律学院学报》2007 年总第 24 期。

② Jorge de Figueiredo Dias：《刑事诉讼法》（第一部分），《澳门大学法律学院学报》2007 年总第 24 期。

③ 徐京辉、程立福：《澳门刑事诉讼法》，澳门基金会，1999，第 3 页。

宪法》。作为"四二五革命"的重要成果,《葡萄牙共和国宪法》是葡萄牙人民争取民主、自由的呼声在法律上的反映。因此,基于保护人的尊严、尊重人民意志、保障公民的权利与自由的理念,1976 年《葡萄牙共和国宪法》以根本大法的形式确立民主法治的国家制度,该宪法第二编"权利、自由和保障"中有多处对刑事诉讼制度做了原则性规定,具体表现为诉讼程序中对公民权利的保障和对国家权力的限制。当中有关刑事诉讼的规范直至回归前都在澳门生效,并构成澳门刑事诉讼法律制度的根本原则。这些规范[①]包括羁押的原则(第 27 条及第 28 条)、人身保护令(第 31 条)以及一些关于刑事诉讼程序保障公民权利的规定,如辩护原则、无罪推定、迅速审判原则、审检分立原则、预审制度以及禁止非法获得证据的方法等。

澳门回归后,《澳门基本法》取代《葡萄牙共和国宪法》在澳门适用,并成为包括澳门刑事诉讼法在内的一切法律的立法依据。《澳门基本法》在澳门享有宪制性的地位,一切法律规范都不可以与之相抵触。《澳门基本法》亦为刑事诉讼确立了一些基本原则,如平等原则(第 25 条)、人身自由受保护以及禁止作出非法的诉讼措施及取证方法(第 28 条)、无罪推定(第 29 条)以及诉诸法院原则(第 36 条)等。因此,《澳门基本法》可以被认为是澳门刑事诉讼法中效力最高的法律渊源。

二 国际法或区际法规范

虽然学理上普遍认为法律是法的直接渊源,但适用于澳门的国际协议是优先于普通法律的,而且无论是《澳门基本法》,还是《澳门刑事诉讼法典》(第 6 条)都肯定了国际法或区际法规范在澳门适用的可能性。因此,在讲述澳门刑事诉讼法的主要渊源时,有必要承认在澳门适用的国际法或区际法规范在澳门刑事诉讼法中的渊源价值。

援引《澳门基本法》第 11 条第 2 款,任何适用于澳门的国际法规范均不得抵触《澳门基本法》。另外,从《澳门基本法》第 138 条第 1 款及第 2 款可以看出,关于中华人民共和国缔结的国际协议,可以依法决定有关国际协议是否适用于澳门;另外,一些中国内地尚未参加,但原已适用于澳门(回归前由葡萄牙签订并延伸适用于澳门)的国际协议仍可以依据具体

---

① 柯葛壮:《刑事诉讼法比较研究》,澳门基金会,1997,第 16~17 页。

情况继续适用，当然，前提是有关国际协议不可以抵触《澳门基本法》。这里的国际法规范，包括一些在回归前或回归后仍然在澳门生效并适用的国际协议，例如，《公民权利和政治权利国际公约》第 2 条及第 26 条的规定便确立了公民受法律平等保护及不受歧视的权利①，具有澳门刑事诉讼法的渊源价值。

根据《澳门基本法》第 40 条的规定，"《公民权利和政治权利国际公约》、《经济、社会与文化权利的国际公约》和国际劳工条约适用于澳门的有关规定继续有效，通过澳门特别行政区的法律予以实施"。因此，上述条款改变了澳门对于国际条约一贯实行的"纳入适用"办法，而采用了与《香港基本法》第 39 条一样的"转化适用"方式，但这一规定并不意味着澳门从此改变了国际条约在澳门的适用方式。根据骆伟建教授的分析，《澳门基本法》第 40 条是国际条约适用澳门的特殊性规范，不是一般性规范。也就是说，只有上述《公民权利和政治权利国际公约》、《经济、社会与文化权利的国际公约》和国际劳工条约必须根据基本法的规定采用转化方式适用，而其他条约是直接适用，还是通过转化为立法实施，由特别行政区行政长官决定②。为落实《联合国反腐败公约》的内容，2009 年澳门特别行政区制定了《预防及遏止私营部门贿赂》的法律③，仍然选择通过转化为澳门特别行政区立法的方式来适用国际公约。

三　刑事诉讼法典

刑事诉讼法典是集中规定刑事诉讼程序的基本法律。刑事诉讼法典作为澳门刑事诉讼法的法律渊源，大致可以分为三个时期。

（一）1929～1996 年的《葡萄牙刑事诉讼法典》

在 1929～1996 年近 70 年的时间里，澳门所沿用的是由葡萄牙制定并于

---

① 法律改革及国际法事务局、法律改革咨询委员会：《中华人民共和国澳门特别行政区参照〈公民权利和政治权利国际公约〉第 40 条提交审议的初次报告》，2011，第 10～12 页。
② 骆伟建：《澳门特别行政区基本法新论》，社会科学文献出版社、澳门基金会，2012，第 201～202 页。
③ 赵国强：《澳门刑法概说（犯罪通论）》，社会科学文献出版社、澳门基金会，2012，第 48 页。

1929 年颁布、1931 年 1 月 24 日通过法令延伸适用于澳门的《葡萄牙刑事诉讼法典》。在 1987 年时，基于对刑事诉讼制度日益加剧的争论[1]，葡萄牙曾经颁布一部新的刑事诉讼法典，但是当时并没有把其延伸适用至澳门。因此，直至 1996 年前，澳门都是适用 1929 年颁布的《葡萄牙刑事诉讼法典》。作为 20 世纪 30 年代的立法成果，该法典共有 700 条，两卷，十二编，三十一章，对刑事诉讼进行了详细的规定，但带有浓厚的传统职权主义色彩。第一卷有两编及两章，主要规范诉讼与管辖权（acção e competência）；而第二卷则规范诉讼程序（processo）。鉴于这一法典已经在葡萄牙失效，以及有关规范并不适应澳门的社会现实环境，且当时获通过的《澳门组织章程修订案》也赋予本地的立法机构更大的立法权，因此自 1990 年 5 月 17 日澳门有关部门[2]便开始制订修订该法典的法律草案。

（二）1996 年至回归后的《澳门刑事诉讼法典》

直至 1996 年 8 月 12 日，澳门立法会透过第 17/96/M 号法律，以立法许可的形式赋予当时的总督在刑事诉讼的范围内进行立法。稍后于同年 9 月 2 日，核准《澳门刑事诉讼法典》的第 48/96/M 号法令诞生[3]。新的《澳门刑事诉讼法典》于 1997 年 4 月 1 日开始生效。这部现行的法典由 "引则及一般规定"、"第一部分" 和 "第二部分" 组成，共有条文 499 条，并分为十一卷。"引则及一般规定" 规定了刑事诉讼中一些基本概念的定义、合法性原则，以及该法典在时间和空间上的适用等。"第一部分" 共有五卷，是作为总则性的规定； "第二部分" 共六卷，具体规范刑事诉讼程序及其规则。

为配合社会的发展，现行的《澳门刑事诉讼法典》曾经过一系列修订。第 9/1999 号法律《司法组织纲要法》便修改了《澳门刑事诉讼法典》中有关管辖权及诉讼程序的规定[4]，以配合回归后澳门新的司法体系的运作。再者，第 63/99/M 号法令《法院诉讼费用制度》修改有关司法活动的费用；第 3/2006 号法律《预防及遏止恐怖主义犯罪》、第 2/2009 号法律《维护国

---

[1] Manuel Lopes Maia Gonçalves, *Codigo de Processo Penal：Anotado*, Almedina, 2007, pp. 9 – 10.

[2] 华荔：《澳门法律本地化历程》，澳门基金会，2000，第 24 ~ 25 页。

[3] 华荔：《澳门法律本地化历程》，澳门基金会，2000，第 88 ~ 90 页

[4] 包括《刑事诉讼法典》第 390 条、第 419 条、第 422 ~ 426 条以及第 429 条。

家安全法》以及第 17/2009 号法律《禁止不法生产、贩卖和吸食麻醉药品及精神药物》把相应的罪名纳入《澳门刑事诉讼法典》第 1 条第 2 款所指的属恐怖主义、暴力犯罪或有高度组织的犯罪。另外，第 6/2008 号法律《打击贩卖人口犯罪》亦对《澳门刑事诉讼法典》第 77 条、第 78 条做出了修改。

（三）2013 年修订的《澳门刑事诉讼法典》

由于经 1996 年 9 月 2 日第 48/96/M 号法令核准的《澳门刑事诉讼法典》部分规范未能满足社会及司法实务的需求，澳门特别行政区政府对该法典做出了检讨及研究，透过法律改革及国际法事务局于 2011 年 9 月 14 日至 10 月 24 日期间进行公开咨询及举办多场研讨会后，向第 4 届立法会提交了《修改〈刑事诉讼法典〉》的法案。该次修法的主要目的在于增加对各诉讼参与人的权利保障、优化诉讼程序及提高诉讼效率[1]。这是自该法典生效后首份针对澳门刑事诉讼制度做出重大变更的立法提案，受到社会各界的广泛关注，立法会第三常设委员会在举行 18 次细则性会议后，于 2013 年 8 月 1 日表决通过修订案，新修订的《澳门刑事诉讼法典》于 2014 年 1 月 1 日生效。

四 其他载有刑事诉讼规范的法规

（一）《澳门司法组织纲要法》

在《葡萄牙共和国宪法》颁布之前（即在 1976 年前），澳门的司法体系与葡萄牙无异。其后，葡萄牙宪法得以颁布，并在澳门设立刑事预审法院，澳门本地的法院才具有了一些刑事案件的管辖权，但是始终没有二审及终审的管辖权[2]。直至 1990 年 8 月 9 日，葡萄牙部长会议通过《澳门司法组织纲要法草案》[3]，并于 1991 年颁布了第 112/91 号法律《澳门司法组织纲要法》。当时的澳门总督依照该法律以及《澳门组织章程》的规定，制定颁布了第 17/92/M 号法令《澳门司法组织新规则》。其中设立了作为第二

---

[1] 澳门特别行政区政府提交给立法会的修改《刑事诉讼法典》的理由陈述。

[2] 柯葛壮：《刑事诉讼法比较研究》，澳门基金会，1997，第 18～19 页。

[3] 华荔：《澳门法律本地化历程》，澳门基金会，2000，第 27～29 页。

审级的高等法院和对公共部门行使财政控制权力①的审计法院，而终审权则仍然由葡萄牙的法院行使。其后，随着澳门回归，上述有关司法体系的法例由于与《澳门基本法》抵触而被第 1/1999 号法律（附件一第 4 点）所废止。

因此，现行规范有关司法体系的法例为第 9/1999 号法律《司法组织纲要法》，这部法律共有 84 条条文，所涉及的内容包括原则性规定、法院及检察院的组织、诉讼代理人及司法辅助人员，以及与刑事诉讼法有密切关系，尤其可体现刑事案件管辖权的规定。

（二）刑事诉讼特别规范

刑事诉讼特别规范既包括以单行刑事法律形式出现的特别刑事诉讼法，也包括在其他法律中有关刑事诉讼的专门规定。相对于刑事诉讼法典，刑事诉讼特别规范为特别法，原则上依据特别法优于一般法原则，优先于刑事诉讼法典适用。

现行的单行刑事法律中一些关于刑事诉讼的规定，例如，第 17/2009 号法律《禁止不法生产、贩卖和吸食麻醉药品及精神药物》第 22～33 条主要订定涉及毒品犯罪的特定的调查及诉讼行为制度；第 2/2009 号法律《维护国家安全法》第 12 条规定对该等犯罪的程序一般须公开进行；第 11/2009 号法律《打击电脑犯罪法》第 14～16 条主要订定涉及电脑犯罪的调查及诉讼行为，以及在电子载体中搜集有关实施任何犯罪的证据的特别制度。而第 6/2008 号法律《打击贩卖人口犯罪》、第 2/2006 号法律《预防及遏止清洗黑钱犯罪》及第 3/2006 号法律《预防及遏止恐怖主义犯罪》等则因应其所保护的法益及调整的事宜分别对现行《澳门刑事诉讼法典》做出修改及补充。而现行在其他法律中有关刑事诉讼的专门规定包括第 6/97/M 号法律《有组织犯罪法》、第 6/2004 号法律《非法入境、非法逗留及驱逐出境的法律》、第 10/2000 号法律《澳门特别行政区廉政公署组织法》（经第 4/2012 号法律修改）、第 8/2005 号法律《个人资料保护法》等。

另外，《澳门刑法典》的部分条文，如半公罪的告诉权制度、追诉时效制度、假释制度等也与刑事诉讼有密切关系。

① 可参考第 18/92/M 号法令第 8～13 条及其序言。

19

五 统一司法见解

除上述成文法渊源外，根据《澳门刑事诉讼法典》第 419 条及以下条款定出的统一司法见解经公布于《澳门特别行政区公报》后，对澳门特别行政区法院具有强制性效力①。在同一法律范围内，如终审法院就同一法律问题以互相对立的解决办法为基础宣示两个合议庭裁判，或如中级法院所宣示的合议庭裁判与同一法院或终审法院的另一合议庭裁判互相对立，且不得提起平常上诉（当该合议庭裁判所载的指引跟终审法院先前所定出的司法见解一致时除外），则检察院、嫌犯、辅助人或民事当事人得对最后宣示的合议庭裁判提起上诉，以统一司法见解。

例如，《澳门刑事诉讼法典》第 120 条第 1 款 a 项规定，同一案件或相牵连案件中之嫌犯或共同嫌犯，在此身份仍维持期间不得作为证人。对此，1998 年 9 月 30 日，原高等法院第 911 号上诉案裁判书指出，"《澳门刑事诉讼法典》第 120 条第 1 款 a）项的禁止作证是指同一案件或相牵连案件中的任一被告，为使另一共同被告入罪或开脱罪责而以证人身份，经宣誓作证"。"在讯问被告中，并不禁止向被告提出涉及同案另一被告或有牵连案件的其他被告的行为问题。""被告对提问的回答，与其他证据材料一起，可以作为回答事实问题的依据。""因此，不能就此断言法院使用了被禁止的取证方法。"而在 2000 年 9 月 21 日中级法院第 132/2000 上诉案裁判书中，法院提出，"在同一案件或有牵连的共同案件情况下，且在共同被告范围内，共同被告间不得互相作证"。"在法院心证的依据中，考虑共同被告的陈述，以便作为针对其他共同被告的证据，并采纳该等陈述为证言，是一种不可行的取证方法，因此属被禁止使用的证据，导致无效。"

针对此问题，2001 年 2 月 21 日终审法院做出统一司法见解的合议庭裁判："《澳门刑事诉讼法典》第一百二十条第一款 a）的禁止作证是指同一案件或有牵连案件中的任一被告，以证人身份提供证言，但并不妨碍众被

---

① 《澳门刑事诉讼法典》第 426 条"合议庭裁判书的公布"规定，合议庭裁判书须立即公布于《澳门特别行政区公报》。终审法院院长须将合议庭裁判书的副本，连同检察院的陈述书，一并送交行政长官。第 427 条"裁判的效力"规定，解决冲突的裁判对提起上诉所针对的诉讼程序产生效力，并构成对澳门特别行政区法院具强制性的司法见解，但不影响第 425 条第 2 款规定的适用（第 425 条第 2 款主要是禁止不利益变更及其例外的规定）。

告以被告身份提供陈述，亦不妨碍法院在自由心证原则范围内，利用该等陈述去形成其心证，即使针对其他共同被告亦然……"上述统一司法见解随即被刊登在《澳门特别行政区公报》上，并具有强制执行效力。

因此可以说，刊登于《澳门特别行政区公报》上的统一司法见解也是澳门刑事诉讼中具有强制性的法律渊源。

六　漏洞之填补

《澳门刑事诉讼法典》第4条"漏洞之填补"规定，如出现未有规定之情况，而该法典之规定亦不能类推适用，则遵守与刑事诉讼程序相协调之民事诉讼程序规定；如无此等规定，则适用刑事诉讼程序之一般原则。根据该条规定，具漏洞填补性质的法律渊源具有位阶性：首先应当优先适用类推；如无类推，则适用与刑事诉讼程序相协调之民事诉讼程序规定；再无，则适用刑事诉讼程序之一般原则。

Cavaleiro de Ferreira 教授对表见的漏洞和实际的漏洞做出了区分。表见的漏洞是指，对于某些情况法律似乎没有做出规定，但实质上其只是一种模糊的情况，可以透过解释加以厘清；实质的漏洞是指，对于某些情况法律是真的完全没有对其做出规定，在进行过所有可能的解释后，其也不能与法律的内容相适应。表见的漏洞涉及的是解释的问题，而实质的漏洞涉及的是填补的问题。所以当面对有疑问的情况时，首先要分清楚是实质的漏洞还是表见的漏洞[1]。

根据民主法治国家所奉行的罪刑法定原则及合法性原则，涉及实体法的定罪量刑等问题都不可以适用类推的规定。然而考虑到刑事诉讼法具有较强的技术性，刑事诉讼需要承载界定整个刑事诉讼过程中的各项操作规程之功能，难免有所疏漏，因此并不强行禁止程序法中的类推解释。"市民只得忍受任何因为填补诉讼法律规范之需要而引起的不便：哪里有漏洞，哪里便应采用相适应于其法律意义和目的之规范来填补。"葡萄牙学者迪亚士教授指出，这一观点在德国、奥地利和葡萄牙的学说中实际上已不可争辩。但是考虑到刑事诉讼并非单纯性的技术操作规范，还包含重要的人权保障的内容，因此

---

[1] Manuel Leal-Henriques, Manuel Simas-Santos, *Código de Processo Penal de Macau*, Imprensa Oficial de Macau, 1997, p. 25.

类推仅能在技术性规范和操作规程方面使用，当类推的采用会导致限制或减少个人的权利行使或其法律保护的利益时，不得类推适用①。

葡萄牙学者 Paulo Pinto de Albuquerque 教授将填补漏洞的限制总结为：①审判者不得类推适用例外性规范；②审判者不得类推适用实质的程序性规范（指以实质的方式表现刑罚的真正预先构成而可令嫌犯受其约束的程序性规范，如关于告诉权的行使、失效及放弃的规定，关于刑事程序中时效的规定等）；③审判者不得类推适用程序规范中违反诉诸法院的宪法性权利②。

在不能适用类推来填补刑事诉讼法律的漏洞时，民事诉讼程序规定和刑事诉讼原则都可以作为漏洞填补之法律渊源。然而，由于民事诉讼程序规定应经民事诉讼法律而具体化，而非抽象的原则，因此只要该程序规定能够与刑事诉讼程序相协调，则相对具有可操作性，更能反映立法者的立法本意，应当优先适用。如果没有民事诉讼程序规定，或者该民事诉讼程序规定与刑事诉讼程序不相协调，则适用刑事诉讼原则作为漏洞填补之根据③。在刑事诉讼的范畴，理论学说中有一些原则可以作为漏洞填补之原则，包括依职权原则、充足原则、强制性原则（合法性原则）、审检分立原则、辩论原则、自由心证原则、口头原则等④。

七　司法机关见解及理论学说

司法机关的见解，尤其是法院的判解，以及理论学说对于刑事诉讼法的适用亦具有广泛影响，并在不同程度上产生着法律渊源的效果，成为"事实上的诉讼法渊源"⑤。

与实行"判例法"传统的英美法系国家不同，大陆法系国家并不承

① Manuel Leal-Henriques, Manuel Simas-Santos, *Código de Processo Penal de Macau*, Imprensa Oficial de Macau, 1997, p. 27.

② Paulo Pinto de Albuquerque, *Comentário do Código de Processo Penal*, Universidade Católica Editora, 2011, p. 52.

③ Jorge de Figueiredo Dias：《刑事诉讼法》（第一部分），《澳门大学法律学院学报》2007 年总第 24 期。

④ Manuel Leal-Henriques, Manuel Simas-Santos, *Código de Processo Penal de Macau*, Imprensa Oficial de Macau, 1997, p. 29.

⑤ 刘高龙、赵国强主编《澳门法律新论》，社会科学文献出版社、澳门基金会，2011，第965 页。

认司法裁判的强制性约束力，但司法裁判，尤其是最高或较高级别法院做出的司法裁判，在司法实践中发挥着类似判例法的功能。德国作为大陆法系的代表，虽然没有明确规定判例法对司法实践具有约束力，但是其最高司法机关的判例就其影响而言，与制定法非常接近。联邦宪法法院和联邦法院在过去 20 年间所做的裁判甚至对立法都已产生重要影响①。德国法学家罗科信教授指出，联邦法院在法律之外，甚至违背法律而发展出内容广泛的判例法，包括形成了证据利用的禁止规则及其四个限制原则，以及通过提高形式要件的门槛致使再审程序陷于瘫痪等②。根据留德学者范剑虹教授的评述，德国的判例对司法裁判具有现实的、持续的影响。第一，如果存在持续性判例，也就是多个连续一贯的表达同样的法律见解的判例，那么这些判例在随后的案件中通常会被遵循。第二，如果法院要做出与以往的持续性判例不同的裁判，通常要充分说明理由；通常情况下，只有联邦法院才会做出与以往的持续性判例不同的裁判。另外，如果过往判例的法律观点是不断变动的，不存在持续性判例，那么法院也不会忽略判例，通常会对各个判例进行对比、分析，最后选择一个合理的方案，做出裁判③。

在澳门，法院的裁判必须刊登至《澳门特别行政区公报》才会产生强制执行力。虽然判例不能也不应与法律一样处于相同的层次或具备相同的强制性，但是由判例组成的"司法法"也在实践中担当着重要的角色，在一定程度和意义上具备了"创设"法律的功能④。

学说也被认为是继法律以后较重要之法律渊源。学说之首要工作，也是对社会关系的具体问题寻求公平和合适的规定。称其为"学说"，只是因为构成法律考虑的实况正受着非任意的思维方式的制约，即讲求合理性和受制于一定的有效标准，由此而得出法律问题的合理化，继而得出属于一定内容的"学术"上的解释，即所谓的"法律学说"⑤。在澳门，中级法院裁判经常引用葡萄牙学者的学说，而终审法院对葡萄牙学者学说的援引亦

---

① 宋英辉等：《外国刑事诉讼法》，北京大学出版社，2011，第 262 页。
② Claus Roxin，Bernd Schüenemann，Strafverfahrensrecht，C. H. Beck，2009，第 3 节边码 1 前一段，转引自宋英辉等《外国刑事诉讼法》，北京大学出版社，2011，第262 页。
③ 范剑虹、李翀：《德国法研究导论》，中国法制出版社，2013，第 285~286 页。
④ Jorge de Figueiredo Dias：《刑事诉讼法》（第一部分），《澳门大学法律学院学报》2007 年总第 24 期。
⑤ Jorge de Figueiredo Dias：《刑事诉讼法》（第一部分），《澳门大学法律学院学报》2007 年总第 24 期。

屡见不鲜，包括在一份裁判书中援引多个不同的葡萄牙学者的观点。以第36/2007 号裁判（"欧文龙案"第一部分）为例，裁判就受贿罪的法益、既遂标准、事前受贿与事后受贿的区分问题引用葡萄牙学者 Almeida Costa 教授、Claudia Santos 教授、Costa Pinto 教授和 Servulo Correia 教授的观点；就连续犯的成立条件问题引用葡萄牙学者 Eduardo Correia 教授和迪亚士教授的观点；就清洗黑钱罪的定义、所保护的法益、先行犯罪（上游犯罪）和处罚问题，分别引用葡萄牙学者 Jorge Duarte 教授、Isidoro Blanco Cordero 教授、Diego Gomes Iniesta 教授、Pedro Caeiro 教授、Vitalino Canas 教授、Jorge Godinho 教授及 Henriques Gaspar 教授的观点①。

第三节　澳门刑事诉讼法的效力

法律的效力，即法律的适用范围。刑法与刑事诉讼法是实体法与程序法之关系，在适用范围上具有很大的一致性和共融特征。但是由于刑事诉讼法具有其本身的技术性及操作性特征，涉及国家审判权的行使，因此其效力与刑事实体法的效力又存在着明显的不同，例如在时间效力方面，刑法实行的是"从旧兼从轻"原则②，而刑事诉讼法则需遵守"受行为时的法律所规范"（tempus regit actus）及"遵守之前已进行的程序"之原则③。正如台湾学者蔡墩铭教授所言，"刑事诉讼法之效力既异于刑法之效力，则对于刑事诉讼法实应特别注意其固有之效力"④。

一　刑事审判权与刑事诉讼法的效力

刑事诉讼法的效力，也称"法律的支配力""法律的羁束力"⑤，是针

---

① 澳门终审法院第36/2007 号判决，转引自方泉《刑事判决中法官说理的若干问题——以澳门法院的刑事判决书为分析文本》，载《两岸四地刑事法论坛：刑事法制现状与展望学术研讨会》，台湾辅仁大学法学院，2012，第126～127 页。
② 赵国强：《澳门刑法概说（犯罪通论）》，社会科学文献出版社、澳门基金会，2012，第56 页。
③ 〔葡〕Manuel Leal-Henriques：《澳门刑事诉讼法教程》（上册）（第二版），卢映霞、梁凤明译，法律及司法培训中心，2011，第41 页。
④ 蔡墩铭：《刑事诉讼法概要》，三民书局，2011，第34 页。
⑤ 张建伟：《刑事诉讼法通义》，清华大学出版社，2007，第66 页。

对其适用范围而言的。一般来说，刑事诉讼的效力是指适用刑事诉讼法追诉处罚的人、事、时间和地点的效力范围，亦是刑事审判权的范围。

"有刑事审判权者，即在效力范围之内；无刑事审判权者，即非效力范围所及。"[①] 审判权，是指享有主权的国家的国内法院审理裁判某一司法案件的权力。而刑事审判权，是指国内法院审理裁决刑事案件的司法权限。不在刑事诉讼法的效力范围以内的刑事案件，国内的法院对其没有审判权，故不能够依照国内刑事法律的规定进行追诉、审判、处罚。

澳门作为中华人民共和国的一个特别行政区，并没有国家主权意义上的审判权。然而，根据"一国两制"的基本原则及《澳门基本法》第19条的规定，澳门特别行政区享有独立的司法权和终审权；澳门特别行政区法院除继续保持澳门原有法律制度和原则对法院审判权所做的限制外，对澳门特别行政区所有的案件均有审判权。第9/1999号法律《司法组织纲要法》第16条第1款也规定"法院对整个澳门特别行政区具有管辖权……"（这里所指的是审判权，是指法院作为整体所行使的审判权）。因此，澳门特别行政区具有一套完整的司法制度，对所有可以适用澳门法律的司法案件均享有包括终审权在内的全部审判权，澳门刑事诉讼法也就享有建立于审判权基础上的空间效力和时间效力。

《澳门基本法》中对澳门法院的管辖权做出明确规定，主要集中在第19条、第36条、第29条第1款、第86条等。在刑事诉讼方面，根据《澳门基本法》的规定，包括中华人民共和国刑法典和刑事诉讼法典在内的所有刑事法律，都不在澳门特别行政区生效，澳门特区享有独立的刑事管辖权；另外，援引《澳门基本法》第19条第3款的规定："澳门特别行政区法院对国防、外交等国家行为无管辖权。澳门特别行政区法院在审理案件中遇有涉及国防、外交等国家行为的事实问题，应取得行政长官就该等问题发出的证明文件，上述文件对法院有约束力。行政长官在发出证明文件前，须取得中央人民政府的证明书。"因此，凡是按照澳门刑事法律被视为适用澳门地区法律的所有刑事案件，只要不涉及外交、国防等国家行为，澳门司法机关都具有管辖权。

外交行为和国防行为都是国家行为的一种。而国家行为是指与国家重

---

① 林钰雄：《刑事诉讼法》，元照出版有限公司，2010，第27页。

要政策直接关联，甚至与国家生死存亡以及国家统治根本有重要关联的具有高度政治性的行为。对于这些行为，澳门的法院就不能行使司法管辖权。这是因为，"一般认为这些行为不能简单根据法律规定就能加以判断，而往往必须运用国际、国内政治环境、社会发展及种种政治因素才能加以判断。司法机关如果介入了这些问题的判断，通常认为，其政治上的中立性将崩溃，司法的独立性也将不复存在，所以，法院必须对国家行为放弃司法管辖权"[1]。但是需要注意的是，《澳门基本法》中的国家行为是指中央人民政府代表国家对澳门特别行政区做出的行为，而非通常意义上的澳门内部的"政治问题"或"政治行为"[2]。

同时还需注意的是，审判权与管辖权有所不同，审判权是管辖权的基础，管辖权是审判权的具体落实。谈论管辖权的前提是认为该国的国内法院已经有权限受理并审理该等案件，涉及的仅为国内法院分工的问题，指的是国家如何将审判权具体分配于各法院之间。换言之，审判权是指划分法院审判的范围，而管辖权则是指划定各个法院可以行使审判权的范围。因此，两者的相互关系也可以视为没有审判权则没有管辖权，但是有审判权则未必有管辖权。

二 刑事诉讼法的空间效力

《澳门刑事诉讼法典》第 6 条规定了刑事诉讼法在空间上的适用问题，但相对概括，仅仅规定"刑事诉讼法适用于整个澳门特别行政区，且在适用于澳门特别行政区之国际协约及属司法协助领域之协定所定之范围内适用于澳门特别行政区以外"。其原因在于，刑事诉讼法的空间效力，即刑事诉讼法的属人、属地效力，与刑法并无不同[3]。德国学者 Satzger 教授论及，"刑事诉讼法的效力范围，原则上也相当于刑法的效力范围"[4]。

在大陆法系刑法中，刑法的空间效力主要适用属地主义、属人主义、

---

① 王禹：《论澳门基本法对澳门特别行政区法院管辖权的规定及其限制》，载《2006 两岸四地法律发展》（上册），第 31 页。

② 王禹：《论澳门基本法对澳门特别行政区法院管辖权的规定及其限制》，载《2006 两岸四地法律发展》（上册），第 31 页。

③ 蔡墩铭：《刑事诉讼法概要》，三民书局，2011，第 39 页。

④ 林钰雄：《刑事诉讼法》，元照出版有限公司，2010，第 29 页。

地区保护主义和世界主义四项原则，其中属地主义原则直接关系到国家主权的行使，乃是最基本的空间效力原则，适用于在本国领域内发生的犯罪，而属人主义、地区保护主义和世界主义三项原则则适用于本国领域外实施的犯罪行为①。澳门刑法和刑事诉讼法在空间效力方面，也同样适用上述四项原则。

（一）属地主义原则

澳门的属地主义原则是建立在"一国两制"基础上的。澳门作为高度自治的特别行政区，应当享有其审判权内的属地管辖权。《澳门刑法典》第4条a项规定，"澳门刑法适用于在下列空间作出之事实……：a）在澳门内，不论行为人属何国籍……"；《澳门刑事诉讼法典》第6条"刑事诉讼法在空间上之适用"规定，"刑事诉讼法适用于整个澳门特别行政区，且在适用于澳门特别行政区之国际协约及属司法协助领域之协议所定之范围内适用于澳门特别行政区以外"。可知，澳门刑事诉讼法采取属地主义，刑事诉讼法原则上对处于澳门特别行政区区域内的一切人都具有法律效力。因此，"不论行为人属何国籍"，包括无国籍人在特别行政区区域内进行的犯罪行为，都适用澳门刑事诉讼法。

1. 习惯水域、填海区域的管辖权

《澳门基本法》"序言"部分第一句话指出，"澳门，包括澳门半岛、凼仔岛和路环岛"，而没有类似《香港基本法》那样，指出香港还包括香港之"附近海域"。那么，在澳门附近海域犯罪的案件，是否可以适用澳门法律呢？根据《中华人民共和国国务院令（第275号）》及第7/1999号行政长官公告《中华人民共和国澳门特别行政区行政区域图》之有关规定，澳门特别行政区维持澳门原有的习惯水域管理范围不变。那么，在该"习惯水域管理范围内"发生的刑事案件，澳门法院是否具有属地管辖权呢？

根据第11/2001号法律《澳门特别行政区海关》第2条及第5条之规定，在"保护人身和财产安全，妥善执行澳门特别行政区的内部保安政策"，以及"参与澳门特别行政区的民防工作，并在紧急情况中参与行动"的情况下，海关的活动区域除澳门特别行政区外，还包括澳门特别行政区

① 赵国强：《澳门刑法概说（犯罪通论）》，社会科学文献出版社、澳门基金会，2012，第72页。

习惯管理之水域、港口范围及造船厂、水域公产及澳门特别行政区通往外界的地方（即人及财物在本地区之出入境地带）。因此，对于发生在上述区域的刑事案件，澳门应当具有管辖权。澳门地区法院在判决中也支持了这一观点，例如澳门中级法院第 404/2012 号裁判、澳门中级法院第 62/2013 号裁判。

此外，2009 年 11 月 12 日国务院国函〔2009〕135 号回复明确指出澳门填海形成的土地所有权属于国家，使用权归属澳门特别行政区，由澳门特别行政区进行司法和行政管辖。

综上，在上述区域内，澳门特别行政区法院均享有属地管辖权，当然，正如澳门中级法院法官所指出的，该管辖权具有其独特性，属"获允许及须接受国务院有权限当局之监管之管辖权"[①]。

2. 属地管辖的特别条款：本地区以外的地域原则

在《澳门刑法典》第 4 条和《澳门刑事诉讼法典》第 6 条中均提到属地原则的特别条款，即"本地区以外的地域原则"[②]。《澳门刑法典》第 4 条指出，"适用于澳门之国际协约或属司法协助领域之协定另有规定者，不在此限"；《澳门刑事诉讼法典》第 6 条规定，"在适用于澳门特别行政区之国际协约及属司法协助领域之协议所定之范围内适用于澳门特别行政区以外"。上述条款将澳门刑法和刑事诉讼法的属地范围延伸至澳门特别行政区以外的区域。例如，根据 2005 年 1 月 6 日签署的《粤澳警方禁毒部门关于对广东省内查获的澳门籍吸毒人员移交出境合作协议》，中国内地相关部门在拱北口岸将 34 名涉及有关活动的澳门居民移交予澳门当地机关[③]。

赵国强教授在其著述中详细介绍了这一特别条款的产生背景：

澳门回归前，在葡方起草的第一稿《澳门刑法典（草案）》中，其实第 4 条规定只包含了"适用于澳门之国际协约另有规定者"的表述，而无"属司法领域之协定"的概念。当时，为法律过渡需要，在中葡双方就《澳门刑法典（草案）》进行磋商的过程中，考虑到《基本法》

---

① 澳门中级法院第 62/2013 号裁判。

② 〔葡〕Manuel Leal-Henriques：《澳门刑事诉讼法教程》（上册）（第二版），卢映霞、梁凤明译，法律及司法培训中心，2011，第 42 页。

③ 转引自〔葡〕Manuel Leal-Henriques《澳门刑事诉讼法教程》（上册）（第二版），卢映霞、梁凤明译，法律及司法培训中心，2011，第 43 页。

第 93 条关于"澳门特别行政区可与全国其他地区的司法机关通过协商
进行司法方面的联系和相互提供协助"的规定，今后澳门与中国大陆
很可能会就刑事司法协助问题进行磋商并签订司法协助方面的协议，
而在该等协议中，也极可能会出于共同打击犯罪、保护两地居民权益
的需要，对刑事管辖权作出与《澳门刑法典》第 4 条规定的属地主义
原则不一致的特别规定，如对犯罪行为和犯罪结果分别发生在澳门与
中国大陆的案件或对共同犯罪案件明确划分两地的刑事管辖权；为此，
经过磋商，葡方又在《澳门刑法典（草案）》第 4 条关于属地主义原则
的例外情况中，加上了"属司法领域之协定另有规定者"的例外情况，
并获得中方认同，得以正式颁布①。

（二）属人主义原则

《澳门刑法典》第 5 条第 1 款 c 项规定，在澳门区域外"由澳门居民对
非澳门居民作出之事实，或由非澳门居民对澳门居民作出之事实"，只要符
合该项规定的三个方面的条件，即① "行为人被发现身在澳门"；② "该等
事实亦可为作出事实之地之法例所处罚，但该地不行使处罚权者，澳门刑
法，不适用之"；③ "构成容许将行为人移交之犯罪，而该移交为不可准予
者②"，可以适用澳门刑法。同时，《澳门刑法典》第 5 条第 1 款 d 项规定，
"由澳门居民对澳门居民作出之事实，只要行为人被发现身在澳门"，即可
适用澳门刑法。

（三）地区保护主义原则

《澳门刑法典》第 5 条第 1 款 a 项规定，在澳门区域外实施了《澳门刑
法典》分则所规定的某些犯罪的，适用澳门刑法。这些犯罪可分为两类；
一类是伪造方面的犯罪，包括"假造货币罪"（第 252 条）、"使硬币价值降

---

① 赵国强：《澳门刑法概说（犯罪通论）》，社会科学文献出版社、澳门基金会，2012，第
73～74 页。
② 第 6/2006 号法律《刑事司法互助法》第 33 条规定，除第 7～9 条所指的情况外，在下列任
一情况下，亦须拒绝移交逃犯：①有关犯罪在澳门实施；②被请求移交的人为非澳门居民
的中国国民；③被请求移交的人为澳门居民，但其国籍国提出移交请求，或移交的义务源
自澳门适用的国际协约中的自行实施条款者除外。（该法第 7～9 条为拒绝司法协助的一般
情形。）

低罪"（第 253 条）、"与伪造货币者协同而将假货币转手罪"（第 254 条）、
"将假货币转手罪"（第 255 条）、"取得假货币以使之流通罪"（第 256
条）、"等同于货币之证券方面的犯罪规定"（第 257 条）、"假造印花票证
罪"（第 258 条）、"假造印、压印、打印器或图章罪"（第 259 条）、"假造
度量衡罪"（第 260 条）、"有关此类犯罪预备行为的处罚规定"（第 261
条）；另一类是妨害本地区政治、经济及社会制度方面的犯罪，包括"暴力
变更已确立之制度罪"（第 297 条）、"煽动以暴力变更已确立之制度罪"
（第 298 条）、"破坏罪"（第 299 条）、"煽动集体违令罪"（第 300 条）、
"通谋外地罪"（第 301 条）、"侮辱本地区象征罪"（第 302 条）、"胁迫本
地区机关罪"（第 303 条）、"扰乱本地区机关运作罪"（第 304 条）、"有关
此类犯罪预备行为的处罚规定"（第 305 条）。上述犯罪都属于严重危害澳
门地区利益的犯罪；对在澳门区域外实施该等犯罪的，不管行为人是澳门
居民还是非澳门居民，也不管行为地法律如何规定，都可适用澳门刑法，
体现了地区保护主义的原则。

（四）世界主义原则

根据《澳门刑法典》第 5 条第 1 款 b 项的规定，在澳门区域外实施了
《澳门刑法典》分则规定的某些犯罪，只要行为人被发现身在澳门，且不
可被移交至另一地区或国家的，均适用澳门刑法。这些犯罪包括情节严重
的"剥夺他人行动自由罪"（第 152 条第 2 款）、"使人为奴隶罪"（第
153 条）、"贩卖人口罪"（第 153 - A 条）、"绑架罪"（第 154 条）、"挟
持人质罪"（第 155 条）、"煽动战争罪"（第 229 条）、"灭绝种族罪"
（第 230 条）、"严重之酷刑及其他残忍、有辱人格或不人道之待遇罪"
（第 236 条）。同时，《澳门刑法典》第 5 条第 2 款规定，"如审判在澳门
以外作出之事实之义务，系源自适用于澳门之国际协约或属司法协助领域
之协定，则澳门刑法亦适用于该等事实"。对适用于澳门的国际协约所规
定的发生在澳门区域外的国际性犯罪，不管行为人是澳门居民还是非澳门
居民，也不管犯罪是否危害了澳门地区利益或澳门居民利益，只要在澳门
被抓获，对犯罪行为人就可适用澳门刑法。该款规定实际上是对《澳门刑
法典》第 5 条第 1 款 b 项规定的补充，对其他适用于澳门的国际协约规定
的国际性犯罪，如劫机、海盗等国际性犯罪，亦可根据该款规定对犯罪行

为人适用澳门刑法①。

三 刑事诉讼法的时间效力

根据《澳门刑事诉讼法典》第 5 条的规定，澳门刑事诉讼法的时间效力方面适用以下两个原则，即"遵守之前已进行的程序"原则及"受行为时的法律所规范"原则②。澳门第 9/2013 号法律《修改〈刑事诉讼法典〉》第 6 条"过渡制度"对该次修订中如何落实上述两原则及其例外规定的问题做了详细的说明。以下分别详述之。

（一）"遵守之前已进行的程序"原则

"遵守之前已进行的程序"原则是指，刑事诉讼法虽然在原则上应当立即适用，但不影响在先前的法律生效期间内所做行为的有效性。这一要求是基于法律的稳定性和安定性的价值考虑，不得因为新的刑事程序法的实施而推翻之前已经完结的刑事诉讼程序。尤其是考虑到刑事诉讼由若干相互衔接的程序组成，如开立卷宗、侦查、预审（或然程序）、审判、执行等，单一案件的刑事程序可能长至数月甚至数年，不能因为新法的颁布而重新开始诉讼程序，而必须遵守之前已进行之程序。

（二）"受行为时的法律所规范"原则

"遵守之前已进行的程序"并不意味着只要在新法实行前开立卷宗的案件，全案的诉讼程序只能适用旧法，而应当适用"受行为时的法律所规范"原则，即该诉讼程序立即转至适用新法。根据"受行为时的法律所规范"原则，刑事诉讼法一旦生效便立即采用，既适用于自此之后在卷宗中所做出的行为，亦适用于待决的案件③。

---

① 赵国强教授指出，《澳门刑法典》第 5 条将世界主义原则分开规定，这就使第 1 款 b 项规定的世界主义原则失去了国际协约的依托，人们只能从该项规定列举的犯罪所体现的性质来推测这些犯罪是国际性犯罪，而这是不科学的。详见赵国强《澳门刑法概说（犯罪通论）》，社会科学文献出版社、澳门基金会，2012，第 79 页。

② 〔葡〕Manuel Leal-Henriques：《澳门刑事诉讼法教程》（上册）（第二版），卢映霞、梁凤明译，法律及司法培训中心，2011，第 41 页。

③ 〔葡〕Manuel Leal-Henriques：《澳门刑事诉讼法教程》（上册）（第二版），卢映霞、梁凤明译，法律及司法培训中心，2011，第 41 页。

需要注意的是，正如葡萄牙学者所指出的，"由于诉讼是由漫长和完整的程序组成，当中各种行为有时会互相关联，难以分开，因此有可能发生不应把诉讼立法的修改适用于在新法生效时已进行的诉讼程序，因为这样可能会破坏各种诉讼行为之间的和谐及统一性"①。因此，新法立即适用原则，或称"受行为时的法律所规范"原则也有明确的限制条款，即《澳门刑事诉讼法典》第5条第2款规定的两种例外："明显引致嫌犯在诉讼程序中处境恶化而此情况系可避免，尤其是引致嫌犯之辩护权受限制"；"破坏该诉讼程序中各行为间之协调及统一"。

这一原则与刑法中有关时间效力的"事后法禁止"原则②截然不同。《澳门刑法典》第2条第1款规定，"刑罚及保安处分，分别以作出事实当时或符合科处保安处分所取决之前提当时所生效之法律确定之"。新的刑法在原则上并无溯及力。但是刑事诉讼法并不受刑法中的"事后法禁止"原则支配，因为从制度上看，新的程序法应比旧法更为进步，只要不属于上述的两种例外情形，原则上应溯及和立即适用。

（三）新修订之《澳门刑事诉讼法典》的时间效力问题

修订后的《澳门刑事诉讼法典》已于2014年1月1日正式适用。第9/2013号法律《修改〈刑事诉讼法典〉》第6条补充规定了新修订的《澳门刑事诉讼法典》的时间效力问题。该条法律重申了"受行为时的法律所规范"原则，指出新修订的《澳门刑事诉讼法典》自此生效，适用于至其开始生效之日仍待决的诉讼程序。然而，何为"待决程序"，仍属较为模糊之概念，该条第2款明确指出，下属两种情况不属于"待决程序"，不能适用新法：①已指定第一审的听证日期的诉讼程序；②处于上诉阶段的诉讼程序，且已依据《澳门刑事诉讼法典》第407条的规定做出裁判书制作人的初步审查批示。

如前所述，《澳门刑事诉讼法典》第5条第2款规定了"受行为时的法律所规范"原则的两种例外，即"明显引致嫌犯在诉讼程序中处境恶化而此情况系可避免，尤其是引致嫌犯之辩护权受限制"及"破坏该诉讼程序中各行为间之协调及统一"。为落实该两项例外规定，第9/2013号法律

---

① Jorge de Figueiredo Dias：《刑事诉讼法》（第一部分），《澳门大学法律学院学报》2007年总第24期。

② 这一原则也有例外，即"从轻原则"，行为后刑法有变更时，以对行为人有利的轻法为准。

《修改〈刑事诉讼法典〉》第 6 条第 3 款规定，即使在已指定第一审的听证日期的诉讼程序中，或者在上诉程序中裁判书制作人已经做出初步审查的批示，新修订的《澳门刑事诉讼法典》中某些保障嫌犯辩护权及刑事诉讼中之处遇的条款仍需适用①，具体如下。

（1）保障当事人获得有效通知的规定。原刑事诉讼法规定，某些重要的实质性诉讼行为通知的对象必须同时包括嫌犯、辅助人、民事当事人及其辩护人或律师，新修订的《澳门刑事诉讼法典》将采用强制措施及财产担保措施，以及提出民事损害赔偿的请求等的通知列入重要的实质性的诉讼行为之列，即必须将上述通知同时通知当事人及其辩护人或代理律师。并明确规定，上述通知的计算自做出最后通知之日起计算。根据新修订的《澳门刑事诉讼法典》，诉讼当事人能够获得更为有效的有关诉讼实质性行为或决定的通知，也就更利于维护其诉讼权利和实体权利，无论诉讼处于何种阶段均应适用。

（2）就做出诉讼行为而订定更长期间的法律规定。例如，受害人提出赔偿请求的期间，嫌犯对于检察院在检阅中提出使其处于更不利的诉讼地位的问题的答复期间，提出上诉的期间等。新修订的《澳门刑事诉讼法典》对这些与被告人有关的诉讼期间均做出了较以前的法典更长的期间规定，有利于保障当事人的诉讼权利，因此也应当一律适用，而不论是否属于上述"待决程序"的范围。

第四节　澳门刑事诉讼中的诉

在澳门的刑事诉讼中，诉通常可分为公罪、半公罪（或称为准公罪）和私罪。这种分类是根据谁享有起诉权（或称控诉权），以及案件的严重性质而做出的。例如，杀人、严重伤人、绑架、抢劫、勒索等严重犯罪被列为公罪；普通伤人、涉及澳门币 3 万元以下的盗窃或诈骗、毁损等普通犯罪被列为半公罪；侮辱、诽谤等犯罪被列为私罪。而《澳门刑法典》和《澳门刑事诉讼法典》都对涉及公罪、半公罪或私罪的案件做出了不同的程序上的规定。

---

① 第 9/2013 号法律《修改〈刑事诉讼法典〉》第 6 条第 3 款规定，不论所处的阶段为何，就《澳门刑事诉讼法典》第 100 条第 7 款及第 8 款规定的修改及就做出诉讼行为而订定更长期间的法律规定，均适用于所有待决的诉讼程序。

一　公罪

公罪是指有关犯罪行为的起诉权属于检察院，这是由犯罪的严重性决定的。当一些犯罪及其犯罪结果具有一定的危险性和严重性时，例如《澳门刑法典》第 128 条所指的杀人罪、第 198 条所指的加重盗窃罪等，立法者会将该等犯罪行为规定为公罪，从而排除被害人的告诉。在这一类犯罪中，如果检察院获得有关犯罪的消息，检察院需要自动开立一份新的卷宗来处理此类犯罪行为。因此在一些情况中，规定有关犯罪行为为公罪，更能维护法益并恢复、重建被破坏的社会秩序。

二　半公罪

半公罪是指虽然有关犯罪行为的控诉权仍然属于检察院，但在检察院促进有关诉讼程序之前，取决于被害人（或其他"具有正当性提出告诉之人"）[1] 将犯罪消息告知检察院并决定是否予以追究。如果被害人决定予以追究的话，那么随后的诉讼行为（包括控诉）将会由检察院做出。再者，随后的诉讼行为亦将由检察院代表。而在这一类犯罪中，自被害人决定予以追究起诉时起，其起诉权已转让予检察院，因此其亦没有权限单独撤回有关诉讼[2]。另外，在此分类中，如果被害人想参与有关刑事诉讼程序，需要根据《澳门刑事诉讼法典》第 57 条及续后条文的规定成为辅助人，并在获得辅助人的身份后参与随后的诉讼行为。但是如果被害人决定不予以追究的话，检察院便需要尊重和遵行被害人的决定，即表明在此情况下，检察院不可以违反被害人的意愿而提起控诉。

具体而言，法律规定半公罪的被害人在得悉犯罪发生及谁是行为人后应尽快报警，但不应在事发超过 6 个月后才追究，否则被害人的告诉权消灭，检察院失去推动刑事程序的正当性，也无从追究作案人的刑事

---

① 参考《澳门刑事诉讼法典》第 37 条的规定。

② 需注意的是："倘若准公罪的被害人适时报案，仍可在案件侦查及预审阶段的任何时刻声明撤回告诉，案件就无法继续。倘若已有嫌犯或案件处于审判阶段，被害人在嫌犯不反对的情况下仍可于一审判决作出前撤回告诉。"参照王伟华《澳门刑事侦查和检控制度》，澳门大学法学院博士及硕士生讲座，2013 年 1 月 11 日，第 7 页。

责任①。

另外，立法者将一些犯罪行为规定为半公罪，是由于该等犯罪行为的严重性较公罪的犯罪行为轻，或者该等犯罪行为关系到被害人的私生活或隐私，又或者牵涉被害人的家庭关系，因此需要更多地考虑被害人及其家属的情感，故由被害人决定是否予以追究。

根据《澳门刑法典》的规定，如果犯罪行为属于半公罪的话，则"非经告诉不得进行刑事程序"。如果条文中有此规定就表明有关犯罪行为是取决于被害人的告诉和是否予以追究的决定。例如，《澳门刑法典》第137条所指的普通伤害身体完整性罪，第147条恐吓罪，第148条第4款所指的在配偶之间、直系血亲尊亲属与直系血亲卑亲属之间、收养人与被收养人之间或在类似配偶状况下共同生活之人之间发生的胁迫罪，第172条中所规定的一些侵犯性自由的犯罪，第193条中所指的一些侵犯受保护之私人生活罪，第197条所指的盗窃罪，第199条所指的信任之滥用罪以及第206条所指的毁损罪等。

三　私罪

私罪是指有关犯罪行为的起诉权属于被害人，并须由被害人将犯罪消息告知检察院。法律同样规定被害人须按半公罪的告诉权制度，于事发后的6个月内报案追究。但与半公罪不同的是，即使被害人在告知检察院犯罪消息后，随后的一切诉讼行为仍然需要由被害人自身做出。所以在此类犯罪中，检察院并不会代表被害人，被害人须聘请律师及提出私人控诉书。然而，被害人仍须向警方报案。尽管有关刑事案件一般不复杂，但是侦查机关仍有责任做出调查，并在侦查完结时，按照法律规定通知被害人聘请律师、进行成为辅助人程序及递交私人控诉书，否则案件将予以归档。

一般情况下，私罪都是一些对社会危害性和严重性较小的犯罪，或者该等犯罪行为关系到被害人的私生活或隐私，又或者牵涉被害人的家庭关系。

---

① 王伟华：《澳门刑事侦查和检控制度》，澳门大学法学院博士及硕士生讲座，2013年1月11日，第7页。

另外，根据《澳门刑法典》的规定，如果犯罪行为属于私罪的话，则"非经自诉不得进行刑事程序"。例如，《澳门刑法典》第 182 条中所指的一些侵犯名誉的犯罪、第 203 条中所指的一些涉及家庭关系或者盗窃之物，或不正当据为己有或使用之物属小额的侵犯所有权的犯罪等。

第五节　澳门刑事诉讼法的最新修订

现行《澳门刑事诉讼法典》自 2014 年 1 月 1 日起正式生效，这是自 1996 年 9 月 2 日第 48/96/M 号法令核准《澳门刑事诉讼法典》来，第一次对《澳门刑事诉讼法典》的全面修订，虽然其间曾通过多项法例的颁布而对其做出相应的修订，如 1999 年 10 月 8 日第 55/99/M 号法令、1999 年 10 月 25 日第 63/99/M 号法令、第 1/1999 号法律《回归法》、第 9/1999 号法律《司法组织纲要法》、第 3/2006 号法律《预防及遏止恐怖主义犯罪》、第 6/2006 号法律《刑事司法互助法》、第 6/2008 号法律《打击贩卖人口犯罪》、第 2/2009 号法律《维护国家安全法》及第 17/2009 号法律《禁止不法生产、贩卖及吸食麻醉药品及精神药物》等，但并未对《澳门刑事诉讼法典》本身进行大幅度的修订。2013 年《澳门刑事诉讼法典》的修订是自该法典生效后首份针对澳门刑事诉讼制度做出重大变更的立法提案，对刑事诉讼法进行了重大修订，提高了诉讼中的人权保障，重构了特别诉讼程序，并对刑事诉讼程序的具体规定做了进一步修改。

一　人权保障的提升

2013 年《澳门刑事诉讼法典》修订的诸多规定都体现了刑事诉讼对人权保障的要求，对于进一步提高澳门刑事诉讼程序中的人权保障水平具有重要意义。

（一）将盲人及未成年人纳入强制获得辩护人援助的范围（《澳门刑事诉讼法典》第 53 条第 1 款 d 项）

按照以往的《澳门刑事诉讼法典》的规定，未成年人在法律援助上没有获得其应有的特殊关照，无法获得全程法律援助。通过是次修改，如盲人及未成年人的嫌犯仍未委托或不委托辩护人，则法官应为其指定辩护人，而律师属优先考虑的人选。

（二）将非澳门居民嫌犯的诉讼程序列为紧急程序

只要非澳门居民的嫌犯不具有雇员身份的逗留许可，以及对其采用禁止离开澳门特别行政区的强制措施，即可将针对该人之程序列为紧急程序（《澳门刑事诉讼法典》第93条第2款c项）。此修改是基于此类嫌犯在此期间在澳门没有维生能力的考虑，如嫌犯为非本地居民学生、旅客等。检察官委员会[①]曾对此修改会大量加重司法压力表示担忧，但2013年4月24日的数据显示，只有约65宗的案件转为以紧急程序处理，相对于过千宗的待决诉讼的数量而言，冲击相对较小[②]。

（三）明确规定了住所搜索的时间

根据新修订的《澳门刑事诉讼法典》，住所搜索不得在下午9时至上午7时之间进行，否则无效（《澳门刑事诉讼法典》第162条）。《澳门基本法》第31条规定，"澳门居民的住宅和其他房屋不受侵犯。禁止任意或非法搜查、侵入居民的住宅和其他房屋"，以往的《澳门刑事诉讼法典》第162条对于一般住所搜索没有指出特定的时间，只规定了"不得在日出之前，亦不得在日落之后进行搜索"，使司法实务上出现困难，修改实属必要。

（四）延长多个诉讼程序上的期间

是次修订延长的诉讼期间包括，受害人提出赔偿请求的期间、嫌犯对于检察院在检阅中提出使其处于更不利的诉讼地位的问题的答复期间（《澳门刑事诉讼法典》第66条第2及第3款、第407条第2款）等。关于平常上诉期间方面出现了较大的修改，从以往最长10天的上诉期，增至20天（《澳门刑事诉讼法典》第401条第1款）。在口头裁判的情况下（《澳门刑事诉讼法典》第401条第1款），自记录副本可提供之日起计上诉期，而此副本须在口头裁判后5日内提供。当声请人提出卷宗内包含需

---

① 《澳门特别行政区立法会第三常设委员会第3/IV/2013号意见书》，第18～23页。
② 《澳门特别行政区立法会第三常设委员会第3/IV/2013号意见书》，第18～23页。

翻译成另一种官方语言或需转录的书面诉讼行为，且由于其篇幅及复杂性，不可能合理地于原订期间内完成时，可以延长上诉期一次，即总计不得超过 40 天（《澳门刑事诉讼法典》第 94 - A 条）。此外，如上诉的理由陈述欠缺结论部分或其不充分，在收到裁判书制作人通知后，可于 10 天内提交结论、补充结论或就其做出解释（《澳门刑事诉讼法典》第 407 条第 3 款）。

检察院曾对此发表意见，指出过长的上诉期间可能会成为拖延诉讼时间的手段，以达致刑事追诉时效、羁押期间届满的目的①。根据《澳门刑法典》第 110 条，追诉权按照犯罪的可处罚之刑幅而因不同的时效而消灭，此期间自事实既遂之日起开始计算。《澳门刑法典》第 113 条指出时效中断的情况，例如对嫌犯实施强制措施。在每次中断后，时效期间重新开始计算，但在一般情况下，在不计算中止之时间的情况下，自追诉时效开始进行起，经过正常之时效期间另加该期间之二分之一时，时效必须完成（《澳门刑法典》第 113 条）。以可处以最高限度为 1 年或超逾 1 年但少于 5 年徒刑之犯罪为例②，追诉时效为 5 年，在存在中断的情况下，最长的追诉时效自犯罪既遂之日起 7.5 年届满。《澳门刑事诉讼法典》第 199 条 1 款 d 项的规定，羁押措施在已起诉但未有确定判刑之情况下，最长存续期为 2 年，在同条第 2 款所指之情况下则为 3 年。按同一法典第 201 条第 2 款规定，如因羁押之最长存续期间已过而释放嫌犯，法官得命令对嫌犯采取其他强制措施③。笔者认为，延长这些期间增强了嫌犯实质意义上的上诉权的保障，在配合关于提高诉讼效率的修订后，特别是嫌犯缺席审判机制、减少由评议会审理的事宜，以及减少以听证方式对上诉进行审判的情况，可消除有关忧虑。

（五）引入庭上强制录音或视听录制制度（《澳门刑事诉讼法典》第 344 条及第 345 条）

此制度能为就事实事宜向上级法院提起上诉时提供方便。考虑到录音

---

① 《澳门特别行政区立法会第三常设委员会第 3/IV/2013 号意见书》［附件一：1.2 检察院司法官对《刑事诉讼法典》修订（2012 年"送交立法会第一文本"）的具体建议］，第 8 页。

② 如《澳门刑法典》第 197 条的盗窃罪，该犯罪可处最高 3 年徒刑及科罚金。

③ 可以是一项或同时多项的强制措施，这些措施包括担保，定期报到之义务，禁止离境及接触，执行职务、从事职业或行使权利之中止。

或视听方法可能会为诉讼参与人带来潜在的侵犯，例如侵犯其私人生活和隐私权，以及可能会减低他们做出声明的意愿，因此规定此制度为澳门刑事诉讼的一大原则[①]。当法官认为使用视听录制方法可能对声明造成限制时，则不进行视听录制，改由其他方法，如速记、机器速记方法等。但是，此次引入这项制度没有对其做出详细的规定，例如没有规定录音或视听资料应保存的最短时间。

（六）增加为查阅笔录的诉讼主体提供笔录副本的义务（《澳门刑事诉讼法典》第 79 条第 3 款）

过往已容许嫌犯、辅助人及民事当事人查阅笔录，2013 年的修订容许他们通过声请而取得有关内容的副本，此举除保障他们有关的权利外，亦有利于加强他们在准备控诉、辩护或民事损害赔偿请求方面的实质条件的保障[②]，当然各人仍须受司法保密义务的约束。

（七）细化裁判书内有关事实事宜的说明理由（《澳门刑事诉讼法典》第 355 条第 2 款）

此修订为释除以往对裁判所依据的事实事宜做出理由说明的分歧，尤其指出理由说明部分内，须列举经证明及未经证明的事实，以及阐述虽然扼要但尽可能完整且作为裁判依据的事实上及法律上的理由，并列出用作形成法院心证且经审查及衡量的证据。

二 重构刑事诉讼特别程序

刑事诉讼程序分为普通诉讼程序和特别诉讼程序，其中特别诉讼程序又分为简易诉讼程序、最简易诉讼程序及轻微违反诉讼程序。在司法实践中，特别诉讼程序未能有效实现程序分流的功能，以 2011 年度为例，最简易诉讼程序未有适用，86.33% 的刑事案件通过刑事普通程序审理，而且刑事案件的结案率偏低，合议庭审理普通刑事案件的结案率只有 57.52%[③]。

[①] 《澳门特别行政区立法会第三常设委员会第 3/IV/2013 号意见书》，第 38～42 页。

[②] 《澳门特别行政区立法会第三常设委员会第 3/IV/2013 号意见书》，第 44 页。

[③] 澳门初级法院：《初级法院 2011 年年度案件统计表》，http://www.court.gov.mo/c/cdefault.htm，最后访问日期：2012 年 11 月 13 日。

2013 年刑事诉讼法修改对特别诉讼程序进行了实质性的重大修改，不仅对现行的简易诉讼程序和最简易诉讼程序进行了重大修改，还增设了一个新的特别诉讼程序，即简捷诉讼程序①。

（一）修改简易诉讼程序

简易诉讼程序是指对于某些比较轻微的现行犯，无须经过正式的侦查程序，由检察院在拘留后的 48 小时内送交法院以独任庭进行审判的制度。如案件不可能在 48 小时内进行审判，则在某些情况下该期限可以延长至 30 日。在是次刑事诉讼法的修改中，为了扩大该程序的适用范围，立法做了一些较为重大的调整。

第一，扩大了现行犯拘留的主体。根据之前的刑事诉讼法，只有司法当局及警察实体进行的拘留才可以适用简易程序。而是次刑事诉讼法修改将拘留的实体扩大至任何人，而不局限于司法当局（《澳门刑事诉讼法典》第 362 条第 1 款）。这主要是考虑到在实践中大量盗窃犯的拘留都是由非司法当局和警察实体以外的人实施的，尤其是私人保安员或一个商业场所的工作人员②。笔者认为，新规定正如第三常设委员会所忧虑的，可能会被误解为鼓励私人做出拘留行为。再者，从这一制度的设计起因上看，规定现行犯可以在 48 小时之内用非常迅速且保障性偏低的程序解决，有一个最重要的原因就是现行犯的证据比较确实充分，且目睹犯罪者为警务人员这一执法者，如果换成是普通市民，证据的真实性很难在简易程序中得到辨别。

第二，扩大了延长至 30 日进行简易程序的情形。根据之前的刑事诉讼法，虽然法律规定在某些情形下对于被拘留的现行犯可以延长至 30 日再交付审判或继续审判，但实践中真正延长至 30 日的情况比较少见，大多数的做法是，如果不能满足 48 小时内进行审判的要求，则将案件转至普通程序审理。为解决这一问题，修改后的《澳门刑事诉讼法典》第 367 条保留了之前的三种情形③，即嫌犯要求给予期间以准备辩护；嫌犯需要之证人在审

---

① 《澳门特别行政区立法会第三常设委员会第 3/IV/2013 号意见书》，第 71 页。
② 《澳门特别行政区立法会第三常设委员会第 3/IV/2013 号意见书》，第 74 页。
③ 《澳门特别行政区立法会第三常设委员会第 3/IV/2013 号意见书》，第 78 页，注释 69。"法案保留了第 367 条 a) 项及 c) 项，第 367 条 b) 项原来关于当事人需要之证人缺席的表述被删除了，但该表述的意思可以体现在第 367 条 c) 项的规定中，因为证人缺席可以理解为一项对于发现事实真相属重要的证明措施，而且亦是一项属延迟或押后听证的理由。"

判中缺席；法院认为有需要采取任何对发现事实真相属重要之证明措施而要求更多期间。而且还新增了两种可延长至 30 日的情形，即嫌犯经适当证实的健康理由，或需要采取措施以获得嫌犯身份数据或年龄数据[①]。

（二）修改最简易诉讼程序

根据之前的刑事诉讼法，适用最简易诉讼程序需满足以下条件：最高限度不超逾 2 年徒刑（即使并科罚金），或属仅可科罚金的犯罪；检察院认为在案件中应具体科处罚金或非拘留性质的保安处分；非自诉的案件。由检察院经听取嫌犯、辅助人、有关检举人及未成为辅助人的被害人的意见后，向刑事起诉法庭的法官提出按简易程序审理的申请。刑事起诉法庭法官接受该声请后，则进行听证，并做出具体的制裁，裁定损害赔偿金额及诉讼费用。如果检察院和嫌犯、被害人等在场之人均对此表示同意，则法官据此做出批示；不同意则转为其他诉讼形式[②]。最简易诉讼程序在澳门并没有相关的使用记录[③]，也就是说，该程序并没有在司法实践中予以适用。这固然是由于最简易诉讼程序的适用范围比较有限，然而更重要的原因则是这一程序的设计过于烦琐、操作性差。是次刑事诉讼法的修改对这一程序做出了重大修改，从适用范围、具体程序设计、审判方式上都做出了修改，进而在根本上重构了这一程序，实现了从"刑事起诉法庭法官主导"向"检察院主导"的转型。

首先，在适用案件的范围上，在案件的严重程度方面和案件性质方面都有所扩大。根据之前的刑事诉讼法，最简易诉讼程序只能适用于最高限度不超逾 2 年徒刑（即使并科罚金），或属仅可科罚金的犯罪。而根据澳门刑法，最高刑幅不超逾 2 年的犯罪不多[④]，而是次刑事诉讼法修改将 2 年改为 3 年，大大增加了可适用的案件范围，可以将某些常见的犯罪纳入最简易诉讼程序的适用范围，如普通过失杀人、普通的身体伤害、信任之滥用、盗窃、诈骗等。在适用案件的性质上，从绝对禁止自诉案件的适用，到是次修改后的经辅助人同意也可适用，也扩大了适用的范围。

---

① 《澳门特别行政区立法会第三常设委员会第 3/IV/2013 号意见书》，第 78 页。
② 刘高龙、赵国强主编《澳门法律新论》，社会科学文献出版社、澳门基金会，2011，第 1026 ~ 1027 页。
③ 《澳门特别行政区立法会第三常设委员会第 3/IV/2013 号意见书》，第 80 页。
④ 《澳门特别行政区立法会第三常设委员会第 3/IV/2013 号意见书》，第 80 页。

其次，在程序的具体设计上，加强了检察院的裁量权，将法官的地位弱化为"监督者"。在之前的刑事诉讼法中，最简易诉讼程序的制度设计过于烦琐，首先需要由检察院听取嫌犯及被害人方面的意见后做出适用最简易诉讼程序的建议，然后由刑事起诉法庭的法官在公开的法庭上做出具体的制裁及民事赔偿意见，并征求控辩双方的意见，双方都同意的，才能由法官做出批示。在此程序中，存在两次合意的过程，第一次合意由检察院主持，仅针对程序性事项；第二次合意则由法官主持，需要在公开的法庭上通过听证的方式决定实体事项。在修改后的刑事诉讼法中，两次合意合二为一，由检察院就程序性事项与实体性事项一并征求嫌犯及辅助人的意见，而法官在控辩双方合意达成后，仅起到"监督者"的作用，以批示确认双方合意的效力。

最后，在案件的审判方式上，从开庭审理转为法官审查的方式。根据之前的刑事诉讼法，最简易诉讼程序仍然采用开庭听证的方式，而修订后的刑事诉讼法则不要求召开公开的法庭听证，而采用法官审查之方式进行。

在法案的起草过程中，曾有意见提出应将最简易诉讼程序修改成由刑事法庭法官审理。后来为了避免增加独任庭法官的工作量，以及避免独任庭法官因不同意检察院所建议的刑罚而驳回最简易诉讼程序的声请后，检察院以普通诉讼程序就同一案件再做出控诉时，有关法官必须做出回避的情况，在考虑合理配置法院资源后，澳门特别行政区政府在提交法案时维持由刑事起诉法庭法官审理最简易诉讼程序[①]，并且获得通过。可是，根据澳门目前的情况，只有三个刑事起诉法庭的法官，工作负担比较沉重，其负责整个澳门审前程序的工作，如决定审前羁押等强制措施、主持预审等，而且相对于刑事法庭的法官，刑事起诉法庭法官审理案件的经验较少。笔者认为，在最简易诉讼程序演变为类似"控辩交易"程序的情况下，由相对具有刑事审判工作经验的刑事法庭法官，而非刑事起诉法庭的法官负责，能够更好地发挥法官"监督者"的作用。

可以看出，修订后的最简易诉讼程序已经从以法官听证为主体、法官发挥主导作用的程序，转变为检察院主导、以检察院与嫌犯"磋商"为特征、法官起监督作用的程序。从这一程序的权力配置和运行机制来看，与

---

① 法律改革及国际法事务局、法律改革咨询委员会：《修订〈刑事诉讼法典〉咨询总结报告》，2012 年 4 月，第 13～14 页。

英美法系国家的"辩诉交易"制度比较相似,所不同的是,检察院与嫌犯的"磋商"不能产生降格指控或降低法定刑幅的结果。刑事诉讼法的这一修改应该能够起到简化程序、增强程序可操作性的效果。从程序的具体设计来看,仍存在一些问题,其中最为突出的是民事损失的赔偿问题。根据修订后的《澳门刑事诉讼法典》第 374 条的规定,民事当事人不允许参与最简易诉讼程序,但是受害人可以向检察院提出其欲请求的赔偿金额。而根据该法典第 376 条,如果嫌犯并不反对刑事制裁,而只是反对检察院提出的赔偿金额的话,最简易诉讼程序仍然继续进行。但是法律并未明确在此情况下民事赔偿部分的处分,是应当另行提起民事诉讼,还是该民事赔偿部分可以由法官以职权裁定? 如果法官依职权裁定民事赔偿数额,则根据该法典第 378 条,法官的批示不可上诉,从而导致当事人的上诉权被不合理地剥夺。

(三) 增设简捷诉讼程序

新增的简捷诉讼程序的适用范围为:①对于可处以最高限度不超逾 3 年徒刑 (即使并科罚金) 的犯罪,又或仅可科罚金的犯罪;②存在简单及明显的证据显示有犯罪发生及行为人为何人的充分迹象。是次修法增设简捷诉讼程序的目的是通过此程序来解决那些既不能用简易程序,也不能适用最简易程序的案件,对其采用相对简单便捷的审理方式,以提高诉讼效率。

与普通诉讼程序相比,简捷诉讼程序的听证日期优先于普通诉讼程序的案件,但不优先于紧急程序 (《澳门刑事诉讼法典》第 372 - C 条),裁判可以口头做出 (《澳门刑事诉讼法典》第 372 - E 条第 2 款),上诉适用简易程序的上诉机制 (《澳门刑事诉讼法典》第 372 - G 条),但是在司法实践中,其并没有在多大程度上实现简捷的目的,例如简捷诉讼程序的审判仍然使用普通诉讼程序的审判规定。曾有人[①]提出,从目前有关这一制度的规定看,这一个简捷程序除了不适用于预审以及审判过程中稍有简化外,与普通诉讼程序相比,简化的效果可能较为有限。而且从检察院所处的位置出发,与普通诉讼程序的前提相比,除上述外,适用此程序同样需要由检察院做出控诉书,并要求在公罪的情况下,自取得犯罪消息之日起 120 日内

① 简查源:《修订〈刑事诉讼法典〉的几项建议》,《澳门日报》2011 年 10 月 19 日。

提出 (《澳门刑事诉讼法典》第 372 - B 条), 更有可能因不符合法律规定被法院将卷宗移送检察院而须转用普通诉讼程序 (《澳门刑事诉讼法典》第 372 - D 条), 这些似乎难以推动检察院适用该诉讼程序。

澳门现行刑事诉讼法是前澳门总督于 1996 年 8 月 15 日透过第 48/96/M 号法令核准公布, 并于 1997 年 4 月 1 日生效的①。而在葡萄牙, 简捷诉讼程序是由葡萄牙 1998 年 8 月 25 日第 59/98 号法律规定的, 晚于《澳门刑事诉讼法典》颁布的时间, 这也是当时的《澳门刑事诉讼法典》中没有简捷诉讼程序的原因②。根据葡萄牙学者的介绍, 该简捷诉讼程序是受到比较法, 尤其是法国、德国和西班牙的相关法律规范的启发而制定的③。从这一历史性的梳理可以看出, 葡萄牙的特别程序规定也是汲取了当时大陆法系国家先进经验的产物, 而非其独创。

但是葡萄牙有关特别程序, 包括简捷程序的设置所参考的立法蓝本至少是法国、德国等主要大陆法系国家 14 年前的法律了。在这十几年间, 各国的刑事诉讼法律都出现了非常巨大的变化, 例如, 在法国, 迫于诉讼案件剧增、法庭堵塞的压力, 法国立法者颁布了关于提高刑事诉讼效率的法律, 创设了在法国理论界颇受争议但在实务界颇受欢迎的刑事调解 (médiation pénale) 制度。2001 年、2002 年以及 2004 年, 法国立法者又对刑事调解制度进行了持续改革, 扩大了这一程序机制的适用范围, 并进一步对该程序的适用细则进行明确和规范④。在 2004 年 3 月 9 日, 法国又通过第 2004 - 204 号法律在《法国刑事诉讼法典》第 41 - 2 条中引入了刑事和解制度 (composition pénale); 并通过该法在《法国刑事诉讼法典》第二卷第八节中引入了被告人认罪答辩程序 (procédure de comparution sur reconnaissance préalable de culpabilité), 也称法国式的 "辩诉交易"⑤。在德国, 经过长达 30 余年的讨

① 刘高龙、赵国强主编《澳门法律新论》, 社会科学文献出版社、澳门基金会, 2011, 第 963 页。
② 在葡萄牙, 关于简捷诉讼程序的规定在 8 月 29 日第 48/2007 号法律、8 月 30 日第 26/2010 号法律中又有进一步的修改。
③ Manuel Lopes Maia Gonçalves, *Codigo de Processo Penal*: *Anotado*, Almedina, 2007, pp. 820 - 821.
④ 《法国刑事诉讼法典》第 41 - 1 条。参见施鹏鹏《在正当与效率之间: 法国刑事调解程序述评》,《环球法律评论》2008 年第 2 期。其实, 这种刑事调解程序本质上是检察官分流案件的手段, 并不需要经过法官的批准, 因此并不属于刑事诉讼特别程序的范畴。
⑤ Maximo Langer, "From Legal Transplants to Legal Translations: The Globalization of Plea Bargaining and the Americanization Thesis in Criminal Procedure," *Harvard International Law Journal*, Vol. 45, No. 1, 2004, pp. 58 - 59.

论，在 2009 年 7 月 29 日由第 16 届联邦议会通过了《关于规定刑事诉讼中的辩诉交易的法律草案》①，从而在《德国刑事诉讼法典》中通过第 257c 条正式确立了德国式的认罪协商（absprachen）制度②。

因此，由于这些"蓝本"来源国的相关法律已经发生了非常巨大的变化，葡萄牙的特别诉讼程序，包括"简捷诉讼程序"的规定已不能代表大陆法系现今的通行做法。在澳门经济快速发展、社会结构急剧变化的当下，其法律不应成为简单的葡萄牙法律制度的翻版，而应当从大陆法系先进的立法经验和世界性趋势中汲取灵感，再结合澳门本地情况，提出顺应历史发展和符合澳门需要的改革方案。尤其是应当考虑能够发挥"非刑事程序化"功能的诉讼程序，例如认罪案件的分流程序，刑事调解与和解程序等③。

三 刑事诉讼之程序优化及效率提高

澳门 2013 年修订《澳门刑事诉讼法典》，是自 1996 年颁布以来对《澳门刑事诉讼法典》条文本身进行的第一次修改④。而原《澳门刑事诉讼法典》中的若干规定，尤其是细节性的规定，已无法满足或者不能很好地满足刑事诉讼程序运行的实践需要。是次《澳门刑事诉讼法典》的修改，在诸多方面响应实践中的要求，做出一些旨在优化诉讼程序及提高诉讼效率的修改。

（一）关于辅助人及民事当事人更改地址时的通知义务

当辅助人及民事当事人更改地址时，须通过递交声请的方式或以挂号邮件寄出声请的方式，告知有关卷宗当时所处的办事处。否则，立法者以

---

① 宋英辉等：《外国刑事诉讼法》，北京大学出版社，2011，第 336 页。
② http://www.gesetze-im-internet.de/englisch_stpo/englisch_stpo.html，最后访问日期：2012 年 11 月 13 日。
③ 详见李哲《澳门刑事特别程序改革之路径分析——以大陆法系发展趋势为基础》，《澳门研究》2013 年第 1 期。
④ 《澳门刑事诉讼法典》于 1997 年 4 月 1 日起生效至今，其后因多项法例的通过而进行了相关的修订，包括第 9/1999 号法律《司法组织纲要法》、第 3/2006 号法律《预防及遏止恐怖主义犯罪》、第 6/2008 号法律《打击贩卖人口犯罪》、第 2/2009 号法律《维护国家安全法》以及第 17/2009 号法律《禁止不法生产、贩卖及吸食麻醉药品及精神药物》等，但刑事诉讼法并未进行过大的修改。

法律拟制的方式，视他们在之前所提交之地点被通知（《澳门刑事诉讼法典》第 100 条第 9 款及第 10 款）。这项规定是为了提高诉讼效率，但从通知的性质去考虑，无疑在一定程度上限制了他们的诉讼权利。

（二）扩大可宣读嫌犯、辅助人、民事当事人或证人的声明之情况（《澳门刑事诉讼法典》第 337 条第 3 款 b 项及第 338 条第 1 款 b 项）

法案最初的文本上，提出删除"当出现除宣读之外不能以其他方式澄清之明显矛盾或分歧"的要件，只要向法官或检察官做出的声明与听证中所做声明之间存有矛盾或分歧时，即可宣读该等人的声明。此建议分别受到律师公会及检察院检察官委员会的批评，原因在于此规定违反了在审判中重新调查证据的基本原则，加上在侦查阶段由嫌犯向检察院做出的声明，很多时候是在没有辩护人参与或建议的情况下做出的，这会影响法官的自由心证，以及等同于间接处罚嫌犯的沉默①。根据《澳门刑事诉讼法典》第 50 条第 1 款 c 项，嫌犯享有沉默权并以此作为辩护的手段，即不回答由任何实体就对其归责之事实所提出之问题，以及就其所做、与该等事实有关之声明之内容所提出之问题。当然，嫌犯有权在听证中任何时刻做出声明，同时亦不会因沉默而受不利之后果。因此，新《澳门刑事诉讼法典》只规定，当他们做出的声明与听证中所做声明之间，存有矛盾或分歧时，才容许宣读。

（三）修改嫌犯无出席的听证②及听证押后的制度

原则上，为保障辩论原则及直接原则，嫌犯在听证时必须在场，而无嫌犯出席之听证或缺席审判属例外。按照以往的《澳门刑事诉讼法典》，当嫌犯合理解释缺席时，如出现了类似刑法中阻却事实不法性或行为人罪过之事由的情况（原《澳门刑事诉讼法典》第 104 条），听证可以因应情况中断或押后③，而中断或押后的次数均没有上限。此外，只有在法律规定的特定情况（原《刑事诉讼法典》第 314~317 条及第 386 条）下，例如嫌犯不

---

① 《澳门特别行政区立法会第三常设委员会第 3/IV/2013 号意见书》，第 121 页。
② "听证"在《澳门刑事诉讼法典》中的语义等同于"开庭审判"，即"hearing"。
③ 原《澳门刑事诉讼法典》第 313 条及第 314 条。当主持听证之法官有理由相信嫌犯能在 10 日内到场出席听证，则听证在宣告开始后予以中断；否则听证将予押后。

可能到场出席听证，尤其是基于年龄、严重疾病或在澳门以外居住，经向法官声请后，才可进行无嫌犯出席之听证或缺席审判。修改此机制之目的在于减少押后审讯，从而避免嫌犯以缺席所引致的延迟作为拖延的手段①。

修订后的《澳门刑事诉讼法典》取消了听证中断的情况，一并规定为押后并同时规定最多押后两次的上限，并为此延长了押后之时间，由不得超逾 30 日修改成 60 日（《澳门刑事诉讼法典》第 309 条第 6 款）。押后并不是当嫌犯不到场时必然发生，一般而言，只有当嫌犯的不到场是有合理解释，或当法官认为发现事实真相嫌犯的在场属绝对必要时，听证方可押后（《澳门刑事诉讼法典》第 314 条第 1 款）。新规范将不到场的合理解释分为可预见及不可预见，而相应地规定告知法院的期间及内容，否则视为无合理解释的不到场②。如听证押后，主持听证的法官须通知嫌犯新指定的听证日期；如属第二次押后，该通知亦须告诫如嫌犯再次缺席则听证在其无出席的情况下进行，如不可能将指定听证日期的批示通知嫌犯，则以告示通知（《澳门刑事诉讼法典》第 314 条第 3 款）。当案件属相牵连之情况时，新指定听证日期及告诫亦须告知在场的嫌犯，并须对在场及不在场的嫌犯一并审判，但如法院认为将诉讼程序分开处理更适宜的情况除外。

就缺席审判时对嫌犯的保障机制，除嫌犯均由辩护人代理外（《澳门刑事诉讼法典》第 315 条第 3 款及第 53 条第 1 款 c 项），新增关于通知及上诉两方面的规定。一旦嫌犯被拘留或自愿向法院投案，判决须立即通知嫌犯；判决亦须通知其辩护人，而其辩护人可以嫌犯的名义提起上诉。提起上诉的期间自该判决通知辩护人起计，或如辩护人没有提起上诉，则自该判决通知嫌犯之日起计（《澳门刑事诉讼法典》第 314 条第 6 款及第 7 款）。

（四）优化上诉审查程序

根据新修订的《澳门刑事诉讼法典》，不得因为"容易被上诉人补正，且不具特别重要性的形式瑕疵"而驳回上诉。根据之前的《澳门刑事诉讼法典》第 410 条的规定，如上诉欠缺理由阐述或其理由明显不成立者，则

---

① 《澳门特别行政区立法会第三常设委员会第 3/IV/2013 号意见书》，第 113～118 页。
② 《澳门刑事诉讼法典》第 104 条：在可预见的情况下，应最迟提前 5 日告知，或如此为不可能，则应尽早告知；及在不可预见的情况下，应在指定做出有关诉讼行为的日期及时间时告知。

驳回上诉。而修订后的《澳门刑事诉讼法典》在第 407 条"初步审查"第 3 款中增加规定，如上诉的理由阐述没有载明结论部分，或从该结论中不能推论出第 402 条第 2 款及第 3 款（即有关上诉理由陈述之结论部分及申请再次调查证据）的全部或部分内容，则裁判书制作人请上诉人于 10 日内提交结论、补充结论或就其做出解释，否则驳回上诉或不审理受影响的上诉部分。至此，新修订的《澳门刑事诉讼法典》通过优化上诉审查程序，提高了诉讼效率，避免了无谓的上诉驳回。

第二章
刑事诉讼的基本原则

第一节　刑事诉讼基本原则概述

刑事诉讼法是调整一系列刑事诉讼活动的法律规范的总和。其主要功能是使刑事实体法（刑法）得以在具体个案中适用和落实。为保障该功能的具体落实，实现刑事诉讼法的目的，刑事诉讼法规定了一系列基本原则，即"刑事诉讼法中所规定或体现的、对刑事诉讼活动具有普遍指导意义和约束力的原则"[1]。

一　刑事诉讼原则之界定

所谓刑事诉讼原则，是指反映刑事诉讼理念与目的之要求，而作为刑事诉讼具体制度、规则、程序之基础和依据并对刑事诉讼具有指导或者规范作用的，在刑事诉讼立法和司法中应当遵循的准则[2]。美国学者贝勒斯

---

[1]　刘高龙、赵国强主编，骆伟健、范剑虹副主编《澳门法律新论》（下卷），社会科学文献出版社、澳门基金会，2011，第 966 页。

[2]　宋英辉编《刑事诉讼原理》，法律出版社，2007，第 53 页。

（Michael D. Bayles）教授指出，法律原则是需要去证成的东西。法律原则是那些由法官做出判决时使用的原则，或者由发展立法以供法官使用的人们所使用的原则①。

刑事诉讼原则可以由法律明文规定，包括宪法或者宪法性文件、刑事诉讼法及其他法律、联合国文件、某些区域性组织的文件等，也可以体现于刑事诉讼法的指导思想、目的、任务、具体制度和程序之中。正如德国慕尼黑大学罗科信教授在其教科书《刑事诉讼法》中列举刑事诉讼若干原则之后指出的那样：

> 在德国，刑事诉讼原则只有下列少数明文规定于法典中：在基本法中，法定讯问原则，法定法官原则；在法院组织法中，公开审理原则；在刑事诉讼法中，告发原则，职权原则，起诉法定原则和调查原则。其余的原则虽未明文规定于法典中，但由其意义上的共同关联性及个别法条之规定，亦可推论出各项原则；也有些原则，如罪疑惟轻原则是源自于《欧洲保护人权和基本自由公约》的规定②。

Manuel Leal-Henriques 教授也指出，虽然相关的法律文本不一定以明确及清晰的方式订出每一原则或其精神，且不同的社会环境令立法者有不同的取向，但部分原则仍然历久适用，甚至成为今天现代社会中一项共同的遗产③。在澳门，有些原则由法律明文规定，但更多的原则是由某些具体的条文予以落实，具体体现其内涵，而非由法律明确规定的。

---

① 〔美〕迈克尔·D. 贝勒斯：《法律的原则：一个规范的分析》，张文显等译，中国大百科全书出版社，1996，第12、14页。

② 罗科信教授按照诉讼的阶段将刑事诉讼原则归纳为：①开启诉讼程序之各项原则，包括经由国家施行之刑事追诉原则（即职权原则）、告发原则（公诉原则）、强制追诉及起诉（法定起诉原则）、法定法官原则；②诉讼进行之原则，包括侦查原则（调查原则、实体真实原则）、法定讯问原则、迅速原则、对审判则为密审审理原则；③证据原则，包括侦查原则（调查原则、实体真实原则）、直接举证原则、自由心证原则、罪疑惟轻原则；④审理方式，包括言词辩论原则、公开审理原则。参见〔德〕克劳思·罗科信《刑事诉讼法》，吴丽琪译，法律出版社，2003，第87~88页。

③ 〔葡〕Manuel Leal-Henriques：《澳门刑事诉讼法教程》（上册）（第二版），卢映霞、梁凤明译，法律及司法培训中心，2011，第11页。

二 刑事诉讼原则的地位与功能

刑事诉讼原则在刑事诉讼法律规范体系中发挥着重要作用，既是刑事诉讼根本利益的体现，具体落实刑事诉讼所奉行之目的与基本价值；又能在实践中发挥政策指导的功能，帮助执法者更好地理解法律的原意，达到法律预设的社会效果。

台湾学者指出，"各种形态之刑事诉讼，乃以其据以存在之理由为基础，而构筑作为其形态之架构之若干原则或主义。此等原则或主义，则称为'刑事诉讼之诸原则'"①。也就是说，刑事诉讼原则是刑事诉讼目的的体现，是刑事诉讼所奉行的根本利益的细化表述。因为现代人类社会有共通的刑事诉讼目的和所共同追求的根本利益，因此也产生了某些一致或者大体一致的诉讼原则，如无罪推定原则、不告不理原则等。但是在以英美法为传统的国家和以大陆法为传统的国家，由于其对刑事诉讼根本利益的认识存在一定的差异，对刑事诉讼目的的追求亦有差异，因此其刑事诉讼的具体原则存在某些差别。例如，大陆法系普遍认可法定原则，即在法律规定的情况下，检察院必须发动公诉，只在非常严格的条件限制下才允许法定原则的例外；而以英美法为传统的国家并无法定原则之说法，而是给予检察官几乎不受限制的自由裁量权。此乃刑事诉讼原则之"承上"功能。

刑事诉讼原则还具有"启下"之功能。在刑事立法方面，刑事诉讼中各项具体制度、规则、程序的设计，必须以相对应的原则为依据，服从于原则所体现和表明的刑事诉讼目的。按照刑事诉讼原则的基本要求进行立法和注释法律条文，可以保障具体制度和程序的设计符合宪法原则和刑事诉讼原理，可以使法律条文的解释符合立法精神。在刑事司法方面，原则既能够成为执法者理解法律的正确指南，又能够起到填补"法律漏洞"之功能。例如，《德国刑事诉讼法典》第 251 条认可了某些严格条件下可以宣读笔录代替询问，但这并不意味着在德国开庭审理时以宣读笔录来取代询问证人。德国赫尔曼（Joachim Herrmann）教授指出，德国法律中有查明实体法事实真相和直接审查证据的原则，规定审理时法院原则上必须对证人

---

① 黄东熊、吴景芳：《刑事诉讼法论》，三民书局，2001，第 5 页。

本人予以询问。因此，上述关于宣读笔录的规定仅仅是对于例外情况而言的①。因此，在直接审查证据原则的指导下，能够更好地理解刑事诉讼具体条文的立法原意和价值取向，从而使得刑事执法能够实现刑事诉讼之真正目的。同时，刑事诉讼原则还具有"漏洞之填补"功能，《澳门刑事诉讼法典》第4条明确规定，"如出现未有规定之情况，而本法典之规定也不能类推适用，则遵守与刑事诉讼程序相协调之民事诉讼程序规定；如无此等规定，则适用刑事诉讼程序之一般原则"②。

三 刑事诉讼原则的体系

如上所述，虽然有些刑事诉讼原则为法律明确规定，但相当多的刑事诉讼原则并不会以法律条文的形式明确出现，立法也通常不会专章规定刑事诉讼的诸原则。理论上，关于刑事诉讼原则的体系，也是百家之言，各不相同。大体说来，各大陆法系国家或地区的法学家都会遵循一个基本的分类原则，即区分发挥总体性作用的原则和发挥阶段性局部性作用的原则。所谓总体性的原则，是指在整个刑事诉讼过程中发挥指导性作用的原则，诸如国家追诉原则、起诉法定原则、审检分立原则、辩论原则等；所谓阶段性局部性的原则，是指在刑事诉讼的某个阶段，或者某一部分发挥指导性作用的原则，如审判阶段的原则、有关证据部分的原则等。正如简志诚先生所言，"如对一部具有所谓《重大法典》特征的法规进行详细分析，则促使我们指出存在若干特定的模式原则。这些原则既可属一般性质（在此方面，这些原则将该法规所依归的哲理显现出来），亦可属较狭义的性质，而在此情况下，这些原则仅对特定范畴事宜起模式作用"③。

德国赫尔曼教授在《〈德国刑事诉讼法典〉中译本引言》中，基于刑事诉讼原则在诉讼中所起的作用，将其概括为以下三个层次。①指导整个刑事程序的刑事诉讼法原则。其包括法制国家程序原则；"法定法官"原则；手段同等原则；诉讼关照义务原则；听取陈述原则；相应性原则，禁止过度；无罪推定原则；快速原则；任何人不必自我归罪原则；一事不再

---

① 〔德〕约阿希姆·赫尔曼：《〈德国刑事诉讼法典〉中译本引言》，载《德国刑事诉讼法典》，李昌珂译，中国政法大学出版社，1998，第19页。

② 关于"漏洞之填补"，详见本书第一章第二节。

③ 简志诚：《澳门刑事诉讼改革：依据及结构性原则》，《行政》1996年第九卷总第31期。

理原则。②涉及检察院、警察地位的基本原则。其包括起诉原则；公诉原则，由国家追诉犯罪行为；职权原则，检察院、警察的刑事追究义务，检察院的提起公诉义务；裁量原则，刑事追究、起诉时检察院的裁量；客观性原则。③涉及开庭审判的基本原则。其包括法官的启蒙义务，调查原则，查明实体法事实真相原则；口证原则；直接原则；证据申请原则；集中原则；审理公开原则；自由心证原则；"疑义有利于被告人"原则①。

德国罗科信教授将刑事诉讼原则归纳为：①开启诉讼程序之各项原则，包括经由国家施行之刑事追诉原则（即职权原则）、告发原则（公诉原则）、强制追诉及起诉原则（法定起诉原则）、法定法官原则；②诉讼进行之原则，包括侦查原则（调查原则、实体真实原则）、法定讯问原则、迅速原则（对审判则为密集审理原则）；③证据原则，包括侦查原则（调查原则、实体真实原则）、直接举证原则、自由心证原则、罪疑唯轻原则；④审理方式，包括言词辩论原则、公开审理原则②。

日本学者土本武司教授将刑事诉讼的原则概括为：①公诉的基本原则，包括国家追诉主义、起诉垄断主义和起诉便宜主义；②审判程序的基本原则，包括公开主义、言词辩论主义和直接审理主义；③证据法的基本原则，包括证据裁判主义和自由心证主义③。

我国台湾学者对刑事诉讼原则的分类也有颇多见解。蔡墩铭教授将刑事诉讼原则分为五类：①关于诉讼行为之原则，包括诚实信用之原则、当事人平等之原则、程序维持原则；②关于证据之原则，包括自白法则、传闻证据排除之法则、意见排除之法则、私的知见禁止之原则、合法之原则、实质真实原则、自由心证原则；③关于起诉之原则，包括起诉法定原则、变更原则、告诉不可分之原则、起诉不可分之原则；④关于审判之原则，包括公开原则、直接原则、言词审理原则、不告不理之原则、审判不可分之原则、一事不再理之原则、被告出庭之原则、集中审理之原则、罪疑唯轻之原则、不利益变更禁止之原则；⑤关于诉

① 〔德〕约阿希姆·赫尔曼：《〈德国刑事诉讼法典〉中译本引言》，载《德国刑事诉讼法典》，李昌珂译，中国政法大学出版社，1998，第11～17页。
② 〔德〕克劳思·罗科信：《刑事诉讼法》，吴丽琪译，法律出版社，2003，第87～88页。
③ 〔日〕土本武司：《日本刑事诉讼法要义》，董璠舆、宋英辉译，五南图书出版公司，1997，第177、210、310页。

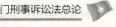

讼组织之原则，包括检察一体之原则、秘密侦查之原则、独立审判之原则①。

　　林钰雄教授则将刑事诉讼原则分为：①刑事诉讼之基础构造原则，包括国家追诉原则、控诉原则、法定原则、调查原则/澄清义务；②法院相关原则，包括法官保留原则、法官独立性原则、公平审判原则（法官回避问题）、法定法官原则（法院之管辖）；③强制处分相关原则，包括法律保留原则、比例原则、法官保留原则、拘捕前置原则；④无罪推定及证据裁判原则；⑤案件审理相关原则，包括直接审理原则、言词审理原则、公开审理原则、集中审理原则；⑥上诉中的不利益变更禁止原则②。

　　葡萄牙学者对刑事诉讼原则的分类与上述各大陆法系国家或地区学者的分类有基本类似的分析思路，即根据刑事诉讼的阶段或原则在刑事诉讼中的作用来进行分类。

　　Paulo Pinto de Albuquerque 教授将刑事诉讼原则分为以下几类。①有关诉讼结构的原则，包括管辖权原则、自由法官原则、诉讼合法性原则、诉讼公正原则、审检分立原则、辩论原则、忠诚原则（针对调查证据和诉讼主体在诉讼程序中的推动）、快捷原则③。②刑事诉讼的相关原则，包括依职权原则、刑事诉讼的合法性原则、充足原则、依附原则（《葡萄牙刑事诉讼法典》第71条、《澳门刑事诉讼法典》第60条）④。③调查证据原则，包括公示原则（内部公示，即对检察院和法官以外的诉讼主体做出公示；外部公示，即对公众做出公示）、口头原则、集中原则（听证连续进行，听证之进行无任何中断或押后，直至终结为止）、调查原则（法官有权限依职权命令调查证据，以发现事实真相和做出公正的裁判，所以在刑事诉讼中没有举证责任）⑤。④关于审判的原则，包括自由心证原则、实时性原则（证据在审判听证中提出和审查，才可以在判决中使用）、无罪推定原则、有疑

---

①　蔡墩铭：《刑事诉讼法概要》，三民书局，2011，第19～31页。

②　林钰雄：《刑事诉讼法》，元照出版有限公司，2010。

③　Paulo Pinto de Albuquerque, *Comentário do Código de Processo Penal*, Universidade Católica Editora, 2011, pp. 53–57.

④　Paulo Pinto de Albuquerque, *Comentário do Código de Processo Penal*, Universidade Católica Editora, 2011, pp. 57–59.

⑤　Paulo Pinto de Albuquerque, *Comentário do Código de Processo Penal*, Universidade Católica Editora, 2011, pp. 59–60.

唯利被告原则[①]。

Manuel Leal-Henriques 认为，刑事诉讼的原则分为以下五类：①关于诉讼程序架构的原则，包括审判权原则及自然法官原则、控诉原则及审查原则、运用相同权力的原则、辩护原则、诉讼忠诚原则；②关于诉讼程序促进的原则，包括依职权原则、合法性原则及酌情机会原则、控诉书原则；③关于诉讼程序进行的原则，包括辩论原则、调查原则、充足原则、诉讼快捷及诉讼经济原则；④关于证据的原则，包括无罪推定原则、"存疑无罪"原则、自由评价证据原则、实质真相原则；⑤关于形式的原则，包括公开原则、口头原则、直接原则、集中原则[②]。

前澳门政府立法事务办公室法律专家简志诚将澳门刑事诉讼中的原则归纳为六种：①诉讼程序哲理的模式原则，包括审检分立原则、依职权原则、法定原则、实质真相原则、辩论原则、嫌犯无罪推定原则、罪疑唯轻原则；②与管辖权有关的原则，包括独立原则、不负责任原则、不受移调原则；③与施加强制措施有关的原则，包括法定原则、恰当原则、适度原则、羁押的补充性原则；④与审判听证有关的原则，包括公开原则、听证延续性原则、口述原则、直接原则；⑤与证据的提出和审核有关的原则，包括自由提出证据原则、自由审核证据原则；⑥禁止上诉加刑原则[③]。

澳门学者欧蔓莉（Maria Assunção）女士认为，刑事诉讼原则可以分为：①刑事诉讼原则的基石——人格尊严不可侵犯原则；②刑事诉讼原则的主梁——合法性原则、审检分立原则、基于无罪推定原则上的真正辩护权原则；③在此基础上引申出的法官权限法定原则，诉讼标的约束法院原则，辩论原则，听证原则，禁止上诉加刑原则，公开原则，一事不再理原则，必要、合乎比例、补足性和临时性原则等[④]。

从上述诸多引述可以看出，在以归纳演绎见长的大陆法系法学理论中，并没有一个关于刑事诉讼原则的统一或者大致相同的归纳，甚至没有

---

① Paulo Pinto de Albuquerque, *Comentário do Código de Processo Penal*, Universidade Católica Editora, 2011, pp. 60 – 61.

② 〔葡〕Manuel Leal-Henriques：《澳门刑事诉讼法教程》（上册）（第二版），卢映霞、梁凤明译，法律及司法培训中心，2011，第 13～36 页。

③ 简志诚：《澳门刑事诉讼改革：依据及结构性原则》，《行政》1996 年第九卷总第 31 期。

④ 欧蔓莉：《澳门刑事诉讼制度的结构及基本原则》，《法域纵横》1996 年总第 1 期。

大致相同的体系框架。本书在主要遵从葡萄牙和澳门学者关于刑事诉讼原则的体系构架之基础上，结合大陆法系其他国家关于刑事诉讼原则的体系划分，提出如下刑事诉讼原则之体系：①关于刑事诉讼结构的原则，包括国家追诉原则（依职权原则）、法定原则（合法性原则）、审检分立原则（告发原则、控诉原则）与调查原则、辩论原则；②关于刑事诉讼进行的原则，包括程序公开原则、程序参与原则、诉讼经济与诉讼便捷原则、社会参与原则；③关于强制性处分的原则，包括司法权保障原则、令状原则、强制侦查法定原则、强制性处分限制适用与适度原则；④有关证据的原则，包括无罪推定原则、证据裁判原则、自由心证原则；⑤关于刑事审判的原则，包括直接、言词原则，一事不再理原则，不利益变更之禁止原则。其中，关于有关强制性处分的原则及有关证据的原则，将分别在本书第六章"证据"及第七章"强制措施与财产担保措施"中详细阐述。

第二节　关于刑事诉讼结构的原则

一　国家追诉原则（依职权原则）

国家追诉原则，又称依职权原则（princípio da oficialidade），是指检察院有权决定就某一犯罪消息展开调查并有权决定将犯罪事实提交审判①。赫尔曼教授指出，公诉原则，也即由国家追诉犯罪行为的原则，是指对犯罪行为进行追诉的权利只能专属于国家，并由犯罪行为追诉机关执行②。《德国刑事诉讼法典》第 152 条第 1 款规定，"提起公诉权，专属检察院行使"。

关于国家追诉原则，在葡萄牙和中国澳门地区称为"依职权原则"，在德国称为"职权原则"（Offizialprinzip）。正如台湾林钰雄教授所言，德国的"Offizialprinzip"直译应为"职权原则"，但职权原则容易被混淆为与"当事人主义"相对应的"职权主义"，而该原则所表达的含义应为与"私人追诉原

---

① Paulo Pinto de Albuquerque, *Comentário do Código de Processo Penal*, Porto：Universidade Católica Editora, 2011, pp. 57 - 58.

② 〔德〕约阿希姆·赫尔曼：《〈德国刑事诉讼法典〉中译本引言》，载《德国刑事诉讼法典》，李昌珂译，中国政法大学出版社，1998，第 15 页。

则"相对应的"国家追诉原则"①。其实，不论奉行职权主义的大陆法系国家，还是奉行当事人主义的英美法系国家，当犯罪发生后，都有义务发动追诉，均采国家追诉原则。因此，为避免混淆，便于理解，本书将本应直译为"依职权原则"的"princípio da oficialidade"意译为"国家追诉原则"。

在澳门，国家追诉原则，是指"对于公罪，只要获得犯罪消息②，检察官有权力及义务开展有关的刑事诉讼程序，促进事实的调查，以及有需要时，透过行使控诉权提交审判"③。但需要注意的是，"当有关刑事案件是半公罪和自诉案件，而取决于被害人的参与时，依职权原则受到一定的限制"④。《澳门刑事诉讼法典》第 42 条⑤"检察院在诉讼程序中之地位及职责"及《司法组织纲要法》第 56 条有关检察院的组织和权限的内容都确认了检察院作为唯一的国家追诉主体的地位及其职权。

（一）国家追诉原则与私人追诉原则

刑事犯罪，并非自始即由国家追诉，早期的罗马法实施的是全民告诉原则，而日耳曼法则发展成自诉的方式⑥。全民告诉模式和日耳曼法的自诉方式均为私人追诉主义的表现形式。所谓私人追诉主义，是指由被害人及其亲属或者其他的个人或团体以个人或团体的名义向审判机关提起诉讼而行使追诉权的方式。私人追诉主义分为全民告诉模式和被害人追诉模式两种。全民告诉模式是指犯罪发生后，不论相干或不相干，社会任何人皆可启动刑事追诉程序。该模式盛行于古罗马法时代，古希腊雅典城邦的刑事

---

① 林钰雄：《刑事诉讼法》，元照出版有限公司，2010，第 45 页。

② 犯罪消息的获得可以通过检察院直接取得，或通过刑事警察机关及检举的方式取得。——笔者注

③ Paula Marques Carvalho, *Manual Prático de Processo Penal*, *actualizado de acordo com as alterações ao código penal e código de processo penal*, 3ºedição, Almedina, 2007, p. 15.

④ Paula Marques Carvalho, *Manual Prático de Processo Penal*, *actualizado de acordo com as alterações ao código penal e código de processo penal*, 3ºedição, Almedina, 2007, p. 15.

⑤ 《德国刑事诉讼法典》第 42 条"检察院在诉讼程序中之地位及职责"规定，检察院在刑事诉讼程序中有权限协助法官发现事实真相及体现法律，且在诉讼程序上之一切参与须遵守严格之客观准则。检察院特别有下列权限：①接收检举及告诉，以及就是否继续处理检举及告诉作出审查；②领导侦查；③提出控诉，并在预审及审判中确实支持该控诉；④提起上诉，即使专为辩方之利益；⑤促进刑罚及保安处分之执行。

⑥ 〔德〕克劳思·罗科信：《刑事诉讼法》（上册），吴丽琪译，法律出版社，2003，第 93 页。

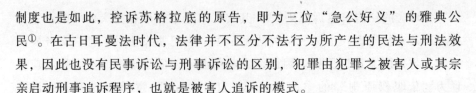

制度也是如此，控诉苏格拉底的原告，即为三位"急公好义"的雅典公民①。在古日耳曼法时代，法律并不区分不法行为所产生的民法与刑法效果，因此也没有民事诉讼与刑事诉讼的区别，犯罪由犯罪之被害人或其宗亲启动刑事追诉程序，也就是被害人追诉的模式。

随着国家意识的高涨，民法意义上的赔偿逐渐转化为公法上的刑事制裁，而此制裁则必须经过国家追诉程序。早在 1532 年制定的，对大陆法系国家影响深远的《卡罗琳娜刑法典》（Constitutio Criminalis Carolina）中就已经有国家主动追诉犯罪的规定②。现代国家普遍采用国家追诉原则，由代表国家的专门机关依照职权主动发动刑事诉讼、侦查犯罪和起诉犯罪的各项活动。对犯罪的追诉权由国家控制已经成为现代世界各国有关刑事追诉权的理论和立法中居于支配地位的观念。现代世界各国对犯罪一般均以国家追诉为原则，即对于刑事案件，以国家追诉为主，或者由国家垄断追诉权。

（二）国家追诉原则的理论基础

国家追诉原则，是国家思想兴起的产物。由于国家思想高涨，犯罪的预防与制裁也随之被视为"公共利益"的一环。鉴于犯罪的本质是对社会共同生活的和平性之侵害，而国家作为社会和平秩序的维护者，自然有责任去追诉犯罪，重建法之和平及社会之安宁。因此，是否追究刑事犯罪，已经不是被害人的民事求偿权的范围，不能因为被害人的不作为而任由损害社会公共秩序的犯罪行为人逍遥法外。

迪亚士教授指出：

> 刑法被视为保障"社会根本利益的法律，而刑事诉讼法则被视为法律体系的事宜"，并以其名义及为其利益而查明犯罪、追查犯罪者并对其作出惩处；由此，便可以立即明白，为何现行的法律将促进刑事诉讼程序列为国家机关的任务，并完全无需取决于任何私人实体的意愿及行为③。

---

① 林钰雄：《刑事诉讼法》，元照出版有限公司，2010，第 44 页。

② 〔德〕克劳思·罗科信：《刑事诉讼法》，吴丽琪译，法律出版社，2003，第 93 页。

③ Figueiredo Dias, *Direito Processual Penal I*, p. 116，转引自〔葡〕Manuel Leal-Henriques《澳门刑事诉讼法教程》（上册）（第二版），卢映霞、梁凤明译，法律及司法培训中心，2011，第 21 页。

（三） 国家追诉权的行使主体

国家追诉权的行使主体基本可以划分为两种类型，一种是仅由检察院代表国家提起公诉，这种类型的国家追诉在当今世界比较普遍，如德国、日本、英国、中国内地、中国台湾、中国澳门等都是此种类型。还有一种是检察院和其他机构或社会团体共享某些案件（通常是重罪案件）的追诉权，例如法国的预审法官制度和美国的大陪审团起诉制度。

在法国，对于非经预审的轻罪、违警罪，检察机关有权直接向轻罪法院、违警罪法院起诉。而对于所有的重罪案件（即刑期在10年或10年以上的犯罪）、有些轻罪案件，甚至检察官提出要求的违警罪案件，决定是否提出控诉的权力转归预审法官行使。预审法官行使国家追诉职权，使得预审法官具有了侦查者和裁判者的双重身份，因此也使得预审法官成为"最有争议的法官"。由预审法官决定是否追诉在法国的司法实践中呈逐渐下降之趋势。1830年前后大约有1/3的案件进入预审程序，而现今的法国由预审法官进行正式侦查的案件数量并不多，只有不到7%的案件需要预审法官进行侦查并决定是否提出控诉[①]。

在美国，根据宪法第五修正案"获得大陪审团起诉"的权利，在美国联邦系统中，检察官只享有非重罪案件的追诉权。对于重罪案件（可能判处超逾1年监禁刑以上刑罚的），检察官只有起诉的动议权和执行权，是否起诉需要由大陪审团决定。对检察官的重罪指控意见，大陪审团审查同意后，才由检察官向法院提起公诉。大陪审团传统上由23名陪审员组成[②]，其产生与负责审判的小陪审团的产生程序相同。大陪审团的决定并不需要一致同意，而只需多数通过即可。由于宪法第五修正案关于"大陪审团起诉"的权利并没有强制性延伸适用于各州，因此，美国目前共有19个州要求对所有的重罪案件实行大陪审团起诉；还有5个州规定只有对死刑或终身监禁才必须适用大陪审团起诉；而另外26个州则规定，是否采用大陪审团起诉取决于检察官的决定[③]。

---

① 罗结珍：《译者导言》，载贝尔纳·布洛克《法国刑事诉讼法》，罗结珍译，中国政法大学出版社，2009。
② 现在，美国的很多州都倾向于缩小大陪审团的组成人数，不再要求23名陪审员参加。
③ Steven L. Emanuel, *Criminal Procedure*, 29th Edition, Wolters Kluwer Law and Business, 2012, p.350.

澳门并没有采纳法国式的由预审法官侦查重罪案件的制度，也不实行美国式的大陪审团审判制度，而是继承了葡萄牙式的国家追诉制度。需要注意的是，虽然澳门刑事诉讼法中设有"预审法官"①，但该预审法官并不负责刑事案件的侦查，没有分享检察院的追诉权。预审法官只是在一个单独提起的或然的预审程序中负责审查检察院的起诉或者归档决定是否恰当，其角色是司法复核，而非侦查主体。

（四）国家追诉原则及其例外

国家追诉在刑事诉讼中占据了主导性甚至垄断性的地位，只是有些国家允许与公诉并存的小范围案件的自诉，而有的国家则实行刑事案件全部公诉的制度。各国对犯罪行使追诉权的方式，就国家追诉权是否享有专属性、独占性的特征而大致分为两类。

一是刑事追诉权由国家专属行使的类型。刑事追诉权只能由国家行使，绝对排斥私诉。《日本刑事诉讼法典》第247条规定了"国家追诉主义"，该条规定"公诉由检察官提起"。即对于刑事案件，只能由检察院这一唯一的国家机关垄断起诉权。这称为"起诉垄断主义"（又译为"起诉独占主义"）。

二是国家追诉与私人起诉相结合的类型。以国家追诉为原则，以私人追诉为例外。刑事追诉权并非由代表国家行使追诉权的检察院独占享有，而是规定某些案件可以由私人起诉。例如，《德国刑事诉讼法典》第374条明确规定了自诉的案件范围，凡属该范围内的案件，通常应当由自诉人提起自诉，只有当检察院认为存在公共利益时，才会提起公诉（《德国刑事诉讼法典》第376条）。

葡萄牙和中国澳门地区的国家追诉制度比较类似于德国的国家追诉制度，分为公诉与自诉两类。澳门的公诉案件分为两种：一类是公罪案件，检察院具有绝对的国家追诉权，是否开立卷宗展开侦查以及是否提起公诉均由检察院决定；另一类是半公罪案件②，检察院仍然享有追诉权，但该追

---

① "预审法官"是传统的澳门刑事诉讼法的称谓，根据《澳门基本法》第85条"原刑事起诉法庭的制度继续保留"和《司法组织纲要法》第29条的规定，应当称之为"刑事起诉法庭法官"。

② 澳门的半公罪由刑法典、单行刑法、附属刑法明确规定，比较常见的半公罪罪名包括：恐吓、侵犯住所、侵入限制公众进入之地方、侵入私人生活、信任之滥用、窃用车辆、侵占不动产、情节较轻微的诈骗、勒索类犯罪、背信、损害债权、非蓄意破产、诱拐未成年人、违反抚养义务等。

诉权的启动需要告诉权人提出告诉。《澳门刑事诉讼法典》第 38 条规定，"如非经告诉不得进行刑事程序，则为使检察院能促进诉讼程序，具有正当性提出告诉之人将事实告知检察院系属必需"。如果被害人没有提出告诉，或者提出告诉后撤回告诉，检察院都无权启动国家追诉程序。从本质上讲，半公罪的案件仍属公诉案件，其追诉权由检察院行使，只是检察院公诉权的启动以被害人的告诉为前提性条件。

澳门的自诉案件是指由被害人或其他符合资格之主体申请成为辅助人之后自行提起诉讼的制度（关于辅助人制度，详见本书第三章），仅适用于私罪案件①，检察院在此类案件中没有提起追诉的权利。但是这并不意味着作为国家代表的检察院不会介入刑事诉讼程序，检察院仍然要决定是否开立卷宗并领导警察机关开展侦查活动，只是在侦查终结时通知辅助人，由辅助人在 10 日内提出控诉（《澳门刑事诉讼法典》第 267 条第 1、3 款）。而且检察院可以在辅助人提出自诉后的 10 日内，以相同于自诉的事实或该等事实的某部分提出控诉，或者以其他对自诉的事实不构成实质变更的事实（关于事实的实质变更与非实质变更，详见本书第四章）提出控诉（《澳门刑事诉讼法典》第 267 条第 1 款）。可见，从澳门对自诉案件的规定看，虽然自诉案件的追诉权属于被害人或其他符合资格之主体，但是检察院仍然需要履行支持起诉之义务，包括在被害人告诉之前提下开立卷宗进行侦查以及在法庭上提出附随于辅助人的诉讼等。这种制度设计既考虑到了私罪案件的特殊性，充分尊重私罪案件中被害人的程序选择权和处分权，又考虑到了刑事被害人作为独立的个人，在搜集证据、进行侦查以及出庭支持起诉方面能力的相对欠缺，比某些实行自诉案件纯粹由被害人自行提起的制度的国家和地区来说，更能充分保障被害人的诉讼权利和实体权利。

根据澳门的刑事诉讼制度，检察院绝对不得行使私罪案件的公诉权，私罪案件只能由被害人决定是否提起公诉。对于半公罪案件，如果被害人不提出告诉，检察院也不得启动国家追诉权。鉴于半公罪与私罪案件大多属于与公民的个人生活、家庭关系联系密切的罪名，对这些案件启动国家追诉需要格外谨慎，这种立法选择是适当的。然而，是否检察院对此类案件绝对没有启动的权利呢？近期澳门社会热议的一个话题是，某些与家庭

———————

① 某一案件是否属于私罪案件，也是由刑法典、单行刑法、附属刑法明确规定的。比较常见的私罪罪名包括：诽谤、侮辱等侵犯名誉罪，某些针对特定亲人或者目标额小的盗窃，信任之滥用，不当据为己有，窃用车辆，诈骗，勒索，背信等。

暴力有关的犯罪到底应当是公罪还是半公罪①。因为如果将某些罪名定义为半公罪，则非经被害人告诉，检察院不得提起公诉。而家庭暴力案件中的受害人往往出于种种原因，不愿或不能提出告诉。这一问题实际上反映了刑事诉讼立法中对半公罪和私罪的国家追诉权限制得过于严格，甚至过于机械化的问题。参考德国的立法例，通常来说，检察院不得启动自诉。但是根据《德国刑事诉讼法典》第 367 条，如果该自诉犯罪涉及公共利益，检察院则可以启动公诉。我国台湾地区也实行与之类似的规定，对于自诉案件，国家仍有追诉的权利，除非被害人已经先行合法提起自诉（"台湾刑事诉讼法"第 303 条）。也就是说，在存在公共利益受到威胁时，自诉案件可以转为公诉案件，由国家负责追诉。这种规定是合理的。虽然一般来说，半公罪与私罪案件更多涉及的是被害人的利益，但并不能排除这些犯罪也存在涉及一定公共利益的情况。当公共利益受到威胁的时候，应当允许检察院启动针对私罪案件的国家追诉权。

二　法定原则（合法性原则）

法定原则，也称合法性原则（o princípio da legalidade），是大陆法系的重要原则，与刑事实体法中的"罪刑法定原则"一起构成了法治国家的基石。刑事诉讼法中的法定原则具有两层含义。

一是程序法定原则，即只有符合刑事诉讼法典和法律所规定的条件，才可以向某人科处刑罚或保安处分等限制他们基本权利的刑事措施。

二是起诉法定原则，即当符合诉讼前提及显示有充分迹象实施犯罪时，检察院必须做出把犯罪事实提交审判的决定②。但是，起诉法定原则通常都会有一些例外规定，被称为起诉便宜原则。

（一）程序法定原则

根据程序法定原则，如不在法律规定的情况下或未根据法律所规定

---

① 赵国强：《也谈家暴的公罪与半公罪》，《澳门日报》2013 年 5 月 22 日；王禹：《论家庭暴力犯罪的公罪和半公罪》，《澳门日报》2014 年 4 月 30 日；赵琳琳：《保留家暴半公罪的意义》，《澳门日报》2014 年 4 月 2 日。

② Paulo Pinto de Albuquerque, *Comentário do Código de Processo Penal*, Universidade Católica Editora, 2011, p. 58.

的条件，不得对任何人科处刑罚，或者做出损害、限制其基本权利的措施。因此，拥有调查犯罪权限的机关所做出的行为皆须严格遵从这一原则，换言之，由法律严格定出该等机关行为的前提及在何等条件下方可做出①。

《澳门刑事诉讼法典》第 2 条规定，"必须依据本法典之规定，方得科处刑罚及保安处分"②。这一规定可以说是大陆法系国家关于程序法定原则的典型表述。根据法国贝尔纳·布洛克（Bernard Bouloc）教授的解释，确定有关刑事诉讼程序的规则，并创设法院制度，必须通过立法机关制定的法律进行。同样，只有立法机关制定的法律才能确定负责审判犯罪人的机关、它们的权限以及确定这些法院应当遵守什么样的程序才能对犯罪人做出"无罪判决"，或者对其做出"有罪判决"③。德国赫尔曼教授也指出，程序法定原则是《德国基本法》所确立的原则。从《德国基本法》第 1 ~ 20 条中，可以直接推导出法治国家程序原则，即程序法定原则④。

《美国宪法修正案》第 14 条规定了正当法律程序条款："所有在合众国出生或归化合众国受其管辖的人，都是合众国的和他们居住地的公民。任何一州，都不得制定或实施限制合众国公民的特权或豁免权的任何法律；不经正当法律程序，不得剥夺任何人的生命、自由或财产；在州管辖范围内，不得拒绝给予任何人以同等的法律保护。"⑤

此外，在联合国的文件中也有体现程序法定原则的规定。例如，联合国《公民权利和政治权利国际公约》第 9 条第 1 款规定："每个人都享有人

---

① 欧蔓莉：《澳门刑事诉讼制度的结构及基本原则》，《法域纵横》1996 年总第 1 期。
② 类似的规定还有《日本国宪法》第 31 条："任何人，未经法律规定的程序，不得剥夺其生命、自由或者科处其他刑罚。"
③ 〔法〕贝尔纳·布洛克：《法国刑事诉讼法》，罗结珍译，中国政法大学出版社，2009，第 7 页。
④ 〔德〕约阿希姆·赫尔曼：《〈德国刑事诉讼法典〉中译本引言》，载《德国刑事诉讼法典》，李昌珂译，中国政法大学出版社，1998，第 12 页。
⑤ 归纳美国法学界多数人的意见，正当程序的基本内容包括：①任何人在被证明有罪之前推定为无罪；②任何人的身体、住所、财物不经法定程序不得被搜查、扣押或受侵犯；③在刑事程序中不得被迫自证其罪；④被告人享有律师帮助权，如果被告人无钱聘请律师，需为他指定一名律师；⑤被告人有权知道被指控的性质、内容和理由，且享有公正的陪审团迅速、公开审判的权利；⑥提起公诉时要求证明该案件的证据达到不容合理怀疑的程度，这一责任在起诉方；⑦被告人的同一罪行只能被审判一次。美国最高法院将正当程序解释为"在美国人民的传统和良心中被认为是基本的权利"。参见程味秋主编《西方国家刑事诉讼概论》，中国政法大学出版社，1989，第 76 页。

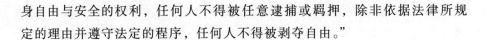

身自由与安全的权利，任何人不得被任意逮捕或羁押，除非依据法律所规定的理由并遵守法定的程序，任何人不得被剥夺自由。"

（二）起诉法定原则

起诉法定原则与起诉便宜原则相对，是指检察院有义务针对实施符合刑法所规定的构成要件以及刑事诉讼程序法所规定的程序要件的犯罪行为人展开刑事程序。换言之，"当符合相关的法定要件时，检察院无权选择展开或不展开刑事程序"①，对此，其不具有自由裁量权。检察院在决定开展诉讼程序，以及在侦查结束后决定提出控诉，都是完全依照有关法律规定而做出的，并没有自由裁量的余地。因此，无论是政治、经济、财政、文化或社会等各方面的何种因素②，都不可能影响检察院放弃对已满足法定前提的案件的立案侦查或控诉。

1. 起诉法定原则与起诉便宜原则（合法性原则与酌情机会原则）

起诉法定原则是指，专门行使公诉权的检察机关依法负有追诉犯罪的义务，有义务依职权展开侦查及提起刑事诉讼。起诉便宜原则是指，基于诉讼政策及诉讼经济等的考虑，对于已经具备刑事追诉要件的案件予以裁量，决定不起诉或暂缓起诉。从各主要发达国家的立法司法来看，已鲜有严格奉行起诉法定主义的国家，各国或各地区基本采纳的是以起诉法定主义为主，兼采起诉便宜主义的做法③。

德国罗科信教授指出，"法定原则一方面规定，当存有犯罪嫌疑时，检察官即需进行调查；另一方面则规定，当调查结果显示有足够的犯罪嫌疑时，检察官即有义务提出公诉。此原则有一理论上的对照，即便宜原则。此便宜原则授权检察官，当调查结果显示，被告显然未必犯罪时，可自行决定，是否要提起告诉或不告诉"④。

中国台湾的林钰雄教授更加明确地指出，在中国台湾地区的刑事诉讼

① 〔葡〕Manuel Leal-Henriques：《澳门刑事诉讼法教程》（上册）（第二版），卢映霞、梁凤明译，法律及司法培训中心，2011，第22页。
② 这符合《澳门基本法》第25条的规定。根据该条规定，澳门居民在法律面前一律平等，不因国籍、血统、种族、性别、语言、宗教、政治或思想信仰、文化程度、经济状况或社会条件而受到歧视。因此，根据合法性原则，一刑事诉讼是否开展或提起，不会考虑嫌疑人的身份、经济及社会地位。
③ 宋英辉：《国外裁量不起诉制度评介》，《人民检察》2007年第24期。
④ 〔德〕克劳思·罗科信：《刑事诉讼法》，吴丽琪译，法律出版社，2003，第102页。

中，虽然以法定原则为主，但同时参酌便宜原则的精神①。葡萄牙和中国澳门地区的刑事诉讼法相对应的说法为"合法性原则"及"酌情机会原则"②。合法性原则是指，"具权限的公权力机关（检察院）有义务针对实施符合构成犯罪实质要件及程序要件的行为人展开刑事程序"，即起诉法定原则。而所谓酌情机会原则，是指"检察院放弃促进诉讼程序，又或者，即使促进程序的进行，其亦放弃将程序交予审判，且不做出相关的控诉书"，即起诉便宜原则。然而，与大陆法系的普通做法有所差别的是，"酌情机会原则"（起诉便宜原则）并没有获得澳门法律体系的采纳，而只是带来了某种程度的影响③。

2. 起诉法定原则（合法性原则）

从起诉法定原则（在澳门称为"合法性原则"）的含义分析，起诉法定原则包括"起诉法定"和"不起诉法定"两层含义。按照林钰雄教授的解释，法定原则是指起诉准则由法律明文规定，检察官负有严格按照法律规定而为起诉或不起诉之义务，并无自行裁量之余地④。关于"起诉法定"，《澳门刑事诉讼法典》第 265 条规定，当侦查阶段结束后，收集到的证据有充分迹象显示有犯罪发生及何人为犯罪行为人，则检察院须对该人提出控诉。关于"不起诉法定"，《澳门刑事诉讼法典》第 259 条第 1 款和第 2 款规定，一经收集足够证据，证明无犯罪发生，或嫌犯未以任何方式犯罪，又或提起诉讼程序依法系不容许者，检察院须将侦查归档。如检察院未能获得显示犯罪发生或何人为行为人之充分迹象，侦查亦须归档。这里的"归档"，即为"不起诉"决定，检察院并无裁量权，因此属"不起诉法定"之内容。

除上述"起诉法定"与"不起诉法定"之规定外，《澳门刑事诉讼法典》第 245 条第 2 款规定，检察院在获知犯罪消息后，必须展开侦查。也就是说，起诉法定还包含着"侦查法定"的含义，即检察院对于犯罪消息有义务开展侦查，并无裁量权。

---

① 林钰雄：《刑事诉讼法》，元照出版有限公司，2010，第 55 页。
② 〔葡〕Manuel Leal-Henriques：《澳门刑事诉讼法教程》（上册）（第二版），卢映霞、梁凤明译，法律及司法培训中心，2011，第 22 页。
③ 〔葡〕Manuel Leal-Henriques：《澳门刑事诉讼法教程》（上册）（第二版），卢映霞、梁凤明译，法律及司法培训中心，2011，第 23 页。
④ 林钰雄：《刑事诉讼法》，元照出版有限公司，2010，第 54 页。

为了确保合法性原则的落实，相关法律同时规定，如果检察院在获知犯罪消息时不开立卷宗侦查，又或在侦查后，对具备控诉前提的案件不提起控诉，则有关的检察院司法官除了需要负纪律责任外，其行为亦构成《澳门刑法典》第333条的渎职罪，从而需要负相应的刑事责任。

　　那么，为什么要奉行起诉法定原则呢？这是与国家追诉原则相联系的。既然根据国家追诉原则，刑罚权被国家独占，则国家必须负有追诉犯罪的义务，因此，法定原则可以说是对国家独占刑罚权的补偿措施①。而且起诉法定原则也可以避免检察官受到不正当的外界干预或者基于某些政治因素的影响，不愿做出或被迫做出某些起诉或不起诉的决定，有违法律面前人人平等之基本法律准则。正如赫尔曼教授在阐述德国刑事程序中的起诉法定主义时所说，通过起诉法定原则所应当达到的，"是对犯罪行为的规律性地追究，也就是说避免检察院滥用其公诉垄断权力"②。然而，必须看到的是，过于严苛的起诉法定原则无法适应和解决司法资源的有效性所带来的问题，"鉴于超过能力负荷的犯罪数量，检察官势必会依照事实上的可能而非法律上的准则来挑选案件，因此，过于严苛的法定原则，并无助于平等、正义、明确或安定之要求"③。而且随着大陆法系国家"比例原则"的确立，追诉活动也应当有所克制，不得对轻微的犯罪过度反应，以免起诉的强度超出实现刑罚权的正当目的。时至今日，大陆法系各国均从绝对的起诉法定原则演变为以起诉法定原则为主，兼采起诉便宜原则的模式。

3. 起诉便宜原则（酌情机会原则）

　　作为起诉法定原则的例外，起诉便宜原则（在澳门称为"酌情机会原则"）获得了大陆法系各国或各地区的承认。《德国刑事诉讼法典》第153条至第154条e项规定了包括轻微案件不必追究、外国行为不追诉、出于政治原因不追诉、积极悔悟时不予起诉等各种由检察官裁量不予起诉的情形。《日本刑事诉讼法典》第248条规定："根据犯人的性格、年龄及境遇、犯罪的轻重及情节和犯罪后的情况，没有必要追诉时，可以不提起公诉。"

---

① 林钰雄：《刑事诉讼法》，元照出版有限公司，2010，第55页。
② 〔德〕约阿希姆·赫尔曼：《〈德国刑事诉讼法典〉中译本引言》，载《德国刑事诉讼法典》，李昌珂译，中国政法大学出版社，1998，第15页。
③ 林钰雄：《刑事诉讼法》，元照出版有限公司，2010，第57页。

"台湾刑事诉讼法"也规定了三种裁量不起诉,包括第 376 条的轻微案件不起诉、第 253 条的附条件不起诉以及第 254 条的对于执行刑无实益的犯罪,即被告犯数罪时,其一罪已受重刑之确定判决,检察官认为他罪虽行起诉,于应执行之刑无重大关系者,得为不起诉处分。

澳门并未真正确立起诉便宜原则,检察官无权决定不起诉,而仅具有不起诉决定的建议权。澳门法律翻译办公室法律专家高嘉绫指出,"在一个建立于罪过原则及具恢复法律社群中被犯罪行为所扰乱之安宁及嫌犯重返社会之目的之上的刑法体系内,刑法是社会做出的最后解决方法,必须设立若干能行使实际的自由裁量权之范围,以适当处理一些罪过较轻微、轻微违法或对社会构成轻微损害之案件。在这个指导原则下制定了免除刑罚的归档及暂时中止诉讼程序的规定"①。

《澳门刑事诉讼法典》第 262 条"属免除刑罚情况之归档"规定,如属针对刑法明文规定属可免除刑罚之犯罪之诉讼程序,而检察院认为免除刑罚之各前提均成立者,则检察院经听取辅助人意见,以及听取曾在提出检举时声明欲成为辅助人且具有正当性成为辅助人之检举人意见后,得向预审法官建议将有关卷宗归档。《澳门刑事诉讼法典》第 263 条"诉讼程序之暂时中止"第 1 款规定,如有关犯罪可处以最高限度不超逾 3 年之徒刑,即使可并科罚金,又或有关犯罪仅可科罚金,且下列各前提均成立者,则检察院得向预审法官建议,通过对嫌犯施加强制命令及行为规则②,暂时中止诉讼程序:①经嫌犯、辅助人、曾在提出检举时声明欲成为辅助人且具有正当性成为辅助人之检举人及未成为辅助人之被害人同意;②嫌犯无前科;③不能科处收容保安处分;④罪过属轻微;⑤可预见遵守强制命令及行为规则系足以回应有关案件中所需之预防犯罪要求。

根据上述免除刑罚的归档及诉讼程序暂时中止的规定,如果当中法律所规定的前提条件成立,则即使检察院在侦查结束时收集到充分迹象显示

---

① 高嘉绫:《新刑事诉讼法典》,《法域纵横》1997 年第 2 期。
② 根据该条第 2 款,可对嫌犯施加下列强制命令及行为规则:①对受害人做出损害赔偿;②给予受害人适当之精神上满足;③捐款予社会互助机构或澳门特别行政区,或做同等价值之特定给付;④不得从事某些职业;⑤不得常至某些场合或地方;⑥不得与某些人为伍,或收留或接待某些人;⑦不得持有能便利实施犯罪之物件;⑧按有关案件特别要求之其他行为。

有犯罪发生及何人为犯罪行为人，其仍可以选择不提起控诉，并向预审法官建议案件有条件地归档或暂时中止诉讼程序。虽然从其没有正式进入审判程序的特点来看，这两种机制似乎体现了检察官的自由裁量权，但从其制度设计而言，检察官仅仅具有建议权，并没有决定权，上述两个决定的决定权主体为预审法官。正如学者 João Simas Santos 教授所提出的："总括而言，此机制的适用并不构成自由裁量权……（而是）当符合适用此一制度所取决的事实及法律前提时，卷宗的承办人便应适用该机制。在此情况下，适用这种协商机制的权力或义务，以及在特殊诉讼形式中对所审议的内容融入酌情机制，便不会与澳门的刑法系统中最为重要之合法性原则产生对立，而事实上，两者是兼容的。"① 因此，根据目前《澳门刑事诉讼法典》的规定，检察官并没有自由裁量权，只能说其职权行使具有某些自由裁量的因素而已。

4. 起诉便宜原则在各国的适用及在澳门的情况

在葡萄牙，从司法判决中可见诉讼程序暂时中止制度获得一定的应用，并作为葡萄牙司法系统有效和快捷的重要解决方法。当中，参考波尔图中级法院的案例可知，自 1997 年 4 月 9 日起至 2011 年 12 月 20 日，一共有 29 宗案件涉及缓起诉；而参考科英布拉中级法院的案例可知，自 2000 年 3 月 5 日至 2011 年 2 月 9 日共有 4 宗案件涉及缓起诉，其中多为触犯关于驾驶车辆的罪名和财产性的犯罪而被予以缓起诉处分的②。

在德国，1974 年立法明确规定，缓起诉制度在德国已经迅速成为解决轻微刑事案件的有效工具。根据有关资料统计，1981～1997 年提起公诉案件的比率较低，最高的起诉率为 19%，最低时仅为 12.3%，绝大多数的案

---

① 〔葡〕Manuel Leal-Henriques：《澳门刑事诉讼法教程》（上册）（第二版），卢映霞、梁凤明译，法律及司法培训中心，2011，第 24 页。

② Tribunal da Relação de Coimbra：关于无牌驾驶的案件，http：//www. dgsi. pt/jtrc. nsf/8fe0e606d8f56b22802576c0005637dc/0dc98c39538ba1388025750700534b4e？OpenDocument；http：//www. dgsi. pt/jtrc. nsf/c3fb530030ea1c61802568d9005cd5bb/abc1d4c58d6c88eb802578-48003e2bef？OpenDocument。Tribunal da Relação do Porto：关于醉酒驾驶的案件，如：http：//www. trp. pt/incidentescrime/crime_596/08. 9gnprt. p1. html；http：//www. dgsi. pt/jtrp. nsf/c3fb530030ea1c61802568d9005cd5bb/01c4da818f6f6dff8025799d00333f10？OpenDocument；关于盗窃的案件，http：//www. dgsi. pt/jtrp. nsf/c3fb530030ea1c61802568d9005cd5bb/9cb71-fb5108d41068025767900411171f？OpenDocument；关于伪造签名的案件，http：//www. dgsi. pt/jtrp. nsf/c3fb530030ea1c61802568d9005cd5bb/66d6f89fde31c4d38025738d005685dd？OpenDocument。

件都由检察机关通过其他方式处理，包括不起诉、撤销案件等。而在不起诉的处理中，根据《德国刑事诉讼法典》第 153 条第 a 款做出的不起诉决定占总数的 5.6% ~ 6.2%，占有一定的比重①。

在日本，起诉犹豫制度在司法实务中被广泛应用。据日本学者的研究，日本在第二次世界大战后相当长的一段时间内对犯罪分子适用缓起诉处分的达到 30% ~ 60%②。另外，根据 1994 年的统计数字，警方移送检察院审查起诉的案件中有 36% 的案件未被起诉，而这 36% 的案件中，94% 是以缓起诉制度的处理方式结案的③。

在澳门司法实践中，免除刑罚的规定与诉讼程序暂时中止制度"难以协调且罕有适用"④。在澳门特别行政区检察院 2000 ~ 2010 年度的统计资料中，澳门回归后的十年间"免除刑罚的归档"的案例为零，"诉讼程序暂时中止"的案例也只有一件⑤。时任澳门特别行政区检察长何超明在谈到检察机关的改革时指出，从检察权作为司法权这一点来说，本身就包含了评价与处分的内涵。赋予检察官自由裁量权，既避免了检察官滥用起诉权，又贯彻了刑罚的教育功能及罪刑相适应的原则。在实行有限度的起诉便宜主义的问题上，可以适当改革现行免除刑罚不起诉和暂时中止诉讼程序不起诉的程序，真正发挥这一制度的作用⑥。时任助理检察长陈达夫亦指出，由于澳门检察官是独立和公正的司法官，虽然负责侦查工作，但按照通说，检察官亦非诉讼中真正的一方。因此赋予检察官酌情权而引起的弊端似乎极微⑦。这些论述可以说体现了澳门检察机关和检察官对检察官自由裁量权的态度。但是时至今日，澳门的检察机关日渐壮大，在自由裁量权的问题上却没有任何变化。赋予澳门检察官自由裁量的权利，除了原则性规定外，更重要的是修改现行的刑事诉讼制度，使其成为检察官自由裁量权的有效载体，才能在澳门真正确立与检察机关的司法机关地位相匹配的

① 〔德〕汉斯·约格·阿尔布莱希特主编《中德不起诉制度比较研究》，陈光中译，中国检察出版社，2002，第 272 页。
② 张建伟：《刑事诉讼法通义》，清华大学出版社，2007，第 3 页。
③ 张建伟：《刑事诉讼法通义》，清华大学出版社，2007，第 69 页。
④ 陈达夫：《检察制度之若干比较》，《检察通讯》2006 年第 6 期。
⑤ 参见 http://www.mp.gov.mo/statistics/stat2010/stat2010j.pdf，最后访问日期：2012 年 4 月 30 日。
⑥ 何超明：《检察权在刑事诉讼中的地位和价值取向》，《澳门检察》2005 年第 5 期。
⑦ 陈达夫：《检察制度之若干比较》，《检察通讯》2006 年第 6 期。

检察官的自由裁量权。因此，有必要探讨如何通过刑事诉讼制度的改革，赋予检察官裁量权，并建立相应的检察官行使裁量权的制约机制，以促进澳门检察官自由裁量权制度的真正建立，这符合其司法机关的法律定位①。

三 审检分立原则（告发原则、控诉原则）与调查原则

审检分立原则是刑事诉讼中的重要原则，该原则也被称为控诉原则或告发原则（o princípio da acusação）。根据 Manuel Leal-Henriques 教授的界定，"控诉原则，亦称为审检分立原则，表示应由不同的机关行使调查、控诉（或起诉）及审判的职能"②。葡萄牙刑事诉讼中的这一原则源自《葡萄牙共和国宪法》第 32 条第 5 款，即"刑事诉讼的起诉结构包括法庭审讯及其他法庭程序，法庭审讯采取涉讼双方对审制"。根据该原则，控告与辩护之间存有实际平等的"武器"，而审判者的立场应当独立于控告与辩护。该方式能够确保嫌犯获得公平和免除负担的审判，并维护其基本权利受到尊重③。

澳门刑事诉讼法吸纳了弹劾主义的精神，在刑事诉讼中确立了审检分立原则。然而，澳门刑事诉讼并未采纳诸如英美法系各国的严格意义上的审检分立原则，法官并非绝对被动地行使审判权，而亦行使一定程度的调查权。前澳门大学法学院讲师欧蔓莉女士指出，澳门的刑事诉讼制度采用明显的审检分立原则，虽然是审检分立原则，亦加入调查原则补足之④。所谓调查原则（o princípio da investigação），是指法官就诉讼目标范围内的事实，有权在控方及辩方所提出的依据外，依职权做出或命令做出一切对查明诉讼目标事实真相有用的证据调查，从而实现实质公义及做出公正的判决。

（一）审检分立原则的历史渊源及意义

在中世纪的欧陆国家，由于奉行"纠问主义"，刑事诉讼采用两造结

---

① 关于这一问题的详细阐述，参见李哲《论澳门检察机关的司法机关地位及其自由裁量权——以"诉讼程序暂时中止"制度改革为例》，《广西大学学报》2012 年第 4 期。

② 〔葡〕Manuel Leal-Henriques：《澳门刑事诉讼法教程》（上册）（第二版），卢映霞、梁凤明译，法律及司法培训中心，2011，第 15 页。

③ 简志诚：《澳门刑事诉讼改革：依据及结构性原则》，《行政》1996 年第九卷总第 31 期。

④ 欧蔓莉：《澳门刑事诉讼制度的结构及基本原则》，《法域纵横》1996 年总第 1 期。

构，即充当纠问者的法官和充当被纠问者的被告，刑事案件的侦查、逮捕、查证、判决均由法官包揽，被告只是刑事诉讼的客体，毫无防御权。林钰雄教授指出，"当时纠问法官所奉行者，实乃由警察国家精神发展出来的调查手法：不计代价，穷追猛打被告；面对强大但却不公正的纠问法官，被告几无招架之力"①。

1789 年法国大革命后，刑事诉讼转采"弹劾主义"，实行刑事诉讼的三造结构，即由检察院来负责刑事案件的侦查及提出公诉，法官的角色转为被动的裁判者。自此以后，刑事诉讼采审检分立原则，检察院和法院彼此分立，各有分工，共同承担在刑事诉讼中发现事实真相、实现国家刑罚权的任务。

正如 Gomes Canotilho 教授和 Vital Moreira 教授所言，审检分立原则确立的目的在于"禁止各诉讼阶段出现职能上的重叠，即禁止预审法官同时担任控诉机关的工作"，"禁止诉讼主体地位的重叠，即禁止控诉机关同时作为审判机关"，以及"禁止预审机关与审判机关重置，即进行预审的机关不能参与审判听证，反之亦然"②。

（二）审检分立原则的内涵

根据澳门检察院助理检察长马翊的论述，审检分立原则具有双重含义，一是组织架构意义上的审检分立原则，二是诉讼职能意义上的审检分立原则③。所谓组织架构意义上的审检分立原则，是指负责审判的法院和负责对刑事案件进行侦查并提出控诉的检察机关应当彼此独立，各自行使其职权；所谓诉讼职能意义上的审检分立原则，是指在刑事诉讼的各阶段，检察机关与审判机关的权力划分问题。

1. 审判阶段的审检分立原则

在审判阶段，审检分立原则也被称为不告不理原则。根据审检分立原则，检察院负责侦查，须直接指引和命令刑事警察机关开展侦查，并负责相关的诉讼程序和提起控诉。而亦基于此，"没有控诉书，便没有审判"。

---

① 林钰雄：《刑事诉讼法》，元照出版有限公司，2010，第 51 页。
② 〔葡〕Manuel Leal-Henriques：《澳门刑事诉讼法教程》（上册）（第二版），卢映霞、梁凤明译，法律及司法培训中心，2011 年，第 16 页。
③ 马翊讲座。类似的观点也见于〔葡〕Manuel Leal-Henriques《澳门刑事诉讼法教程》（上册）（第二版），卢映霞、梁凤明译，法律及司法培训中心，2011，第 16 页。

检察院"透过控诉不但将事实呈交予法院审判,(同时)亦限定了审判的目标。因此,原则上(法院,或主导审判工作的法官)仅可按控诉书所描述的事实范围行使审判权"①。Germano Marques da Silva 教授指出,"司法判决的客体和其限制是被视为一种对公正无私和被告辩论权的保障。法院之公正无私是因为法院只可以依据控诉书内的事实作出审理,对可能引致失败的起诉不负任何的责任,以及透过控诉书的作出而知悉需要作出怎样的辩护,从而保障被告辩论权。为此,不可以提出新的事实或对同一事实新的观点,而影响被告的辩论权"②。因此,凡是不属于控诉书范围内且对被告人不利的事实,都不可以作为审判程序的目标,有关构成诉讼目标的控罪事实自控诉书的提出后至终局裁判维持不变。但由被告人提出的答辩事实则不受此限。

为了发现事实真相、追求实质公义、满足诉讼经济原则,在确保被告的基本诉讼权利,尤其是辩护权得到相应保障的前提下,法官可以在法律明确规定的前提成立时,对事实进行实质或非实质的变更,也可以改变对事实的法律评价③。

同时需要指出的是,审判阶段虽然奉行审检分立原则,法院的审判范围受到控诉书或起诉批示的严格限制。但是这并不意味着法院在审判阶段只能被动地依据检察院提供的事实做出被指控犯罪成立与否的判断,职权主义传统下的澳门刑事诉讼法赋予了法院在所指控的事实内主动调查核实证据的权力,也称为调查原则。澳门中级法院院长赖健雄先生指出,赋予法院在审判阶段的主动调查权,"这是体现刑事诉讼程序是为实现国家利益——查明事实真相和借此实现司法公义,因此法官必须依职权作出或命令作出一切对查明诉讼标的事实真相有用的证据调查"④。然而,法官之证据调查只能限定在原诉讼标的的范围内,不得超出控诉书或起诉批示的事实范围进行证据调查。

2. 预审阶段的审检分立原则

关于预审阶段,预审法官应嫌犯或辅助人的申请启动预审程序,依

---

① 〔葡〕Manuel Leal-Henriques:《澳门刑事诉讼法教程》(上册)(第二版),卢映霞、梁凤明译,法律及司法培训中心,2011,第24页。

② Germano Marques da Silva, *Curso de Processo Penal I*, Editorial Verbo, 2000, 4º edição, p. 76.

③ 关于审检分立原则与事实变更之关系,详见本书第四章"刑事诉讼标的"的相关论述。

④ 赖健雄:《澳门刑事诉讼中的审检分立原则及法官的主动调查权》,载汤德宗、王鹏翔主编《2006 两岸四地法律发展》(下册),台湾中研院法律学研究所筹备处,2010,第389页。

职权决定调查活动，并通过预审辩论决定是否做出起诉批示的活动，到底遵循的是审检分立原则，还是调查原则？对于这一问题，存在着不同的认识。Manuel Leal-Henriques 教授指出，"在预审阶段，仍然遵循审查原则，但此一阶段则属预审法官的专属权限，且其获赋予全权主导预审的程序，包括：决定是否应将有关事宜交付审判；在此一阶段中，检察院几乎不占任何席位，其仅有权在与预审的措施（预审辩论）中就是否提起控诉发表意见，且仅为意见"①。简志诚先生则指出，与侦查阶段主要体现为调查性质的活动不同，审检分立原则在审判与预审阶段均具有显著意义②。

笔者同意后一种观点。预审活动从诉讼构造来看，属于控辩审三方的三造结构，预审法官虽然具有一定的调查权，但预审法官在预审阶段的调查活动并非强制性程序③。相反，预审辩论作为预审阶段的必经程序，应当在预审法官的主持下以直接、言词的方式进行④，预审法官在预审辩论中需要听取检察院、辅助人律师及嫌犯辩护人的意见，在充分辩论的基础上做出是否提出起诉的决定⑤。因此，这一过程完全符合审检分立的特征，与审判阶段并无二致。

3. 侦查阶段的审检分立原则

在侦查阶段，相对于审检分立原则，依职权调查原则处于更为重要的地位。正如简志诚先生所言，澳门刑事诉讼并非绝对地奉行审检分立原则，

---

① 〔葡〕Manuel Leal-Henriques：《澳门刑事诉讼法教程》（上册）（第二版），卢映霞、梁凤明译，法律及司法培训中心，2011，第 17 页。

② 简志诚：《澳门刑事诉讼改革：依据及结构性原则》，《行政》1996 年第九卷总第 31 期。

③ 《澳门刑事诉讼法典》第 279 条第 1 款规定："如法官认为不进行调查行为，须指定进行预审辩论之日期、时间及地点；如有调查行为，则法官在最后一行为作出后五日内指定之。"也就是说，预审阶段并不强制性要求预审法官实施调查行为。

④ 《澳门刑事诉讼法典》第 280 条规定，预审辩论旨在容许在法官面前以口头辩论方式，就侦查及预审过程中得到之事实迹象及法律资料是否足以支持将嫌犯提交审判进行辩论。

⑤ 《澳门刑事诉讼法典》第 284 条"辩论之过程"规定：辩论开始时，法官摘要阐述已进行之调查行为，以及其认为具争议性之重要证据问题。随后，法官让检察院、辅助人律师及辩护人发言，以便此等人如欲声请调查涉及具争议性之具体问题且属显示是否存在犯罪迹象之补充证据时，能提出声请，而该等补充证据系该等人拟在辩论期间提出者。其后，在法官直接引导下进行证据之调查，而法官无须经任何手续而对调查证据时所出现之任何问题做决定。法官得直接走近在场之人，向此等人提出其认为对实现辩论目的属必需之问题。辩论终结前，法官再让检察院、辅助人律师及辩护人发言，以便此等人如欲就所收集之迹象是否足够，以及就做出将嫌犯提交审判之裁判所取决之法律问题做综合结论时，能为之。

在检察院所主持的专案调查阶段内，主要是调查而非控告的性质①。

侦查阶段由检察院领导，其主要任务是通过各种调查活动查清案件事实，以做出是否提出控诉的决定。在侦查阶段，更多的活动体现为一种职权性质的"纠问式"调查活动，法官并不过多参与。只有在法律明确规定的情况下，如某些涉及人身权利、财产权利或隐私权的强制性处分措施时，才需要由预审法官适当介入。因此，正如 Manuel Leal-Henriques 教授所言，侦查阶段依循调查原则，大部分权力，即调查及控诉的权力，集中在检察院，仅当涉及公民的基本权利时（具有狭义上的审判性质的事宜），方适用审检分立原则，由预审法官主导进行②。

四 辩论原则

辩论原则（o princípio do contraditório），是指"给予各诉讼参与者对诉讼目标及其主要事项进行讨论的机会，以便各人可主张其认为对其有帮助的事实方面或法律方面的依据或理由，并让他方当事人得针对有关依据或理由提出驳斥或答辩"③。这一原则与审检分立原则密切相关。与审检分立原则一样，辩论原则来自《葡萄牙共和国宪法》第 32 条第 5 款的规定，即"刑事诉讼的起诉结构包括法庭审讯及其他法庭程序，法庭审讯采取涉讼双方对审制"。既然刑事诉讼采用审检分立之起诉结构，并且法庭审讯采用双方对审制，作为与控诉方对抗的嫌犯及其辩护人，自然应当被赋予辩护权。

（一）辩论原则的内涵

在审判过程中，嫌犯的辩护权应当得到充分的尊重，法官依职权或应声请做出决定前，都应该先让各有利害关系的诉讼主体就该问题发表意见或听取彼等陈述，然后才做出决定。在审判阶段中，辩论原则得到全面的适用，根据《澳门刑事诉讼法典》第 308 条，"就听证过程中出现的附随问题，由法院在听取就该等问题有利害关系的诉讼主体陈述后作出裁判"，"在听证过程

---

① 简志诚：《澳门刑事诉讼改革：依据及结构性原则》，《行政》1996 年第九卷总第 31 期。
② 〔葡〕Manuel Leal-Henriques：《澳门刑事诉讼法教程》（上册）（第二版），卢映霞、梁凤明译，法律及司法培训中心，2011，第 17 页。
③ 〔葡〕Manuel Leal-Henriques：《澳门刑事诉讼法教程》（上册）（第二版），卢映霞、梁凤明译，法律及司法培训中心，2011，第 26 页。

中提出的证据必须遵从辩论原则"。因此，整个审判听证程序都以辩论的形式进行。另外，在这一阶段，辩论原则的体现还可体现在《澳门刑事诉讼法典》第 341 条 "口头陈述"、第 342 条 "嫌犯的最后声明" 等中。

在预审阶段中，辩论原则的适用虽然受到一定的限制，但是除了上述所指的情况外，在此一阶段中，辩论原则还可适用于预审辩论之中（参阅《澳门刑事诉讼法典》第 280 条、第 281 条以及第 283 条第 3 款的规定）——在预审法官面前，允许检察院、嫌犯及辅助人以口头辩论的方法，就侦查阶段及预审阶段是否获得控罪事实的充分迹象进行辩论，从而确定是否足以对有关案件提起控诉。

侦查阶段属于前期阶段，为了避免嫌犯等利害关系人过早知悉检察院手中的证据材料，从而可能影响及危害证据的搜集，因此在这一阶段中辩论原则受到很大程度的限制。仅是在做供未来备忘的声明（《澳门刑事诉讼法典》第 253 条）以及是对嫌犯采用强制措施时才能体现。

（二）辩论原则之保障：法律帮助原则

刑事案件中的嫌犯往往并不通晓法律的具体规定，尤其是刑事诉讼程序的相关规定。在多数情况下，尤其是被审前羁押的情况下，刑事案件中的嫌犯无法有效行使法律赋予的辩护权。因此，为保障辩论原则之落实，必须依赖法律帮助原则。美国学者贝勒斯教授在其著作《法律的原则：一个规范的分析》中指出，根据法律帮助原则，人们有权聘请律师，而且对于重要的法律问题，国家应以公费为付不起律师费的人提供律师。聘请律师至少有以下三个好处。一是律师具有专业知识，能够弥补当事人知识的不足，避免对抗制诉讼下错误的发生。二是请律师可以减少直接成本，缩短案件的时间。律师关于当事人胜诉的可能性的权威意见会鼓励当事人和解，从而减少了直接成本。三是律师的代理可以带来某些程序利益，如使当事人更能富有成效地参与审判过程，有助于实现公正，使当事人更好地理解案件等[1]。

法律帮助原则已经成为当代各国刑事诉讼法中普遍认可并实施的原则。联合国《公民权利和政治权利国际公约》第 14 条第 3 款规定，"在判定对

---

① 〔美〕迈克尔·D. 贝勒斯：《法律的原则：一个规范的分析》，张文显等译，中国大百科全书出版社，1996，第 52~54 页。

他提出的任何刑事指控时，人人完全平等地有资格享受以下的最低限度保证……（乙）有相当的时间和便利准备他的辩护并与他自己选择的律师联络……（丁）出庭受审并亲自替自己辩护或经由他自己选择的法律援助进行辩护；如果他没有法律援助，要通知他享有这种权利；在司法利益有此需要的案件中，为他指定法律援助，而在他没有足够能力偿付法律援助的案件中，不要他自己付费。"1957 年联合国《囚犯待遇最低限度标准规则》第 93 条规定，未经审讯的囚犯为了准备辩护，而社会上又有义务提供法律援助的，应准申请此项援助，并准会见律师，以便商讨辩护，写出机密指示，交给律师。为此，囚犯如需文具，应照数供应。警察或监所官员对于囚犯与律师间的会谈，可用目光监视，但不得在可以听见谈话的距离以内。《欧洲人权公约》第 6 条第 3C 款规定，只要为了保护嫌疑人获得有效辩护的权利而明显需要指定辩护人时，检察官就有责任在审前提出指定辩护人的申请，法官有责任予以批准。

《美国联邦宪法修正案》第 6 条规定被告有接受法律帮助的权利，联邦最高法院据此解释为"如果辩护人不能提供有效的律师帮助，那将与没有辩护人无异"[1]。因此，被告人获得的法律帮助不是形式上的，而是确实有效的帮助。而如何判断律师的帮助是否有效，经过长期的争辩和演进，最终在 1984 年的 Strickland v. Washington 案[2]中形成比较明确统一的观点，即联邦最高法院指出未受到有效的律师帮助有三种类型：①辩护人造成的错误；②政府的干涉行为；③利益冲突。《德国刑事诉讼法》以专章的方式对辩护进行了规定。该法第 137 条规定，被指控人员可以在程序的任何阶段委托辩护人为自己辩护。该法第 140 条还规定了强制辩护的情形，但是德国法律中的强制并非是依据被告人的经济状况，而是出于理性程序的制度需要：只有在被告人有智力缺陷无法进行自我辩护，或者定罪将对被告人造成严重影响时，审判长需要为其指派辩护人。此外，《德国刑事诉讼法典》第 145 条第 1 款还规定了在强制辩护情况下，如果辩护人没有到庭参加审判，不合时宜地离开或者拒绝辩护时，审判长应该立即为被告人指定另外的辩护人。

在澳门，嫌犯有权获得法律帮助。《澳门基本法》第 36 条规定，澳门

---

① Evitts v. Lucey, 469 U. S. 387（1985），"A party whose counsel is unable to provide effective representation is in no better position than one who has no counsel at all".

② Strickland v. Washington, 466 U. S. 668（1984）.

居民有权诉诸法律，向法院提起诉讼，得到律师的帮助以保护自己的合法权益，以及获得司法补救。《澳门刑事诉讼法典》第50条明确规定，嫌犯应当被告知享有选任辩护人，或向法官请求为其指定辩护人的情形。法律还明确规定了必须为嫌犯指定辩护人的情形（详见本书第三章有关辩护人的论述部分）。在刑事诉讼程序中，也有若干法律条款来保障嫌犯及其辩护人辩护权的行使。

在2013年的《澳门刑事诉讼法典》修订中，还首次将盲人及未成年人纳入强制获得辩护人援助的范围（《澳门刑事诉讼法典》第53条第1款d项）。按照原《澳门刑事诉讼法典》的规定，未成年人在法律援助上没有获得其应有的特殊关照，无法获得全程的法律援助。在残疾人的群体中，也仅仅纳入了语言方面不便的聋人或哑人，没有包括同样对感知世界处于弱势的盲人群体。透过是次修改，如盲人及未成年人的嫌犯仍未委托或不委托辩护人，则法官为其指定辩护人，而律师属优先考虑的人选。扩大强制获得辩护的范围无疑有利于未成年人、盲人等嫌犯有效行使辩护权。

而且根据第1/2009号法律《增加第21/88/M号法律〈法律和法院的运用〉的条文》，在第21/88/M号法律《法律和法院的运用》中加入第4－A条"法律和法院的运用"，进一步扩大了有权获得法律帮助的适用范围。根据该条，所有人均有权运用法律，向法院提起诉讼，在任何程序及在有关程序的任何阶段中即使以证人、声明人或嫌犯身份亦可得到律师的帮助，以及获得司法补救；不得因经济资源不足而拒绝实现公正。并且所有人均有权取得法律信息和法律咨询、在法院被代理及由律师在没有和无须展示事先授权书的情况下陪同面对任何公共当局，特别是司法当局和刑事调查当局，不论其相对于有关当局的地位为何。因此，在刑事诉讼中，不仅嫌犯有权获得辩护人的帮助，被害人、辅助人、民事当事人、证人等，均有权获得律师的帮助，而且该律师可以在没有和无须展示事先授权书的情况下即可陪同其委托人面对司法当局及刑事调查当局。

但是在嫌犯行使辩护权的保障方面，还有一些方面可以考虑。例如，嫌犯接受讯问前的辩护权保障，尤其是在被首次讯问前的辩护权保障。虽然法律规定嫌犯享有沉默权，但在司法实践中，大多数嫌犯仍然会惧于司法当局或刑事警察机关的威严，或者急于为自己辩护而选择接受讯问。然而在讯问前是否可以咨询辩护人的意见，尤其是当其没有委托辩护人时能否咨询承担法律援助义务的辩护人的意见，法律并没有规定。根据《澳门刑事诉讼法典》第 50 条第 1 款 e 项，嫌犯有权在一切有其参与之诉讼行为中获得辩护人的援助；如已被拘留，则有权与辩护人联络，即使属私下之联络。根据该条规定，嫌犯在首次接受讯问前并没有向辩护人咨询的权利，至少没有明示嫌犯具有这一重要的权利。嫌犯在接受讯问前，尤其是被首次讯问前，往往对刑事诉讼程序比较陌生，心理状态相较于其他阶段更为惊恐、脆弱，更加需要辩护人的帮助。为此，建议在《澳门刑事诉讼法典》第 50 条第 1 款 c 项中增加一项，明确规定嫌犯"在接受任何实体的讯问前有权咨询辩护人的意见，如无委托，则有权获得指定辩护人之援助"。同时，可以增加被讯问前强制获得辩护人援助的内容，如嫌犯在接受讯问前要求向辩护人咨询，并且没有委托辩护人的，实体应当为其提供免费的辩护人。

再如，有关嫌犯被讯问时的强制辩护。在立法会第三常设委员会关于《澳门刑事诉讼法典》修改的意见书中，曾提到增加"进行讯问期间强制由辩护人援助"的内容，并且援引葡萄牙刑事诉讼法的规定[1]作为比较法的参考。提案人没有同意这一建议，理由是"嫌犯的自主和自我责任优先"，以免辩护人的强制出席。对这一问题，可以考虑采用《澳门刑事诉讼法典》第 129 条"对被拘留之嫌犯进行首次非司法讯问"中为嫌犯提供法律援助的立法技术，即"仅当嫌犯在被告知其享有之权利后，要求由辩护人援助时，辩护人方得援助之"。这样既能够保证被讯问的嫌犯需要辩护人协助时能够获得免费的法律援助，又避免了提案人所指之"对嫌犯自主和自我责任"的减损和侵犯。

第三节　关于刑事诉讼进行的原则

一　程序公开原则

公开原则（o princípio da publicidade）要求所有的诉讼行为均须遵守公

---

[1] 《葡萄牙刑事诉讼法典》第 64 条第 1 款 a 项及 b 项规定，对被拘留或拘禁之嫌犯进行讯问时，以及在司法当局对嫌犯进行讯问时必须有辩护人的援助。转引自《澳门特别行政区立法会第三常设委员会第 3/ IV/2013 号意见书》，第 50 页。

开性的规定，特别是辩论和审判听证行为。否则有关行为依据法律规定可能会被视为不可补正之无效，例如听证[①]。恪守公开原则是最能排除公众对审判公正性的疑虑的模式。"程序的公开是消除对实现刑事司法公正及所作决定的独立性及无私性而产生的任何不信任因素的最佳方法。"[②]

（一）程序公开原则的理论基础

刑事程序公开原则是民主社会中人民享有知情权的必然要求。知情权起源于新闻记者的口号和愿望，并被各国的法律所确认。1951年，芬兰颁布了《文件公开法》，规定将情报公开作为政府的一项义务，把人民的知情权从新闻报道的自由权中分离出来，作为一项独立的权利予以确认。1966年，美国颁布了《情报自由法》，1976年又颁布了《阳光下的政府法》，确认了公民有了解政府会议、情报的权利。《葡萄牙共和国宪法》第37条规定："每个人都有权以文字、图像或任何其他手段表达和发表其观点，并不受阻碍、不受歧视地获得情报。"由于刑事程序公开为当事人和社会公众了解国家权力在刑事司法领域的运作状况提供了前提，所以保障了人民对刑事程序的知情权。

同时，程序公开是诉讼公正的基本标准和要求，也是公众对司法保持信任的保障。英国有句古老的法律格言"正义不但要伸张，而且必须眼见着被伸张"（justice must not only be done, but must be seen to be done）。这并不是说，眼不见就不能接受，而是说"没有公开则无所谓正义"[③]。边沁（Jeremy Bentham）曾经说过，在审判程序完全秘密时，法官将是既懒惰又专横……没有公开性，其他一切制约都无能力。和公开性相比，其他各种制约都是小巫见大巫[④]。1957年，英国弗兰克斯委员会在行政裁判所和公开调查的报告中指出，为了达到裁判上的公平，一切裁判所的活动必须以三个原则为指导，即公开、公平和无偏私。在这三个原则中，公开原则列为第一位[⑤]。经验表明，权力滥用、擅断、司法腐败总是与"暗箱操作"联系

---

① 根据《澳门刑事诉讼法典》第302条第1款："审判听证须公开，否则为不可补正之无效，但主持审判听证之法官决定排除听证之公开性或对听证之公开作出限制者，不在此限。"
② 〔葡〕Manuel Leal-Henriques：《澳门刑事诉讼法教程》（上册）（第二版），卢映霞、梁凤明译，法律及司法培训中心，2011，第33页。
③ 〔美〕伯尔曼：《法律与宗教》，梁治平译，生活·读书·新知三联书店，1990，第48页。
④ 王名扬：《美国行政法》，中国法制出版社，2005，第433页。
⑤ 杨一平：《司法正义论》，法律出版社，1999，第177页。

在一起的。没有公开性和透明度的程序，无疑难以使人相信其公正性。因此，从某种意义上说，程序公开即为程序公正的内在要求。

（二）有关程序公开原则的法律规定

程序公开作为世界各国普遍认可的诉讼原则，在联合国文件、各国宪法、刑事诉讼法中都有体现。联合国作为在国际事务中最具有权威性的国际组织，其制定、认可或倡导的有关刑事司法的标准、规范和政策得到世界各国的普遍遵行或者认可。因此，联合国文件中强调的程序公开原则，也受到世界各国立法和司法的关注。联合国《世界人权宣言》第 10 条规定："人人完全平等地有权由一个独立而无偏倚的法庭进行公正的和公开的审讯，以确定他的权利和义务并判定对他提出的任何刑事指控。"联合国《公民权利和政治权利国际公约》第 14 条规定，在判定对任何人提出的任何刑事指控或确定他在一件诉讼案中的权利和义务时，人人有资格由一个依法设立的合格的、独立的和无偏倚的法庭进行公正的和公开的审讯。

英美法系国家的宪法或宪法性文件都强调刑事程序的公开性。譬如，《美国联邦宪法修正案》第 1~10 条及第 14 条规定了公民的权利。其中第 5 条确认了大陪审团审理、免受双重危险、不得强迫自证其罪及正当程序等；第 6 条更为具体地就刑事程序中被追诉人享有的权利做了规定，其中包含了许多关于程序公开的规定。即在一切刑事诉讼中，被告人均有权得到"公正陪审团予以迅速和公开的审理"，有权"被告知控告的性质和原因"，"并取得律师帮助其辩护"，以及有权"同反对他的证人对质"并"以强制程序取得对其有利的证人"。

大陆法系国家也都遵循公开原则。《法国刑事诉讼法典》第 306 条规定：辩论应当公开进行。但公开对社会秩序或者道德风俗存有危险的除外。在此情况下，法庭应当做出裁决，当庭宣布。《德国法院组织法》第 169 条规定了审判程序公开制度，同时也规定了"间接的公开"，即言词或者书面对审判程序的报道。《日本国宪法》第 82 条规定，"法院的审讯及判决在公开法庭上进行"。《日本刑事诉讼法典》第 337 条第 3 项规定：违反有关公开审理的规定，是绝对的上诉理由。此外，在不断进行的改革中，审判前的程序也增加了透明度。传统上，大陆法系采取预审秘密原则，但这种状况也在发生变化，尤其是随着律师介入侦查阶段的法律保障的不断强化，其侦查程序已经具有相当的透明度。

在澳门，审判阶段奉行公开原则。《澳门刑事诉讼法典》第 76 条第 1 款规定，"刑事诉讼程序自作出起诉批示时起公开，或如无预审，则自作出指定听证日之批示时起公开，否则刑事诉讼程序无效，而在此之前须遵守司法保密原则"。

（三）程序公开原则的例外

程序公开作为刑事诉讼原则，其适用也有例外。程序公开是一般原则，在某些特殊情况下，为了维护法律所保护的特殊利益的需要，程序公开的范围或者公开度要受到限制，以保证程序公开原则的合目的性。联合国《公民权利和政治权利国际公约》第 14 条第 1 款规定："由于民主社会中的道德的、公共秩序的或国家安全的理由，或当诉讼当事人的私生活的利益有此需要时，或在特殊情况下法庭认为公开审判会损害司法利益而严格需要的限度下，可不使记者和公众出席全部或部分审判；但对刑事案件或法律诉讼的任何判决应公开宣布，除非少年的利益另有要求或者诉讼系有关儿童监护权的婚姻争端。"在英国，庭审一律公开，而且报刊可以报道全部情况，但以下情况除外：①少年就猥亵、强奸等罪行做证时，法庭可以命令除法庭官员、对方当事人及其律师以及善意的（bona fides）新闻采访人员外，一律离庭；②儿童除出庭做证外不得旁听；③法律上规定有关国家秘密等案件审理时不公开；④有关性犯罪案件的审判，法官认为不宜公开的部分不公开审理；⑤法庭可向扰乱法庭秩序的旁听者提出警告或驱逐其出庭，必要时可以以藐视法庭罪加以论处①。根据《美国联邦刑事诉讼规则》第 16 条，在由政府方透露证据时，除被告人陈述、被告人的先前记录和检查、试验报告以外，该规则未授权透露或检查由政府检察官或其他政府机构制作的与案件的侦查、起诉有关的报告、备忘录或其他政府内部文件；或者除《美国法典》第十八编第 3500 条规定的内容外，由政府方证人或预期的政府方证人所做的陈述；或者除法律另有规定外，透露或检查大陪审团的记录程序不适用该条所规定的政府方透露证据规则。需要指出的是，这些例外规定，只是在公开的范围或者公开度上做出了特别规定，并不意味着刑事程序可以秘密进行或者暗箱操作。在德国，为了促进少年犯罪人的改造，未成年人审判时不公开（《少年法院法》第 48 条

---

① 程味秋、周士敏：《论审判公开》，《中国法学》1998 年第 3 期。

第1款）。即使在成年人的审判中，如果涉及一定的敏感问题，法庭也可以禁止公众——包括媒体记者——参与部分审判。例如，当审判公开会危及公众道德以及国家或证人的安全，涉及商业秘密或者医生、律师及其他特权证人的职业秘密时，或者当法庭听取不满16周岁的证人陈述时，则应当禁止公开审判（《法院组织法》第172条）。为了保护证人和被害人隐私也可以禁止公开审判（《法院组织法》第171b条）①。

在澳门，程序公开原则也有其例外规定。第一，侦查阶段一般不予公开。这是由于在侦查阶段中，存在调查犯罪和保全证据的需要和考虑。因此，为了保证诉讼程序能够顺利进行，侦查阶段一般不予公开。在这一阶段，有利害关系的诉讼主体仅能知悉其参与的诉讼行为的内容。第二，如果依据该等事实或具体情节可以推定让公众旁听诉讼行为，将对人的尊严或公共道德又或对该诉讼行为的正常进行造成严重损害，则法官可以批示决定对公众的自由旁听做出限制，或决定有关诉讼行为或其中一部分不公开进行。检察院、嫌犯或辅助人也可以声请要求法官做出上述的限制，或决定诉讼行为的全部或部分不公开进行。另外，如果有关刑事案件属于审理贩卖人口罪或涉及被害人为未满16岁的性犯罪，则诉讼行为一般不公开进行（《澳门刑事诉讼法典》第76~80条）。

二　程序参与原则

程序参与原则是指程序所涉及利益的人或者他们的代表，包括嫌犯、辅助人、附带民事诉讼的当事人等，均能够参加诉讼，对与自己的人身、财产等权利相关的事项，有知悉权和发表意见权。国家有义务保障当事人的程序参与权。程序参与原则的实质要求，就是应当为程序所涉及其利益的人提供陈述意见的机会。

（一）程序参与原则的功能

程序参与原则作为贯穿刑事诉讼始终的基本性原则，在诉讼中发挥着重要的作用。具体说来，程序参与原则具有以下几方面的功能。

---

① 〔德〕托马斯·魏根特：《德国刑事诉讼程序》，岳礼玲、温小洁译，中国政法大学出版社，2004，第136页。

首先，程序参与原则是主体性理论在刑事程序中的反映，也为当事人的主体地位提供了保障。现代意义的刑事诉讼使得被追诉人从诉讼客体的角色中解放出来，成为具有诉讼权利并承担相应义务的诉讼主体；在世界范围内强化被害人保护的呼声中，被害人也不再是被刑事程序遗忘的人①。作为诉讼主体，自然要参与该程序过程；而由于程序参与原则的保障，当事人的主体地位落到了实处。可以说，程序参与原则体现了诉讼中的人权保障观念和诉讼的进步。

其次，程序参与原则是实现诉讼公正、维持诉讼平衡的需要。维系程序的诉讼构造，应当尽可能使控辩双方力量保持均衡，并保障诉讼双方平等或者对等的诉讼权利。刑事案件以公诉为原则，在公诉案件中由力量相对强大的公诉机关对公民个人进行追诉，容易造成力量的失衡和侵犯公民权利的情况。程序参与原则使得诉讼能够在追诉犯罪的基础上兼顾处于相对弱势的被追诉方和被害人的利益，赋予被追诉方和被害人参与诉讼、陈述意见的权利，从而可以避免出现追诉机关单方面影响法院判断的情况，使法院能在控辩双方的平等对抗关系中做出中立的裁断。

最后，程序参与原则是增强司法的权威和信力的要求和保障。程序参与原则要求与案件有切身利害关系的当事人能够参与诉讼，充分了解案件进展情况，提出自己的意见，并对某些诉讼中的事项具有选择权或者决定权。由于充分尊重了当事人参与权并听取了其意见，所以这种程序的结果往往比较容易被当事人接受，也容易吸纳社会对于司法的不满和抵触情绪，及时息讼止争。可以说，程序参与原则对于增强司法的权威和信服力，尽快恢复被犯罪破坏的社会秩序，起着重要的作用。

（二）强制性处分决定过程中的程序参与

在进行有关人身、财产等权利的强制性处分时，应当保障该程序涉及其利益的人的程序参与权。在两大法系国家中，除法律明确规定的特殊情况外，强制性处分的决定和实施都应当保障当事人的参与。

在英美法系国家，进行强制性处分，如搜查、扣押、逮捕等，应当保障当事人的程序参与权。在英国，根据《警察与刑事证据法》第28条第1款，被逮捕者同时必须被告知逮捕的理由，即使理由非常明显。无论是由

_____

① 宋英辉：《刑事诉讼目的论》，中国人民公安大学出版社，1995，第128～142页。

警官还是由平民所做出的无证逮捕，只有当它是基于被捕人已经被告知的指控（除非具体情况使他必然知道所指控的犯罪的实质）时才被认为是合法的。法官在决定是否羁押被逮捕人时，要听取被逮捕人及律师的意见。在美国，被捕人对其被捕的理解是逮捕合法的一个重要条件①，以保障被逮捕人的知悉权。而且大多数司法区的制定法或法院规则都要求被捕人应当被"无不必要迟延地"②带到治安法官面前，即"首次到庭"。在"首次到庭"中，应当告知嫌疑犯他享有的权利和进行"米兰达忠告"。如果负责逮捕的警察在嫌疑人出庭之前予以讯问，他也必须告知其"米兰达忠告"。如果没有告知"米兰达忠告"，该嫌疑人的供述将不会被法庭采纳。当联邦和州的制定法要求实施逮捕或搜查时，警官在闯入住宅之前应宣布其目的与受权，目的是让逮捕和搜查得到自动的服从和避免暴力③。因此，被捕人有权参与逮捕审查程序，了解其被捕的理由和自己享有的诉讼权利，陈述意见或者保持沉默。

大陆法系的情况也是如此。在法国，2000 年 6 月 15 日第 2000 - 516 号关于加强保障无罪推定和被害人权利的法律设立了自由与羁押法官，取代了先行拘押中的预审法官，以避免由预审法官行使羁押决定权导致的角色冲突；同时，该法在保持侦查和预审秘密原则的同时，还通过建立一些公开化的窗口就所控罪行和辩护理由进行公开的和对审的辩论。因此，先行羁押由共和国检察官在其立案侦查意见书中提出要求，或者也可以在其补充侦查意见书中提出要求。经过预审法官的审查，若预审法官打算对受审查人实行先行羁押，应当做出一项说明理由的旨在申请羁押的裁定，并将案卷连同检察官的意见书移送自由与羁押法官（《法国刑事诉讼法典》第 137 - 1 条第 4 款）。预审法官在其裁定中还应指明在他看来是否应当排除公开辩论。若预审法官不打算（按照共和国检察官提出的要求）将案卷送交自由与羁押法官，则应当立即做出一项说明理由的裁定，并向共和国检察官通知这一裁定（《法国刑事诉讼法典》第 137 - 4 条）。重罪案件以及当处

---

① 在美国，实施逮捕必须具备四个基本要件：逮捕的目的、逮捕的权力、抓捕与拘禁、被捕人对其被捕的理解。

② 在联邦和大多数州的诉讼中，如果嫌疑人在治安法官面前出庭的时间延误超过 6 个小时，则需要考虑被告人的有罪陈述是否出于真实的意愿。其他的司法区没有具体规定小时数，但是会考量案件的相关情况来逐案决定这种延误是否有必要。

③ Steven L. Emanuel, *Criminal Procedure*, 29th Edition, Wolters Kluwer Law and Business, 2012, p. 43.

10 年监禁刑的轻罪案件，检察官可以直接向自由与羁押法官提出（羁押）申请（《法国刑事诉讼法典》第 137 条第 4 款），如果自由与羁押法官打算对当事人实行羁押，则告知当事人只有在经过羁押庭对席辩论之后才能做出决定，同时告知当事人有权请求给予准备辩护的时间。自由与羁押法官还应告知当事人有权得到律师的协助。当事人聘请的律师或者依职权为其指定的律师须立即经过任何途径得到通知（并在笔录上做出记载）。（羁押庭）开庭后，律师可以当场查阅案卷，并且可以自由地同当事人交换意见。在对席辩论中，检察院提出其意见和要求，当事人或其律师可以做出陈述。如果从笔录中可以看出辩论并未按照法律规定的条件对席进行，就先行拘押做出的裁定应当被撤销。如果受审查人或其律师提出请求，要求给予一个准备辩护的期限，自由与羁押法官应将案件推迟至下一次开庭审理，推迟期间不得超过 4 个工作日。对这一决定不允许向上诉法院提出上诉。自由与羁押法官在做出这一决定的同时还须做出另一项裁定，规定在相同期间内对受到指控的人实行关押。自由与羁押法官最终做出决定羁押当事人即引起预审法官此前做出的实行司法监督的裁定失去效力；如果自由与羁押法官也拒绝羁押当事人，检察官可以在该决定通知起 5 日内向上诉法院预审庭提出上诉。而且对先行羁押的裁定，当事人可以向上诉法院上诉①。

在德国，刑事诉讼强制措施被认为是对公民基本权利的侵犯，包括：对人格自由权的侵犯，如拘提命令、逮捕、羁押等；对生理不得侵犯之权利之侵犯，如抽验血液、脑波测验；对财产权的侵犯，如扣押；对住宅权的侵犯，如搜查；对邮电通讯秘密权的侵犯；对职业自由权的侵犯，如暂时的职业禁止；对资讯自主权的侵犯，如资料比对、科学仪器的使用、布建秘密侦探等②。司法机关在进行这些侵犯公民基本权利的诉讼行为时，除因诉讼进行的需要依法不宜告知的外，应当保障当事人的知悉权及发表意见的权利。譬如，《德国刑事诉讼法典》第 114a 条规定，执行逮捕时，要对被指控人宣布逮捕令。无此可能的，应对他暂时宣布所被怀疑的行为。这是保障当事人知悉权的规定。《德国刑事诉讼法典》第 115 条规定，根据逮捕令逮捕被指控人后，应当不迟延地向法官解交。如需延长，则最迟延长至逮捕后的次日（《德国刑事诉讼法典》第 128 条第 1 款）。法官在讯问

---

① 〔法〕贝尔纳·布洛克：《法国刑事诉讼法》，罗结珍译，中国政法大学出版社，2009，第406 页。

② 〔德〕克劳思·罗科信：《刑事诉讼法》，吴丽琪译，法律出版社，2003，第 273 页。

时，应当向被告人告知对他不利的情况，告诉他有权对指控做出陈述或者对案件保持缄默。法官要给予被指控人消除嫌疑、获知逮捕理由以及提出对自己有利的事实的机会。《德国刑事诉讼法典》第 118a 条规定，在进行羁押复查时，除非被指控人舍弃在场机会，或者因路途遥远，被指控人患病或者因其他不可排除的障碍与此相抵触，应将被指控人带到法院审理。审理时要听取在场参加人的意见。

日本将侦查分为任意侦查和强制侦查。在强制侦查的有关规定中，也有保障当事人程序参与权的内容。司法警察员拘留犯罪嫌疑人时，为了保护犯罪嫌疑人的利益，法律有三点要求：①告知与拘留事由有关的犯罪事实要点；②告知可以选任辩护人；③给予辩解的机会。其中，①和②是直接或者间接地以《日本国宪法》第 34 条前半部分为根据的。在听取辩解后，认为没有羁押必要时，司法警察员必须释放犯罪嫌疑人①。再如，在羁押中，被羁押的人可以对批准羁押请求的裁判声请"准抗告"。而且，在羁押中还设有告知羁押理由程序。被羁押的人等可以请求告知羁押的理由。如果提出该请求，应在被羁押人及其辩护人出庭的公开的法庭上，由审判长告知羁押理由。对此，被羁押人有权陈述意见②。

在澳门，有关强制性处分的做出同样允许当事人的参与。例如，《澳门刑事诉讼法典》对于针对人身的强制措施的决定和变更过程中的当事人程序参与权予以充分保障。《澳门刑事诉讼法典》第 128 条"对被拘留之嫌犯进行首次司法讯问"规定，"不应立即被审判之被拘留嫌犯，由预审法官讯问，该讯问须在将该嫌犯送交该法官并指明拘留之理由及作为拘留依据之证据后立即为之，最迟不得超逾拘留后四十八小时"。只有经过言词形式的讯问，法官方得决定是否采取审前羁押的强制措施。又如，《澳门刑事诉讼法典》第 203 条规定了对强制措施的上诉，指出法院做出的采用或维持强制措施的裁判均得上诉，并且上诉法院须在收到卷宗后 30 日内做出审判。而且根据《澳门刑事诉讼法典》第 204 条及第 206 条的规定，被非法拘留或非法拘禁的当事人有权申请人身保护令。再如，《澳门刑事诉讼法典》也针对财产、隐私权等的强制性处分措施，如搜查、搜

① 〔日〕松尾浩也：《日本刑事诉讼法》（上卷），丁相顺译，中国人民大学出版社，2005，第 59 页。
② 〔日〕土本武司：《日本刑事诉讼法要义》，董璠舆、宋英辉译，五南图书出版公司，1997，第 149～151 页。

索、监听等措施，规定了当事人的程序参与权。《澳门刑事诉讼法典》第160 条 "搜查之程序" 及第 161 条 "搜索之程序" 均规定，在司法当局进行搜查、搜索时，被搜查或被搜索人可以指定其信任且到场不会造成耽搁之人于搜查或搜索时在场。而且根据《澳门刑事诉讼法典》第 163 条的规定，被扣押人对检察院的扣押决定有权向预审法官提出申诉，而且被扣押人还可以根据《澳门刑事诉讼法典》第 389 条对预审法官的扣押决定提出上诉。《澳门刑事诉讼法典》第 173 条规定，如采用电话监听，则嫌犯、辅助人以及谈话被监听之人，均得查阅有关笔录，以便能完全了解笔录与录音内容是否相符，并得缴付费用，以获取笔录中有关资料之副本。

（三）当事人对检察院控诉决定的程序监督权

在英美法系国家，检察官在起诉与否的问题上享有很大的自主权，但在此过程中，仍有当事人的参与。其中，最为典型的当属辩诉交易程序。在美国，有大约 90% 的案件都是通过辩诉交易解决的。被告方通过辩诉交易做出了有罪答辩，即意味着放弃了法庭审判的权利。但是被告方可以通过进行以下几种有罪答辩的方式与检察官进行交易：①在与检察官达成协议的前提下，被告方对一个比现有证据能够证明的更为轻微的指控做出有罪答辩；②被告方做出承认最初的指控的答辩，但作为交换条件，检察官必须给予关于量刑的许诺；③被告方对一个指控做出承认有罪的答辩，而检察官则承诺撤销或不予起诉其他指控。可见在美国的刑事诉讼程序中，被告方的参与权非常广泛并具有实质意义。而且辩诉交易中被告方在做出有罪答辩前，享有一系列的权利保障，以保证其答辩是自愿且明知的，不是刑讯逼供或者程序违法的结果。在辩诉交易的进行过程中，被害人也有一定程度的参与。在美国，被害人参加辩诉交易并非其宪法性权利，但检察官在进行辩诉交易前，通常要征求被害人关于辩诉交易的意见，被害人则通过其在法庭上的做证来迫使检察官听取其意见。还有些州规定，辩诉交易的进行必须征得被害人的同意。因此，在起诉与否的问题上，虽然检察机关享有非常充分的裁量权，但当事人对于如何起诉、起诉的罪名和事实方面都有参与并陈述意见的权利。

在大陆法系国家，法国刑事诉讼中的被害人可以通过一定的途径启动公诉，如直接传讯程序和成为民事当事人程序。《法国刑事诉讼法典》第 1

条第 1 款规定：为适用刑罚之公诉由司法官或法律授权公诉的官员发动与进行。公诉亦可由受到损害的当事人依该法典规定的条件发动之。而且根据法国法律的规定，受害人通过在法院成为民事当事人之途径向刑事法院预审法庭提起民事诉讼之后，如果法律要求的各项手续均符合规定，即使这时检察机关尚未发动公诉，民事当事人向预审法官提起民事诉讼，也可以产生发动公诉的效果，并且受害人也由此成为刑事诉讼的当事人之一①。因此，在起诉与否的问题上，被害人享有参与权，通过参与诉讼，提起民事诉讼，达到启动和制约公诉的目的。

在德国，对于轻微案件不予追究和暂缓起诉的案件，需要征求被诉人或者被指控人的同意。《德国刑事诉讼法典》第 153 条规定，已经提起公诉的案件，如果行为人责任轻微，不存在追究责任的公众利益的，经检察院、被诉人同意，法院可以在程序的任何一个阶段停止程序。其第 153a 条规定，经负责开始审理程序的法院和被指控人同意，检察院可以对轻罪暂时不予提起公诉，同时要求被告人承担一定的义务。因此，法院在中止已经提起公诉的案件和检察院暂时不予提起公诉时，都需要相关当事人的参与，陈述自己的意见，并且该意见必须得到尊重。对于不起诉的案件，也要求当事人参与相关程序，尤其是被害人的参与。

在德国，还有强制起诉程序，即"促使被害人对检察机关就法定原则的遵行，得以经由另一独立的法院来加以审查"②的程序。《德国刑事诉讼法典》第 171 条规定，检察院不支持要求提起公诉的申请或者侦查终结后决定停止程序时，应当通知告诉人，同时阐明理由。告诉人如果同时又是被害人的时候，在通知书中要向他告知可以声明不服的可能性和对此规定的期限。《德国刑事诉讼法典》第 172 条即具体规定了此种可能性，也就是强制起诉程序：告诉人同时又是被害人的时候，若不服第 171 条的通知，则有权在通知后的两周内向检察院的上级官员抗告。不服检察院上级官员的拒绝裁定时，告诉人可以在通知后一个月内申请法院裁判。《德国刑事诉讼法典》第 175 条还规定，如果法院听取被指控人陈述后，认为申请正当时，裁定准予提起公诉。裁定由检察院负责执行。因此，虽然是否起诉在德国受到起诉法定原则和起诉便宜原则的调整，但在此过程中仍有

---

① 〔法〕贝尔纳·布洛克：《法国刑事诉讼法》，罗结珍译，中国政法大学出版社，2009，第 170 页。

② 〔德〕克劳思·罗科信：《刑事诉讼法》，吴丽琪译，法律出版社，2003，第 370 页。

当事人的参与，其享有知悉案件的相关情况和发表意见的权利，也有制约公诉权的途径。

在俄罗斯，被害人在审前阶段也享有充分的程序参与权。根据《俄罗斯刑事诉讼法典》第42条的规定，被害人可以经侦查员或调查人员许可参加根据他的请求或者他的代理人的请求进行的侦查行为；可以了解在他参与下进行的侦查行为的笔录并在笔录上提出意见；在审前调查结束时了解刑事案件的全部材料、摘抄其中的任何材料的任何部分、复制包括采用技术手段复制刑事案件材料。在俄罗斯，还有其他的一些规定，保障被追诉人的程序参与权。《俄罗斯刑事诉讼法典》第47条规定，犯罪嫌疑人可以经侦查员许可参加根据其请求或其辩护人或法定代理人的请求进行的侦查行为，了解这些侦查行为的笔录并在笔录上提出意见；可以在审前调查终结时了解刑事案件的全部材料并摘抄其中任何材料的任何部分。因此，在审前阶段，犯罪嫌疑人和被害人的程序参与权都通过当事人参加一定的侦查行为并了解案件材料等方式得到了切实的保障。

在日本，对于不起诉处分不服的当事人，有多种救济途径。一是检察审查会制度。告诉人、告发人、请求人或被害人对不起诉处分不服时，可以向做出不起诉处分的检察官所属的检察厅所在地的管辖检察审查会，提出审查该处分是否适当的申请。审查会做出应予起诉、不起诉不当或者不起诉适当的决议后，检察官可以以决议作为进行重新侦查的依据，只要认为应当起诉时，就应进行起诉的程序。二是准起诉程序（交付审判程序），这是关于滥用职权的犯罪由法院实行公诉的程序。检察官就告诉或者告发的犯罪做出不起诉处分，告诉人或者告发人对该处分不服时，可以请求该检察官所属检察厅所在地的管辖地方法院将案件交付法院审判。法院经审理，认为请求有理由时，则应当裁定将案件交付管辖地方法院审判。已做出该裁定时，即视为已经提起公诉。此种情况下的公诉，由律师进行。三是向上级检察厅提出不服申请。案件的利害关系人对检察官不起诉决定不服的，可以向行政上指挥监督做出处分的检察官的上级检察厅的首长，提出要求撤销该处分的申请①。

在澳门，当事人对于检察院是否控诉的决定也有充分的程序参与权，

---

① 〔日〕松尾浩也：《日本刑事诉讼法》（上卷），丁相顺译，中国人民大学出版社，2005，第152～160页。

预审程序也从制度上保障了当事人对检察院控诉决定的程序监督权。例如，对于检察院依职权做出的归档①决定，以及经检察院建议并经预审法官决定的"免除刑罚的归档"②决定，必须告知嫌犯、辅助人（关于辅助人与被害人之关系，参见本书第三章）、具有正当性成为辅助人之检举人、被害人、民事当事人及在有关诉讼程序中曾表示有提出民事损害赔偿请求意图之人。对归档批示，得向直接上级提出异议。而且对于经预审法官决定的"免除刑罚的归档"，预审法官在做出免除刑罚的归档决定前，须听取辅助人的意见，在预审程序中做出该项决定的，还应当再征得检察院及嫌犯同意，且听取辅助人意见。根据《澳门刑事诉讼法典》第 262 条第 3 款，对于免除刑罚的归档批示，辅助人或在提起上诉的声请中成为辅助人之人均可提出上诉。在诉讼程序暂时中止的程序中，根据《澳门刑事诉讼法典》第 263 条，只有经嫌犯、辅助人、曾在提出检举时声明欲成为辅助人且具有正当性成为辅助人之检举人及未成为辅助人之被害人同意，检察院才可以向预审法官建议，通过对嫌犯施加强制命令及行为规则，暂时中止诉讼程序。

预审程序仅在嫌犯或辅助人在法律规定的条件下提出申请方可进行。根据《澳门刑事诉讼法典》第 269 条，嫌犯可针对检察院做出的控诉决定提出预审，要求预审法官重新审查控诉决定。《澳门刑事诉讼法典》第 269 条及第 270 条则规定，辅助人可以针对检察院做出的归档决定，或者当检察院仅针对部分事实提出控诉而辅助人拟加入构成事实实质变更的新的事实时，针对检察院做出的控诉决定提出申请预审，由预审法官审查是否应当起诉，以及就何种事实起诉。预审程序的设置，旨在于司法层面上，客观地核实相关的控诉或归档批示是否恰当，即针对检察院就犯罪迹象及前提要件所做出的终局决定做出司法决定③。正如《澳门刑事诉讼法典》第 268

---

① 《澳门刑事诉讼法典》第 259 条"侦查之归档"规定，一经收集足够证据，证明无犯罪发生，或嫌犯未以任何方式犯罪，又或提起诉讼程序依法系不容许者，检察院须将侦查归档。如检察院未能获得显示犯罪发生或何人为行为人之充分迹象，侦查亦须归档。

② 《澳门刑事诉讼法典》第 262 条"属免除刑罚情况之归档"规定，如属针对刑法明文规定属可免除刑罚之犯罪之诉讼程序，而检察院认为免除刑罚之各前提均成立者，则检察院经听取辅助人意见，以及听取曾在提出检举时声明欲成为辅助人且具有正当性成为辅助人之检举人意见后，得向预审法官建议将有关卷宗归档。如已提出控诉而上款所指之各前提均成立，则预审法官在预审进行期间，经检察院及嫌犯同意且听取辅助人意见后，得将有关卷宗归档。

③ 〔葡〕Manuel Leal-Henriques：《澳门刑事诉讼法教程》（上册）（第二版），卢映霞、梁凤明译，法律及司法培训中心，2011，第 33 页。

条第 1 款所言，预审的目的在于"对提出控诉或将侦查归档的决定做出司法核实"。通过预审，嫌犯和辅助人有权要求预审法官对检察院做出的控诉或归档决定进行司法复核，从而实现对检察院做出的控诉或归档决定的监督，在控辩双方在场的预审辩论中发表对案件的看法，维护自己的合法权益。

（四）审判过程中的程序参与权

审判阶段是刑事诉讼中对抗因素最为明显的阶段，在该阶段，控辩双方参与诉讼，并在平等对抗的前提下发表对案件的意见。

在英美法系国家，实行当事人主义诉讼构造，诉讼程序主要由双方当事人推动进行，当事人在审判阶段的程序参与权得到充分体现，如参加法庭审判的权利、对陪审员提出回避的权利、申请调查证据和参与证据调查的权利等。在美国，被告方有要求直接裁决的权利，要求法官认定起诉方并没有出示支持罪行各个要件的证据，唯一的公正裁决只能是宣告无罪。如果法官拒绝了直接裁决的动议，则被告方有权在继续进行的诉讼中出示证据[1]。另外，随着 20 世纪 70 年代被害人权利运动的发展，被害人在刑事诉讼中的权利和需求也得到更多的关注。2004 年布什总统签署了《所有行为的正义法案》（Justice for All Act of 2004），其内容有关联邦刑事司法程序并且包括被害人权利法案《黛比·史密斯法案》（Debbie Smith Act）、《DNA性侵犯司法法案》（DNA Sexual Assault Justice Act）、《无辜者保护法案》（Innocence Protection Act）。这一立法确立了被害人免于被控告的权利、及时获得庭审信息的权利、参与刑事诉讼的权利等，同时也保证了在联邦法院受理的案件中的所有被害人享有提供影响性陈述[2]的权利[3]。

大陆法系国家实行直接、言词原则，要求当事人直接参与刑事案件的庭审[4]，规定了审判阶段当事人的参与权，如申请调取证据的权利、申请鉴

---

[1] 〔美〕爱伦·豪切斯泰勒·斯黛丽、南希·弗兰克：《美国刑事法院诉讼程序》，陈卫东、徐美君译，中国人民大学出版社，2002，第 533 页。

[2] 被害人的影响性陈述（victim impact statement, VIS），是由被害人或者被害人的家庭在量刑阶段向法院提供的关于被害人所遭受的身体上、精神上及经济上的损伤。被害人的影响性陈述对定罪过程不产生影响，被害人在其影响性陈述中也可以提出损害赔偿要求。

[3] 缪爱丽：《美国的被害人影响性陈述制度研究》，《法律适用》2012 年第 4 期。

[4] 也有法定例外情况。在具有法定情况时，在不妨碍当事人辩护权的情况下，也可以在被告人不出庭或者令其退庭的情况下进行案件审理。但是，应当有其律师在场。

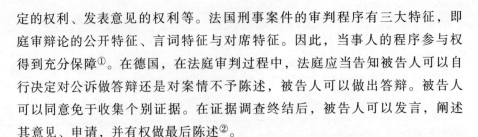

定的权利、发表意见的权利等。法国刑事案件的审判程序有三大特征，即庭审辩论的公开特征、言词特征与对席特征。因此，当事人的程序参与权得到充分保障①。在德国，在法庭审判过程中，法庭应当告知被告人可以自行决定对公诉做答辩还是对案情不予陈述，被告人可以做出答辩。被告人可以同意免于收集个别证据。在证据调查终结后，被告人可以发言，阐述其意见、申请，并有权做最后陈述②。

上述大陆法系国家当事人享有的审判过程中的权利，如申请调取证据的权利、申请鉴定的权利、查阅案卷的权利、发表意见的权利等，澳门的当事人均依法享有。辅助人有权提起自诉，如非经自诉不得进行刑事程序，则侦查完结后，检察院须通知辅助人，以便其于 10 日内提出自诉（《澳门刑事诉讼法典》第 267 条）。根据《澳门刑事诉讼法典》第 266 条，澳门的被害人还可以在申请成为辅助人后，在就检察院之控诉做出通知后 10 日内，辅助人或在控诉行为中成为辅助人之人亦得以检察院控诉之事实或该等事实之某部分提出控诉，又或以其他对检察院控诉之事实不构成实质变更之事实提出控诉。而且，辅助人还有权就法院的裁判提出上诉。《澳门刑事诉讼法典》第 391 条规定，辅助人就对其不利之裁判，具有提出上诉之正当性。

三 诉讼经济与诉讼便捷原则

诉讼经济原则要求以最少的司法资源的消耗，取得最大的惩治犯罪和保护人权的效果。在刑事诉讼中，要保证司法正义的实现，便不能忽视诉讼效率问题。烦琐复杂的诉讼程序不但不足以应对日益增长的犯罪案件，也浪费司法资源。故此，这一原则的主要要求是，应避免做出无用的行为及非必要的程序。故此，无论诉讼的哪一阶段都适用这项原则。

诉讼便捷原则体现了各国对诉讼及时进行的价值诉求，所谓"迟来的正义等于拒绝正义"（justice delayed is justice denied）。根据此一原则，刑事诉讼程序应在最短的时间内开展和完结。这有助于嫌犯尽早获得一个对其所做出的刑事判决，避免承受刑事诉讼程序的漫长过程中有可能出现的不

---

① 〔法〕贝尔纳·布洛克：《法国刑事诉讼法》，罗结珍译，中国政法大学出版社，2009，第 485 页。

② 参见《德国刑事诉讼法典》第 243 条、第 245 条、第 258 条的有关规定。

必要的负担，亦尽早恢复被破坏的法秩序，从而重建法律的安宁以及市民对司法公正的期望和信心。

联合国《公民权利和政治权利国际公约》第9条第3款规定，"任何因刑事指控被逮捕或拘禁的人，应被迅速带见审判官或其他经法律授权行使司法权的官员，并应有权在合理的时间内受审或在审判前释放……"；第14条第3款丙项规定："受审时间不被无故拖延。"《欧洲保护人权和基本自由公约》第5条第3款规定，"依照本条第1款丙项规定而被逮捕或拘留的任何人，应立即送交法官或其他经法律授权行使司法权的官员，并应有权在合理的时间内受审或在审判前释放……"；第5条第4款规定，"由于逮捕或拘留而被剥夺自由的任何人应有权运用司法程序，法官应按照司法程序立即对他的拘留的合法性作出决定，并且如果拘留不是合法的，则应命令将其释放"；第6条规定，"在决定某人的公民权利与义务或在决定对某人的任何刑事罪名时，任何人有权在合理的时间内受到依法设立的独立与公正的法庭之公平与公开的审讯……"可以说，对诉讼经济与诉讼便捷的要求，国际社会已达成共识。

为确保诉讼经济与诉讼便捷原则的适用，各国普遍通过以下制度规定予以落实，包括有关诉讼期间的相关规定，有关集中审理的规定，以及建立完善的程序体系和各种简化程序的适用等。

（一）有关诉讼期间的相关规定

正如切萨雷·贝卡里亚（Cesare Beccaria）所言："惩罚犯罪的刑罚越是迅速和及时，就越是公正和有益。""说它比较公正是因为：它减轻了捉摸不定给犯人带来的无益而残酷的折磨，犯人越富有想象力，越感到自己软弱，就越感受到这种折磨。""在被宣判为罪犯之前，监禁只不过是对一个公民的简单看守；这种看守实质上是惩罚性的，所以持续的时间应该尽量短暂，对犯人也尽量不要苛刻。""法官懒懒散散，而犯人却凄苦不堪，这里，行若无事的司法官员享受着安逸和快乐，那里，伤心落泪的囚徒忍受着痛苦，还有比这更残酷的对比吗?!"[①] 各国刑事诉讼法律普遍规定了诉讼的期间，尤其是涉及公民人身权利、财产权利等强制性措施的期间。这些期间的规定，一方面能使办案机关在法律规定的可以预见的一定时间内

---

① 〔意〕切萨雷·贝卡里亚：《论犯罪与刑罚》，黄风译，中国法制出版社，2005，第56页。

办理刑事案件；另一方面，可以防止诉讼的拖延，而将诉讼限定在法律规定的期间之内。

在英国，根据1984年《警察与刑事证据法》的规定，在因涉嫌犯罪被警察之外的其他人缉拿后继而被警察拘押，他应当在被捕后尽快地由警察带至警察局。依照该法，一般情况下，警察当局对被逮捕的人的羁押时间不得超过24小时；对于严重可捕罪，经警司（superintendent）或以上警衔的警官批准，可以延长至36小时。如果仍有延长的必要，经警司或以上警衔的警官批准，并由治安法官签署"延长羁押令"，可以再延长两次，但羁押期限总计不得超过96小时。依照法律，嫌疑人不回答警察的提问不能成为申请延长羁押的理由，如果羁押超过36小时，即使嫌疑人开口，也被视为其受到了强制。在程序上，被捕的犯罪嫌疑人一般应径直被带往警察局，并立即交给看守官；在看守官"登记"以前，侦讯人员不得对被逮捕的犯罪嫌疑人采取任何行动。关于延长羁押的必要性，也由看守官定期检查，最初的审查在羁押开始后的6个小时以内进行，其后每9小时进行一次。在决定延长羁押前，审查官应当给当事人或者辩护人提供陈述意见的机会。

在美国的多数司法区，立法和法院规则要求警察应将被逮捕人无不必要延误（without unnecessary delay）地解送至地方法官或治安法官面前接受讯问。尽管各州对无不必要延误的确切理解不太一致，但在联邦和大多数州，如果超过6个小时仍未将被逮捕人解送至法官面前接受讯问，则该事实本身便成为考虑被告人认罪是否自愿的一个重要因素①。

在法国，对现行重罪和现行轻罪，在先期侦查中，司法警官采取拘留措施，不得超过24小时。根据共和国检察官的书面授权，可以延长拘留24小时。不过对于13～16岁的未成年人，不得延长拘留时间；对于16岁以上的未成年人，必须将其带到共和国检察官面前，或者将其带到预审法官面前，然后才能决定对其延长拘留时间。另外，《法国刑事诉讼法典》第706-88条规定，对于参加犯罪组织罪、加重的组织卖淫罪和勒索资财罪、有组织的集团形式犯罪，在延迟被拘留人会见律师时间的同时，拘留时间可以延长两次，每次延长的时间分别为24小时，即可将拘留时间延长

---

① 〔美〕罗纳尔多·V. 戴尔卡门：《美国刑事诉讼法——法律和实践》，张鸿魏译，武汉大学出版社，2006，第43页。

至 72 小时①。在其他犯罪案件的预侦中，司法警官为了侦查的必要，可以拘留任何有迹象表明其犯有罪行或者企图犯罪的人，但此项拘留不得超过 24 小时。

在澳门特别行政区，嫌犯应当在拘留后的 48 小时内接受预审法官的首次司法讯问。《澳门刑事诉讼法典》第 128 条"对被拘留之嫌犯进行首次司法讯问"规定，"不应立即被审判之被拘留嫌犯，由预审法官讯问，该讯问须在将该嫌犯送交该法官并指明拘留之理由及作为拘留依据之证据后立即为之，最迟不得超逾拘留后四十八小时"。而且涉及人身自由的强制措施的期限也有法律明文规定。《澳门刑事诉讼法典》第 199 条"羁押之最长存续期间"规定了一般及特殊情况下的羁押存续期间②，以确保刑事诉讼进行期间嫌犯不受非法羁押。除此之外，刑事诉讼中还规定了若干诉讼行为的期间，如侦查的最长存续期限、申请成为辅助人的期间、申请预审的期间、提出上诉的期间等。这些规定的执行，能够保障刑事诉讼快捷进行，避免不必要的诉讼拖延及可能发生的侵犯人权的现象。

（二）有关集中审理的规定

集中审理是对法院审判活动的及时性要求，是两大法系普遍要求的原则。德国法学家罗科信教授也指出，"因刑事诉讼程序很容易就会不当地侵犯了被告的权力范围，也因为证据的品质会因时间一长而衰弱（尤其是证人的记忆力），因此需要有一迅速的刑事司法程序"③。

集中审理是诉讼及时原则在审判阶段的具体体现，是与审理间隔原则相对立的原则。所谓审理集中，是指案件的审理应当不间断地持续进行，直到审理完毕的审理原则。所谓审理间隔，是指案件审理分数次进行，每次审理间隔为数日或者数周的审理原则。集中审理原则，由于对一个案件

---

① 〔法〕贝尔纳·布洛克：《法国刑事诉讼法》，罗结珍译，中国政法大学出版社，2009，第233 页。
② 该条规定："一、羁押自其开始经过下列期间消灭：a）六个月，如在该期间内未有提出控诉；b）十个月，如在该期间内已进行预审但未有作出起诉批示；c）十八个月，如在该期间内未有在第一审作出判刑；d）两年，如在该期间内未有确定判刑。二、如就第一百九十三条所指之任一犯罪而提起诉讼程序，则上款所指之期间分别延长至八个月、一年、两年及三年。三、如中止刑事诉讼程序以便分开审判审理前之先决问题，则第一款 c 及 d 项所指之期间，以及上款规定之相应期间均另增加六个月。"
③ 〔德〕克劳思·罗科信：《刑事诉讼法》，吴丽琪译，法律出版社，2003，第 130 页。

以一次审理完毕，即使对需 2 日以上审理日之复杂案件，亦以每日连续审理，直到审理完毕为止，其间除假日外，并无日数之间隔，故此种审理方式可称为"外科医师之手术"方式；而审理间隔原则，则是对一个案件分成数次审理，且每次审理之间隔为数日或数周，故此种审理方式可称为"牙科医师之治疗"方式①。罗科信教授认为，集中审理原则（审判密集原则）是指，"审判程序应尽可能一口气完成，亦即直到宣示判决均不中断"②。日本法学家田口守一教授认为，集中审理原则是指，法院必须持续集中地审理案件，尽可能连续开庭、持续审理，这是实现迅速、公正审判的原则③。

归纳上述学者关于集中审理的界定，该原则有以下要求：第一，审理时间的集中性，即法官不得拖延案件的审理，案件一旦开始审理，就应当不拖延地进行，不得不适当地中断；第二，审理主体的集中性，即应当由同一审判主体参与诉讼的全过程，不得更换。由于集中审理是实体形成（形成法官心证）的要求，所以不得中途更换法官是其应有之义。

1. 审理时间的集中性

美国联邦宪法第六修正案规定，在一切刑事诉讼中，被告有权由犯罪行为发生地的州和地区的公正的陪审团予以迅速和公开的审判。《德国刑事诉讼法典》第 226 条规定："审判是在被召集作裁判人员、检察院和法院书记处一名书记员不间断地在场情形下进行。而且还规定正在进行的（审判）最多延期 10 日。只有当审判进行至少 10 日时，才允许一次中断 30 日。如果法庭没有遵守这一严格的时间规定，审判必须重新开始"（《德国刑事诉讼法典》第 229 条）④。《法国刑事诉讼法典》第 307 条规定："审理不得中断，并且应当进行到重罪法庭作出判决结案。在法官（2004 年 3 月 9 日第2004-204 号法律）、民事当事人以及被告人所必要的休息时间内，审理得暂行中止。"日本最高法院《刑事诉讼规则》第 178 条之 2 规定，"诉讼关系人在第一次公审期日以前应当尽可能对证据加以收集和整理，以便审理得

---

① 黄东熊、吴景芳：《刑事诉讼法论》，三民书局，2001，第 21 页。

② 〔德〕克劳思·罗科信：《刑事诉讼法》，吴丽琪译，法律出版社，2003，第 393 页。

③ 〔日〕田口守一：《刑事诉讼法》，张凌、于秀峰译，中国政法大学出版社，2010，第161 页。

④ 〔德〕托马斯·魏根特：《德国刑事诉讼程序》，岳礼玲、温小洁译，中国政法大学出版社，2004，第 138 页。

以迅速进行";第 179 条之 2 规定,"法院对需要审理二日以上的案件,应当尽可能连日开庭,连续审理。诉讼关系人应当严守期日,避免对审理带来妨碍"。我国台湾地区的刑事诉讼受大陆法系传统影响,审判非一次期日所能终结者,除有特别情形外,应于次日连续开庭,如下次开庭因事故间隔至 15 日以上者,应更新审判程序[①]。

在澳门特别行政区,这项原则被宪法性法律所确立。根据《澳门基本法》第 29 条第 2 款,"澳门居民在被指控犯罪时,享有尽早接受法院审判的权利"。另外,《澳门刑事诉讼法典》亦明确规定此一原则,根据第 49 条第 2 款第一部分的规定,"应在不抵触各种辩护保障下尽早审判嫌犯"。再次,《澳门刑事诉讼法典》中的其他条文也可以体现这项原则的适用。例如,第 294 条第 1 款规定:"听证定于尽可能近之日期进行,以便听证日与收到有关卷宗日之间不超逾两个月。"《澳门刑事诉讼法典》第 309 条规定:"听证系连续进行,听证之进行无任何中断或押后,直至终结为止。在同一听证中,可容许确实必需之中断,特别是为着各参与人进食及休息;如听证不能在其开始之同一日内终结,则将听证中断,以便在随后第一个工作日继续。"《澳门刑事诉讼法典》第 346 条规定"讨论终结后须随即进行评议",以及第 353 条规定"评议及表决完成后,主持审判之法官根据表决胜出之立场制作判决书"。《澳门刑事诉讼法典》第 354 条规定,如因案件特别复杂而不能立即制作判决书,主持审判之法官须公开定出随后 10 日中之一日宣读判决。

2. 审理主体的集中性

集中审理中关于审理主体的集中性,同样为各国所普遍遵守。不过,基于实际情况的考虑,法律设置了在法官的确不能胜任整个审理过程时的处理程序,以及尽量不更新审理程序的预防性措施。

在法国,法院中陪审员的选任即体现了集中审理的要求。《法国刑事诉讼法典》第 296 条规定:"重罪法庭一审审理案件时,审判陪审团由 9 名陪审员组成;作为上诉审审理案件时,审判陪审团由 12 名陪审员组成。法庭应在就陪审员名单进行抽签之前,以裁定书令除 9 名陪审员之外,还经抽签确定一名或数名替补陪审员列席案件的审理辩论。在 9 名陪审员中有一人或者数人因故

---

① 黄昭元、蔡茂寅、陈忠五、林钰雄:《综合小六法》,新学林出版股份有限公司,2013,第 G - 40 页。

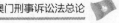

不能参加审理辩论直至法庭宣告判决的情况下，由替补陪审员代替之。"

《德国刑事诉讼法典》第 226 条规定："进行审判的时候，负责判决的审判官以及检察官和法院书记处的书记官应当始终出席，不得间断。"在一些案情重大并且复杂的案件中，由于审理时间较长，其间审理法官可能不能胜任整个审理过程，德国规定了候补法官制度。《德国法院组织法》第192 条规定，候补法官自审理开始，即一直在场，但不参与审判活动，一旦合议庭中有法官因故不能继续参与审理，即可由候补法官递补，而无须更新审理程序①。

在英国，1974 年《陪审团法》第 16 条规定，在对某被告人进行根据起诉书指控罪行的审理过程中，陪审团任何成员死亡，或由于生病不能继续担任陪审员，或由于任何其他原因被法院免除职务，但为了该次合法形成的审理继续进行，只要陪审团总数不少于 9 人，除法律规定的特殊情形外，陪审团应被视为组成不变，审理应继续进行，且可做出相应裁断②。

《美国联邦刑事诉讼规则》一方面规定了诉讼应当避免不必要的延缓；同时，对于因法官不能主持审判这一原因造成的诉讼延缓的情况明确了处理的办法。该规则第 25 条规定，在审判期间，如果由于死亡、疾病或其他原因，已开始主持陪审团审判的法官不能继续主持审判，该法院的其他常任法官或委派法官，经证明熟悉审判记录，可以继续主持和完成审判。在裁决或裁定有罪后，如果由于缺席、死亡、疾病或其他原因，主持对被告人审判的法官不能履行应由其履行的职责，该法院的其他常任法官或委任法官可以履行这些职责；但是如果该法官有理由认定，原先未主持审判的法官不能履行这些职责或者出于其他原因，可以批准重新进行审判。

在日本，基于口头主义和直接主义，刑事诉讼法要求审理法官是同一的，审理应不间断地持续进行。当更换法官或审理长时间中断时，需要更新公审程序。这是因为，如果不更新程序，在前种情况下，由于更换后的法官只能通过公审笔录了解更换前的审理状况，这就违反了口头主义和直接主义；而后种情况，由于记忆淡薄，就不是在实质上坚持口头主义和直接主义。因此法律规定，当更换法官、中断审理或有类似情况发生时，应

---

① 〔德〕托马斯·魏根特：《德国刑事诉讼程序》，岳礼玲、温小洁译，中国政法大学出版社，2004，第 138 页。

② 〔英〕迈克·麦康维尔：《英国刑事诉讼法（选编）》，中国政法大学刑事法律研究中心组织编译，中国政法大学出版社，2001，第 99 页。

当更新公审程序。更新的情形包括以下几种。①在开庭后更换法官时。但只剩宣告判决时及补充法官时，没有必要更新程序。②在开庭后因被告人心神丧失已停止公审程序时。③在开庭后已经长时间没有开庭而有必要时。④由简易公审程序确定意旨的裁定被撤销时。但当事人没有异议时，没有必要更新程序①。可见，关于审理主体的集中性，各国既有原则性要求；也有一定的灵活性规定。

《澳门刑事诉讼法典》中也明确了审判过程中不得更换法官的要求。

3. 违反集中审理原则的法律后果

从上述规定可以看出，对集中审理原则的违反，可能带来非常严重的后果。不过，在不同法律传统中，具体做法也有所不同。

在英美法系国家，集中审理是被追诉人的一项宪法性权利，出于程序正义的要求，对于该原则的违反将使得该项指控被撤销，被追诉人不得再次受到追诉。例如，在美国，对于是否构成对集中审理原则的违反，要"考虑若干因素，如延误的长短、延误的原因、被告人未主张这项权利以及对于被告人造成的不公正后果等。如果被告人获得迅速审判的权利受到侵犯，唯一的补救就是撤销指控，而且此后对同一罪行不能再次提出指控"②。

而在大陆法系法律传统中，出于发现真相的理念，对于集中审理的违反并不必然带来对被追诉人不再追究的后果，而是更新审理程序。在德国，依照《德国刑事诉讼法典》第229、268条规定，在审理结束时应当宣告判决。至迟必须是在审理结束后的第11日宣告判决，否则应当重新开始审理。如果被告人因生病不能到庭，则此期间停止计算，但最长不得超过6个星期。如果至迟未在上述规定的期限届满后的第二日继续进行审理，审理应当重新开始。

日本采用了英美法系的做法，不仅在宪法和刑事诉讼法中规定了集中审理为当事人的宪法性权利，而且在处理违反集中审理的情形时也采用了英美法系的做法，即做出免诉判决。日本最高法院在著名的高田案件的裁判中指出，当刑事案件审理的迟延已达到违反《日本国宪法》第37条第1款迅速审判的保障时，即不能进行实体的审理，而应当做出免诉判决③。

---

① 〔日〕土本武司：《日本刑事诉讼法要义》，董璠舆、宋英辉译，五南图书出版公司，1997，第260页。
② 王兆鹏：《美国刑事诉讼法》，北京大学出版社，2005，第490页。
③ 〔日〕松尾浩也：《日本刑事诉讼法》（上卷），丁相顺译，中国人民大学出版社，2005，第220页。

澳门采用了大陆法系的做法，对于违反集中审理的情形采取程序性救济的方式，只是对已经调查的证据不予采纳，但案件仍然要继续审理。根据《澳门刑事诉讼法典》第 309 条，如听证中断，或听证押后之时间不超逾 5 日，则听证再开时接续进行中断或押后前做出之最后一个诉讼行为。但是凡押后超逾上述所指时间者，必须先经主持审判之法官之批示；再经听证后，法院依职权或应声请，立即决定应否重新实施某些已实施之行为。如果押后之时间超逾 60 日，则已做之证据调查丧失效力。

（三）建立完善的程序体系和各种简化程序的适用

刑事案件繁简程度有很大的差异，因而应当区别对待，以实现公正与效率的统一。依我国台湾法学家蔡墩铭教授所言，"无论对于国家或被告之利益，迅速裁判对于刑事司法而言至关重要——如何使迅速裁判之目的与其他刑事诉讼目的相配合，不失为今日刑事司法最迫切之课题"[1]。陈朴生教授也认为，刑事诉讼之机能，在维持公共福祉，保障基本人权，不计程序之烦琐，进行之迟缓，亦属于个人无益，于国家、社会有损。故诉讼经济于诉讼制度之建立实不可忽视[2]。

1. 根据案件不同设立不同的程序

在法国，审判法庭可以通过多种方式，按照规定的程序而受理案件，其中最为常见的途径是：审判法庭直接传票（直接传讯）；预审法庭做出移送案件裁定；现行犯罪案件或推定为简单案件中的"立即出庭"；在某些特定案件中，当事人自愿出庭；在某些例外情况下审判法庭依职权自行受理案件等。而且某些特定的犯罪（属于违警罪类型），可以主要通过行政途径进行制裁，并不一定要提交审判法庭受理、审判[3]。在德国，除普通程序外，《德国刑事诉讼法典》第六编规定了特别种类程序，包括处罚令程序，保安处分程序，简易程序，没收、扣押财产程序，对法人、社会团体处以罚款程序等。

2. 设立多样化的特别程序

在大陆法系国家，法国设置了一般简易程序和定额罚金程序两种特殊

---

[1] 蔡墩铭：《刑事诉讼法论》，五南图书出版公司，1993，第 22 页。

[2] 陈朴生：《刑事经济学》，台湾正中书局，1975，第 327 页。

[3] 〔法〕贝尔纳·布洛克：《法国刑事诉讼法》，罗结珍译，中国政法大学出版社，2009，第 468 页。

程序对违警罪案件进行简化处理。德国设置了处罚令程序、治安案件程序、加快程序、保安程序等多种简易程序来加速刑事案件的处理进程。其中，处罚令程序在刑事诉讼中扮演着重要的角色，一半左右的刑事案件是以处罚令程序来处理的①。在意大利，1988 年《刑事诉讼法》设置了简易审判、依当事人的要求适用刑罚、快速审判、立即审判和处罚令五种简易程序②。日本设置了简易公审程序、处刑令程序、交通案件即决裁判程序三种特别程序来简化刑事案件的程序。

在英美法系国家，通常通过有罪答辩的程序来提高诉讼效率，此种认罪答辩程序通常没有具体案件范围的限制，但要求双方当事人的合意性。在英国，如果被告做出有罪答辩，而且法官认为他或她已完全理解答辩的后果，便不必再召集陪审团。有罪答辩将以司法自白的形式被记入笔录，然后法庭或者直接做出量刑判决，或者在需要被告人的进一步信息的情况下，延期宣判以准备量刑前报告。英国法要求有罪答辩必须由被告人亲自做出，并且答辩必须是自愿的③。《美国联邦刑事诉讼规则》第 11 条第 2 款 c 项规定，在接受有罪答辩前，法院必须在公开的法庭与被告人亲自对话，告知被告人并确定被告人理解指控的性质和内容、知道有罪答辩的后果，并明知、自愿地放弃了自己的权利（例如获得陪审团审判的权利，与对立证人对质的权利以及禁止自证其罪的权利）④。在美国，有大约 90% 的案件是通过辩诉交易解决的。对于辩诉交易，法官只有在确信该交易的进行具有事实基础的前提下才能认可。

---

① 即对于轻罪，检察院可以舍弃提起公诉，进而舍弃开庭审理程序，而直接申请由法官签发处罚令予以处理。法官在处罚令中认定被告人有罪，确定对他的处罚，被告人没有在法官面前就对他的指控做陈述的机会。参见〔德〕约阿希姆·赫尔曼《〈德国刑事诉讼法典〉中译本引言》，载《德国刑事诉讼法典》，李昌珂译，中国政法大学出版社，1998，第 10 页。处罚令是由初级法院签发的，相当于判决。但是处罚令的基础并不是在审判中查明的事实，而是以检察官的书面文件为基础签发。如果被告人不愿意接受处罚令中建议的处理结果，则可以要求进行审判，从这个意义上讲，处罚令只是一种暂时的判决。〔德〕托马斯·魏根特：《德国刑事诉讼程序》，岳礼玲、温小洁译，中国政法大学出版社，2004，第 209 页。
② 程味秋：《〈意大利刑事诉讼法典〉中译本序言》，载《意大利刑事诉讼法典》，黄风译，中国政法大学出版社，1994，第 7～8 页。
③ 〔英〕约翰·斯普莱克：《英国刑事诉讼程序》，徐美君、杨立涛译，中国人民大学出版社，2009，第 344 页。
④ 〔美〕罗纳尔多·V. 戴尔卡门：《美国刑事诉讼法——法律和实践》，张鸿魏译，武汉大学出版社，2006，第 50 页。

此外，亦有在普通程序中减少某些诉讼环节的情况。例如，英国于1933年后取消了大陪审团审查起诉而改由治安法官进行；德国制定了1987年刑事程序改正法律，在不妨碍被告人防御权的前提下，简化了许多诉讼环节。上述关于程序体系和简化程序的做法，都是为了在最大限度保证诉讼公正的前提下，尽可能提高刑事程序的运作效率，以便在整体上体现诉讼的及时性。

在澳门，刑事诉讼在普通审判程序之外设置了特别诉讼程序，以适应不同类型案件的审判要求，合理配置诉讼资源，达到诉讼经济与诉讼便捷的统一。根据2013年修订后的《澳门刑事诉讼法典》，刑事诉讼的特别程序包括简易程序、最简易程序、简捷程序、轻微违反诉讼程序等（详见本书第一章）。需要指出的是，从大陆法系各国或各地区近些年的改革来看，引入认罪协商制度已经成为各国或各地区普遍的司法实践，德国、法国、意大利、西班牙、波兰、阿根廷、中国内地、中国台湾等都以不同的方式引入了认罪协商程序。无论是从澳门现今司法实践中存在的问题，还是大陆法系有关审判程序的发展趋势来看，澳门都有引入认罪协商程序的必要性[①]。

四 社会参与原则

所谓社会参与，是指由国家司法权以外的社会力量介入诉讼，使司法活动能够体现社会关于秩序、自由、公正等的价值标准，避免国家司法权专断。司法机关以外的社会力量对司法的参与，大致可以分为两种类型：一是控诉陪审，即社会力量参与或监督检察院有关是否控诉的决定的类型，如美国的大陪审团审查起诉制度、日本的检察审查会制度；二是审判陪审，即社会力量参与法庭审判的类型，如英美法系的小陪审团、大陆法系的参审制、日本的裁判员制度等。

社会参与原则随着人权观念的发展和国民参与国家事务意识的增强逐渐为各国所认识，并上升为刑事诉讼原则，在刑事诉讼中发挥着日益重要的作用。社会力量参与诉讼，能够保障民意在诉讼中得到反映，使得司法机关的决定具有一定的社会基础。而且，无论是控诉陪审还是审判陪审，

---

① 郑成昌：《澳门刑事协商程序构建之研究》，澳门刑事法研究会，2013；李哲：《澳门刑事特别程序改革之路径分析——以大陆法系发展趋势为基础》，《澳门研究》2013年第1期。

其成员的选任都有其严格的限定，一般都要由本地区的公民来担任，以保证其案件是由同类的与其具有大致相同的道德观及价值观的人审理，这就使得案件的处理结果能够符合社会公众的一般要求，从而获得社会公众心理上的认同和行动上的遵从。

（一）检察院做出控诉过程中之社会参与

根据国家追诉原则，刑事追诉权由检察院代表国家行使。然而，国家追诉权在有些国家也有社会力量参与行使。

在美国，有大陪审团负责起诉的制度。大陪审团是由有资格的公民组成的负责审查起诉的机构①。根据联邦宪法第五修正案，由大陪审团审查并决定是否提起公诉是重罪案件被告人的宪法性权利。因此，在美国联邦和保留大陪审团制度的州，被告人有权要求由大陪审团决定是否起诉，大陪审团批准起诉的案件将由检察官具体负责法庭控诉。美国的大陪审团由若干通过随机挑选出来的公民组成，一般通过电脑在选民投票登记表上任意挑选，目的是保证挑选的客观公正性。其成员是当地有选举权的公民，一般都有年龄、无犯罪记录、健康条件限制。大陪审团主要有两项职权：一是重罪案件的审查起诉，以决定是否签发起诉书；二是案件的调查取证。大陪审团在司法程序中独立于检察官，不受其制约，但在大多数案件中陪审团与检察官合作，在检察官指引下进行工作。由于大陪审团独立于政府各部门，不用考虑上级领导、选民的压力或者被报复的可能进行自由调查，甚至在极少数案件中检察官也不能控制他们。这种独立性能使陪审团不按

---

① 大陪审团制度起源于英国，但英国于1933年废除了这一制度。在美国，大陪审团在刑事案件的调查和起诉方面发挥着重要作用。大陪审团一般由23人组成，但最少不能少于16人。大陪审团一般由没有固定职业但具有一定代表性的退休人员担任。大陪审团与审判陪审团（又称小陪审团）虽然都是社会参与的方式，但两者有诸多区别，具体表现在以下五点：①职能不同。大陪审团负责案件调查和审查起诉，而小陪审团负责对被告人是否有罪做出裁判。②人员数量不同。大陪审团传统上由23人组成，现在也有16人甚至12人组成的陪审团，而小陪审团一般由12人组成，但现在也有人数更少的陪审团，但最少不得少于6人。③是否一案一审不同。大陪审员被要求服务一段固定的时间，期限一般是3个月，必须完成一定的工作量，而小陪审员只负责审理某一具体案件。④活动方式不同。大陪审员秘密进行工作，享有自由传唤它管辖区内的任何人担任证人的权利等一系列权利，履行案件的调查和审查起诉职能，而小陪审员则参加法庭审判，接受法官对其所做的指示，并做出被告人是否有罪的判断。⑤做出决定时的票数要求不同。大陪审团审查起诉时，有半数以上的人员同意即可，而小陪审团的决定通常要求一致同意，但也有些州要求大多数人同意，如12人的陪审团，应有9人同意。

照检察官预测的方向进行调查，这些陪审团被称为"出逃的陪审团"，标志着大陪审团独立地开展工作①。

日本为抑制检察权的滥用，模仿美国的大陪审团制度而设立了检察审查会制度②。日本检察审查会是根据昭和二十三年（1948年）第147号法律《检察审查会法》而建立的公民审查检察官不起诉处分的机构，具体设置在全国的地方法院及其派出机构——支部所在地。根据《检察审查会法》的规定，检察审查会的成员从该检察审查会管辖区域内具有众议院议员选举权的人当中通过抽签产生。实践中以退休人员、妇女、学生居多。根据《检察审查会法》第2条第1款，检察审查会的职权包括两个方面：一是审查检察官的不起诉是否适当；二是对检察业务的改进提出建议和劝告。日本国会2004年《关于部分修改刑事诉讼法等的法律》对《检察审查会法》进行了较大修改。修改后的《检察审查会法》赋予检察审查会的起诉决议以法律约束力。该法规定，检察审查会根据告诉人、告发人、请求人或者被害人的申请，对检察官做出的不起诉决定进行审查后，可以做出三种决定：第一，认为检察官不起诉决定错误时，做出应当起诉的决议；第二，认为检察官做出的不起诉处分有失妥当但未达到错误的程度时，做出不起诉不当的决议；第三，认为检察官的不起诉处分适当时，做出不起诉适当的决议。在检察审查会做出了应当起诉和不起诉不当的决议并向检察官送达了决议书的副本后，检察官应当迅速参考该决议，做出对该决议所涉及的案件起诉或者不起诉的处分。如果检察官对应当起诉的决议所涉及的案件重新做出了不起诉处分，则检察审查会应当审查该处分是否恰当。经过第二次审查后，检察审查会仍然认为应当起诉时，应当做出决议。该决议必须有检察审查员8人以上的多数意见才能做出，且应预先给予检察官出席检察审查会议并陈述意见的机会。检察审查会做出起诉决议时，由法院指定律师代替检察官提起公诉并在庭审中履行支持公诉的义务③。

（二）法院审判过程中之社会参与

公民作为非职业的法官参与诉讼，是社会参与的重要方式。纵观世界

---

① 周永年：《人民监督员制度概论》，中国检察出版社，2008，第52页。
② 吴景钦：《国民参与刑事审判制度：以日本裁判员制度为例》，丽文文化事业股份有限公司，2010，第83页。
③ 宋英辉、孙长永、付宗根：《外国刑事诉讼法》，北京大学出版社，2011，第474页。

各国的诉讼制度，多数国家都有非职业法官参与诉讼的做法，所不同的只是大陆法系国家多采用参审制，而英美法系国家多采用陪审制①。另外，英国还有非职业的治安法官制度②。

英美法系国家十分重视社会成员参与司法活动。英国《陪审团法》第1条规定，除该法另有规定外，任何年龄在18岁以上65岁以下的在国会或地方政府登记为选民，并且自13岁起，在联合王国、海峡群岛、马恩岛上连续居住5年以上的人都有资格在刑事法院、高等法院及郡法院担任陪审员，并在根据该法规定受到召集时有义务履行陪审员职责，但如果他暂时没有资格担任陪审员或被剥夺担任陪审员的资格，则不得担任陪审员。关于陪审员服务的最大年龄，已经在1988年从65岁提升到了70岁（《1988年刑事司法法》第119条）。然而，65岁以上的人如果愿意，可被赋予自动免除陪审团服务的权利。

在美国，宪法规定在所有刑事案件中被告均享有获得陪审的权利，但是通过联邦最高法院的判例，除了死刑案件必须进行陪审团审理以外，可判处6个月以下监禁的轻罪案件，不需要陪审团审理，而在重罪案件中，被告人可以选择是否由陪审团审理，但也有1/3的州规定重罪必须使用陪审团③。美国宪法第六修正案要求在联邦与州刑事审判中必须从"社区有代表性的典型人群"中选择审判陪审团，禁止将陪审团公职限于特定群体④。大

---

① 所谓参审，是指非职业法官参与案件的审判，行使与职业法官相同的职权，不但参与定罪而且参与判刑过程。参审的非职业法官依各国的规定而有所不同，但一般而言，比陪审制下非职业法官的数量要少。而所谓陪审，是指由参与案件审理的小陪审团对被告人是否有罪做出裁判，但量刑由法官负责。小陪审团一般由12人组成。

② 在英国治安法院从事审判工作的法官称为治安法官（magistrates）。治安法官大致可分为两种：无薪治安法官（lay magistrates 或 justices of the peace）和领薪治安法官（stipendiary magistrates）。领薪治安法官，顾名思义，是指可获得报酬的治安法官。无薪治安法官一般没有受过正规和专门的法律教育，他们都是一些在当地社会有地位和名望的人士。无薪治安法官从事审判工作，不领取任何报酬，但他们为履行职务所付出的交通费等费用以及他们因此减少或损失的收入，可以依法得到适当的补偿。无薪治安法官每人每年处理35～40件刑事案件，但所要处理的案件数不能低于26件。他们来自当地社会内的各个阶层，从事各种正式的职业，却利用自己工作之余的时间来无偿地从事治安法官工作。治安法院审理刑事案件通常由两名或三名无薪治安法官组成合议庭进行。如果是领薪治安法官主持对案件的审判，则可以独立进行。在由无薪治安法官组成的法庭审判过程中，法庭书记官（court clerk）具有十分重要的作用。

③ 吴军辉：《普通人的权力与正义宪政视野下的陪审团研究》，广东人民出版社，2010，第69页。

④ Steven L. Emanuel, *Criminal Procedure*, 29th Edition, Wolters Kluwer Law and Business, 2012, p. 375.

多数州都有各种各样法定的陪审员职责豁免情形，最常见的豁免情形包括身体有残疾者、健康有问题者和法院工作人员。许多州通过法律也会豁免一些特定职业者的陪审员职责，诸如医生、神职人员、当选官员、警察、消防员、教师和私营企业主①。

大陆法系国家也强调司法应当反映民意。在法国，重罪案件必须由陪审法庭审理②。《法国刑事诉讼法典》第 255 条规定，担任参审员须符合四个条件：法国公民，年满 23 周岁，能用法语阅读和书写，享有政治权利、民事权利和亲权且在任何情况下均不会发生法律所规定的无能力或不能兼任陪审员的情形。而且在法国的参审制审判中，参审员和职业法官并没有职责分工，两者共同解决案件的事实问题和法律问题。因此，参审员既是事实问题的法官，又是法律问题的法官。

德国是实行参审制的另一个代表性国家。在德国，适用参审制审判的刑事法院主要有三类：区法院、地方法院和高等法院。不同审级、不同类型法院的法庭组成人员各不相同。德国的参审员采取相当特殊的提名制度，即由社会团体或者政党提名并遴选。由于采用特殊的提名制度，德国法律对参审员的资格限制相对宽松，主要由政治团体把关。一般而言，25 周岁以上 70 周岁以下、没有智力障碍、未患有影响裁判能力之严重疾病的德国公民可担任参审员。但是有犯罪记录、近期受到刑事侦查或者权利能力受限的个人不得担任参审员③。需要指出的是，在庭审前，职业法官必须通读所有的侦查案卷，但是参审员原则上不得如此为之。但是近些年来，德国联邦最高法院开始逐渐允许参审员在审前阅读侦查案卷中的部分材料，以便他们更好地把握诉讼进程。此外，庭审中所出现的重大程序问题，应交给法庭全体裁判者（包括参审员）一起做出裁决。审判长无权单独做出这一裁决④。

2005 年，日本以单行法的形式颁布了《关于裁判员参与刑事审判的法律》，规定了裁判员制度。所谓"裁判员制度"是日本式的民众参审制

---

① 〔美〕罗纳尔多·V. 戴尔卡门：《美国刑事诉讼法——法律和实践》，张鸿魏译，武汉大学出版社，2006，第 54 页。

② 〔法〕贝尔纳·布洛克：《法国刑事诉讼法》，罗结珍译，中国政法大学出版社，2009，第 496 页。

③ 参见《德国法院组织法》第 32 条。

④ 施鹏鹏：《陪审制研究》，中国人民大学出版社，2008，第 176 页。

度。《关于裁判员参与刑事审判的法律》第 2 条第 1 款规定，以所犯为死刑或者无期徒刑之罪之案件，以及《法院法》第 26 条第 2 款所列之罪（死刑、无期徒刑或者最轻本刑 1 年以上有期徒刑）且系故意行为致被害人死亡之案件作为适用裁判员制度审判案件的对象。裁判员参与的案件主要是杀人或者伤害致死等重大刑事犯罪案件。裁判员一般是具有选择众议院议员权利的年满 20 岁以上国民。但公职人员、法官、检察官、警察、律师等不得担任裁判员，被逮捕或者拘留的人，被起诉且可能被判处禁锢刑以上刑罚的人，根据《日本国家公务员法》第 38 条不能担任国家公务员的人，被监护或者被保佐的人，受到免职处分或者从受处分之日起未超过 2 年的人，未完成教育法规定的义务教育的人，因身心障碍缺失无法完成裁判员职务的人不能担任裁判员。裁判员在审理中的权利包括以下四点。一是参加正式审理前的证据及争议点的整理程序。法院应当通知裁判员参加必要的整理程序，参与讯问证人或者进行鉴定。二是在正式审理中裁判员具有与检察官和法官同样的讯问证人的权限。裁判员还有质问被害人或者被告人的权限。三是可以随时向裁判长提出请求，要求被告人就某些特定事项进行供述。四是在评议阶段，裁判员与法官一起进行有罪或者无罪以及确认有罪时如何处刑的评议。在评议中，裁判员对证据的证明力通过自由心证做出判断，也有发表自己意见的权利，对被告人是否有罪做出的评议结果以简单多数为有效，但是必须要求法官和裁判员各方至少有一人投赞成票。在量刑时，裁判员与法官具有同等的评决权[①]。

澳门特别行政区并未适用社会参与原则，刑事案件的控诉由检察院依职权做出，审判则由法官依职权做出。在澳门这个地域狭小、人际关系密切的小型社会中，采用社会参与原则确实具有一些不便之处。然而应当看到的是，在地域狭小的司法区，仍然有可能采纳社会参与原则，或者至少纳入一些社会参与的因素，如香港的陪审团制度。澳门是否应当在未来采纳社会参与原则，在刑事诉讼过程中引入社会力量的参与，还需要进行深入调研与认真论证。

---

① 吴军辉：《普通人的权力与正义宪政视野下的陪审团研究》，广东人民出版社，2010，第73 页。

第四节　关于刑事审判的原则

一　直接、言词原则

　　直接原则（o princípio da direta）是指参与做出判决的法官必须直接参与审查证据和听证，以便准确地形成自己的心证，并做出最终的决定，即直接原则是指"法院与诉讼程序的参与者之间的一种密切关系，从而让法院得以亲身体会到将作为决定所取决的事实"①。言词原则（o princípio da oralidade），或称作"言词辩论原则"。根据这项原则，只有在审判听证期间以口头、言词辩论方法所获得的证据和材料，才可以作为裁判的依据。葡萄牙学者 Henriques Eiras 教授指出，这两项原则的优点是"透过直接地对话和作证言的人的反应，更有利于取得真相，这样法院可以获得当面的表述，以及获得是否自发性的答案……"而缺点则是"如果口头证据没有作出记载，则可能引致法官的任意判断"②。也正因为如此，作为程序形成行为的逮捕、羁押、扣押、搜查、勘验等的令状及其请求程序、告诉、控告及其撤销、提起公诉、上诉等，适用书面原则。直接、言词原则是大陆法系国家审判阶段的重要原则，起源于德国 19 世纪的立法改革③。直接、言词原则的引入，是为了去除侦查的法官及审判的法官进行书面审理程序所带来的重大缺失④。因此，直接、言词原则是为克服书面审理程序所带来的弊端而确立的。直接原则与言词原则是两个密切联系的原则，分别负责程序的一个主要方面。直接原则主要关注对听证的规范，而言词原则则主要针对证据的辩论和质疑⑤。

---

①　Figueiredo Dias, *Direito Processual Penal I*, p. 232, 转引自〔葡〕Manuel Leal-Henriques《澳门刑事诉讼法教程》（上册）（第二版），卢映霞、梁凤明译，法律及司法培训中心，2011，第 35 页。

②　Paula Marques Carvalho, *Manual Prático de Processo Penal*, actualizado de acordo com as alterações ao código penal e código de processo penal, 3°edição, Almedina, 2007, p. 27.

③　直接、言词原则的理论在德国由费尔巴哈（Paul Johann Anselm Von Feuerbach）在 1821 年首次提出，在 1877 年《德意志帝国刑事诉讼法》中首次确立。

④　〔德〕克劳思·罗科信：《刑事诉讼法》，吴丽琪译，法律出版社，2003，第 430 页。

⑤　J. Glaser, *Handbuch des Strafprozesses*, Duncker & Humblot, 1883 & 1885, i, p. 247, "人民必须认识到，在手段和目的上有两个相互关联的问题：一是直接、言词原则，二就是采纳证据及所产生的推断的讨论。就举证而言，直接原则是最重要的，而就讨论证据而言，口头做证是非常重要的"。

因此，两个原则可以被看作对两个不同问题做出的回应：其一，对于证据判定监督中的司法职能；其二，被告人质证之充分依据[1]。

（一）直接原则

直接原则包括两层含义，即形式的直接审理和实质的直接审理。

1. 形式的直接审理

形式的直接审理是指做出判决的法院需要自己审理案件，不得将证据的调查工作委托他人进行。《德国刑事诉讼法典》第 226 条规定，审判在被召集作裁判人员、检察院和法院书记处一名书记员不间断地在场的情形下进行。并且审理人员在审理程序中必须始终在场不得中断，因此审理程序法官如果因为疾病、死亡或者其他因素而无法审理时，不能由其他法官径行替代，而是必须更新审理程序。以上禁止之理由在于，不管是承认受命或者受托法官的调查所得，还是承认先前审理法官的审理、调查所得，都等于是承认法院可以承袭其他法官的印象，乃至于心证。如此，诉讼可能变成接力赛，即由其他法官先跑前段，再由认知法院（为一案裁判的全体法官）跑完后段。形式的直接原则，就是要求认知法院自己跑完全程的原则[2]。因此，法官必须时时能洞悉诉讼过程，如耳聋的法官、一段时间内心不在焉的法官的审判，都属于违反直接、言词原则的情形[3]。

《澳门刑事诉讼法典》及相关的《司法组织纲要法》《司法官通则》中均未明文规定法官在庭审过程中必须始终在场，不得由其他法官替代的内容。但是根据《澳门刑事诉讼法典》第 114 条[4]有关自由心证的规定可知，如果法官未能参与案件的庭审过程，也就无法形成心证。因此，如果法官因为疾病或其他原因未能完成审判的，必须更换法官重新审理，以满足对法官心证形成过程的要求。

2. 实质的直接审理

实质的直接审理，即法院需将原始的事实加以调查，不得以证据的代

---

① 〔瑞〕萨拉·萨默斯：《公正审判——欧洲刑事诉讼传统与欧洲人权法院》，朱奎彬、谢进杰译，中国政法大学出版社，2012，第 62 页。

② 林钰雄：《刑事诉讼法》，元照出版有限公司，2010，第 187 页。

③ 〔德〕克劳思·罗科信：《刑事诉讼法》，吴丽琪译，法律出版社，2003，第 430～441 页。

④ 《澳门刑事诉讼法典》第 114 条"证据之自由评价"规定，"评价证据系按经验法则及有权限实体之自由心证为之，但法律另有规定者除外"。

用品代替原始证据①。《德国刑事诉讼法典》第 250 条规定，对事实的证明如果是建立在一个人的感觉之上的时候，要在审判中对他询问。询问不允许以宣读以前的询问笔录或者书面证言而代替②。《意大利刑事诉讼法典》第 526 条规定："法官在评议中不得采用不是依法在庭审中调取的证据。"《日本刑事诉讼法典》由于吸收了英美法系刑事诉讼的因素，因而将直接原则与传闻证据法则联系起来。日本学者认为，作为直接原则精神的延伸，在对真实的证明中尽可能依靠原始证据证明犯罪事实，并根据这一要求，对传闻证据，原则上应当排除③。可以说，各国对于直接原则的研究重点在于实质的直接审理，其目的在于使法官形成正确的心证和发现实体真实。

在澳门，法官在听证时应当全面调查证据，并且未经法庭调查的证据不得作为裁判的依据。根据《澳门刑事诉讼法典》第 321 条第 1 款之规定，法官在听证时应当调查所有其认为为发现事实真相及为使案件能有良好裁判而必须审查之证据。同时，该法典第 336 条"证据价值之衡量"第 1 款还规定，未在听证中调查或审查之任何证据，在审判中均无效，尤其是在法院形成心证上无效力。

（二）言词原则

言词原则是指基于言词（口头）所提供的诉讼资料进行裁判的原则④。大陆法系各国普遍采取言词原则。

法国刑事诉讼法规定了言词原则。依照《法国刑事诉讼法典》第 452 条的规定，证人应当口头做证。审判长不得责成证人宣读书面证词，但如果证人未到庭的，或者为了对出庭的证人刚刚提供的口头证词进行监督的，不在此限。法国法律还规定，在法庭听取证人的证言与鉴定人的说明之前，

---

① 这两个基本内涵最早是由德国学者 Pollack 于 1855 年提出的，被广泛使用，沿用至今。两者并非集合意义上的"组成部分"，而是从不同角度对直接原则的内容进行界定，并且形式的直接审理和实质的直接审理只是在理论上的分类，在刑事诉讼立法中，只有"直接原则"的语词，而没有"形式的"和"实质的"立法分类。参见张卫平、齐树洁《司法改革评论》（第 13 辑），厦门大学出版社，2012，第 46~47 页。
② 〔德〕托马斯·魏根特：《德国刑事诉讼程序》，岳礼玲、温小洁译，中国政法大学出版社，2004，第 185 页。
③ 〔日〕土本武司：《日本刑事诉讼法要义》，董璠舆、宋英辉译，五南图书出版公司，1997，第 211 页。
④ 〔日〕土本武司：《日本刑事诉讼法要义》，董璠舆、宋英辉译，五南图书出版公司，1997，第 210 页。

庭长不得向陪审官与陪审员交阅文件与鉴定报告，也不得不经宣读而将任何其他文件提交陪审官与陪审员阅读，在这些材料尚未交被告人阅读之前，更是如此。而且为了保障言词原则的实现，《法国刑事诉讼法典》第 347 条规定，重罪法院不得将案卷带进评议室，但是如果法庭认为有必要对案卷中的某些材料进行审查，则可以命令当有检察院与各当事人的律师在场时将案卷带进评议室。同时，《法国刑事诉讼法典》第 452 条第 2 款及第 536 条还规定，在轻罪法院以及违警罪法院，法庭庭长可以例外批准证人借助于文件提供证词①。因此可以看出，言词原则的适用，根据案件严重性质的不同而要求的严格程度不同，性质越是严重的案件，就越要严格遵守言词原则。

在德国，最早系统地、激烈地、号召地呼吁引入法国刑事诉讼法中的审判公开和"直接言辞原则"的著作是费尔巴哈于 1821 年发表的《刍议公开和口头原则》一书。德国刑事诉讼法通过对审判程序的规定，要求法院在判断证据和做出裁判时，只能以审判时所获得的结果为依据②。

日本刑事诉讼法吸收了英美法系国家刑事诉讼当事人主义，因而其言词原则也有自己的特色。《日本刑事诉讼法典》第 43 条第 1 款规定："判决，除本法有特别规定的以外，应当根据言词辩论而作出。"日本学者将其概括为"口头辩论主义"，认为口头主义与辩论主义具有密切关系。所谓辩论主义，是指基于当事人的辩论，即基于当事人的主张及立证进行裁判的原则，是当事人主义的一项内容。该项原则的具体表现是：审理的对象由检察官提出的诉因及法条所设定，法院的审理及判决受它约束，第一次调查证据根据当事人请求进行，判决原则上应当基于口头辩论之上③。实行言词原则的目的在于"形成法官心证之际，给法官以新鲜的印象，以期发现实体的真实"④。

---

① 〔法〕贝尔纳·布洛克：《法国刑事诉讼法》，罗结珍译，中国政法大学出版社，2009，第 486 页。
② 详细规定可参见《德国刑事诉讼法》第 226 条"不间断在场"、第 231 条"被告人的出庭义务"、第 243 条"审判过程"、第 249 条"宣读文书"、第 257 条"向被告人、检察官和辩护人提问"、第 258 条"终结辩论"的有关规定。
③ 〔日〕田口守一：《刑事诉讼法》，张凌、于秀峰译，中国政法大学出版社，2010，第 196 页。
④ 〔日〕田口守一：《刑事诉讼法》，张凌、于秀峰译，中国政法大学出版社，2010，第 210 页。

澳门的刑事诉讼亦确认了口头原则。《澳门刑事诉讼法典》第86条规定，"任何声明均须以口头方式作出……以口头作出声明时不许可朗读为此目的而事先制作之书面文件"。该法典第336条亦规定，"未在听证中调查或审查之任何证据，在审判中均无效，尤其是在法院形成心证上为无效力"。

然而，尽管法律规定未在听证中调查或审查的任何证据，在审判中均属无效。但是，仍然存在例外的情况：在审判听证的过程中，允许法官依据相关的法律规定在听证中宣读诉讼文件中先前已载有的证据。根据《澳门刑事诉讼法典》第337条，有关辅助人、民事当事人及证人向法官做出之声明仅得在下列情况下宣读：由辅助人、民事当事人或证人所提供的供未来备忘的笔录；或检察院、嫌犯及辅助人同意将该等声明宣读；又或属于透过法律所容许的请求书而获取的声明。另外，在下列情况下也可以宣读先前向法官或检察院做出的声明：听证中做出声明的人记不起某些事实时，宣读使该人能记起该等事实所需的部分；或如该等声明与听证中所做声明之间存有矛盾或分歧。此外，如果有关的声明人因死亡或嗣后精神失常而不能到场，或由于使之长期不能到场的原因而不能到场，则亦得宣读该等人已向法官或检察院做出之声明。同时，《澳门刑事诉讼法典》第338条规定了可以例外地宣读嫌犯声明的情况，即不论该等声明系向何实体做出，只要嫌犯本人提出请求，可以宣读嫌犯之声明。或者，如果嫌犯的声明是向法官或检察院做出，且与听证中所做声明之间存有矛盾或分歧的，也可以宣读嫌犯之前的声明。

二 一事不再理原则

一事不再理（ne bis in idem）原则为大陆法系国家所普遍采用。与此相对应，英美法系国家适用的是禁止双重危险（double jeopardy）原则。根据学者考证，英美法中的禁止双重危险原则与大陆法中的一事不再理原则，实际上都来源于罗马法[①]。与此同时，该原则也被纳入诸多国际公约，如在1966年联合国《公民权利和政治权利国际公约》中也得到确立，该公约第14条第7项规定："任何人已依一国的法律及刑事程序被最后定罪或宣告无

[①] 王兆鹏：《一事不再理》，元照出版有限公司，2008，第8页。

罪者，不得就同一罪名再予审判或者惩罚。"此外，还有 1969 年美洲国家组织通过的《美洲人权公约》、1984 年欧洲理事会通过的《欧洲人权和基本自由公约》（以下简称《欧洲人权公约》）等，均吸纳了该原则。

大陆法系普遍适用一事不再理原则，主要出于维护法的安定性的需要，是在一定条件下追求实体真实价值目标让位于法的安定性价值的结果。法的安定性，是法的公正性的重要内容，同时也是维护法律权威及实现秩序价值的必然要求。如果法没有一定的安定性，朝令夕改，公正就无从谈起，法律权威就难以确立，秩序价值就难以实现。德国的赫尔曼教授指出："不论是有罪还是无罪判决，作出产生法律效力的判决后不允许对同一行为再启动新的程序。此原则的出发点，是国家的处罚权已经耗尽。"①

（一）一事不再理原则的规定

大陆法系对于一事不再理原则的确立比较晚，在欧洲中世纪后期，由于纠问制诉讼的盛行，一事不再理原则受到重大限制②。法国大革命后，这种裁判制度随着旧的专制统治制度一起被废除，"以同一罪行不受两次审判"这一法律格言所表达的"刑事既决事由对刑事的既判力"原则，在 1791 年的《法国宪法》中得到确认，并且于 1808 年被写入《法国刑事诉讼法》。《法国宪法》第三编第五章第 9 条第 7 款规定："已经合法的陪审团宣告无罪的人，不得因同一事实再次被逮捕或追诉。"《法国刑事诉讼法》第 360 条规定："任何被依法判决无罪的人，均不得因同一行为再次被拘禁或再次起诉。"法国是以既判力理论对该理论予以解说的，根据该理论，判决一经生效，即产生既判力，对同一行为不得再次进行追诉或者审判。判决的既判力既约束审判法庭在审判阶段的裁判，也适用于预审法庭在审前阶段的部分裁判。由刑事法院做出裁判的既判事由对其他刑事法院具有"否

---

① 〔德〕约阿希姆·赫尔曼：《〈德国刑事诉讼法典〉中译本引言》，载《德国刑事诉讼法典》，李昌珂译，中国政法大学出版社，1998，第 14 页。

② 根据当时的法律，法官对于没有充分的证据证明其有罪的被告人，可以做出三种可能的判决：一是判决无罪；二是判决庭外释放；三是继续调查。第二种和第三种判决虽说不是有罪判决，但是也不是完全意义上的无罪判决。第二种判决使得被告人仍处于被怀疑之中，他只是缺乏证据才被假定无罪，因而得以逃脱惩罚。第三种判决只是一种临时性的无罪判决，待发现新的有罪证据时，可以再次传唤被告人进行审判，并做出有罪判决。因此，当时无法确立一事不再理原则。参见杨辉杰《刑事审判对象研究》，中国社会科学出版社，2010，第 142 页。

定性质"的既判力，也就是说，其他刑事法院不得再行受理针对同一人的、依据已经受到最终判决的相同事实提起的追诉。不过在法国，预审法院和审判法院所做的裁判的既判力是不同的。在预审法院所做的裁判中，当不予起诉的裁定是从法律上提出依据（具有证明效力的事实，大赦、公诉时效完成）并且已经最终确定时，此种裁定即告具有既判力，从而构成阻止新的起诉的绝对障碍。其他不予起诉的裁定，如从事实上提出依据的裁定，在有新证据的情况下，可以因检察院的要求对新证据重新开始进行预审，不受既判力的约束。预审法庭所做的其他裁定，如移送案件的裁定，也不受判决的既判力的约束①。与预审法庭的裁判不同，审判法庭的裁判具有更强的权威效力。审判法庭的裁判所具有的权威效力引起的效果是：对因相同事实，已经受到法院不可撤销的判刑判决、免除刑罚判决、宣告无罪判决或免诉判决②的人，不得再因这些事实被重新提起追诉（同一犯罪行为不受两次审判）③。

在德国，一事不两罚原则为《德国基本法》第 103 条第 3 项所规定，具有宪法层次的地位。其字面含义是禁止对同一犯罪行为处罚两次，但实际上在于保障已被处罚过的，或者法律判决效力已确定之被判无罪的犯罪，不因同一行为再受到第二次诉追或刑罚。在德国，并非所有的刑事裁判均有实质的法律确定效力。裁判的种类不同，其效力也有所区别。具有法律确定效力的裁判分为以下两种。①具有完全的法律确定效力的裁判。其包括：所有的实体判决及因诉讼障碍所做的中止判决宣告，如消减时效的情况；所有只得用立即之抗告提出不服之裁定，如作为刑罚执行的唯一根据的合并刑之裁定；依《德国刑事诉讼法典》第 349 条第 2 项终结诉讼程序

---

① 〔法〕贝尔纳·布洛克：《法国刑事诉讼法》，罗结珍译，中国政法大学出版社，2009，第564 页。

② 在法国和日本刑事诉讼中都有免诉判决，但二者的含义不完全相同。在法国，免诉判决是与无罪判决相对应的概念，无罪判决仅适用于重罪法庭的裁判决定，而免诉判决则适用于其他法庭所做的判决。免诉判决或无罪判决可以依据法律上的理由做出，也可以依据事实上的考虑做出。在日本，免诉判决是指在欠缺实体的诉讼条件时所做的裁判。免诉事由包括：曾经判决确定者、根据犯罪后的法律已废止其刑罚者、曾经大赦者、时效已经完成者。参见〔法〕贝尔纳·布洛克《法国刑事诉讼法》，罗结珍译，中国政法大学出版社，2009，第 450 页；〔日〕土本武司：《日本刑事诉讼法要义》，董璠舆、宋英辉译，五南图书出版公司，1997，第 277～279 页。

③ 〔法〕贝尔纳·布洛克：《法国刑事诉讼法》，罗结珍译，中国政法大学出版社，2009，第512～514 页。

之裁定①。②只有限制性法律确定效力的裁判。包括：法院在强制起诉程序中所做的中止程序之裁定；在中间程序中暂时中止程序之裁定及拒绝开启审判程序之裁定。具有限制性法律确定的裁判只有在发现新事实或证据时，才能重新开启诉讼程序。实质的法律效力确定的目的在于保护被告，使已不能上诉的实质裁判在裁判公布后即告终结。而且法律效力的确定同时具有惩罚作用，为避免因案件审判不够充分而后来必须进行补充性的侦查，犯罪追诉机关对事实的调查要仔细谨慎，并对犯罪行为做出正确的法律评价②。

日本传统上属于大陆法系国家，其刑事诉讼法沿袭了大陆法系的一事不再理原则。在日本，一事不再理原则同样是与既判力联系在一起的，既判力即一事不再理的效力。日本诉讼理论认为，无论民事诉讼还是刑事诉讼裁判均具有既判力，即对争议的公权力解决。裁判的实体确定力只发生于实体的确定裁判（包括有罪、无罪的判决）和有关实体的确定裁判（如免诉裁判），而不涉及纯形式的裁判（如管辖错误、公诉不受理等）。实体确定力又可分为内部效力和外部效力。内部效力是关于该诉讼的效力，是指裁判的意思所表示的内容确定，并基于裁判内容而发生效果。也就是说，若是无罪判决即确定无罪，若是有罪判决即发生刑罚的执行权。实体确定力的外部效力是关于该诉讼以外的效力，即一事不再理的效力。裁判一经发生内部的效力后，根据判决中法律安定性的要求，就不得对案件再度起诉。如果错误地再度起诉，即以欠缺实体的诉讼条件做出免诉判决③。

（二）一事不再理原则之例外

一事不再理原则有其例外，即在维护裁判的既判力会导致重大的

---

① 《德国刑事诉讼法典》第 349 条第 2 项规定，上诉法院如果一致认为上诉显然无理时，也可以依应当说明理由的检察院申请，以裁定予以驳回。

② 〔德〕克劳思·罗科信：《德国刑事诉讼法》，吴丽琪译，三民书局，1998，第 476~484页。

③ 〔日〕土本武司：《日本刑事诉讼法要义》，董璠舆、宋英辉译，五南图书出版公司，1997，第 284 页。又，我国台湾地区受到德国和日本刑事诉讼法学理论和法律制度的影响，因而也承认一事不再理原则。"所谓一事不再理，乃对同一犯罪不得再行刑事诉追；倘有诉追之提起，法院亦不得对其为实体审理之谓（因此，法院乃须对该诉追为免诉之判决）。盖对其犯罪事实法院既已为实体审理，并基于该实体审理而为有罪、无罪之判断，则为求法的安定性，及为避免使被告再冒科刑之危险，乃应禁止对该犯罪事实再为实体审理。"参见黄东熊、吴景芳《刑事诉讼法论》，三民书局，2001，第 475 页。

不公正的情形下，可以依照法定程序推翻具有既判力的刑事裁判。一事不再理原则的例外是维护法的安定性和追求诉讼公正之间权衡的结果。

正如德国刑事诉讼法教科书所阐述的，"只有将法的安定性原则与公平原则，此二互相冲突的原则做一仔细的权衡，如此才能维持法和平。再审是为达到实质正确的裁判时，能中断法律效力的最重要的例子。其基本思想为，当事后才被发现的新事实对该判决而言，出现了在公平性上实在无可忍受的显然错误时，则法律确定效力必须让步"①。当然，追求公正亦包括维护被告人的利益，所以除非法律有特别规定，禁止在一事不再理的例外中恶化被告人的地位。

一事不再理的例外在不同国家和地区有所不同：有的区分为纠正确定裁判认定事实错误的程序和纠正确定裁判适用法令错误的程序，有的则没有严格区分；有的只能在有利于至少是不恶化被判刑人的地位的前提下提出，而有的则可以在严格的限制性条件下恶化被判刑人的地位；有的在刑事诉讼法中有明确规定，有的则分别规定于不同的法律中。

在法国，一事不再理原则的例外，包括最高法院总检察长依据掌玺官（司法部长）的命令（《法国刑事诉讼法典》第 620 条）或者自行（《法国刑事诉讼法典》第 621 条）向最高法院提出为法律利益的上诉，以及针对具有既判力的有罪判决向最高法院申请再审两种情况。

第一种情况是，最高法院总检察长依据掌玺官（司法部长）的命令或者自行向最高法院提出为法律利益的上诉。为法律之利益向最高法院提出上诉，旨在对下级法院法官所做裁判的法律上的错误进行审查、纠正，分为本义上的为法律之利益向最高法院提出上诉和依据掌玺官的命令向最高法院提出取消原判的申请。两者的区别在于：本义上的为法律之利益向最高法院提出上诉具有纯理论特征，对各当事人并无任何影响。而依据司法部长的命令提出的"取消申请"，可能给被判刑人带来利益。就是说，经宣告无罪的被告人的地位不因宣告其无罪判决被取消而发生任何改变，但为法律利益和被判刑人的利益取消判刑判决则是有利于被判刑人的②。

---

① 〔德〕克劳思·罗科信：《德国刑事诉讼法》，吴丽琪译，三民书局，1998，第 541 页。
② 《法国刑事诉讼法典》第 620 条、第 621 条。

　　第二种情况是，针对具有既判力的有罪判决向最高法院申请再审①。如果因为发生事实上的错误，某一无辜的人被不公正地判处刑罚，则尽管该判刑判决已经产生既判力，仍有可能对这种司法错误进行纠正。主要适用于：在对杀人案件定罪科刑后，发现有关证据表明该案中所谓的被害人仍然活着；判决相互不能吻合；在法庭上做证的证人因做伪证受到判刑；发现新的事实的一般情形②。

　　这两种例外虽然都是针对已经具有既判力的裁判，但两者仍存在不同之处。具体表现如下。

　　（1）设立的主要目的不同。前一种情况，即向最高法院提出为法律利益上诉的例外，其制度设计的主要价值目标在于法律的正确适用，是为了维护法律的利益。虽然在此过程中也会涉及具有既判力的判决的改变，但这并不是这一程序的主要目的。而后一种情况，即向最高法院申请再审，其主要目的在于纠正具有既判力的司法裁判中存在的事实错误，其着眼点是具有既判力的判决中存在的事实上的错误，是与被告人的利益密切相关的，维护被告人利益是该程序的主要目的。

　　（2）有权提起的主体不同。在前一种情况，为法律的利益向最高法院提起上诉的主体，只能是最高法院总检察长，由其依据掌玺官（司法部长）的命令提出或者自行提出。而后一种情况下，有权向最高法院申请再审的主体包括：司法部长；被判罪人，如为无行为能力人，由其法定代理人；在被判罪人死亡或者被宣告死亡以后，由其配偶、儿女、父母及其全部继承人或全额继承人，或者其明示委托者。

　　（3）请求行使审查权的主体不同。在前一种情况下，受理上诉的最高法院有权对案件是否受理进行审查；而在后一种情况，则最高法院没有审查的权利，审查权由"有罪判决复审委员会"行使。该委员会审查后提交最高法院刑事庭的案件，最高法院必须受理。

　　（4）提起请求的时间不同。在前一种情况下，检察院提出非常上诉的

―――――――――――

①　向最高法院申请再审也针对尚未产生既判力的有罪判决，因为需要最高法院审理事实问题，而通常情况下最高法院并不审理事实问题，所以向最高法院申请再审，使得通常仅受理法律问题的最高法院例外地审理事实问题。但此种情况下的再审针对的是尚未产生既判力的有罪判决，因此不属于一事不再理的例外情形。

②　〔法〕贝尔纳·布洛克：《法国刑事诉讼法》，罗结珍译，中国政法大学出版社，2009，第557页。

期限为 10 日；而在后一种情况下，向最高法院申请再审没有期限限制。

在德国，一事不再理的例外被称为特别的法律救济途径，即中断法律效力确定之法律救济途径，包括再审、恢复原状和宪法诉愿三种情况①。

第一种情况是再审。在德国刑事诉讼中，再审程序是对一事不再理原则最为重要的和常见的例外。再审主要是审核判决的事实基础，而非审核法律错误。除此之外，再审还包括对法律宣告无效后提起的再审和当故意为错误之法律适用时的再审。具体而言，再审包括以下三种情形。①无论对受判决人有利或者不利均可提起的再审。对于已有确定效力的有罪判决，或者法律上或事实上的原因致使不可能开始或进行刑事诉讼程序的，因下述的违法行为可以为受判决人之有利或者不利而提起再审：因为一个对裁判有重要影响的伪造文书；因证人或鉴定人之错误（虚伪）陈述；因法官犯罪（曲解法律、枉法行为或贿赂）。②只能为受判决人之利益而提起的再审。适用的情形包括：一个作为刑事判决基础的民事判决已被撤销时；当对受判决人有利的新事实或新证据被提出时；当一判决以联邦宪法法院已宣布违宪的法条为裁判基础时，或者当一判决以一个被联邦宪法法院宣布为违宪的法律解释为裁判基础的。③对受判决人不利的再审。当被判无罪的人在法院或在法院外做一可信任的自白时，可以为受判决人的不利提起再审。另外，在处罚令程序中，如果得到新的事实或者证据，仅依据这些事实、证据或者将它们与先前的证据相结合，认为有理由对罪行做有罪判决的时候，也准许结束对受有罪判决人已经发生法律效力的处罚令的程序②。在德国，依照刑事诉讼法规定，有权为被判刑人利益提出再审申请的是：检察院；被判刑人或者在被判刑人死亡时其配偶、直系或旁系亲属以及兄弟姐妹。有权提出对被判刑人不利的再审申请的是检察院和自诉人。

第二种情况是恢复原状。在德国，恢复原状也是一事不再理的例外情形之一。德国刑事诉讼中恢复原状的含义与中国法律中的恢复原状不同。《德国刑事诉讼法典》第 44 条规定，某人非因自己的过失而受妨碍不能遵守期间时，依申请应当准许对他恢复原状。实务上的恢复原状，主要是针对法律救济期间的迟误适用，也有的针对恢复原状期间的迟误而提出恢复原状的请求。恢复原状的条件是非因请求人自己的过失而引起的迟误期间，

---

① 〔德〕克劳思·罗科信：《德国刑事诉讼法》，吴丽琪译，三民书局，1998，第 487 页。

② 〔德〕克劳思·罗科信：《德国刑事诉讼法》，吴丽琪译，三民书局，1998，第 543、606 ~ 607 页。

例如，因意外事件、生病或自然灾害等。在障碍排除后的一星期内，应当提出恢复原状的声请，并对障碍原因进行说明和证明。恢复原状的声请并不会破坏已经发生的法律效力，一旦恢复原状被允可后，该已发生的法律效力将可回溯地废止。这也就是恢复原状对于具有既判力的法律判决的改变，即一事不再理原则的例外①。

第三种情况为宪法诉愿。宪法诉愿为《德国基本法》第 93 条第 1 款第 4a 项所规定，联邦宪法法院应当决定是否接收任何人宣称其基本权利之一……受到公共权力之侵犯而做出的违宪申诉。因此，向联邦宪法法院申诉，要求解决确定判决中适用法令的错误，属于一事不再理原则的例外。另外，根据《欧洲人权公约》第 25 条及其后条款所提起的诉愿，具有国际法的效果。

日本刑事诉讼法明确区分了再审与非常上告程序。再审是对宣告有罪的确定判决，是为了被告人的利益，主要对认定事实不当予以补救的非常救济程序。《日本刑事诉讼法典》第 439 条规定："下列人员，可以提出再审的请求：一、检察官；二、受有罪宣判的人；三、受有罪宣判的人的法定代理人及保佐人；四、受有罪宣判的人死亡或者处于心神丧失的状态时，其配偶、直系亲属及兄弟姐妹。依据第 435 条第 7 项或者第 436 条第 1 款第 2 项规定的事由而请求再审，如果该职务犯罪系受有罪宣判的人使之所犯时，应当由检察官提出。"② 非常上告是在判决确定后，以该判决违反法令为由而采取的补救措施。其目的在于统一解释法令，而不是对具体案件进行补救③。根据《日本刑事诉讼法典》第 454、455、458 条的有关规定，非常上告的请求权人是检察总长，其管辖法院是最高法院。经审理，原判决违反法令时，撤销该违法部分。但原判决不利于被告人时，应撤销原判并就被告案件重新判决。

在大陆法系国家，关于一事不再理原则之例外的规定有共同之处。一

① 〔德〕克劳思·罗科信：《德国刑事诉讼法》，吴丽琪译，三民书局，1998，第 199～202 页。

② 《日本刑事诉讼法典》第 435 条第 7 项规定："参与原判决的法官，参与制作成为原判决的证据的证据文书的法官，或者制作成为原判决的证据的书面材料或作出供述的检察官、检察事务官或司法警察职员，因该被告案件犯职务之罪，根据确定判决已经证明时。但在作出原判决前已经对法官、检察官、检察事务官或者司法警察职员提起公诉的场合，以作出原判决的法院未曾知悉该事实时为限。"第 436 条第 1 款第 2 项规定："参与制作原判决或者成为原判决的证据的证据文书的法官，具有前条第 7 项规定的事由时。"

③ 宋英辉：《日本刑事诉讼法简介》，载松尾浩也《日本刑事诉讼法》，宋英辉译，中国人民大学出版社，2005，第 22～23 页。

是各国关于一事不再理的例外都包括纠正事实错误的例外和纠正法律错误的例外。不过，法国和日本纠正事实错误的例外与纠正法律错误的例外适用不同的程序，而德国的再审程序既可以针对事实问题提起，也可以针对某些法律问题提起，且适用于两个不同的程序。二是对于出现新事实、新证据时的再审，只能有利于被告人。各国关于一事不再理例外的规定也有不同之处。最为明显的区别在于，是否能够以不利于被告人的原因作为一事不再理原则的例外。在这一点上，法国和日本都禁止提起不利于被告人的再审；而德国则基于发现实体真实的理念，允许在一定条件下提起不利于被告人的再审。而且在法国和日本只能对有罪判决适用一事不再理的例外，而在德国，则可以对无罪判决提起再审。在关注人权保障方面，法国和日本更注意对被告人的保护，不但禁止因为事实的错误恶化被告人的地位，而且在为法律的利益提起的上诉中也只能做出对被告人有利的变更，而不允许恶化被告人的地位。在德国，一事不再理原则的例外包括有利于被告人的再审和不利于被告人的再审，不过对不利于被告人的再审设置了严格的限制。

（三）澳门刑事诉讼中的一事不再理原则及其例外

贝莱扎（Teresa Beleza）教授指出，在葡萄牙和澳门的刑事诉讼法中，都没有关于刑事既判力的规定。根据《澳门刑事诉讼法典》第 4 条"漏洞之填补"，或许可以使用民事诉讼法中关于既判力的明确规定。然而葡萄牙最高法院在司法判决中却一直拒绝将民事既判案件的规范适用于刑事问题。因为既判力的存在理由、目标与法律特征，在民事诉讼和刑事诉讼中都是不同的。从概念上讲，民事诉讼中有关当事人之存在、诉讼主体身份、诉求与诉因的相同，都不可能转移到刑事诉讼中[①]。

1. 澳门有关一事不再理原则的法律规定

从宪法性渊源来看，《澳门基本法》并未对此做出规定，澳门签署并加入的《公民权利及政治权利国际公约》第 14 条第 7 款规定："任何人已依一国的法律及刑事程序被最后定罪或宣告无罪者，不得就同一罪名再予审判或者惩罚。"但是根据《澳门基本法》第 40 条的规定，"《公民权利和政治权利国际公约》、《经济、社会与文化权利的国际公约》和国际劳工条约

---

① 贝莱扎：《〈澳门刑事诉讼法典〉中诉讼客体之变更》，《澳门法律学刊》1997 年第 1 期。

适用于澳门的有关规定继续有效，通过澳门特别行政区的法律予以实施"。因此，有关一事不再理原则的规定需要通过制定法律予以实施，不能直接适用。

从葡萄牙的法律制度观察，《葡萄牙共和国宪法》第 29 条 "刑法之适用" 第 5 款规定，任何人均不得因犯同一罪行而受超逾一次之审判。葡萄牙的刑事诉讼法并没有明确提及一事不再理原则，而是通过对非常上诉条件的严格限制，间接地体现了一事不再理原则。因此，《澳门刑事诉讼法典》中关于再审程序的规定，可以理解为一事不再理原则的体现。

2. 一事不再理原则的范围：预审法官的归档批示或不起诉批示是否具有既判力

从一事不再理原则的适用范围来看，是否所有法院做出的确定裁判均具有既判力，即一事不再理的效力呢？恐怕不能一概而论。从上文对大陆法系各国一事不再理原则生效范围的分析可以看出，各国均有些法院的裁判不能产生一事不再理的效力，或者只产生限制性的一事不再理的效力。同样，澳门法院的裁判是否具有既判力，也应当区别对待。其一，关于定罪量刑的实体裁判应当产生既判力，非经法定程序不得提起再审。其二，预审法官做出的起诉批示，因其并不具有确定性，不应具有既判力。那么，预审法官做出的属 "免除刑罚的归档" 之归档批示或者经预审程序而做出的不起诉批示是否具有既判力呢？

如果是检察院做出的归档决定，《澳门刑事诉讼法典》第 261 条明确规定，仅在出现新证据材料，使检察院在归档批示中提出之依据无效时，方得重开侦查。当然，由于检察院所做的决定并非司法裁判，自然无既判力之问题。而预审法官做出的归档批示，是具司法性质之裁判，就需要考虑既判力之问题。

《澳门刑事诉讼法典》第 431 条 "再审之依据及可受理性" 第 1 款规定了如果事实错误，可以在限制性条件下对确定判决进行再审。该条第 2 款又规定，"为着上款之规定之效力，终结诉讼程序之批示等同于判决"。也就是说，澳门刑事法采取的立场是，在是否具有既判力的问题上，刑事裁判与终结诉讼程序之批示，包括预审法官做出的归档批示和不起诉批示，均具有既判力。也就是说，如果在预审法官做出免除刑罚的归档批示或者在预审程序中做出不起诉批示后，出现了新的证据或事实，可以在满足法定条件的前提下启动再审程序。然而笔者并不赞同这一规定，认为预审法官的批示与司法裁判的性质是不同的，对于预审法官终结程序的批示，当出现新的事实或证据时，其程序应当是重新起诉，而非提起再审程序。其原因有如下两点。

其一，归档批示或不起诉批示在性质上应当被认定为仅具有程序性的终结效力，并不存在真正意义上的对事实的审理，对其重新起诉并不会违背一事不再理原则。所谓一事不再理，援引《葡萄牙共和国宪法》之表述，是指"任何人均不得因犯同一罪行而受超逾一次之审判"。而在预审法官做出归档批示的情况下，嫌犯并没有经历真正意义上的审判，即使对其重新开立卷宗进行调查，也不会违反一事不再理原则。因此，对于预审法官做出的终结程序的批示，应当产生重新起诉的效力，而非提起再审。

其二，从比较法的角度考察，法国、德国刑事诉讼法均允许对法官未经正式审判而做出的终结诉讼程序的司法决定重新起诉。在同样存在预审制度的法国，其《刑事诉讼法典》第188、190条明确规定，以事实为依据的预审法官的不起诉裁定，仅具有临时的既判力，在发现新的证据的情况下，便可以应检察院的要求对新的证据重新开始进行预审。在德国，刑事诉讼法虽然没有规定预审程序，但其"裁定开启审判程序"（又称中间程序）在实际上发挥了预审的功能，即决定是否应当将检察院的控诉正式交付审判。负责这一程序的法官可以根据《德国刑事诉讼法典》第204条，基于事实理由或法律理由做出拒绝开启审判程序的裁定。随后，该法在第211条规定了拒绝开启审判程序的裁定之效力，"对于具确定效力的拒绝开启审判程序的裁定，只有依据新的事实或新的证据材料才能再起诉"。

3. 澳门一事不再理原则之例外

在澳门，刑事诉讼立法与学说均认为，一事不再理原则存在例外。根据 Luis Osório 教授的论述，"已确定裁判的事实视为真相原则（princípio da 'res judicata pro veritate habetur'）[1] 只是一个应用性的原则，而非司法公正的原则，因此，当有强烈依据显示所宣示的裁判与所曾发生的事实，即刑事程序中所牵涉及调查的事实真相不符，并不妨碍对相关裁判进行再审"[2]。但是再审仅能在有限的条件下进行，只有在存在明显不公正的情况下方可提起。

---

[1] 即一事不再理原则。——笔者注

[2] 〔葡〕Manuel Leal-Henriques：《澳门刑事诉讼法教程》（下册）（第二版），卢映霞、梁凤明译，法律及司法培训中心，2011，第158页。

《澳门刑事诉讼法典》第 431 条规定了可以提起再审的情况，包括：曾对该裁判具有决定性之证据被另一确定判决视为虚假；由法官实施且与其在做出该判决之诉讼程序中所担任之职务有关之犯罪，已被另一确定判决视为获证明；曾用作判罪依据之事实与已在另一判决视为与获证明之事实不相协调，且两者对比后得出之结论，使人非常怀疑该判罪是否公正；发现新事实或证据，而单凭该等事实或证据本身，或与有关诉讼程序中曾被审查之其他事实或证据相结合后，使人非常怀疑判罪是否公正（如果仅为改正已科处制裁之具体分量者，不得提起再审）。根据《澳门刑事诉讼法典》第 432 条，再审的提起主体包括：检察院；辅助人（对无罪判决或不起诉批示）；被判罪者或其辩护人（对有罪判决）。如被判罪者死亡，则其配偶、直系血亲卑亲属、其所收养之人、直系血亲尊亲属、收养人、与被判罪者在类似配偶状况下共同生活之人、四亲等内之旁系血亲或姻亲、具有正当利益之继承人或曾获被判罪者明示委托之人，亦具有声请再审及使再审继续进行之正当性。

三　不利益变更之禁止原则

不利益变更之禁止原则（o princípio da proibição da reformatio in pejus），是指当被告人及其法定代理人或检察机关为被告人利益申请救济程序时，经审理做出的裁判，不得变更为对被告人更为不利的结果。其目的在于保护在法律救济程序中处于相对弱势的被告人的利益，保障被告人依法享有的上诉权，消除被告人因害怕上诉后可能被加重刑罚而不敢提出上诉的顾虑，从而确保上诉制度的贯彻实行。Manuel Leal-Henriques 教授指出，不利益变更之禁止原则的提出，是基于对嫌犯辩护权的保障，而从法律上限制了上诉法院的审理权[①]。根据德国学者的解释，"禁止不利益变更原则的目的在于，使得被告消除其可能在下一审级中被处以更严厉的刑罚的恐惧"[②]。

（一）各国关于不利益变更之禁止原则的法律规定

在法国，体现不利益变更之禁止理念的是禁止加刑的规则，也称上诉

---

① 〔葡〕Manuel Leal-Henriques：《澳门刑事诉讼法教程》（下册）（第二版），卢映霞、梁凤明译，法律及司法培训中心，2011，第 114 页。

② 〔德〕克劳思·罗科信：《德国刑事诉讼法》，吴丽琪译，三民书局，1998，第 497 页。

不加刑原则（reformatio in pejus）。法国的刑事诉讼程序比较严密，涉及的上诉途径也非常广泛，包括普通上诉途径和非常上诉途径。在普通上诉途径中，包括对缺席判决提出异议和向上诉法院提出上诉。非常上诉途径，包括因法律上的错误向最高法院提出上诉和因事实上的错误向最高法院提出再审申请或再审之诉。上诉途径不同，适用的条件和产生的效果则受不同规则的约束，相应地，是否受到上诉不加刑原则的限制也有所不同。

在普通上诉中，对缺席判决提出异议不受上诉不加刑的限制，而向上诉法院提出上诉则必须遵守上诉不加刑原则。原来做出缺席判决的法院，在该判决经缺席裁判异议消灭之后再次受理该案并进行审判时，有进行评判的完全自由。法院可以重述其原来所做的判决，或者从轻进行变更（免诉判决或者减轻处罚），或者甚至加重处罚。因此，禁止加刑的规则不适用于对缺席判决提出的异议。向上诉法院提出上诉则受到上诉不加刑原则的限制。上诉法院不得仅仅因为被告人、应付民事责任的人、民事当事人或保险人提起上诉，或者其中之一人提起上诉，而加重对上诉人的处罚。因此，上诉法院不得因被告人提出上诉而加重刑罚，也不能朝更为严厉的方向变更一审法院法官已经认定的罪名（或定性）。而且，该上诉不加刑原则也适用于对民事诉讼判决的上诉。但是《法国刑事诉讼法典》第515条第1款规定，对检察院上诉的案件，法庭可以维持原判，也可以在有利于或不利于被告人方面宣告全部或部分地撤销原判。如果该上诉存在一个附带上诉，即当事人之一提出上诉时，其他当事人方面也随着提出上诉，从而在首先提出的"主上诉"之外又增加他们自己的上诉，这使得上诉不加刑原则丧失其约束力①。

非常上诉，包括向最高法院提出上诉和向最高法院申请再审。其中，向最高法院提出上诉又分为为当事人利益的上诉和为法律利益的上诉。为当事人的利益提起的上诉是针对没有既判力的裁判提起的，权益受到损害的当事人和代表社会利益的检察院都可以向最高法院提起上诉。在法国的刑事诉讼法中，没有关于此种上诉是否受到上诉不加刑限制的规定。但是由于法院判例将上诉不加刑扩大至向最高法院提出的上诉，所以最高法院刑事庭不得加重对当事人的处罚（不得使当事人的状

---

① 〔法〕贝尔纳·布洛克：《法国刑事诉讼法》，罗结珍译，中国政法大学出版社，2009，第535页。

况更加严重)①。为法律之利益提起上诉是针对具有既判力的裁判提起的，而且仅能由最高法院总检察长提出，甚至（针对重罪法庭所做的免诉判决）由上诉法院总检察长提出。在该上诉中，重点解决的是法律的适用问题，但在此过程中不得恶化被告人的地位。由于该上诉只能由检察机关提出，故此"不得恶化被告人的地位"的规定不是上诉不加刑原则作用的结果，而是其他诉讼价值的要求。向最高法院申请再审包括针对具有既判力的裁判和没有既判力的裁判申请再审。再审法庭在再审案件中撤销原判决时，原则上都宣告将案件发回与做出被撤销的判决的法院同一性质的另一同级法院。负责重新审理该案的受移送法院有自行裁判的自由：或者宣告原被判刑的人无罪（无辜），或者不宣告其有罪，甚至确认已被撤销的判决成立并宣告判刑判决，但不得违反上诉不加刑原则②。

《德国刑事诉讼法典》第 296 条规定，不论是检察院还是被指控人，均拥有提起准许的法律救济诉讼活动的权利。检察院也可以为了被指控人的利益而提起法律救济诉讼活动③。《德国刑事诉讼法典》第 301 条规定，检察院每次提起的法律救济诉讼活动，也具有可能使所要求撤销、变更的裁判被有利于被指控人的裁判变更、撤销的效力。可以看出，在德国，不仅检察机关可以为被告人的利益提出上诉，而且不利益变更之禁止原则在适用的程序上也同样十分广泛，不利益变更之禁止原则适用于第二审、第三审的上诉和再审程序中。根据《德国刑事诉讼法典》第 331 条第 1 款、第 358 条第 2 款及第 373 条第 2 款，仅由被告人，或者为了他的利益由检察院或者他的法定代理人提出上告、上诉的时候，或者在再审程序中仅由受有罪判决人，或者为了他的利益由检察院或者他的法定代理人提请再审的时候，对于判决在法律对行为的处分种类、刑度方面，不允许做出不利于被告人的变更④。关于不利益变更之禁止原则中的"不利益"的界定，根据德国学者的解释，不利益变更之禁止原则仅仅限定的是不得就刑罚问题做出不利于被告人的变更，而非罪责的变更。根据这一理论，下述几种情况需

---

① 〔法〕贝尔纳·布洛克：《法国刑事诉讼法》，罗结珍译，中国政法大学出版社，2009，第 540 页。

② 〔法〕贝尔纳·布洛克：《法国刑事诉讼法》，中国政法大学出版社，2009，第 555 页。

③ 〔德〕托马斯·魏根特：《德国刑事诉讼程序》，岳礼玲、温小洁译，中国政法大学出版社，2004，第 216 页。

④ 〔德〕托马斯·魏根特：《德国刑事诉讼程序》，岳礼玲、温小洁译，中国政法大学出版社，2004，第 216～217 页。

要予以明确：①如果只有被告提起上诉时，第二审法院可以在不改变原来的罚金刑的基础上将罪责部分加以改正，如将第一审的盗窃罪改为强盗罪；②将自由刑改为罚金刑时，不论其金额高低，只要是该易科自由刑并未逾越第一审判决之刑罚标准的，均属于刑罚的减轻；③当合并刑中的一个个别刑罚因其可能在后来对合并刑的变更中，再次显现其重要性时，不得对其加重，但是，如果即使去除一个实质竞合的犯罪行为，在第二审中仍被判以同样的合并刑时，则对于该个别刑罚的变更并不成立不利益变更之禁止的情形；④当原来被判以缓刑，而后来却被撤销的，或者当一个不得缓刑的自由刑被换成一个较长的但可以缓刑的自由刑时，属于对于不利益变更之禁止原则的违反；⑤不利益变更之禁止原则适用于保安处分，但不适用于命令在精神病医院及禁戒处所进行的收容审查，因为根据立法者的见解，此种收容审查只会对被告人有好处而无坏处①。可见在德国，不利益变更之禁止原则有三项基本内容：一是该原则适用于仅为被告人利益提起的法律救济程序；二是该原则适用于第二审、第三审的上诉和再审程序；三是该原则仅仅限定的是不得就刑罚问题做出不利于被告人的变更，而非罪责的变更。

在其他属于大陆法系法律传统的国家，也有不利益变更之禁止或者上诉不加刑原则的规定。意大利刑事诉讼法对上诉不加刑原则规定得较为详细，《意大利刑事诉讼法典》第597条第3款规定：提出上诉的人是被告时，法官不得科处在刑种或刑度上更为严厉的刑罚，不得适用新的或更为严厉的保安处分，不得因不如一审判决中列举的原因对被告人有利的其他原因宣布开释。《日本刑事诉讼法典》第402条规定："对于由被告人提起控诉或者为被告人的利益而提起控诉的案件，不得宣告重于原判决的刑罚。"在再审程序日本与法国的做法相同，绝对禁止不利之变更。《日本刑事诉讼法典》第452条规定："在再审时，不得宣判重于原判决的刑罚。"②

---

① 〔德〕克劳思·罗科信：《德国刑事诉讼法》，吴丽琪译，三民书局，1998，第497～498页。

② 在日本，就法律问题提起的非常上告程序也绝对禁止不利之变更。日本《刑事诉讼法》第458条规定："非常上告有理由时，应当依照下列规定，分别作出判决：一、原判决违反法令时，撤销该违法的部分。但原判决不利于被告人时，应当撤销原判决，并就被告案件重新作出判决；二、诉讼程序违反法令时，撤销该违法的程序。"第459条规定："非常上告的判决，除依照前条第一项但书的规定作出的以外，其效力不及于被告人。"由于设置非常上告程序主要是为了救济法律上的错误，统一法律的适用，而不是保护被告人不受不利益的变更，所以这里不做详细介绍。参见〔日〕田口守一《刑事诉讼法》，张凌、于秀峰译，中国政法大学出版社，2010，第355页。

（二）澳门的不利益变更之禁止原则

在澳门，针对终局裁判提出的普通上诉，以及针对确定裁判提出的非常上诉，均适用不利益变更之禁止原则。需要注意的是，终局裁判（decisão final）是指法院在某一诉讼程序完结后做出的有关实体问题的认定，如有法律规定，仍然可以提起普通上诉；而确定裁判（sentença transitada em julgado）则是指穷尽了普通上诉之可能，具有既判力之裁判，不经非常上诉不得变更。不利变更之禁止原则规定于普通上诉部分。《澳门刑事诉讼法典》第399条规定，由嫌犯或检察院专为嫌犯利益针对终局裁判所提起的上诉，接收上诉的法院不得在种类及分量上变更载于上诉所针对的裁判内的制裁，使任何嫌犯受损害，即使其非为提起上诉的嫌犯。同时，《澳门刑事诉讼法典》第425条第2款和第445条第2款援引了第399条的规定，即不利益变更之禁止也适用于非常上诉程序，包括司法见解之定出以及再审程序。

关于澳门的不利益变更之禁止原则，有以下四点需要强调。

首先，并非所有的上诉均不得加刑。如前所述，不利益变更之禁止原则设立之初衷在于保障嫌犯之辩护权，是为维护嫌犯利益而设立的原则。因此，在仅有被告人上诉或者检察机关专为被告人利益上诉，又或嫌犯及检察院专为嫌犯利益提起上诉的案件中，不得做出对嫌犯不利益的处分。除此以外，如果检察机关为发现事实真相或正确适用法律而提出的上诉，以及辅助人提出的上诉，不受不利益变更之禁止原则的限制。

其次，不利益变更之禁止原则同时适用于提出上诉及未提出上诉的同案嫌犯。在满足上述不利益变更之禁止原则适用的前提条件下，既不得对提出上诉的嫌犯做不利益变更，也不得对同案的其他没有上诉的嫌犯做不利益之变更。《澳门刑事诉讼法典》第399条第1款后半部分规定，接收上诉之法院不得在种类及分量上变更载于上诉所针对之裁判内之制裁，使任何嫌犯受损害，即使其非为上诉之嫌犯。

再次，对不利益变更的表现形式应当有广义的理解。根据《澳门刑事诉讼法典》第399条第1款，不利益变更包括不得在种类及分量上变更。换言之，既不得加重刑罚，也不得变更罪名。根据前述，德国和法国在这一问题的立场上并不一致。在法国，上诉不加刑原则包括不能改变一审法院认定的罪名。上诉法院不得因被告人提出上诉而加重刑罚，也不能朝更为严厉的方向变更一审法院法官已经认定的罪名（或定性）。而在德国，不利

127

益变更之禁止原则并不反对在一定情况下改变一审法院认定的罪名。如果只有被告提起上诉时，第二审法院可以在不改变原来的罚金刑的基础上将罪责部分加以改正①。澳门采与法国一致之立场。但是根据《澳门刑事诉讼法典》第 399 条第 2 款，不利益变更之禁止也有例外，如果其间嫌犯的经济及财力状况有显著的改善，则按照法律规定的要件和程序，先前判处的罚金可予以加重。另外，可在上诉裁决中对嫌犯科处收容性的保安处分，只要接收上诉的法院认为依据《澳门刑法典》第 83 条的规定可予以科处。

最后，关于缺席判决的上诉是否适用于不利益变更之禁止的问题。这一问题在大陆法系国家内也是有争论的。如前所述，在法国，对缺席判决提出异议不受上诉不加刑的限制。而在德国，对于缺席裁判不服应当提起上告，而上告程序受到不利益变更之禁止原则的限制，也不得做出不利于被告的变更。澳门刑事诉讼中采与德国相似之立场。根据《澳门刑事诉讼法典》第 314 条 "嫌犯的缺席" 第 6 款，一旦嫌犯被拘留或自愿向法院投案，判决须立即通知嫌犯；判决亦须通知其辩护人，而其辩护人可以嫌犯的名义提出上诉。此种上诉除在期间的计算上与其他裁判的上诉不同外，在效力上并无特别规定。因此，对缺席裁判不服提出上诉的情况也应当适用不利益变更之禁止原则。

---

① 郭云忠：《刑事诉讼谦抑论》，北京大学出版社，2008，第 125 页。

第三章
刑事诉讼参与人

诉讼参与人，是指所有以任何形式或名义介入或参与诉讼程序的人。而诉讼主体则是那些在诉讼程序中能够以自主方式促使程序进行，对整个诉讼程序起决定性作用，以及主导诉讼程序的人或机关。刑事诉讼参与人在相关诉讼程序中享有一定的权力或权利，并需要履行一定的职责或承担一定的义务，以保障程序的顺利进行。《澳门刑事诉讼法典》第一卷"诉讼主体"分六编对诉讼主体做出规定，包括法官、检察院、刑事警察机关、嫌犯及其辩护人、辅助人以及民事诉讼当事人。需要注意的是，从严格意义上讲，刑事警察机关在刑事诉讼中是协助司法当局之机关，其本身并不能促进刑事诉讼的进行或主导诉讼程序，因此并不属于诉讼主体。诉讼参与人除上述诉讼主体外，还包括其他参与诉讼程序的人，如证人、鉴定人、传译员等。

第一节　法院和法官

一　概述

根据《澳门基本法》第 82 条以及第 9/1999 号法律《司法组织纲要法》

第 3 条的规定，澳门特别行政区法院是唯一行使审判权的机关。同时，根据《司法组织纲要法》第 16 条第 1 款，法院对整个澳门特别行政区具有管辖权。因此，法律赋予法院专属的审判职能——法院有职责确保维护权利及受法律保护的利益，遏止对法律的违反，以及解决公、私利益冲突（第 9/1999 号法律第 4 条）。

审判职能可以分为民事审判职能、刑事审判职能以及行政审判职能。在刑事审判职能方面，法院独占性地享有刑事案件的管辖权，对刑事案件做出裁判及科处刑罚与保安处分，其他任何实体、私法人、组织或个人均不得行使。另外，《澳门基本法》第 83 条明确规定，澳门特别行政区法院独立进行审判，只服从法律，不受任何干涉。法官仅需要按照法律对刑事案件做出裁判。同时，根据《澳门刑事诉讼法典》第 9 条第 2 款，法院在刑事诉讼程序方面要求其他部门给予协助时，该部门须优先给予协助。

（一）法院在刑事诉讼中的地位

按照学界通说，刑事诉讼结构可划分为当事人主义模式与职权主义模式。当事人主义模式，又称对抗主义、论辩主义，是指在诉讼程序中法官居于中立且被动的裁判者地位，由控方指控和辩方反驳共同推动法庭审判的一种诉讼模式，一般被英国、美国等英美法系国家所采用，其特征是：以个人为本位，诉讼程序的启动、继续和发展都依赖于当事人并由当事人主导；法官在诉讼中基本处于消极的中立裁判者地位；当事人要负责证据的准备、提出和陈述，法官一般不依职权主动收集证据；更强调程序公正的价值。而职权主义模式，又称纠问主义，是指在诉讼程序中法官居于主导地位，控辩双方居于从属地位，法官可以依职权主动调查取证的一种诉讼模式，一般被法国、德国等大陆法系国家所采用。其特征是：警察机关、检察官、法官等公权力机关依职权主动追诉犯罪，主导侦查、起诉和审判工作，注重发挥司法机关在刑事诉讼中的职能作用；诉讼的进行以及证据调查以法院为主，法官在庭审中起主动指挥作用；追求全面打击犯罪的实际效果。当事人主义和职权主义两大模式的诉讼结构各有所长，如台湾学者林钰雄教授所述，"关于所谓的职权主义和当事人主义，各有特色，立法例上并无必然的优劣。历史传统、继受背景、国民感情、配套措施等因素，直接影响立法的抉择"①。

和众多大陆法系国家一样，澳门采用的是职权主义模式的诉讼结构。法官在澳门的刑事诉讼程序中居于十分重要的地位和作用，如同德国学者所说：

> 一人身上集中若干职能是许多大陆法系国家刑事诉讼制度的典型特征。这种做法赋予了庭审法官很大的权力，并且使得审判的进程在很大程度上依赖于法官的个人能力。从另一种意义上来说，审判长的任务又是繁重的：他必须主持大部分的讯问和询问，对当事人提出的程序性问题作出裁决，同时还要积累作出判决所必需的信息②。

葡萄牙 Gil Moreira Dos Santo 教授也指出，"尽管承认法官具有根本性及决定性的功能，但很多时候，在检控架构中，应视法官为'超级实体'，该实体为'超级当事人'，由其负责就每个具体的案件中对法律做出宣告，是合法性的监督者"③。根据《澳门刑事诉讼法典》第 304 条的规定，主持审判之法官负责维持听证纪律以及领导有关工作，可以依职权进行讯问、询问、检查以及做出其他调查证据之行为，即使不依法律就该行为所规定的次序为之；如认为对发现事实真相属必需者，以适当方式命令任何人到场或命令做出法律容许之任何声明；在法律容许之情况下命令阅读文件等；采取法律容许之一切必需或适当预防措施、纪律措施及强制措施，以终止扰乱听证之行为及保障所有诉讼参与人之安全；确保有辩论及阻止发问法律不容许之问题；指挥及引导讨论，特别是禁止一切明显无关或拖延时间之行为。由此可见，与当事人主义诉讼构造下的法官相比，澳门的法官在刑事诉讼中积极主导着诉讼程序的进行，法律赋予了法官充分而又全面的权力。

（二）澳门刑事审判法院概述

根据《澳门基本法》《澳门刑事诉讼法典》及第 9/1999 号法律《司法

---

① 林钰雄：《刑事诉讼法》，中国人民法学出版社，2005，第 65 页。
② 〔德〕托马斯·魏根特：《德国刑事诉讼程序》，岳礼玲、温小洁译，中国政法大学出版社，2004，第 23～24 页。
③ 〔葡〕Manuel Leal-Henriques：《澳门刑事诉讼法教程》（上册）（第二版），卢映霞、梁凤明译，法律及司法培训中心，2011，第 46 页。

组织纲要法》的相关规定，澳门特别行政区法院，在刑事领域可以分为刑事起诉法庭及审判法院。刑事起诉法庭主要行使刑事案件侦查方面的审判职能及预审职能，而审判法院则是在审判方面行使审判职能[1]。在澳门，负责刑事审判的法院分为三级，即初级法院、中级法院及终审法院。在刑事案件的审级制度方面，实行有条件的三审终审制。

1. 刑事起诉法庭

刑事起诉法庭制度是以法官制约侦查和控诉为目的的诉讼制度，产生于检察权不发达的历史时期，是由法官介入侦查或控诉行为，行使特定职权的刑事诉讼制度[2]。澳门现行刑事起诉法庭制度（原称预审制度）直接源自葡萄牙（葡萄牙的预审制度借鉴的则是法国和德国的预审制度和传统），并透过葡萄牙第 591/76 号令于 1976 年设立。当时预审法院的主要职责是对可能判处 2 年以上徒刑的案件进行初步侦讯，并对检察院的控诉做出司法核实，以决定是否将案件提交审判。此后，葡萄牙对预审制度进行了一系列改革，主要是取消了由预审法官主导侦查刑事案件的规定，但仍然保留预审法官对特定侦查行为的决定权和预审权[3]。其后，澳门现行《刑事诉讼法典》于 1997 年 4 月 1 日开始生效，该法典对原本在澳门施行的预审制度做出了修改，基本上沿袭了葡萄牙改革后，于当时施行的预审制度。该部法典于 1999 年 12 月 20 日过渡成为澳门特别行政区的法律。

《澳门基本法》第 85 条第 2 款明确规定："原刑事起诉法庭的制度继续保留。"因此，回归后，预审制度只在名称上更改为"刑事起诉法庭制度"，其基本内容则完整地保留下来。回归后，澳门设立了刑事起诉法庭，内设有行政中心及两个分庭。刑事起诉法庭以专门庭的形式运作。目前，刑事起诉法庭共有三名法官。

根据《司法组织纲要法》第 29 条的规定，刑事起诉法庭的职权主要有两项：第一，在刑事诉讼程序中行使侦查方面的审判职能、进行预审以及就是否起诉做出裁判；第二，对徒刑及收容保安处分行使管辖权，包括认可及执行囚犯重新适应社会的个人计划、处理囚犯及被羁押人员的投诉、

---

[1] 本部分有关法院及法官的信息，来源于澳门特别行政区法院的官方网站，经作者整理而成。http://www.court.gov.mo/zh/subpage/welcome。

[2] 徐京辉：《澳门刑事起诉法庭制度探析》，《澳门检察》2006 年总第 6 期。

[3] 《澳门法律概述》，中国政法大学出版社，1993，第 48 页，转引自徐京辉《澳门刑事起诉法庭制度探析》，《澳门检察》2006 年总第 6 期。

给予及废止执行刑罚的灵活措施、给予及废止假释、延长刑罚、重新审查、复查及延长收容、建议及实施赦免、决定司法恢复权利、巡视监狱等。根据审检分立原则、《澳门刑事诉讼法典》和《司法组织纲要法》的规定，在刑事诉讼程序中，参与侦查或预审的刑事起诉法庭法官，均不得介入预审终结后的诉讼程序①。

此外，根据《澳门刑事诉讼法典》第 11 条第 2 款的规定，如果预审的管辖权属中级法院或终审法院，则以抽签方式自分庭的法官中选定负责预审的法官，且该法官不得介入该诉讼程序随后的行为。因此，中级法院和终审法院对特定的刑事案件，亦享有预审的权限。刑事起诉法庭的法官在侦查期间不得主动行使专属权限，仅可在检察院、嫌犯或辅助人提出声请后行使。

2. 初级法院

初级法院是澳门特区的第一审法院。根据《司法组织纲要法》的规定，除法律规定必须由特定法院（如行政法院）管辖的案件外，其他案件一律由初级法院管辖，这些案件主要包括民事和刑事方面的案件。

初级法院目前共有 29 名法官，其中包括 8 名合议庭主席及 21 名独任庭法官。初级法院以专门庭的方式运作，现时共设有四个刑事法庭②。

初级法院在审理案件时则以合议庭或独任庭的方式运作，如无特别法律规定，通常由一名法官组成的独任庭审理案件，如需组成合议庭，则由主持审判的合议庭主席、负责卷宗的法官及另一名由法官委员会预先指定的法官共同审理案件。

3. 中级法院

中级法院是澳门特区的第二级法院。根据《司法组织纲要法》第 36 条的规定，中级法院的管辖权共有 16 项，其中与刑事诉讼有关的包括：第一，负责审理法律所规定的必须由中级法院作为第一审级审理的案件，如审理由第一审法院法官、检察官做出的犯罪及轻微违反案件；第二，负责审理对第一审法院做出刑事裁判提起上诉的案件；第三，许可或否决对刑事判决进行再审、撤销不协调的刑事判决，以及在再审程序进行期间中止刑罚

---

① 刘高龙、赵国强主编，骆伟健、范剑虹副主编《澳门法律新论》（下卷），社会科学文献出版社、澳门基金会，2011，第 971 页。
② 虽然澳门新近成立了家庭及未成年人法庭，并于 2013 年 10 月 16 日开始运作，但该法庭并不审理刑事案件。

的执行；第四，对澳门以外的法院判决或仲裁裁决进行审查及确认；第五，负责审理第一审法院之间以及行政法院与行政、税务或海关当局之间的管辖权冲突；第六，其他诉讼程序的案件。

中级法院目前共有十名法官，其中包括由行政长官任命的中级法院院长。中级法院设有一个具管辖权审判刑事性质案件的刑事诉讼案件分庭，在审理案件时以评议会及听证会的方式运作。参与评议会及听证会的实体有：院长（作为裁判书制作人或助审法官）、两名法官及诉讼法律规定的实体；或院长（不作为裁判书制作人或助审法官）、三名法官及诉讼法律规定的实体，但法律另有规定者除外。中级法院的评议会及开庭听证按日程进行，除在特别情况下由院长决定外，会议及开庭通常每周进行一次。

4. 终审法院

终审法院是澳门特区法院等级中的最高机关，行使《澳门基本法》赋予澳门特别行政区的终审权（第 19、84 条）。根据《司法组织纲要法》第 44 条的规定，终审法院的管辖权共有 16 项，与刑事诉讼有关的有以下几项：第一，负责审理法律所规定的必须由终审法院作为第一审级审理的案件，如审理由终审法院法官、检察长、中级法院法官及助理检察长做出的犯罪及轻微违反案件；第二，负责审理下级法院的上诉案件，其中既包括对中级法院作为第一审级所做的可予以争执的合议庭裁判提起上诉的案件，也包括对中级法院作为第二审级所做的有关刑事方面的合议庭裁判提起上诉的案件，但必须根据有关法律规定，以对此类合议庭裁判可提出争执者为限；第三，负责审理中级法院与第一审法院或中级法院与行政、税务及海关当局之间的管辖权冲突；第四，就人身保护令事宜行使审判权；第五，依据诉讼法律的规定统一司法见解①；第六，其他诉讼程序的案件。

终审法院目前共有三名法官。终审法院在审理案件时以评议会及听证会的方式运作，作为助审法官的终审法院院长、制作裁判书法官、助审法

---

① 根据第 9/1999 号法律《司法组织纲要法》第 44 条第 2 款第 1 项，终审法院有权依据诉讼法律的规定统一司法见解（uniformização de jurisprudência）。《澳门刑事诉讼法典》第 419 条具体规定了可以提出统一司法见解的两种情况：一是在同一法律范围内，如终审法院就同一法律问题，以互相对立的解决办法为基础宣示两个合议庭裁判，则检察院、嫌犯、辅助人或民事当事人得对最后宣示的合议庭裁判提起上诉，以统一司法见解；二是中级法院所宣示的合议庭裁判与同一法院或终审法院的另一合议庭裁判互相对立，则可以依照上述程序提起上诉，以统一司法见解，但当该合议庭裁判所载的指引跟终审法院先前所定出的司法见解一致时除外。

官以及诉讼法规定的实体均参与评议会及听证。除非诉讼法律有特别规定，在一般情况下，当终审法院在审理上诉案件时，如作为第二审级审理，须负责审理事实上及法律上的事宜；如非作为第二审级审理，则仅审理法律上的事宜。当终审法院行使统一司法见解的审理权时，除所有终审法院法官参与评议会外，无须回避的中级法院院长及在中级法院年资最久且无须回避的法官也参加评议会；如需回避，则由按年资顺序在其之后的法官参加。

二　审判权行使的原则

审判权是法院所专属的一项权力，是指法院依法审理和裁决民事、行政和刑事等案件的权力。审判权伴随着人类社会的发展而产生，当纠纷解决的方式由人与人之间直接的、粗暴的自主方式发展到由社会公权力居中、公正裁决的解决方式时，审判权便应运而生。从权能本身属性来看，审判权具有三个主要特点。一是被动性。审判权的被动性体现在不告不理，即没有提出控诉，就没有审判行为，法官不能主动地启动诉讼程序。二是中立性。法官在整个诉讼格局中居于中立的地位，不能取代检察院履行控诉职能，而应在社会公共利益和个人利益之间居于绝对中立的地位，只服从法律。三是终局性。法院裁判应当作为所有社会矛盾解决方式的最终终端，判决一旦生效，一般情况下其他任何机关都不得对该案重新处理，有关各方都有履行裁判或不妨害裁判执行的义务。法院的审判是保护公民合法权利、惩罚违法犯罪、制约不法行政、维护正义的最后一道防线。

《澳门刑事诉讼法典》第 9 条规定，法院行使刑事审判的职能。刑事诉讼的审判权在行使时应当遵循以下几个原则。

（一）自然法官原则

自然法官原则也称法定法官原则，它要求刑事审判应当按照由法律事先赋予权限的法官进行，包含按法律预先设定的标准来确定案件管辖法院以及审判法官。自然法官原则要求不能由法官事后决定审理有关案件，同时当事人也不得在无任何法律规定的情况下随意选择承办案件的法官。法官法定原则是大陆法系普遍实行的一项原则，如德国学者赫尔曼教授指出的：法定法官原则是德国诉讼法的十大基本原则之一，该原则要求"必须依据法律规定，普遍地和事前地确定拥有管辖权的法院，有目的地任命法官去审决特定案件，是不允许的"①。自然法官原则设立的主要目的一方面是实现立法权对司法权的限制和约束，保障当事人的基本权利不受肆意侵犯，另一方面更是保障司法不被司法行政过多地干预，避免司法行政以操纵何人审判案件来实现操纵审判结果的情况出现。

澳门的《司法组织纲要法》第 22 条的规定体现了自然法官原则——不得将案件从具管辖权的法院转移至另一法院，但属法律特别规定的情况除外；不得将刑事案件从之前的法律已确定其管辖权的法院撤出。因此，为了避免在一特定案件中任意指定法官，自然法官原则既适用于审判阶段，也适用于预审阶段。澳门的自然法官原则包括三层含义：第一，法律的规定应当先于案件审判程序的启动；第二，法律事先确定了法院的设置和管辖分配的规则；第三，按法律确定后的法院和法官对案件的管辖权不能随意被改变和撤销。

（二）审判权原则

如前所述，审判权是法律赋予法院的一项专属权力。就刑事诉讼而言，一切具有刑事性质的事实仅能通过法院审理。受法律保护的公民在刑事诉讼中的权利应当由审判权予以保障。审判权原则往往由一国的宪法或者宪法性法律来确定。例如，《中华人民共和国宪法》第 123 条规定：中华人民共和国人民法院是国家的审判机关。《澳门基本法》第 82 条也规定：澳门特别行政区法院行使审判权。澳门《司法组织纲要法》第 3、4 条又进一步规定：法院为唯一有权限行使审判职能的机关；法院有职责确保维护权利及受法律保护的利益，遏止对法律的违反，以及解决公、私利益冲突。从上述规定可以看出，立法对于审判权的规定都是一种突出强调专属性、排他性的规定，不允许任何例外情况——只有法院才可以行使审判权，其他任何机关和个人都不能取代，这种规定实际上是国家权力分工的一种体现。

（三）审判独立原则

审判独立原则也称法官独立原则，是指在刑事诉讼程序中，法官对于

---

① 〔德〕约阿希姆·赫尔曼：《德国刑事诉讼法典》，李昌珂译，中国政法大学出版社，1998，第 12 页。

司法权的行使，无论是在审判前或者审判阶段，都应当是独立和不受干预的。该原则体现了现代各国宪法对司法的一致保障，是人类为实现司法公正的一种制度安排。

审判独立原则的具体内涵，包括两个方面的内容。①法院的独立性，也有学者将其概括为"事物之独立性"[①]，即法院在刑事诉讼中行使审判权时，不受立法机关、行政机关以及其他任何机关、团体和个人的干涉。法院作为审判权专属的司法机关，除了对法律负责以外，不受任何外来的影响，在刑事诉讼中始终保持独立。②法官的独立性，也被概括为"人身独立性"，即法官在办理刑事案件中具有独立性，就个案而言，承办的法官在依法行使审判权的过程中，不受上级法院及其法官、上级及同事的控制和干预，拥有独立的职权，排除司法行政对于法官的干预和影响。

《澳门基本法》第83条确立了审判独立原则：澳门特别行政区法院独立进行审判，只服从法律，不受任何干涉。澳门《司法组织纲要法》第5条同时又规定：法院是独立的，根据法律对属其专属审判权范围的问题做出裁判，不受其他权力干涉，亦不听从任何命令或指示。从法官的独立性看，澳门的法律中也有相关的规定。法院的独立性按《司法官通则》所做的规定，透过法官的不可移调及无须负责，以及设有一个独立的管理及纪律机关予以保障。

（四）审判中立原则

审判中立原则，也称公平审判原则，即在刑事诉讼中，法官作为终局的裁决者，处于控、辩、审结构的中心位置，在营造控辩双方平等对抗的基础上，作为居中者进行公正裁判。审判中立原则是诉讼的基本结构特征，对于维护司法公正有着非常重要的作用，同时又是维护司法权威的一项重要保障。

其一，审判中立原则要求法官在诉讼中处于无偏倚的中立第三人的位置，对于控辩双方的意见和证据要给予同等标准的评价和认定，保证双方

[①] 林钰雄：《刑事诉讼法》，中国人民大学出版社，2005，第79页。林钰雄在论述法官独立性原则时，将其内涵概括为事务之独立性和人身之独立性两个部分，其中事物之独立性是法官须超出党派意见，依据法律独立审判，不受任何干涉；而人身独立性是指法官之人事身份事项，受到宪法和法律特殊的保障。

合法的诉讼权利得以实现。一方面，从权力制衡的角度出发，审判权应当对公诉权有一定的制约效果；另一方面，从保障人权的角度出发，审判权应当对嫌犯的诉讼权利给予适度保护，从而在刑事诉讼中构建一个国家公权和个人私权之间能够平等对抗的平台。联合国《公民权利和政治权利国际公约》第 14 条第 1 款规定："所有的人在法庭和裁判所前一律平等。在判定对任何人提出的任何刑事指控或确定他在一件诉讼案中的权利和义务时，人人有资格由一个依法设立的合格的、独立的和无偏倚的法庭进行公正的和公开的审讯。"

其二，审判中立原则还要求法官与控辩双方以及案件结果都没有任何利害关系。如果在具体个案中，存在足以怀疑法官中立性的事项时，则应当回避或阻却之，这即是回避制度产生的法理基础。只有法官在情感以及利益上和诉讼没有任何关联，才能保证他作为绝对中立的第三者做出公正的裁决。

三 管辖

管辖权与审判权并不是相同的概念，审判权是指法院对于具体案件所拥有的做出决定的权力或权能。管辖权是指依照法律的规定，将审判的事务具体分配，并以此订定各法院之间审理案件的范围。管辖权和审判权两者之间有先后的顺序关系，即先有审判权，再有管辖权。葡萄牙学者 Manuel Leal-Henriques 教授指出，"即使审判权由分布在不同级别的法院所组成，但每一法院并非拥有完整的审判职能，而只拥有部分审判职能，该等职能称为管辖权"[①]。而台湾学者林钰雄教授认为：

> 审判权与管辖权，属于不同之概念，有审判权始生管辖权问题。就"刑事诉讼法"效力范围所及之案件，亦即刑事审判权所及之案件，普通法院有刑事审判权。惟普通法院不只一个，有审级与地域之别，因此必须解决各个具体刑事案件应分配给哪个普通法院来行使刑事审判权，此即刑事法院之管辖权，明定于"刑事诉讼法"。由于各个法院的法官也不只一个，因此，某一特定法院取得某一具体刑事案件的管

---

① 〔葡〕Manuel Leal-Henriques：《澳门刑事诉讼法教程》（上册）（第二版），卢映霞、梁凤明译，法律及司法培训中心，2011，第 48 页。

辖权后，究竟由何位法官审判，则属于该法院内部的实务分配问题①。

因此，管辖权和审判权是从不同层面对法院核心权力的诠释。审判权赋予了法院所专属的对案件的裁判权能，是一种普遍的、对外的权属。而管辖权赋予了某一个法院对特定案件的裁判权能，是一种特定的、对内的权属。

（一）刑事案件的级别管辖

由于法院有不同的审级（包括初级法院、中级法院以及终审法院），在澳门，每一审级仅对应一个法院。因此，澳门的管辖并不存在地域管辖之问题②。

根据第 9/1999 号法律《司法组织纲要法》第 10 条以及第 27 条第 2 款有关法院种类的规定可知，澳门设有初级法院、中级法院以及终审法院，上述三级法院均有权审判刑事案件，自然牵涉各级法院之间在审判第一审刑事案件的分工问题，即级别管辖。

1. 初级法院有权管辖的第一审刑事案件

初级法院的刑事法庭行使大部分刑事案件的第一审管辖权。《司法组织纲要法》第 29 – B 条规定，"刑事法庭有管辖权审判不属于其他法庭或法院管辖的刑事或轻微违反性质的案件，包括审判该等案件的所有附随事项及问题"。相应地，作为组织机构的保障，第一审法院拥有数量最多的审理刑事案件的法官（关于法官的具体数目，参阅本章有关法院概述部分）。

初级法院刑事法庭审判案件的具体方式可分为独任制和合议制两种。《司法组织纲要法》第 23 条规定，为审判案件的目的，第一审法院依据诉讼法律的规定以合议庭或独任庭方式运作。原则上，凡法律没有规定以合议庭参与的案件，法院以独任庭进行审理。需注意，这里的"第一审法院"是指初级法院和行政法院，而非"作为第一审级的法院"。如果中级法院或终审法院作为刑事案件第一审级的法院，则需遵照《司法组织纲要法》第 25 条第 1 款之规定，即为审判案件之目的，中级法院及终审法院依据诉讼法律的规定以评议会及听证方式运作。

《澳门刑事诉讼法典》第 12 条规定了合议庭的管辖权。其主要包括以下几种情况。

---

① 林钰雄：《刑事诉讼法》，中国人民法学出版社，2005，第 87 页。

② 因为行为人所处之地域，或犯罪行为发生地之不同而由不同之法院行使地域管辖权。

一是某些性质比较特别的案件，包括《澳门刑法典》第二卷第三编以及第五编第一章及第二章所指之犯罪，即危害和平及违反人道罪，妨害政治、经济及社会制度罪，妨害国家及国际组织罪。对于有关这些罪名的案件，不论其可能判处的刑期是否超逾 3 年，均应适用合议庭审理。

二是涉及人之死亡的某些犯罪。《澳门刑事诉讼法典》第 12 条第 1 款 b 项规定，即使可科处的刑罚是低于或等于 3 年①的犯罪，故意犯罪或因结果而加重之犯罪，只要人之死亡属该罪状之要素，在第一审法院应当适用合议庭审理。根据 Manuel Leal-Henriques 教授的注释，这些罪名包括《澳门刑法典》第 128 条的"杀人罪"、第 129 条的"加重杀人罪"、第 130 条的"减轻杀人罪"、第 131 条的"杀婴"、第 135 条第 4 款的"弃置或遗弃致死"②。相应于葡萄牙的情况，Paulo Pinto de Albuquerque 教授指出，这些罪名包括诸如减轻杀人罪、应被害人之请求而杀人、怂恿或帮助自杀、杀婴罪、伤害他人身体致人死亡之结果加重等③。

三是《澳门刑事诉讼法典》第 12 条第 1 款 c 项之情形，即可科处最高限度超逾 3 年徒刑之犯罪，而在违法行为竞合之情况下④，即使对每一犯罪可科处之刑罚之最高限度系低于 3 年者亦然。该法典第 13 条指出，在确定可科处之刑罚时，须考虑可提高在该诉讼程序中可科处之刑罚之法定最高限度之一切情节。这里所谓之"一切情节"，根据 Manuel Leal-Henriques 教授之解释，应当从广义上理解，不论该情节属何种性质，应包括所有能使可科处的法定刑提高的情节。葡萄牙的 Paulo Pinto de Albuquerque 教授还指出，在考虑可科处的刑罚时，不应考虑特别减轻刑罚的法定情节⑤。二位教授均赞同，可科处之刑罚必须是在该同一诉讼程序中可以科处的刑罚，已

① 在葡萄牙，这一规定的刑幅是 5 年，而非 3 年。

② Manuel Leal-Henriques, Manuel Simas-Santos, *Código de Processo Penal de Macau*, Imprensa Oficial de Macau, 1997, p. 54.

③ Paulo Pinto de Albuquerque, *Comentário do Código de Processo Penal*, Universidade Católica Editora, 2011, p. 84.

④ 以前是以每一个不法行为适用的刑罚来判断属独任庭或合议庭管辖，但产生的问题是，当出现犯罪竞合时，对每个不法行为做出审判后，才发现判处的某些刑罚超出了独任庭的管辖权限范围。现在已不存在这问题，不再以每一个不法行为的刑罚判断，而是以整个诉讼程序所判处的刑罚来判断。参见 Manuel Leal-Henriques, Manuel Simas-Santos, *Código de Processo Penal de Macau*, Imprensa Oficial de Macau, 1997, p. 55。

⑤ Paulo Pinto de Albuquerque, *Comentário do Código de Processo Penal*, Universidade Católica Editora, 2011, p. 91.

经于其他程序中被判处的刑罚都不应考虑。

此外，根据《澳门刑事诉讼法典》第 12 条第 2 款，合议庭尚有管辖权审判获受理一并进行民事诉讼的刑事诉讼，只要损害赔偿请求超逾司法组织法律对此所订定的金额。根据《司法组织纲要法》第 18 条"法定上诉利益限额"之规定，在民事方面，第一审法院的法定上诉利益限额为澳门币 5 万元。

2. 中级法院有权管辖的第一审刑事案件

《司法组织纲要法》第 36 条规定了中级法院有权管辖的第一审刑事案件。

首先，是廉政专员、审计长、警察总局局长、海关关长、行政会委员及立法会议员担任职务时的犯罪及轻微违反案件。如果上述人员不再担任法律规定的这些职务，那么其卸任后所实施之犯罪行为，则不适用于该条，而是由初级法院作为第一审法院。

其次，是第一审法院法官、检察官做出的犯罪及轻微违反的案件。在此种情况下，并没有前述人员的"担任职务时"的立法表述，其理由应该是《司法官通则》第 5 条"不可移调"之规定，即除非在法律规定的情况下，否则不得将法院司法官调任，将之停职，命令其退休，将之免职、撤职，或以任何方式使其离职。既然司法官获得终身任职之职务保障，自然无需再在上述条文中加入"担任职务时"的限制条件。

《司法组织纲要法》第 36 条第 6 项还规定，在其上项所指案件的诉讼程序中进行预审，就是否起诉做出裁判，以及行使在侦查方面的审判职能也应当由中级法院行使。换言之，通常情况下，刑事案件的预审程序以及侦查方面的审判职能，如有关羁押的决定，某些搜查、搜索等强制性处分的命令或许可权应当由刑事起诉法庭的法官行使，但如果案件的第一审并非初级法院刑事法庭的法官进行，而是中级法院的法官行使管辖权，则预审也不得由刑事起诉法庭的法官进行。

3. 终审法院有权管辖的第一审刑事案件

《司法组织纲要法》第 44 条规定了终审法院有权管辖的第一审刑事案件。

第一，该条第 2 款第 6 项规定，行政长官、立法会主席及司长在担任其职务时做出的犯罪及轻微违反的案件，由终审法院一审，但法律另有规定者除外。如上述人员卸任后所做之行为，则由初级法院一审。

第二，该款第 8 项规定，终审法院法官、检察长、中级法院法官及助理检察长做出的犯罪及轻微违反的案件，由终审法院一审。由于上述司法官也属于《司法官通则》第 5 条"不可移调"之对象，因此在条文表述上也无须添加"担任职务时"的限制。

（二）牵连管辖权

所谓牵连管辖权又称"合并管辖权"，主要是解决同级法院之间或上下级法院之间所管辖的案件相牵连时如何合并于一个法院管辖的问题①。从本质上来看，相牵连的各案件本来可以作为独立的案件分别诉讼，但基于主体同一，或者客观上相关联，而将不同的案件合并在一个诉讼程序中处理。我国台湾地区法院的法官曾指出，"刑事诉讼法中之相牵连案件，本质上原为各别之案件，其立法意旨仅在'得合并由其中一法院管辖'而已"②。

牵连管辖符合诉讼经济的原则，正如葡萄牙学者 Manuel Leal-Henriques 所言，牵连管辖可以避免在不同程序中重复使用相同的证据③。例如，甲乙二人以共同正犯的形式实施了针对被害人丙的抢劫行为，如果分别对甲、乙二人开立卷宗，则该案的被害人丙需要参加两个案件的庭审过程，如欲成为辅助人，也需要分别聘请律师并向法官提出申请，显然无必要，合并管辖更为合适。

1. 牵连管辖的适用情形

《澳门刑事诉讼法典》第 15 条规定了牵连管辖的情形。Paulo Pinto de Albuquerque 教授指出，牵连可以是主体的或客观的，前者是以存在同一行为人来判断，后者是以存在一个犯罪或多个犯罪之间存在关系来判断。原则上，客观的牵连方便调查证据和发现事实真相；主体的牵连则方便嫌犯的人格评估和法律合并的实现。两者符合诉讼经济原则④。

牵连管辖大致可以分为三类：一是主体的牵连，同一行为人犯数罪；二是客体的牵连，如数行为人共犯一罪；三是主、客体之牵连，也可以称

① 柯葛壮:《刑事诉讼法比较研究》，澳门基金会，1997，第 48 页。
② 台湾 71. 01. 08（71）厅刑（一）字第 029 号函。
③ Manuel Leal-Henriques, Manuel Simas-Santos, *Código de Processo Penal de Macau*, Imprensa Oficial de Macau, 1997, p. 58.
④ Paulo Pinto de Albuquerque, *Comentário do Código de Processo Penal*, Universidade Católica Editora, 2011, p. 104.

为综合式牵连。其包括：共犯数罪；互相向对方犯罪；同时及在同一地方犯数罪；所犯之数罪中某些犯罪系其他犯罪之因或果；或所犯之数罪中某些犯罪系为使其他犯罪继续进行，或为隐瞒其他犯罪而做出者。其中，关于"同时及在同一地方犯数罪"案件的牵连性较弱。例如，在某一街心公园同时发生了两起案件，一起是甲针对乙实施的故意伤害身体完整性罪，而另外一起则是丙持有毒品在公园兜售。如果将这两起案件牵连管辖并合并审理，显然并无必要，自然可以决定分开审理。但是如果在该街心公园，警察同时抓获三个嫌犯，都在兜售毒品，但他们彼此并没有合谋（属"同时同地犯罪"之牵连，而非"数行为人共犯一罪"之牵连）。在此种情况下，由于抓获嫌犯的警察为同一人、现场目击的证人为共同的，警察可以在一份实况笔录中载明抓获三人之情况，也可以将在现场缴获之毒品一同送交检验，如果能够牵连管辖，显然更有利于诉讼资源的合理配置，达到诉讼经济及诉讼便捷之目的，同时又不会减损对嫌犯之权利保障。

需要注意的是，《澳门刑事诉讼法典》第 15 条句首采用的表述是："如属下列情况，则案件相牵连……"正如 Paulo Pinto de Albuquerque 教授所指出的，此处的规定是尽数列举，不得类推适用①。换言之，不得在《澳门刑事诉讼法典》第 15 条规定的情形之外适用牵连管辖。

2. 不得牵连管辖之情形

如前所述，如果符合《澳门刑事诉讼法典》第 15 条规定的情形，则案件可以牵连管辖，合并处理，然而并不必然导致牵连，是否牵连由办案机关视具体情况而定。同时，《澳门刑事诉讼法典》第 16 条明确规定了不得牵连之情形。

首先，如果几个案件不同时处于侦查、预审或审判阶段，则不视为相牵连案件。牵连管辖适用主要是基于诉讼经济的考虑，而处于不同诉讼阶段的案件相牵连显然会导致诉讼的不便，拖延某些案件的进行，有损当事人之权利保障。

其次，虽然出现数人共犯一罪或数人共犯数罪的牵连情况，但上级法院管辖的案件与非属上级法院管辖的案件之间不相牵连。其主要原因是，根据澳门的级别管辖制度，某些特定身份的人员，如立法会议员、行政会

---

① Paulo Pinto de Albuquerque, *Comentário do Código de Processo Penal*, Universidade Católica Editora, 2011, p. 104.

委员、司法官或某些特定级别的官员，所实施的某些犯罪之一审需要由中级法院或终审法院进行。例如，欧文龙案中，欧文龙被立案追究时系澳门运输工务司司长，应当由终审法院管辖，而其他共犯人员，则由初级法院管辖，不得牵连。

最后，如果有关案件分属于不同专门管辖或特定管辖法院或法庭管辖，也不构成相牵连案件。这一规定源自《葡萄牙刑事诉讼法典》。葡萄牙的法院分为专门管辖法院（审理专门事宜的法院，如民事法院、刑事法院等）和特定管辖法院（行使部分或有限的管辖权的法院，如刑事法庭），因此为避免诉讼不便，规定分属不同管辖或特定管辖法院或法庭管辖的案件不相牵连①。澳门目前还不存在此问题。但是《澳门基本法》第 85 条指出，澳门特别行政区初级法院可根据需要设立若干专门法庭。在将来，如果澳门设立类似未成年人法院、轻微刑事案件法院等，也有可能产生此种情形，因此规定不相牵连。

3. 牵连管辖权之 "就高不就低" 原则

在相牵连案件的管辖权方面，刑事诉讼立法采用的是 "就高不就低" 原则，即在相牵连的数案件中，如果有的案件由较低级别的法院或法庭管辖，有的案件由较高级别的法院或法庭管辖，则全部案件的牵连管辖权归较高级别的法院或法庭行使。《澳门刑事诉讼法典》第 17 条规定，如案件相牵连，则按下列规则确定管辖权：①终审法院之管辖权优于其他法院之管辖权；②中级法院之管辖权优于初级法院之管辖权；③合议庭之管辖权优于独任庭之管辖权。此种规定的目的在于，通常认为，较高级别的法院（如相较于初级法院而言的中级法院或终审法院）或较高级别的法庭（如相较于独任庭而言的合议庭）能够更好地保障嫌犯的人权，为嫌犯提供更完备的诉讼保障。不能因为牵连的原因而使得本来应该由较高级别的法院或法庭管辖的案件例外地由较低级别的审判实体进行审判，从而减损嫌犯之权利保障。在实践中，最有可能出现的是合议庭管辖的案件与独任庭管辖的案件相牵连。另外，根据《澳门刑事诉讼法典》第 18 条的规定：相牵连的各犯罪仅得以一诉讼程序进行处理；但是如果已经提起不同的诉讼程序，则案件的牵连关系一经认定，须将所有诉讼程序合并于涉及引致牵连管辖

---

① Manuel Leal-Henriques, Manuel Simas-Santos, *Código de Processo Penal de Macau*, Imprensa Oficial de Macau, 1997, p. 63.

的犯罪的诉讼程序上。

还需要注意的是，牵连管辖并非绝对的，即便已牵连管辖，合并于同一诉讼程序进行的案件，在例外情况下，法官仍可以依职权或依据检察院、嫌犯、辅助人或民事当事人的声请，终止有关牵连，并命令将其中某一诉讼程序或某些诉讼程序分开处理。根据《澳门刑事诉讼法典》第 19 条有关"诉讼程序的分开"之规定，在以下情况下可以将因牵连管辖而合并审理的案件分开处理：将诉讼程序分开对任一嫌犯有利，而该利益应予重视及考虑，尤其是不致拖长羁押时间；或有关牵连可严重影响本地区之处罚主张，例如该牵连可能导致诉讼所需时间延长，可能因追诉时效而无法追究犯罪的问题；有关牵连可能严重影响被害人或受害人之利益；有关牵连可能导致对任一嫌犯之审判过度延误；在其中一名或数名嫌犯无出席的情况下进行审判听证，且法官认为将诉讼程序分开处理较为适宜。

（三）管辖权恒定

管辖权恒定是维护诉讼安定性和审判秩序的必然要求，也是世界各国普遍确认的有关管辖之原则。《司法组织纲要法》第 21 条第 1 款规定，"管辖权于诉讼程序开始时确定"。因此，除非另有规定，否则嗣后发生的事实变更及法律变更均无须理会。"另有规定"就是指如同该条第 3 款规定的情况：如果管辖权发生重大变更，法官须依职权命令将待决案件移送具管辖权的法院。故此，根据同一法律第 22 条的规定，除非法律另有规定，有关案件不得从具管辖权的法院转移至另一法院；亦不得将刑事案件从之前的法律已确定其管辖权的法院撤出。

（四）无管辖权的宣告

法院对案件是否具有管辖权，是法院职权范围内决定的事项。有关无管辖权的规定在《澳门刑事诉讼法典》第一卷第一编第一章中。《澳门刑事诉讼法典》第 21 条规定，对于法院无管辖权的情况，由该法院本身依职权审理及宣告，且得由检察院、嫌犯或辅助人在终局裁判确定前提出。正如在第二章有关一事不再理原则部分所提及的，终局裁判（decisão final）是指法院在某一诉讼程序完结后做出的有关实体问题的认定，如有法律规定，仍然可以提起普通上诉；而确定裁判（sentença transitada em julgado）则是指穷尽了普通上诉之可能，具有既判力之裁判，不经非常上诉不得变更。

因此，如果检察院、嫌犯或辅助人主张该法院无管辖权，则只能够在该法院做出裁判前提出，法院才可以依职权审理及宣告。如果在该案的二审程序中提及一审程序的管辖权问题，则只能作为一个上诉的理由，主张法院无管辖权构成《澳门刑事诉讼法典》第106条有关"违反与法院管辖权有关之规则"之"不可补正的无效"情形。

另外，《澳门刑事诉讼法典》第22条规定确认了诉讼程序不会因法院无管辖权而失去其效力，法院即使在宣告无管辖权后，原已由被宣告无管辖权的法院命令采用的强制措施或财产担保措施，仍保持其效力，但有管辖权的法院应在最短期间内加以确认或予以撤销。然而如果遇有紧急情况，被宣告无管辖权的法院仍须做出紧急的诉讼行为。最后，当宣告无管辖权后，须将诉讼程序移送有管辖权的法院进行审判，而该受理法院对于原先无管辖权受理的法院所做出的行为，有权予以撤销，并可以命令重新做出对审理该案件属必须之行为。

（五）管辖权冲突

管辖权冲突可以分为积极冲突和消极冲突。积极冲突是指不论诉讼程序处于任何阶段，两个或两个以上的法院都认为自身有管辖权审理归责于同一嫌犯的同一犯罪。而消极冲突则是指不论诉讼程序处于任何状态，两个或两个以上的法院都认为自身没有管辖权审理归责于同一嫌犯的同一犯罪。

对于管辖权冲突的处理方面，一般而言，如果牵涉冲突的其中一个法院，在出现积极冲突时宣告自身是没有管辖权的，或在出现消极冲突时宣告自身是有管辖权的话，则即使该宣告是依职权做出而非任何利害关系人提出的，该冲突亦立即终止。但是如果其中任一法院均没有做出宣告的话，根据《澳门刑事诉讼法典》第25条之规定，第一审法院间之管辖权冲突由中级法院有管辖权之分庭负责审理，其他情况下的管辖权冲突由终审法院负责审理。

有关管辖权冲突的提出，应由法官本身依职权提出，当法官一旦知悉出现冲突，就须立即向有管辖权就此冲突做出裁判的法院提出有关情况，且将各行为的副本以及解决冲突所需的一切资料移送该法院，并指出有关的检察院、嫌犯、辅助人及律师。另外，管辖权冲突也可以由检察院、嫌犯或辅助人，向有管辖权解决冲突的法院的院长提出声请，该声请须附同上述所指的资料。

就冲突的解决方面，裁判书制作人须立即将其所获悉有人提出出现冲突一事告知牵涉冲突的各法院，并定出不超过 10 日的期间，以便各法院做出答复。该答复须连同上述所指之副本及资料一并转交。其后，在接收答复的期间终结后，须通知嫌犯及辅助人在 10 日内做出陈述；并为着相同目的，须将有关卷宗交予检察院，以便其在 10 日内检阅。继而，经收集认为属必要的信息及证据后，有管辖权的法院须解决该冲突。在判决做出后，须立即把判决告知牵涉冲突的各法院以及驻于该等法院的检察院，并通知嫌犯及辅助人。而如果裁判的结果是澳门的法院并无审理某一犯罪的管辖权的话，则将有关卷宗归档。

（六）执行管辖权

不论案件的确定裁判是否经过上诉而做出，执行管辖权原则上由负责第一审裁判的法院行使。《澳门刑事诉讼法典》第 14 条第 1 款规定，原则上，曾在第一审宣示有关裁判的审判组织，具有执行该裁判的管辖权。该条第 3 款还规定，如裁判系由上级法院宣示，或已被审查及确认者，则由第一审法院执行。

在执行的具体方式上，不论合议庭还是独任庭审理的案件，均由独任庭执行。《澳门刑事诉讼法典》第 14 条第 2 款规定，即使有关审判在合议庭的参与下进行，相关的执行亦必须由独任庭进行。

四 回避、拒却及自行回避

《澳门刑事诉讼法典》以专章的形式规定了回避、拒却及自行回避之情形。所谓回避、拒却及自行回避制度，其实质为一预防机制，是为了确保法官能公正无私地行使审判职能，从而保障私人对法院裁决的信心，以维护司法的庄严性。

有关回避、拒却及自行回避的目的，如葡萄牙学者 Germano Marques da Silva 教授所述：

> 当因法官与卷宗有联系、因曾以其他身份参与该卷宗，又或与其他参与人有其他关系，从而对管辖权的公正无私产生疑问、使人产生

合理性的怀疑时，法官有必要不在该卷宗行使职能①。

公正审判原则是澳门刑事诉讼法的一项重要原则，它要求法官在案件的审理中必须中立而不偏颇，从而做出公正的裁决。因此，当出现可能影响法官中立性的事由或可能性时，应当排除及阻却之，这是回避制度设立的出发点。具体而言，回避制度设立的意义，首先在于从实体上保障了案件公正处理，避免人为因素造成错案、错判发生；其次从程序上确保嫌犯等诉讼参与人在一个中立的司法氛围中得到公正的对待；最后使得司法程序受到社会和公众的普遍尊重和信赖。

（一）回避、拒却、自行回避概述

从本质上看，《澳门刑事诉讼法典》中规定的回避、拒却、自行回避均属广义的回避，即为了实现诉讼公正之目的，阻却某些法官对案件之审判。通常来说，可以分为"必须回避"（"法定回避"）与"裁定回避"两种类型。

《澳门刑事诉讼法典》第 28 条所指之"回避"，即"必须回避"之类型。在该条所规定之法定情形下，法官必须回避，此属强制性规定。该回避或者由符合"必须回避"情形的法官自行宣告（不得上诉），或者由检察院、嫌犯、辅助人、民事当事人声请宣告回避，而由被针对的法官做出批示（可向直接上级法院上诉）。

《澳门刑事诉讼法典》第 32 条所指之"拒却"及"自行回避"制度，即"裁定回避"。在某些法官之公正性受到怀疑的情况下，可以由检察院、嫌犯、辅助人、民事当事人声请法官回避（即"拒却"），或者法官自行提出回避（即"自行回避"）。而该法官是否因"备受怀疑"而不宜参与审判，则由上级法院依具体情形裁定，该裁定亦可上诉。

《澳门刑事诉讼法典》关于回避的用法比较复杂，第 28 条之"回避"仅指"必须回避"，而不包括第 32 条之属"裁定回避"性质之"自行回避"。从上述用语之葡文考察，第 28 条之"回避"为"impedimentos"，其本意为"阻碍"或"阻碍性事由"，在《澳门刑事诉讼法典》中可以考虑

① Germano Marques da Silva, *Curso de Processo PenalI*, p. 215, 转引自〔葡〕Manuel Leal-Henriques：《澳门刑事诉讼法教程》（上册）（第二版），卢映霞、梁凤明译，法律及司法培训中心，2011，第58页。

将其译为"必须回避"。澳门终审法院第 5/2002 号裁判也将"impedimen-
tos"译为"必须回避",从而能够清楚地区分《澳门刑事诉讼法典》第 28
条及第 32 条所规定的两种不同的回避,即"必须回避"和"裁定回避"
("拒却"及"自行回避")。在本书中,仍采用《澳门刑事诉讼法典》(中
文版)之习惯用语。

(二) 回避 (必须回避)

回避 (必须回避) 制度主要规定在《澳门刑事诉讼法典》第 28～31
条,即只要属于法律规定的上述情形,则该法官必须回避。

1. 回避之法定情形

《澳门刑事诉讼法典》第 28 条尽数列举了五种情况,根据第 1 款的规
定,在该等情况下,"任何法官均不得在刑事诉讼程序中行使职能",因此
法官回避参与有关诉讼程序是强制性规定。依照第 30 条第 1 款的规定,依
照法律规定在卷宗内做出批示,立即宣告回避;又或依照《澳门刑事诉讼
法典》第 30 条第 2 款,由检察院、嫌犯、辅助人或民事当事人作为附随事
项提出声请宣告回避。而该五种情况则大致可以分为三大类。

第一,因法官与刑事诉讼程序的主体或参与人有联系或自身便为诉讼
参与人而须回避 (包括嫌犯、辅助人、具有正当性成为辅助人、民事当事
人,以及一定配偶关系和亲等的人)。根据《澳门刑事诉讼法典》第 28 条
第 1 款 a、b、c 项之规定,此种回避主要包括三种情形:法官本人为嫌犯或
辅助人,又或具有正当性成为辅助人或民事当事人;法官本人现为或曾为
嫌犯或辅助人之配偶或法定代理人,或现为或曾为具有正当性成为辅助人
或民事当事人之人之配偶或法定代理人,又或现与或曾与上述之人中任一
人在类似配偶状况下共同生活;法官本人、其配偶或与其在类似配偶状况
下共同生活之人为嫌犯、辅助人、具有正当性成为辅助人或民事当事人之
人之直系血亲尊亲属、直系血亲卑亲属、三亲等内之血亲、监护人、保佐
人、收养人、被收养人或三亲等内之姻亲。这里所指之辅助人,不包括以
"任何人"之身份,即《澳门刑事诉讼法典》第 57 条第 1 款 e 项规定的情
形,以免此回避之规定的滥用。

第二,因法官曾以不同名义或在不同阶段曾参与该诉讼程序,即与该
诉讼程序本身有联系而须回避,包括《澳门刑事诉讼法典》第 28 条第 1 款
d 项"法官本人曾以检察院代表、刑事警察机关、辩护人、辅助人律师、民

事当事人律师或鉴定人之身份参与诉讼程序"及 e 项"法官本人在诉讼程序中曾以或应以证人身份作证言"。《澳门刑事诉讼法典》第 29 条规定的回避情形也属此类,即任何法官也不得介入针对其所宣示或曾参与做出的裁判而提起的上诉或再审请求的程序,如法官曾主持某一诉讼程序的预审辩论,则其亦不得介入该诉讼程序的审判。某些诉讼主体可能会基于排除某法官对案件的审判之目的,而要求该法官成为该案之证人,并根据《澳门刑事诉讼法典》第 28 条 e 项之规定,声请法官回避。因此,《澳门刑事诉讼法典》第 28 条第 3 款规定,如法官被提出作为证人,则法官在卷宗内做出批示,以其名誉承诺,声明其是否知悉可能对该案件之裁判有所影响之事实,如声明知悉该等事实,则须回避,如声明不知悉该等事实,则不得再为证人。

第三,因法官与在同一诉讼程序中的其他法官有配偶、类似配偶状况下共同生活或亲等的关系而须回避,即《澳门刑事诉讼法典》第 28 条第 4 款之规定。

2. 回避的程序

《澳门刑事诉讼法典》第 28 条规定的"回避",属"必须回避",即强制性回避。其决定程序包括两种情形。

第一,法官自行决定回避。法官在遇到上述情形时,须在卷宗内做出批示,自行做出回避之宣告。根据《澳门刑事诉讼法典》第 31 条第 1 款,对法官认为本身须回避之批示,不得提起上诉。

第二,检察院、嫌犯、辅助人或民事当事人声请宣告回避。该声请得在诉讼的任何阶段,向被针对之法官提出,并应附有一切证明材料,由被针对的法官最迟在 10 日内做出批示。根据《澳门刑事诉讼法典》第 31 条第 2 款,如果被针对的法官在批示内不承认须回避,则该批示可以向直接上级法院提出上诉。根据《澳门刑事诉讼法典》第 397 条第 1 款 e 项,"法官对于针对其本人而提出之回避不予承认之批示",即此处所指之批示,对其的上诉需以"立即上呈"之方式进行。该条第 3 款还规定,如果终审法院的法官被要求回避,则由该法院有管辖权之分庭,在无该名法官参与下,就上诉做出裁判。根据澳门目前终审法院仅有三位法官的编制,如果当事人申请某一名法官回避,则终审法院只剩两位法官,如果由该两位法官做出是否回避之审查,在二人意见不一致的情况下,可能会陷入困境。因此,

《司法组织纲要法》第 52 条规定了终审院长及法官的代任问题①，在此种情况下，应当由中级法院年资最久且无须回避的法官代任该被声请回避之终审法院法官，与其他两位终审法院法官组成合议庭。

3. 回避的效力

通常情况下，法定须回避的法官所做之行为均为无效（与裁定回避情况下之法官行为效力仅为"可撤销"不同，详见下述）。但是根据《澳门刑事诉讼法典》第 30 条第 4 款，如果重新做出该等行为并无效用，且在诉讼程序中继续利用做出的行为并未对该诉讼程序裁判的公正造成任何损害，那么该等行为仍然可以维持其效力。

如果检察院、嫌犯、辅助人、民事当事人等对"法官对于针对其本人而提出之回避不予承认之批示"提出上诉，有关案件的诉讼程序也并不完全中止。虽然对法官拒绝回避的声请提出上诉后，有关上诉具有中止效力，但根据《澳门刑事诉讼法典》第 31 条第 4 款的规定，此种中止效力并不妨碍做出紧急的行为，即使此等行为系由该名法官做出，但以此情况属必要者为限。

（三）拒却及自行回避

拒却及自行回避制度主要规定在《澳门刑事诉讼法典》第 32 条及其续后条文中，是指在具体个案中，如基于有依据、严重且足以使人对法官的公正无私不予信任的原因，该法官在诉讼程序中的介入备受怀疑的话，得拒却该法官的介入。法律并没有像《澳门刑事诉讼法典》第 28 条"回避"的情况那样，预先规定适用的具体情形，而只是提出了适用拒却及自行回避的标准，本质上是裁定回避，由上级法院视乎案件的具体情况决定回避与否。如果在该种情况下，由检察院、嫌犯、辅助人或民事当事人提出声请，则称为"拒却"，即被动型的裁定回避；如果由法官自行向上级法院提出声请，则称为"自行回避"，即主动型的裁定回避。

1. 拒却及自行回避的适用情形

拒却及自行回避的具体适用，需要上级法院之裁量。因此，法律并没

---

① 《司法组织纲要法》第 52 条规定：①终审法院院长出缺、不在或回避时，由符合终审法院院长条件并在终审法院年资最久的法官以兼职制度代任；②裁判书制作人出缺、不在或回避时，由非为院长的助审法官代任，而助审法官则由按在该法院的年资顺序在其之后的在职法官代任；③如未能依据上款规定代任，则终审法院法官由中级法院年资最久且无须回避的法官代任。

有明确规定适用于拒却及自行回避的具体情形，而只是在《澳门刑事诉讼法典》第 32 条规定了可以适用拒却及自行回避的标准，即"如基于有依据、严重且足以使人对法官之公正无私不予信任之原因，以致该法官在诉讼程序中之介入系备受怀疑者"。何谓"有依据、严重"？对此，应从客观方面，按照一般的判断及经验法则予以理解，即必须是在客观地认为有依据及严重的原因，使人对法官的公正无私不予以信任的情况下，才可以做出拒却及自行回避的声请。单纯主观地认为存在怀疑的情况，又或法官与诉讼主体之间存在普通的友谊关系，并不构成有依据、严重且足以使人对法官的公正无私不予信任的原因①。

在澳门法院的判例中，曾经出现过一些法官自行声请回避的判例。例如，终审法院第 5/2002 号裁判。在该案中，某中级法院法官甲在审查卷宗时发现被上诉人的诉讼代理人乙律师是他的兄长，并考虑到双方自幼便维持积极和非常密切的关系，以及深厚的友谊，但由于此种情形并不属于《澳门刑事诉讼法典》第 28 条所规定之必须回避情形，因此根据第 32 条向终审法院提出自行回避的声请。正如终审法院法官所指出的，《澳门民事诉讼法典》第 311 条第 1 款 d 项已经明确将该种情况规定为必须回避之情形，即"若法官之配偶或与其有事实婚姻关系之人，又或该法官之任一直系血亲或姻亲或二亲等内旁系血亲或姻亲，曾以诉讼代理人身份参与有关诉讼，则该法官须回避且不得履行其职务"②。

再如，中级法院第 372/2013 号裁判。在该案中，初级法院第四刑事合议庭主席 A 法官向中级法院提出自行回避之声请，理由如下。

该案四名嫌犯之一的民政总署执行委员会主席×××先生曾被任命为该届立法会选管会的其中一名委员，而该法官被任命为该委员会主席，在接近 3 个月的工作时间内，该法官于每星期至少举行一次的例会上与该嫌犯会面，并曾数次就选务工作共同举行记者招待会，并数度共同巡查 30 余所学校以准备和安排选举地点，因此，该法官认为，在其作为选管会主席的工作期间，已经与包括嫌犯在内的选管会四名委员之间建立了默契的工作关系。中级法院法官在裁判批示中指出，法官须在刑事案内审理其于澳门特别行政区立法会选管会内的一名委员同事的尴尬场面，并不足以使人对

---

① 〔葡〕Manuel Leal-Henriques：《澳门刑事诉讼法教程》（上册）（第二版），卢映霞、梁凤明译，法律及司法培训中心，2011，第 61 页。

② 澳门终审法院第 5/2002 号裁判。

其作为法官的公正无私不予信任。然而，如二人已经在共事期间建立了默契的工作关系，则此种默契关系足以构成可导致别人就他审判的公正无私有所怀疑的严正理由，因此批准其有关自行回避之声请①。

2. 拒却及自行回避之程序

如上所述，拒却与自行回避均属裁定回避之情形，需要由上级法院裁定。

第一，有关拒却及自行回避的提出。拒却由检察院、嫌犯、辅助人或民事当事人提出，而自行回避由法官自行提出。不论属何种情况，均需即时附同证明材料，并向被提起附随事项之法院之上级法院提出。需要注意的是，与《澳门刑诉诉讼法典》第 28 条所规定之 "回避" 不同，拒却及自行回避并不能在 "不论诉讼程序处于任何状态" 之情况下提出，而必须遵循有关的期间规定，即《澳门刑事诉讼法典》第 33 条之规定："声请拒却及请求自行回避须在听证开始前、在上诉之评议会开会前或在预审辩论开始前提出；仅当所提出作为依据之事实，在听证或预审辩论开始后发生或被提出该事实之人所知悉时，方得在之后声请拒却或请求自行回避，但仍须在作出判决或作出起诉或不起诉批示前为之。"这是因为，与必须回避之情形相比，拒却及自行回避并不必然导致阻却法官参与审判之后果，基于诉讼经济之目的，该声请的提出应给予必要的时间限制。

第二，有关拒却及自行回避声请的裁判。拒却及自行回避均由上级法院裁定。如涉及之法官属终审法院的法官，则该分庭在无该名法官参与下做出裁判。与必须回避之情况类似，应当根据《司法组织纲要法》第 52 条，由中级法院年资最久且无须回避的法官代任该被声请回避之终审法院法官，与其他两位终审法院法官组成合议庭。如果该回避申请非由法官提出，则该被针对之法官须在 10 日内以书面就该声请表明立场，并即时附同证明材料。

3. 拒却及自行回避之效力

与《澳门刑事诉讼法典》第 28 条所规定之必须回避的效力不同，在裁定回避之情形下，须回避的法官在其被拒却或要求自行回避前所做的诉讼行为并非无效，而是在对诉讼程序裁判之公正造成损害时，方产生 "可撤销" 之效力（《澳门刑事诉讼法典》第 32 条第 4 款）。同时，根据《澳门刑事诉讼法典》第 32 条第 4 款后半部分之规定，其后做出之行为仅在重新做

---

① 澳门中级法院第 372/2013 号裁判。

出并无效用，且未对该诉讼程序之裁判造成任何损害时，方为有效。上级法院所做出之有关拒却或自行回避之裁判，可以上诉。根据《澳门刑事诉讼法典》第 34 条第 5 款之规定，该上诉具有中止效力，但不妨碍做出紧急之行为，即使该等行为系由该名法官做出，但以此情况属必要者为限。

（四）回避与拒却及自行回避之区别

《澳门刑事诉讼法典》第 28 条规定的回避（必须回避）与第 32 条规定的拒却及自行回避均属阻却法官行使审判权之制度，制度价值在于通过裁判主体的公正无私而追求刑事审判之公正性。然而，二者存在着诸多不同。

第一，回避（必须回避）属于法律明确规定的必须回避的情形，法官并无裁量权，只要存在《澳门刑事诉讼法典》第 28 条规定之情形，例如，法官本人曾经以辅助人律师的身份参与诉讼程序，则无论法官是否仍然能够秉公执法，都必须回避。而拒却及自行回避仅仅是由法律规定一个阻却的标准，即"基于使人对法官之公正无私不予信任之原因"，而至于何种情形方可导致"对法官之公正无私不予信任"，例如法官与嫌犯曾经是小学同学，或者法官是嫌犯的债权人，是否会"严重"到"足以使人对法官之公正无私不予信任"，则需要由法官根据案件的具体情况裁量。

第二，两种回避的决定权主体不同。如果属《澳门刑事诉讼法典》第 28 条之回避（必须回避），则被针对之法官有权自行决定是否同意回避，甚至在检察院、嫌犯、辅助人、民事当事人声请该法官回避之情形下，仍然由该被针对之法官决定。而《澳门刑事诉讼法典》第 32 条之拒却及自行回避，由于属法官裁定之事项，因此需要由被针对法官之上级法院根据案件的具体情况依职权裁定。

第三，提出回避申请之时间不同。对于《澳门刑事诉讼法典》第 28 条之回避，由于属法律规定之必须回避情形，为体现对审判公正之追求，"不论诉讼程序处于任何状态"，均可在诉讼程序中提出。而对于《澳门刑事诉讼法典》第 32 条之拒却及自行回避，由于其是否可能影响公正审判尚不确定，需要由上级法院依法裁定，基于诉讼经济原则，通常只能在听证开始前、上诉之评议会开会前或预审辩论前提出。也就是说，一旦进入实质的审判听证或类似之程序，就不得提出回避之声请，除非所依据的事实是在听证或预审辩论开始后发生或被提出该事实之人所知悉时，方可在做出判决或做出起诉或不起诉批示前提出声请。

第四，回避的法律效力不同。如果在《澳门刑事诉讼法典》第28条所规定之回避的情形下，由于其属于法律明确列明之必须回避的严重影响法官之中立性的情形，原则上该须回避的法官所做出之所有行为均为无效，只有在例外情况下方可认同某些行为之效力。而《澳门刑事诉讼法典》第32条所规定的拒却及自行回避，原则上并不会产生无效之后果，在被提出拒却或自行提出回避前所做的行为，只有在对诉讼程序裁判之公正造成损害时，才能被撤销。在被提出拒却或自行提出回避后，则采用较严格的规定，只有其行为在重新做出并无效用，且未对诉讼程序之裁判造成任何损害时方为有效，否则均为无效。这是因为，如果该法官已经被提出拒却或自行提出回避声请，则需要由上级法院决定其是否应当回避后，方会正式恢复其审判权。因此，在这一阶段，基于诉讼公正的要求，一般不应承认法官所做行为之效力，对其行为效力的承认仅属例外。

第五，上诉的权限不同。在《澳门刑事诉讼法典》第28条规定之情形下，如果法官认为本身须回避，则不得提出上诉；仅当法官被要求回避，而其在批示内不承认须回避时，检察院、嫌犯、辅助人、附带民事诉讼当事人方可提出上诉。而根据《澳门刑事诉讼法典》第32条所做出之拒却及自行回避的声请，无论有权审理该回避声请的法院做出何种决定，该裁判均可上诉。

（五）检察官、鉴定人、传译人、司法公务员之回避、拒却及自行回避

虽然回避、拒却及自行回避之规定，规定于《澳门刑事诉讼法典》第一卷"诉讼主体"第一编"法官"中的第四章内，但上述有利于保障程序公正之制度亦应适用于检察官、鉴定人、传译人及司法公务员等负有客观义务之诉讼主体或诉讼参与人。基于证人之不可选择性，回避、拒却、自行回避等制度并不适用于证人。

第一，关于检察官之回避、拒却及自行回避。原则上，有关检察官的回避、拒却及自行回避，适用于上述有关法官回避、拒却及自行回避之规定。《澳门刑事诉讼法典》第43条第1款规定，"第一卷第一编第四章之规定，经做出必需之配合，尤其是配合以下两款之规定后，相应适用于检察院之司法官"。但是检察院司法官的回避、拒却及自行回避与法官的相关制度相比，也有不同之规定，主要体现在第43条第2~4款之规定。首先，在决定权之主体方面，回避之声明及声请、拒却声请及自行回避的请求须向有关司

法官之上级提出，并由该上级审查及做出确定性决定而无须经任何特别手续。也就是说，检察官是否回避的决定由该检察官的上级做出，无须提交法院。只有在被针对者为检察长时，方由终审法院决定。其次，对检察官回避的决定，没有救济程序，立即生效，即该条第 2 款后半部分所规定之"该上级审查及作出确定性决定而无须经任何特别手续"。在检察院内部，基于检察一体原则，检察官对于其上级做出的职权范围内所做之决定，应当服从。而在终审法院决定的有关检察长应否回避的情况下，由于终审法院已经属于澳门具有终审权之法院，也不能提起上诉。最后，在决定回避后的程序适用上，如果法官须回避，则根据《澳门刑事诉讼法典》第 35 条的规定，须回避、被拒却或自行回避之法官，须立即将卷宗移送依据司法组织法律应替代其位置之法官。而在检察官被决定回避的情况下，则由有权限做出决定之实体指定须回避者、被拒却者或自行回避者的替代人。

第二，关于鉴定人、传译员及司法公务员的回避、拒却及自行回避。根据《澳门刑事诉讼法典》第 36 条之规定，在第一编"法官"之第四章所规定的回避、拒却、自行回避制度，经做出必需之配合后，可延伸适用于鉴定人、传译员及司法公务员的回避、拒却及自行回避。上述回避申请属于诉讼程序中的附随事项，因此由负责审理当中出现该附随事项之诉讼案件之法官为之，且由该法官审查，并立即做出确定性裁判而无须经任何特别手续，不得提出上诉。而且如依法无人替代须回避、被拒却或自行回避之人[①]，则由该法官指定替代之人。

第二节　检察院

一　检察院的司法机关地位

在澳门回归之前，只有法院具有司法机关的地位，检察机关不是司

[①]　根据《澳门刑事诉讼法典》第 36 条第 3 款，"如依法无人替代须回避、被拒却或自行回避之法官，则由该法官指定替代之人"。从该条文之葡文版本来看，这里应该是翻译的笔误，应当翻译为"如依法无人替代须回避、被拒却或自行回避之人（即鉴定人、传译员或司法公务员）"。该条文的葡文为：Se não houver quem legalmente substitua o impedido, recusado ou escusado, o juiz designa o substituto。

法机关。尽管 1991 年颁布的澳门《司法组织纲要法》建立了澳门检察官公署，但该公署在一定程度上仍被视为葡萄牙检察官公署在澳门的延伸。澳门检察院的最高领导称"共和国助理总检察长"，必须由在葡萄牙具有相应级别的检察官担任，其他的检察官也大多由属于葡萄牙检察官编制的司法官担任。这种有缺陷的司法建制，不但落后于澳门社会的发展，也是回归之前澳葡政府面对治安欠佳而束手无策的原因之一①。澳门回归后，检察机关的地位有了明显的变化，澳门检察机关的法律地位有了明确的法律规定。

（一）澳门检察机关的司法机关地位

《澳门基本法》第四章"政治体制"第四节"司法机关"明确规定，澳门特区法院行使审判权，澳门特区检察院行使检察职能。《澳门基本法》第 90 条规定，"澳门特别行政区检察院独立行使法律赋予的检察职能，不受任何干涉"，《司法组织纲要法》第 55 条第 1 款规定，"检察院为唯一行使法律赋予的检察职能的司法机关；相对于其他权力机关，检察院是自治的，独立行使其职责及权限，不受任何干涉"。可见，根据澳门法律的明确规定，检察机关的定性为司法机关。

澳门检察机关的司法机关定位也已在澳门社会形成共识②。

（二）澳门检察权之属性：司法权还是行政权？

既然澳门检察机关是法律规定的司法机关，是否能够必然得出澳门的检察权在性质上是司法权的结论呢？检察权，是检察机关所享有的一项国家权力。现代检察权起源于欧洲中世纪中后期。公元 13 世纪以后，现代意义上的检察制度在法国和英格兰分别发展起来，而后又分别影响到了德国与美国，并由此逐渐形成了大陆法系检察权与英美法系检察权的

---

① 何超明（时任澳门特别行政区检察长）：《成人教育与法律改革——兼论澳门特别行政区司法架构的新变化》，第二届成人教育及社会发展研讨会，2000 年 7 月 21 日，http://www.mp.gov.mo/int/2000 - 07 - 21m.htm，最后访问日期：2012 年 4 月 30 日。

② 关于澳门检察机关的司法机关定位的观点参见以下文献：何超明主编《司法体制改革实践——澳门检察制度的改革与发展》，澳门特别行政区检察院检察长办公室；刘高龙，赵国强主编《澳门法律新论》，社会科学文献出版社、澳门基金会，2011；王伟华：《澳门检察制度》，中国民主法制出版社，2009。

分类①。

葡萄牙学者对检察权的属性有不同意见。迪亚士教授认为虽然检察院是一个独立的司法机关，但其有些职权并不属司法权（审判权），其行使的不是审判职能。Gomes Canotilho 教授和 Vital Moreira 教授则有不同意见，认为检察院是一个具有司法权的机关，尽管其职能与法官有所不同。Vinício A. P. Ribeiro 教授认为，无论如何，检察院不是法官，不能行使法官的审判权，只能审查法官的决定并在不同意该决定时提起上诉②。

在澳门，检察院与法官共同履行司法职责，共同承担着发现事实真相的司法任务。《澳门刑事诉讼法典》第 42 条"检察院在诉讼程序中之地位及职责"第 1 款规定，"检察院在刑事诉讼程序中有权限协助法官发现事实真相及体现法律，且在诉讼程序上之一切参与须遵守严格之客观准则"。

根据澳门特别行政区检察院的官方网站，在澳门检察院的性质及地位方面，"检察院是一个与法院对等而又和谐地共同履行司法职责的独立机关"③。"从机关的运作来看，不同级别的检察官按照诉讼法律的规定参与各类的司法诉讼案件，促进法院依法审判。与此同时，检察院有责任协助法院发现事实的真相，寻找平衡各方利益的方案。"④ 在《澳门刑事诉讼法教程》一书中，Manuel Leal-Henriques 教授指出，检察院与法官共同分担严格客观地参与的义务。从程序开始至结束，检察院的角色并非当事人，而是一个实体，其唯一关心的是发现事实真相及体现法律。两实体均有着或应有着同一目的，即达致实质真相，以全面实现公正⑤。

澳门特区的司法体制中，检察院是与法院对等的司法机关，均代表社会和公共利益，秉承客观公正的原则，共同行使一项公共权力，即司法权。然而检察权的司法权属性并不能否认检察权所带有的行政权属性。笔者认

---

① 何勤华、王思杰：《西方检察权发展简论》，《人民检察》2012 年第 11 期。

② Vinício A. P. Ribeiro, *Código de Processo Penal* (*Notas e Comentários*), Coimbra Editora, 2008, p. 88.

③ 参见澳门特别行政区检察院网站，http://www.mp.gov.mo/intro/bookindex2.htm，最后访问日期：2012 年 4 月 30 日。

④ 王伟华：《澳门检察制度》，中国民主法制出版社，2009，第 52 页。

⑤ 〔葡〕Manuel Leal-Henriques：《澳门刑事诉讼法教程》（上册）（第二版），卢映霞、梁凤明译，法律及司法培训中心，2011，第 64 页。

为，澳门的检察权以司法权为主，并兼具行政权之性质。例如，澳门检察院实施的检察一体的工作体制以及领导警察机关实施侦查等权力，体现了阶层式架构和指令权的行政特性。同时也应当看到，与其他大陆法系国家相比，澳门的相关法律赋予了检察机关明确的司法机关地位，其权利行使的司法权性质更加明显。

二 澳门检察机关的机构设置

回归后，澳门检察院的架构是建设在"一院建制、三级派任"的新的司法架构模式之下的。所谓"一院建制"，是采用单一的组织结构，即以只设立一个检察院的方式来构建现行的检察院系统，用以取代设立三级检察院对应三级法院——第一审法院、中级法院、终审法院——的模式。而"三级派任"中，特区检察院基本承袭了澳门原有检察体制中的派任制度，由三个不同级别的检察官——检察长、助理检察长、检察官，分别在澳门的三级法院担任检察院的代表，参与诉讼并享有法律所规定的权力及权能。

根据这一模式，检察院分别设立了以下办事处。在终审法院中，设置驻终审法院办事处，由检察长在终审法院中代表检察院，并在必要时由助理检察长协助检察长工作。在中级法院中，设置驻中级法院办事处，由助理检察长代表检察院。在第一审法院，包括初级法院和行政法院中，分别设置驻初级法院办事处、驻行政法院办事处，一般由检察官代表检察院，但是当案情严重复杂或涉及重大公共利益时，也可由助理检察长在第一审法院中代表检察院。另外，在第一审法院还设置了一个独立运作的刑事诉讼办事处，由检察官领导刑事侦查、提起刑事诉讼。

此外，澳门检察院还具有独立的司法行政管理体系。根据《司法组织纲要法》及相关行政法规，澳门检察院设立了检察长办公室，行使刑事法律赋予的财政、财产及人员的独立管理权，通过行使在人员任用、管理、财政等领域的权限，确保检察院独立地履行司法检察职能[①]。

---

① 何超明：《澳门检察制度的建立与检察机关职能的性质》，《人民检察》2007 年第 4 期。

三 检察院在刑事程序中的职权

《澳门刑事诉讼法典》第 37 条规定，检察院具有促进刑事诉讼程序的正当性。所谓促进刑事诉讼程序的权力，是指检察院必须推动整个刑事诉讼程序的进行，主要工作包括有权力决定是否开立卷宗、领导进行侦查、在侦查完毕后决定是否起诉犯罪嫌疑人、在已提交法院审判的刑事案件中出庭支持公诉、监督审判程序的合法性，以及监督刑事判决的执行。

正如葡萄牙学者 Cordova 教授所述：

> 检察院不仅代表国家"请求判罪"，也是代表社会以保障因犯罪而生的公民被害人之权利；不是寻找不确定的犯罪者，而是确定的犯罪者；在社会上，要处罚损害社会的人，而对于无辜者，在精神、法律及义务上，其均是自然的保护者；对犯罪者提出控诉，但对怀疑无罪的受害者提供合作及协助，遵守社会命令，赋予命令惩罚犯罪者及保护人的财产①。

《澳门刑事诉讼法典》第 42 条规定，检察院在刑事诉讼程序中有权限协助法官发现事实真相及体现法律，并尤其具有以下权限：① 接收检举及告诉，以及就是否继续处理检举及告诉做出审查；②领导侦查；③提出控诉，并在预审及审判中确实支持该控诉；④提起上诉，即使专为辩方之利益；⑤促进刑罚及保安处分之执行。而且检察院在行使上述相关职能时，有权获得其他部门的协助。《司法组织纲要法》第 56 条亦赋予了检察院在刑事程序中大量的职权，大部分是加强《澳门刑事诉讼法典》已赋予检察院的权限，例如，领导侦查、促进刑事程序及促进刑事裁判的执行等权限，而其他则是将特定的权限具体化②。

四 检察一体原则与检察官之独立性

澳门检察权在行使过程中实行了大陆法系普遍使用的检察一体原则，

---

① 〔葡〕Manuel Leal-Henriques：《澳门刑事诉讼法教程》（上册）（第二版），卢映霞、梁凤明译，法律及司法培训中心，2011，第 64 页。

② 〔葡〕Manuel Leal-Henriques：《澳门刑事诉讼法教程》（上册）（第二版），卢映霞、梁凤明译，法律及司法培训中心，2011，第 66 页。

具体是指：在检察官之间存在着上命下从的领导关系；各级检察机关之间具有职能协助的义务；检察官之间在职务上可以发生相互承继、移转和代理的关系。设立检察一体原则的目的，一方面是为了保障检察权的正确行使；另一方面是为了集中资源和力量履行检察职能。

（一）检察一体原则

从内容上看，澳门的检察一体原则包含了两个层次的权能。①指挥监督权。澳门检察院检察长作为检察院的最高首长，拥有对整个检察系统的指挥监督权，也须在法律规定的范围内行使该项权力，同时检察院系统内部上下级司法官之间也有领导和被领导的关系，整个检察系统都作为统一的整体对外行使检察职能。根据《司法官通则》第8条，检察院司法官之间具有等级从属关系。下级司法官需要依据该法的规定从属于上级司法官，前者亦因而有义务遵守所接获的指示。②职务收取权和转移权。体现在上级检察官对下级检察官处理的检察事务享有收取权和转移权，因此某一检察官可以在有必要时被转移或代表另一检察官。

（二）检察官之独立性

澳门的检察官具有司法官的地位。澳门采纳了检察官与法官"同质"（同属执行司法领域内重要功能的司法官职程）但不"同职"的体制①。根据澳门《司法组织纲要法》及《司法官通则》，检察官与法官的任职资格完全相同，在任职待遇、身份特权、纪律程序方面也适用同样的规定。甚至澳门的检察官具有与法官类似的身份保障机制。《司法官通则》第10条第1款规定，"除非在法律规定的情况下，否则不得将检察院司法官停职，命令其退休，将之免职、撤职，或以任何方式使其离职"。而且澳门的法官与检察官还可以互换职位。例如，现终审法院的法官宋敏莉女士曾任检察院助理检察长②。

澳门特别行政区的检察院作为司法机关，虽然奉行检察一体原则，强调检察权行使过程中的上命下从，但检察官仍然有较高的独立性。根据《司法官通则》第8条的规定，上级检察官对下级检察官有指挥监督的指令

---

① 何超明：《澳门检察制度的建立与检察机关职能的性质》，《人民检察》2007年第4期。
② 2011年12月30日第114/2011号行政命令。

权，下级则有服从义务，但在双方意见不一致时，只要在不违反合法性准则及客观准则的前提下，下级仍有权按照自己的认识判断，对案件做出决定。可见检察官虽然应当受上级检察官的约束，但并非绝对服从，只要不违反法律及其客观义务，则有权拒绝上级检察官的指令。根据《澳门刑事诉讼法典》第 259 条第 4 款及第 260 条的规定，检察官就案件做出的归档批示（即不提出控诉）依法接受上级的监督。但是对于检察官做出的控诉批示，上级检察官却无权撤销。自 2000 年以来一直担任澳门检察院助理检察长的王伟华先生指出，虽然检察长和助理检察长可以向下级检察官发出工作指示，但其数目非常有限，发出工作指示的准则也是非常严格的[①]。

第三节　刑事警察机关

一　刑事警察机关概述

从严格意义上来讲，刑事警察机关并非刑事诉讼主体，其在刑事诉讼中只能协助司法当局，并不能促进刑事诉讼程序之进行。《澳门刑事诉讼法典》第 44 条"刑事警察机关之权限"第 1 款规定，刑事警察机关有权限协助司法当局，以实现诉讼程序之目的。《澳门刑事诉讼法典》第 45 条也指出，在第 44 条第 1 款规定的范围内，刑事警察机关在诉讼程序中进行活动时，须遵照司法当局之指引，且在职务上从属于司法当局。然而正如第 44 条第 2 款所言，刑事警察机关在刑事诉讼中发挥着非常重要的作用，负责收集犯罪消息并尽可能阻止犯罪后果的发生，找出犯罪行为人，搜集证据，做出各种紧急情况下的行为，以保障诉讼的顺利进行。刑事警察机关虽然不能主动推进刑事诉讼程序，无权做出开立卷宗、提出控诉或者提出上诉等诉讼行为，但在调查犯罪的范围内，拥有相当程度的主动调查权。

《澳门刑事诉讼法典》第 1 条第 1 款 c 项规定，刑事警察机关是指所有负责进行由一司法当局（法官、预审法官以及检察官）命令做出，或该法

---

① 王伟华：《澳门检察制度》，中国民主法制出版社，2009，第 89 页。

典规定做出的任何行为的各警察实体及人员。"各警察实体及人员"是包括
法律赋予刑事侦查权的实体。《澳门刑事诉讼法典》第 1 条第 1 款 d 项还规
定了"刑事警察当局",即警察领导人、副领导人、警官、督察及副督察,
以及有关法律承认其具有刑事警察当局身份之所有警察公务员。在刑事诉
讼中,刑事警察当局具有重要的程序意义,某些刑事诉讼行为,尤其是涉
及人民基本权利的诉讼行为,只能由刑事警察当局进行,而不得由任一警
察进行,以更好地保障刑事诉讼中嫌犯及其他相关人员的权利。例如,《澳
门刑事诉讼法典》第 240 条"非现行犯情况下之拘留"第 2 款规定,如果
案件可采用羁押措施,有资料支持恐防有关之人逃走属有依据者,并且因
情况紧急,且如有延误将构成危险,以致不可能等待司法当局之介入,刑
事警察当局亦得主动命令非现行犯情况下之拘留。根据该条规定,只有刑
事警察当局有权命令非现行犯之拘留,刑事警察不得擅自行动,对于非现
行犯应当拘留的紧急情况,也必须获得刑事警察当局的命令。当然,这一
命令并非一定为书面命令,可以采用紧急的通信联络方式。

二 刑事警察机关的权限

刑事警察机关的一般权限为《澳门刑事诉讼法典》第 44 条所规定之
"在刑事诉讼程序中协助司法当局,以实现诉讼程序的目的"。为实现此一
般权限,同条第 2 款特别明确规定了刑事警察机关的特别权限,即有权限在
刑事诉讼程序中采取以下行动:①收集犯罪消息;②尽可能阻止犯罪后果
发生;③找出犯罪行为人;④做出为确保各证据所必需及紧急的行为。

在一般权限方面,根据《澳门刑事诉讼法典》第 45 条的规定,刑事警
察机关在诉讼程序中进行活动时,须遵照司法当局之指引,且在职务上从
属于司法当局。因此,刑事警察机关是以两种从属司法当局的方式进行活
动的,以在刑事诉讼程序中协助司法当局,包括领导上的从属或服从,以
及职务上的从属或服从。

在刑事诉讼程序中,除非有关犯罪属于半公罪或私罪的情况,否则任
何获悉犯罪消息之人,均得向检察院、其他司法当局或刑事警察机关检举
犯罪。《澳门刑事诉讼法典》第 228 条规定,如果该人向非为检察院的实体
提出的检举,须在最短时间内向检察院转达。《澳门刑事诉讼法典》第 231
条第 1 款也规定:"获悉犯罪消息之刑事警察机关,不论自行获悉或借检举

获悉，均须在最短时间内将之转达检察院。"这是因为，检察院是刑事诉讼调查的领导机关，有权限收集犯罪消息并直接领导侦查行为的做出，以及具有促进刑事诉讼程序的正当性，因此相关实体在知悉犯罪消息后，需要在最短时间内向检察院转达，以在检察院的指引下进行相关的刑事侦查行为。

然而事实上，即使在接获有权限司法当局（一般情况下为检察院）的命令进行调查前，刑事警察机关仍有权限做出必需及迫切的保全行为。因此，刑事警察机关可以通过《澳门刑事诉讼法典》第232条规定的证据保全措施以保全证据的完整性。为此，刑事警察机关尤其有权限做出下列行为：①检查犯罪痕迹，特别是进行该法典第156条第2款及第158条所规定之措施，以确保物及地方之状态得以保持；②向有助于发现犯罪行为人及有助于重组犯罪之人收集资料；③对可扣押之物件采取保全措施。

在刑事诉讼中，为了及时、有效地打击犯罪，法律也赋予了刑事警察机关某些特别的职权。例如，不同于其他刑事警察机关在进行侦查行为时，需要服从检察院的指引，并在职务上从属检察院行动，廉政专员有权领导包括按照刑事诉讼法规定的一切属刑事警察当局及刑事警察机关权限的诉讼行为及措施的侦查行为，以及属检察院权限的搜查、搜索及扣押，而不用事先获得检察院的许可（关于廉政公署的特殊职权，将在下文详述）。

三 澳门行使刑事警察权力之实体

在澳门，目前具有刑事警察权利的实体有警察总局、治安警察局、司法警察局、海关及廉政公署等。但是需要注意的是，由于海关和廉政公署本身并非警察机关，而是公共机关，故这两个机关仅在行使特定职权时才具有刑事警察机关的地位。

（一）警察总局

澳门第2/1999号法律《政府组织纲要法》第6条第3款规定，"设立统一负责保安事务的警察部门"。根据该规定，澳门特别行政区政府设立了警察总局，并制定了第1/2001号法律《澳门特别行政区警察总局》。根据该法第1条第2款，警察总局为指挥及领导其属下警务机构执行行动的机关。警察总局的职责为指挥及领导其属下警务机构执行行动,有权命令属下警务机构执行任务;有效调配属下警务机构在行动上的资源;集中处理及统筹刑事调查的一切工作,但不影响赋予司法当局在职务上的领导权,且不妨碍授予作为刑事警察机关的各属下警务机构的技术自主权和专属权限;搜集、分析、处理及发布为履行职责所需的一切重要信息;监督属下警务机构执行计划、指令和任务。

从警察总局的职权来看,其主要为指挥及领导其属下警务机构执行行动的机关。为此,警察总局需要享有刑事调查的职权。澳门第 5/2001 号法律《订定警察总局范畴内之刑事警察当局》规定,在警察总局范畴内,除警察总局局长外,下列者亦具有刑事警察当局身份:警察总局局长助理、在情报分析中心及行动策划中心任职的警司级及警司级以上的军事化警官、在上项所指附属单位任职的司法警察局的督察和副督察。

在司法实践中,警察总局亲自进行刑事调查的案件比较少见,鲜有报道①。比较常见的是在警察总局协调下进行的由各刑事警务机构参与的反罪恶行动。例如,"为净化治安环境,警察总局协调司警和治安警于 7 日清晨展开'澳门回归 10 周年净化治安反罪恶'行动,调动大批警力搜查各区的宾馆等地方。整个行动历时 4 个小时,共拘捕 30 名持逾期证件、伪证和非法入境者"②。

(二) 治安警察局

澳门警察的存在可以追溯到澳门城市建立的时代,起初是由葡萄牙海军监察市内治安的,后来议事公局认为有必要委任陆上士兵在夜间巡逻街道,故于 1691 年 3 月 14 日颁布有关命令。这个日子后来被定为治安警察成立的纪念日。其后,澳门的治安警察几经更替,1861 年改称澳门警察部队,1916 年组成专责治安的警司处,1937 年《澳门政府公报》上刊登的第 533 号训令正式规定了澳门治安警察厅厅长一职,并于 1981 年、1986 年、1995

---

① 例如,根据中国新闻网 2003 年的报道,澳门警察总局根据线报,昨天破获澳门历来最大宗军火案,搜出十多支冲锋枪、自动步枪、手枪及一批炸药、子弹等,三名男子被带走协助调查。初步相信该批军火是 1999 年澳门回归之前被偷运到澳门的,黑帮准备火拼时使用。参见 http://news.sina.com.cn/c/2003 - 04 - 25/133599979s.shtml,最后访问日期:2014 年 6 月 20 日。

② 参见 http://www.chinanews.com/ga/ga - stwx/news/2009/12 - 08/2005958.shtml,最后访问日期:2014 年 6 月 20 日。

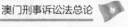

年几度重组治安警察厅，随着澳门回归，澳门治安警察厅改称为澳门治安警察局①。

根据第 22/2001 号行政法规《治安警察局的组织与运作》第 1 条的规定，治安警察局（葡文缩写为 CPSP）为澳门特别行政区内部保安系统中的一支军事化保安部队，从属于保安司司长。该条第 2 款明确规定，治安警察局系一刑事警察机关，并在诉讼程序中进行活动时，须遵照司法当局之指引，且在职务上从属于司法当局。由司法当局要求治安警察局进行之活动或授予其负责之行为或措施，应由为此有权限之该局各实体指定之军事化人员做出。

《治安警察局的组织与运作》第 3 条规定了治安警察局的职责，其中与刑事诉讼程序直接相关的主要可以分为两个部分。

一是治安警察局的一般职责规定于《治安警察局的组织与运作》第 3 条第 1 款。即治安警察局负责其一般任务范围内之职责，但不妨碍由法律赋予其他实体之职责，尤其为：在获悉任何犯罪之预备或实行时，采取必要之迫切措施，以防止犯罪之实施、查明并拘留犯罪行为人，直至有权限之刑事警察机关介入为止；进行与侦查或预审有关之措施及调查，但仅以获有权限司法当局授权进行者为限；监视及监察易于准备或实施犯罪，以及易于因犯罪结果而获利或包庇罪犯等之活动及地点，如摊档、非法赌场、酒店业场所及类似之场所、娱乐场所以及交通工具等。

二是治安警察局的专属职责规定于《治安警察局的组织与运作》第 3 条第 3 款。如果治安警察局在预防犯罪，尤其预防有组织及严重暴力之犯罪的过程中取得犯罪线索并随即展开调查，则治安警察局享有调查剥夺他人行动自由罪、使人成为奴隶罪、绑架罪或挟持人质罪的专属权限。根据该条第 4 款，在此种情况下，治安警察局除须根据《澳门刑事诉讼法典》之规定行动外，应在最短时间内将获悉之事实通知司法警察。

（三）司法警察局

相较于治安警察局产生的历史，澳门的司法警察局产生较晚。1960 年 8 月 19 日，澳葡政府颁布了第 43125 号法令，在澳门设立了司法警察署，目

---

① 关于澳门治安警察局的详细发展历史，详见澳门治安警察局网站，http：//www. fsm. gov. mo/psp/cht/psp_org_2. html，最后访问日期：2014 年 6 月 20 日。

的是将海外（指澳门）的侦查与预审部门集中在一起，以便在葡萄牙宪法和刑事诉讼法确立的原则基础上，以最佳的模式打击犯罪活动，维护社会治安。1971年，原有的澳门司法警察署提升为厅级部门，1975年又提升为澳门司法警察司。澳门司法警察司在行政上直属于澳门总督，而在刑事诉讼的运作上由葡萄牙检察长指导。随着澳门回归祖国，司法警察司更名为司法警察局，隶属于澳门特别行政区保安司，但在刑事调查工作中接受检察院领导①。根据《司法警察局》第2条之规定，司法警察局的性质为刑事警察机关，负责预防及调查犯罪，以及协助司法当局。

司法警察局的职权可以分为一般职权和专属职权两种。所谓一般职权，是指根据《司法警察局》第6条的规定，司法警察局享有调查犯罪及协助司法当局事宜上的职权，即该条第1款，在调查犯罪事宜上，司法警察局获有权限司法当局授权时，有权按《澳门刑事诉讼法典》的规定采取与侦查或预审有关的措施及进行调查。所谓专属职权，即《司法警察局》第7条的规定，司法警察局推定司法警察局获授予调查下列犯罪的专属职权，但不影响《澳门刑事诉讼法典》的适用：①犯罪行为人不明且可处最高限度超逾3年徒刑的犯罪；②贩卖麻醉品及精神科物质的犯罪；③伪造货币、债权证券、印花票证及其他等同票证，又或将之转手等犯罪；④剥夺他人行动自由罪、使人为奴隶罪、绑架罪或挟持人质罪，但不影响治安警察局获授予的职权；⑤在银行、其他信用机构或金融机构、公共部门或公共实体内，以暴力实施的侵犯财产罪；⑥盗窃对科技发展或经济发展具有重大意义的动产，或具高度危险性的动产，又或盗窃具有重要学术、艺术或历史价值，且属公共收藏品或公开展览品的动产或属向公众开放的动产等犯罪；⑦犯罪集团罪或黑社会罪；⑧在赌场及其他博彩场所内实施的犯罪，又或在该等场所周围实施的与博彩有关的犯罪；⑨向用作出赛的动物不法使用物质的犯罪；⑩与信息有关的犯罪；⑪清洗黑钱罪及同类或有关联的犯罪；⑫恐怖主义犯罪，但不妨碍治安警察局附属单位在发生特别威胁及对生命构成高度危险的情况时采取行动。在上述情况下，其他刑事警察机关应将获悉的有关预备及实施上述犯罪的事实立即通知司法警察局，并在该局介入前做出确保证据的一切必要及紧急的保全行为，但不影响《澳门

---

① 关于澳门司法警察局的详细发展历史，详见澳门司法警察局网站，http：//www. pj. gov. mo/NEW/history. htm，最后访问日期：2014年6月20日。

刑事诉讼法典》的适用。

《司法警察局》第 12 条还专门规定了具有刑事警察当局身份的司法警察局人员的范围，包括局长、副局长、刑事调查厅厅长、博彩及经济罪案调查厅厅长、国际刑警组织中国国家中心局澳门支局负责人、情报处处长、毒品罪案调查处处长、有组织罪案调查处处长、博彩罪案调查处处长、经济罪案调查处处长、清洗黑钱罪案调查处处长、督察、副督察。

（四）海关

澳门海关的前身为水警稽查局。根据第 11/2001 号法律《澳门特别行政区海关》第 14 条"水警稽查局的撤销"，在第 21/2001 号行政法规《海关的组织与运作》生效后，水警稽查局随即撤销。原水警稽查局的权限，改由海关行使，在现行法例中对水警稽查局的提述，均视为对海关的提述。

《澳门特别行政区海关》第 10 条第 2 款明确了刑事诉讼中海关所具有的刑事警察机关的地位，即海关关员在行使监察、巡逻和刑事侦查职能时，被视为刑事警察机关，而司法当局授权的刑事诉讼行为，则由为此目的而指派的海关关员做出。

第 21/2001 号行政法规《海关的组织与运作》第 3 条"海关关长"之第 3 款规定，海关关长作为刑事警察当局时，亦有职权：①按刑事诉讼法发出拘留令；②为刑事调查之目的，查核或命令查核任何人的身份；③依法命令在海关活动区域进行搜索及扣押。根据第 1/2002 号法律《订定澳门特别行政区海关人员的刑事警察当局身份》第 1 条之规定，澳门特别行政区海关内，除海关关长外，下列者亦具有刑事警察当局身份：副海关关长、助理海关关长、行动管理厅厅长、口岸监察厅厅长、知识产权厅厅长、海上监察厅厅长。在这一法律公布后，上述具有刑事警察当局身份的人也可以行使《海关的组织与运作》第 3 条"海关关长"之第 3 款赋予刑事警察当局的职权。

（五）廉政公署

1999 年 12 月 20 日澳门特别行政区成立时，根据《澳门基本法》第 59 条设立了廉政公署，并完全取代了 1992 年 3 月 15 日设立的反贪污暨反行政违法性高级专员公署。按照经 3 月 26 日第 4/2012 号法律修改的第 10/2000 号法律《澳门特别行政区廉政公署组织法》的规定，廉政公署具有某些特定刑事案件的调查权，并且其在调查犯罪方面的权限有别于其他刑事警察机关，具有一些特别的职权。

根据《澳门特别行政区廉政公署组织法》第 3 条第 1 款第 2～4 项，廉政公署有权依刑法及刑事诉讼法进行调查和侦查的案件主要包括以下几种："由公务员实施的贪污犯罪及与贪污相关联的欺诈犯罪"，"在私营部门发生的贪污犯罪及与贪污相关联的欺诈犯罪"，"在因应澳门特别行政区机关选举而进行的选民登记及有关选举中实施的贪污犯罪及与贪污相关联的欺诈犯罪"。需要注意的是，廉政公署针对上述案件的调查权，并非其专属职权，"不影响法律赋予其他机构就该等事宜进行调查或侦查的职责"。

根据《澳门特别行政区廉政公署组织法》第 11 条第 3 款，廉政专员及助理专员在其权限内的刑事诉讼行为方面，具有刑事警察当局地位。该条还赋予了廉政公署在调查其职权范围内的刑事案件时所享有之特别职权。

首先，廉政专员具有刑事案件调查的领导权。该条第 2 款规定，在就廉政公署职责范围内的案件进行调查和侦查时，所采取行为及措施的领导由廉政专员负责，并不适用《澳门刑事诉讼法》第 42 条第 2 款 b 项及第 246 条的规定（即"侦查系由检察院在刑事警察机关辅助下领导进行"的规定）。而且根据该条第 4 款，廉政专员享有属检察院权限的搜查、搜索及扣押权。但是如果涉及《澳门刑事诉讼法典》中所规定之需要刑事起诉法庭法官亲自进行、命令或许可进行的调查行为，则廉政专员无权决定。例如，如果廉政公署调查员侦查一起由公务员实施的贪污案件，对该公务员办公室的搜索无须经过检察院的批准，而是由廉政专员批准；但是如欲对该公务员之住所进行搜索，则必须经刑事起诉法庭的法官批准，廉政专员并无此项职权。

其次，廉政公署在"犯罪消息之取得"方面的特殊职权。通常来说，由于检察院是刑事案件调查的领导机关，具有开立卷宗的职权。按照《澳门刑事诉讼法典》第 228 条的规定，"向非为检察院之实体提出之检举，须在最短时间内向检察院转达"。然而由于廉政专员在刑事案件调查方面有别于其他刑事警察机关的职权，《澳门特别行政区廉政公署组织法》第 11 条第 5 款规定，对于廉政公署展开的侦查，不适用《澳门刑事诉讼法典》第 228 条的规定，即对于向廉政公署提出的检举，廉政公署无须在最短时间内向检察院转达。

最后，廉政公署有特定知情权。如上所述，廉政公署有权限调查"由公务员实施的贪污犯罪及与贪污相关联的欺诈犯罪"，"在私营部门发生的贪污犯罪及与贪污相关联的欺诈犯罪"以及"在因应澳门特别行政区机关选举而进行的选民登记及有关选举中实施的贪污犯罪及与贪污相关联的欺诈犯罪"。但其针对上述犯罪的调查权并非专属权限，其他法律另有规定的机关，如司法警察局，也有权限调查。根据《澳门特别行政区廉政公署组织法》第11条第5款的规定，如对廉政公署职责范围内所针对的犯罪提出控诉，应将控诉书、起诉批示及终局判决的副本送交廉政公署，以免重复调查，浪费司法资源，无端滋扰当事人及相关人员。

第四节　嫌犯及其辩护人

一　嫌犯

（一）嫌犯概述

嫌犯是指被刑事诉讼程序正式追诉之人，即被追诉人。在中国内地，刑事诉讼中的被追诉人根据诉讼阶段的不同，分别被称为"犯罪嫌疑人"（提出正式控诉前）及"被告人"（提出正式控诉后）。在中国台湾，刑事诉讼中的被追诉人无论在侦查程序中，还是进入审判程序，皆统称为被告。《澳门刑事诉讼法典》中将葡萄牙文的"arguido"翻译为"嫌犯"，用以指称在刑事诉讼程序的全过程中受到刑事追诉及审判之人。《澳门刑事诉讼法典》第46条"嫌犯身份"规定，凡在刑事诉讼程序中被控诉之人或被声请进行预审之人，均具有嫌犯身份。嫌犯身份在整个诉讼程序进行期间予以维持。

在司法实践中，包括法官的裁判中，经常使用"被告人"来指称处于审判过程中之嫌犯。

《澳门刑事诉讼法典》第1条第1款e项规定了"涉嫌人"，即有迹象已实行犯罪或预备犯罪，又或已参与共同犯罪或预备参与共同犯罪的人。王伟华助理检察长指出，原则上，有犯罪发生，就会有涉嫌人。警方侦查工作就是要查明事发经过及涉嫌人数目和身份，透过搜证来将其绳之以法。

有时，案件发生时警方已知悉谁是涉嫌人，例如：某人被同学打伤，于是报案追究，并提供涉案同学的姓名和联络方式。这时，该同学已成为案件的涉嫌人。涉嫌人通常是嫌犯的前身，两者诉讼地位显然不同①。换言之，当只有犯罪消息及简单事实时，仅可以说一人为涉嫌人。

嫌犯是指"所有这些有充分及可信的迹象显示其作出了刑事不法行为的人"②。一人要成为嫌犯，还需要调查及收集足够的证据资料，并且透过这些资料可以强烈及实质地推断出某人需要为其行为负刑事责任。嫌犯是刑事诉讼的主体，享有一系列的诉讼权利和义务，而涉嫌人则没有。这除了因为嫌犯是诉讼主体外，亦因为嫌犯是"很可能在法院中被判有罪的人"，因此为了遵行无罪推定原则，以及保护嫌犯的弱势地位，法律赋予嫌犯一系列的权利保障。

（二）成为嫌犯的情形

成为嫌犯，即意味着某人被纳入刑事诉讼程序，成为刑事诉讼程序中的被追诉人，具有刑事诉讼主体的地位，在刑事诉讼中享有其诉讼权利，并依法承担诉讼义务。根据《澳门刑事诉讼法典》的相关规定，一人可以通过以下几种方式成为"嫌犯"，其中包括强制性的方式（包括《澳门刑事诉讼法典》第 46 条、第 47 条以及第 48 条第 1 款规定的情况）以及任意性的方式（主要规定在《澳门刑事诉讼法典》第 48 条第 2 款）。

1. 必须被告知成为嫌犯

《澳门刑事诉讼法典》第 47 条规定了在某些特定情况下，某人必须被告知成为嫌犯的情况，包括：对特定人进行侦查；对某人采用强制措施或财产担保措施③；当涉嫌人被拘留；当任何有权限的实体目睹属义务检举的犯罪，而制作实况笔录，并视某人为犯罪行为人，及将实况笔录告知该人时等情况。这些情况通常发生在侦查阶段，司法当局或刑事警察机关在做出以上诉讼行为时需告知上述之人其已成为嫌犯。赋予该人嫌犯身份，是

---

① 王伟华：《刑事诉讼法的基本内容》，澳门大学中文法学士课程材料。

② 〔葡〕Manuel Leal-Henriques：《澳门刑事诉讼法教程》（上册）（第二版），卢映霞、梁凤明译，法律及司法培训中心，2011，第 70 页。

③ 同时，《澳门刑事诉讼法典》第 177 条"采用措施之一般条件"第 1 款更明确规定："一、强制措施及财产担保措施，仅在作为该等措施之对象之人依据第四十七条之规定成为嫌犯后，方得采用。"

由于上述任一情况都会增加涉嫌人的责任，故只有透过给予其一诉讼上的身份才可以保障其诉讼地位①。

2. 在非嫌犯之询问过程中强制性转为嫌犯

《澳门刑事诉讼法典》第 48 条第 1 款规定，任何有权实体在一刑事诉讼中向一非为嫌犯的人做出任何询问时，如果有理由怀疑该人曾犯罪，则该进行询问的实体须立即中止询问，并向该人口头或书面告知其已成为嫌犯，以及向其说明及有需要时加以解释其因成为嫌犯而具有第 50 条所指的诉讼权利和义务。这一情况，就如在询问证人期间，出现一些有依据的迹象使有权实体怀疑该名证人曾实施犯罪，该实体就须立即中止询问该证人，并转以口头或书面的方式告知其成为嫌犯，以及告知其作为嫌犯所享有的权利、义务。因为当该人已不可被当作证人般被信任，却在该等条件下被继续要求做证，且做证时又不知道自己已被怀疑参与犯罪，这是不合理的②。故这也是一种强制成为嫌犯的情况，透过做出询问的实体将被询问人转为嫌犯。

3. 刑事措施被针对人主动申请成为嫌犯

《澳门刑事诉讼法典》第 48 条第 2 款规定了一种以任意性的方式，由刑事措施被针对人主动申请成为嫌犯的情况。在一刑事诉讼中，涉嫌曾犯罪的人为了保障自身的诉讼权利——只要正实行某些旨在证实可否将事实归责该人的措施，而该等措施会影响其本人时——有权主动提出请求而成为嫌犯。这可以视为涉嫌人的权利，其透过请求而成为嫌犯。

4. 透过诉讼行为效力成为嫌犯③

即使嫌犯没有因为上述情况而成为嫌犯，只要其属于《澳门刑事诉讼法典》第 46 条所规定之"凡在刑事诉讼程序中被控诉的人或被声请进行预审的人"，均具有嫌犯身份。这是一种强制并自动地成为嫌犯的情况，透过诉讼行为或到达一特定诉讼阶段而自动导致一人成为嫌犯。说其是"自动地"，是因为在这一情况中，有权实体并不需要对被针对人做出任何事先的

---

① 〔葡〕Manuel Leal-Henriques：《澳门刑事诉讼法教程》（上册）（第二版），卢映霞、梁凤明译，法律及司法培训中心，2011，第 71 ~ 72 页。

② 〔葡〕Manuel Leal-Henriques：《澳门刑事诉讼法教程》（上册）（第二版），卢映霞、梁凤明译，法律及司法培训中心，2011，第 74 页。

③ 《澳门刑事诉讼法典》第 46 条成为嫌犯的情形，在〔葡〕Manuel Leal-Henriques《澳门刑事诉讼法教程》（上册）中，将其称为"必须及自动地成为嫌犯"，王伟华助理检察长在其课程材料中将第 46 条总结为"透过诉讼行为效力成为嫌犯"，本书采用后者的观点。

告知行为，仅仅提出控诉或提交预审声请书便使其成为嫌犯。例如，在缺席裁判的情况下，某人因被提出控诉而成为嫌犯。

（三）成为嫌犯的程序

成为嫌犯需遵循《澳门刑事诉讼法典》所规定之程序。总体来说，成为嫌犯需要被明确告知其嫌犯身份及告知其所享有的诉讼权利。根据《澳门刑事诉讼法典》第 50 条第 1 款 g 项，嫌犯享有"获司法当局或刑事警察机关告知其享有之权利"的权利，权利告知的义务机关为"嫌犯必须向其报到者"。因此，无论依上述何种情形成为嫌犯，相关司法当局或刑事警察机关均须告知嫌犯所享有之权利。而且根据《澳门刑事诉讼法典》第 47 条第 2 款及第 48 条的规定，成为嫌犯系透过司法当局或刑事警察机关向被针对之人做出口头或书面告知，以及说明及有需要时加以解释其因成为嫌犯而具有第 50 条所指之诉讼上之权利及义务而为之。该告知内须指出自当时起该人在该诉讼程序中应被视为嫌犯。只有在根据《澳门刑事诉讼法典》第 46 条，即强制并自动成为嫌犯的情况下，因为该人已经被正式提出控诉，或者被声请预审，无须告知其嫌犯身份。

需要注意的是，根据《澳门刑事诉讼法典》第 47 条第 3 款的规定，如有义务做出上述所指的手续（即第 47 条第 1、2 款所规定的告知）而不做出，或违反该等手续，那么被针对的人所做的声明将不能作为针对该人的证据。基于违反法律规定的手续，做声明之人没有按法定手续成为嫌犯因而没有得到辩护的保障，所以其所做的声明不得作为针对其的不利证据，但不代表这声明完全无用，其可被作为对第三人的有利或不利证据，及作为对做出声明人的有利证据[1]。《葡萄牙刑事诉讼法典》相对应的条文为第 58 条第 5 款，该条在 2007 年时做了修改，将本来"不得作为针对该人之证据"改为"不得作为证据"，即这声明除了不能作为针对该声明人的证据，也不能针对其他第三人，不然会构成对嫌犯沉默权的侵犯，沉默权不只是保护嫌犯以免其因做出声明而受损害，在嫌犯没有被告知其有沉默权而做出的声明，也可能对第三人造成损害[2]。

---

[1] Manuel Leal-Henriques, Manuel Simas-Santos, *Código de Processo Penal de Macau*, Imprensa Oficial de Macau, 1997, p. 126.

[2] Paulo Pinto de Albuquerque, *Comentário do Código de Processo Penal*, Universidade Católica Editora, 2011, p. 184.

（四） 嫌犯的权利与义务

自成为嫌犯时起，该人便取得诉讼主体资格。因此，根据刑事诉讼法的相关规定，嫌犯具有多项诉讼权利。嫌犯所享有的较为重要的诉讼权利以及需承担的相对应的义务，规定于《澳门刑事诉讼法典》第50条中，但需要注意的是，第50条中所列的内容并不具有尽数列举的性质。如上所述，嫌犯具有多项诉讼权利以及义务，因此在其他法律中也有关于嫌犯权利义务的规定。

《澳门刑事诉讼法典》第50条所规定的嫌犯权利包括以下内容。

（1）在场权：参与其被针对作为嫌犯的刑事诉讼程序的权利。嫌犯有权"在作出直接与其有关之诉讼行为时在场"，如犯罪之重演、首次司法询问、预审辩论、庭审听证等。在此，需要注意的是，嫌犯享有在场权并不表示其在任何诉讼行为中都可以或应该参与或在场，其在场权仅限于与嫌犯直接有关的诉讼行为，所以这是一个限制性的权利。

（2）听证权：法官所做出的裁判对嫌犯本人造成影响时，嫌犯有权由法官听取其陈述。而此项权利亦需在满足两项条件下才得以行使，参照《澳门刑事诉讼法典》第50条第1款b项可知，有关行为需由法官做出，并且这些行为必须是能够对嫌犯本人造成影响的行为。此处的法官应包括预审法官。这是由于在审判阶段前，一些对嫌犯一人造成影响的行为，仅可由预审法官做出（参照《澳门刑事诉讼法典》第250、251条）。

（3）沉默权：表示嫌犯有权不回答由任何实体就对其归责的事实所提出的问题，以及就其所做、与该等事实有关的声明的内容所提出的问题。然而，这项权利的行使并非绝对的。如条文规定，嫌犯只是对归责于其的事实有沉默权，故对于不在事实范围内的，如身份的认别、犯罪前科等内容，嫌犯必须回答，并没有被赋予沉默权。葡萄牙在2013年修改刑事诉讼法典时，已把相关条文（《葡萄牙刑事诉讼法典》第61条第3款b项）中的"当法律规定时关于其前科之问题据实回答"删去。同时，《葡萄牙刑事诉讼法典》第141条第3款也修改为："须询问嫌犯之姓名、父母姓名、出生地、出生日期、婚姻状况、职业、居所及可认别其身份之官方文件之编号；应警告嫌犯，如不回答或不实回答该等问题，则有可能负刑事责任。"此种修改主要是因为，有关"犯罪前科的问题"可能会基于行为人之前的犯罪行为而误导法官的心证，对嫌犯产生不利的影响。

（4）辩护人的陪同权：为了保障嫌犯的权利，法律允许嫌犯由辩护人陪同参与诉讼程序。对此，嫌犯可以自己选择辩护人，又或向法官请求为其指定辩护人。其后，嫌犯在一切有其参与的诉讼行为中都可以由辩护人陪同、援助；如果已被拘留，即使属私下联络，其仍然有权与辩护人联络。但基于安全理由的考虑，要求在负责监视的人听不到有关内容的前提下，上指的私下联络仍可在监视下进行。另外，对于这一项权利的延伸规定，还可以参考《澳门刑事诉讼法典》第 50 条以及续后条文。援引相关规定可知，嫌犯在诉讼程序的任一阶段都可以委托辩护人。而嫌犯在委托律师后，所指定的辩护人须立即终止其职务。另外，原则上，对于某些行为，法律强制要求有辩护人的援助，对此，可以参考《澳门刑事诉讼法典》第 53 条的规定。在该条文规定的情况下，嫌犯如果仍未委托或不委托辩护人，则法官将为其指定辩护人参与诉讼程序，并优先考虑律师。这种做法其实亦是为了更有效和全面地保障嫌犯的辩护权。

（5）介入权：嫌犯可以透过提供证据及声请采取其认为必需之措施而介入侦查及预审程序。对于此项权利的行使需要注意，嫌犯并不是自由及任意地介入相关诉讼程序，而是当对诉讼目的有真正的必要时，即有关介入措施对发现事实真相属必需时，嫌犯才应介入。故此，对于以任何旨在为拖延诉讼而做出的行为、措施都不应被允许。

（6）告知权：嫌犯有权获得司法当局或刑事警察机关告知其享有的权利。曾提及嫌犯一般没有受过法律培训，因而原则上并不知悉当其取得嫌犯身份后所享有的权利以及义务。故此，有权实体应该告知其相关事项，而且更重要的是使其知道有哪些权利以及该等权利的内容为何。这一项权利对应《澳门刑事诉讼法典》第 47 条第 2 款中所规定的有权机关的义务。正是嫌犯具有告知权，因此有关机关需向其"说明及有需要时加以解释其因成为嫌犯而具有第 50 条所指的诉讼上的权利及义务……"。

（7）上诉权：嫌犯有权依法就针对其所做出的不利裁判，向上级法院提起上诉。如同大部分权利般，此项权利亦不是一绝对性权利。由于必须"依法"提起上诉，因此嫌犯必须在法定的情况下才可以提起上诉，为此可以参照《澳门刑事诉讼法典》第 390 条的规定。原则上，凡不属于第 390 条所列的例外情况，嫌犯对针对其的不利判决均可提起上诉。

另外，如上所述，除了《澳门刑事诉讼法典》第 50 条规定的权利外，嫌犯还享有其他权利。例如，《澳门刑事诉讼法典》第 28、36、43 条规定嫌犯有权声请有关法官、检察官、鉴定人、传译员或司法公务员回避或拒却；第 79 条所规定的查阅笔录及获得笔录证明的权利；第 161 条第 1 款规定的出席搜索的权利；第 315 条第 2 款规定的声请或同意在无其出席下进行听证的权利；第 342 条规定在听证阶段嫌犯享有最后做出声明的权利等。

根据《澳门刑事诉讼法典》第 50 条第 3 款的规定，嫌犯除了享有诉讼权利外，亦需要履行一些义务。如同《澳门刑事诉讼法典》第 50 条第 1、2 款有关权利的规定一样，《澳门刑事诉讼法典》第 50 条第 3 款仅为一举例列举，根据该规定，嫌犯特别负有下列义务。

（1）出席义务：当依法经适当传唤时，则嫌犯须向法官、检察院或刑事警察机关报到。如上所述，嫌犯有参与权，或称在场权利，因此相对应地嫌犯也有出席的义务。因此当有权实体对其做出传唤时，嫌犯便有义务出席。援引《澳门刑事诉讼法典》第 104 条，如果嫌犯没有出席及没有在法定期限依法提出合理解释的话，则将被视为"无合理解释之不到场"，需按第 103 条的规定被判处罚款、临时拘留或甚至予以羁押。

另外，需要注意的是，依照《澳门刑事诉讼法典》第 50 条第 3 款 a 项的规定，嫌犯仅在"经适当传唤"后才须出席。即当有权实体已依照《澳门刑事诉讼法典》第 99 ~ 101 条规定的步骤对嫌犯进行传唤时，其才有出席的义务。

（2）据实义务：就有权限实体所提问的，有关于其身份资料，以及当法律规定时关于其前科的问题，需要如实回答。因此，如上所述，嫌犯此项义务仅为针对有关身份资料以及犯罪前科的问题而言，对于其他问题，尤其是涉及可归责于嫌犯的事实的问题，嫌犯享有沉默权。

（3）受制于证明措施、强制措施及财产担保措施的义务：嫌犯"受制于法律列明及由有权限实体命令采用及实行的证明措施、强制措施及财产担保措施"。亦由此可知，嫌犯仅在由有权限实体命令及实行相关措施时才有受约束的义务。

二 辩护人

《澳门基本法》第 36 条规定，"澳门居民有权诉诸法律，向法院提起诉讼，得到律师的帮助以保护自己的合法权益，以及获得司法补救"。在刑事诉讼中，作为被追诉方的嫌犯获得律师帮助的权利是保障其诉讼权利，使其在刑事诉讼中受到公正、公平对待的重要权利。《澳门刑事诉讼法典》第50条将"选任辩护人，或向法官请求为其指定辩护人"列为"成为嫌犯"所被必须告知的诉讼权利。

（一）辩护人的产生方式

辩护人可以由嫌犯委托，也可以依据情况由法官、检察院或刑事警察当局为嫌犯指定。

1. 委托辩护人

根据《澳门刑事诉讼法典》第51条第1款的规定，嫌犯在诉讼程序中的任何时刻均有权委托律师，以更好地维护其诉讼权利和实体权利。

2. 指定辩护人

指定辩护人分为两种情形，即必须指定辩护和可以指定辩护。

（1）必须指定辩护。根据《澳门刑事诉讼法典》第51条第2款，当法律规定嫌犯须由辩护人援助，而嫌犯仍未委托或不委托辩护人，则有权机关为其指定辩护人，直至嫌犯决定选任其辩护人为止。该条第2款和第5款规定，有权机关包括法官、检察官以及刑事警察当局。《澳门刑事诉讼法典》第55条第4款还规定，为某一行为而指定之辩护人，在未被替换时，对于该诉讼程序随后之诉讼行为维持辩护人之身份。

根据《澳门刑事诉讼法典》第53条的规定，在下列情况下，辩护人的选定属强制性的。

第一，对被拘留的嫌犯进行首次司法讯问时。根据《澳门刑事诉讼法典》第237条及续后条文，如果没有实时将被拘留的嫌犯提交接受以简易诉讼形式进行的审判，或对其采用一强制措施，则必须在48小时内交由有权限的法官以便进行首次司法讯问（参阅《澳门刑事诉讼法典》第128条）。

第二，在预审辩论及听证时，需要强制性地由辩护人援助。但是对于不可具体科处徒刑或收容保安处分的诉讼程序则无须强制有辩护人的援助。

第三，在嫌犯无出席而进行审判听证时。嫌犯无出席而进行的审判听证包括两种情形：一是《澳门刑事诉讼法典》第313条所规定的，嫌犯在听证中基于种种原因离开法庭；二是《澳门刑事诉讼法典》第314～316条所规定的缺席裁判。当嫌犯已被传召，但在无合理解决的情况下而缺席听证，则在一切可能发生的效力上，嫌犯均由辩护人代理。

第四，在提出平常或非常上诉时，也应当强制性地由辩护人代理。

第五，《澳门刑事诉讼法典》第 253 条及第 276 条所指之情况，即供未来备忘的声明以及进行对质时。根据相关规定，供未来备忘的声明是为了提前调查和取得证据，以有利于日后诉讼程序的顺利进行。如证人、辅助人、民事当事人或鉴定人因患重病、前往外地或欠缺在澳门居住之许可，而可以预见该等情况将阻碍有关人士出席审判时，预审法官依职权或应声请可以提前询问该等人士。

第六，在是否适用最简易诉讼而征求嫌犯意见时，或者嫌犯主动提出适用最简易诉讼程序的申请时，以及在最简易诉讼程序中预审法官认为建议的制裁明显不能适当且充分地实现处罚的目的，为订出种类或分量方面不同于检察院所建议的制裁而征求嫌犯的书面同意时，均需强制性地由辩护人代理。

第七，法律规定的其他情况，例如，《澳门刑事诉讼法典》第 129 条所规定的检察院进行的"首次非司法讯问"而嫌犯有指定辩护人的要求时，第 205 条第 3 款及第 207 条第 2 款所规定的"人身保护令"以及第 480 条第 3 款所规定的"执行收容的保护处分措施"等情况。

第八，除成为嫌犯外，在任何诉讼行为进行期间，只要嫌犯为盲、聋、哑、未成年或就嫌犯的不可归责性或低弱的可归责性提出问题，均需强制性地由辩护人代理。所谓嫌犯的不可归责性或低弱的可归责性，是指无行为能力或能力低①。

（2）可以指定辩护。《澳门刑事诉讼法典》第 53 条第 2 款规定，如不属必须指定之情况，而案件之情节显示援助嫌犯属必需及适宜者，法官得为其指定辩护人。例如，在共同犯罪的情况下，如果某些嫌犯在受到检察院讯问或者刑事警察机关讯问时已经委托辩护人，而同案的其他嫌犯并未委托辩护人，此种情况下可能会产生对尚未委托辩护人的嫌犯不利的后果，检察院或刑事警察当局可以为其指定辩护人。

---

① Manuel Leal-Henriques, Manuel Simas-Santos, *Código de Processo Penal de Macau*, Imprensa Oficial de Macau, 1997, p. 144.

（二）辩护人的资格

辩护人的资格要求，依其产生方式不同而有所不同。委托辩护情况下，辩护人通常只能是律师，只有在独任法官职权范围内的案件中，方可委托实习律师。而指定辩护情况下，辩护人的范围相对宽泛，可以是律师、实习律师甚至可以是其他适当之人，而以法学士优先。

（1）委托辩护人的资格。通常情况下，嫌犯只能委托律师为其辩护人。但是根据《律师入职规章》第28条第1款c项的规定，实习律师有权在独任法官职权范围内的刑事诉讼上执行律师业务，即作为嫌犯的委托辩护人。也就是说，在独任法官职权范围内的刑事诉讼中，嫌犯既可以委托律师作为其辩护人，也可以委托实习律师作为其辩护人。但如果属合议庭管辖范围内的案件，则除《律师入职规章》第28条第1款a项之情形，即"涉及其本人、配偶、直系尊亲属及直系卑亲属的案件"外，实习律师不得接受嫌犯的委托作为其辩护人。

（2）指定辩护人的资格。根据《澳门刑事诉讼法典》第51条之规定，如法律规定嫌犯须由辩护人援助，而嫌犯仍未委托或不委托辩护人，则法官为其指定律师或实习律师。而且在紧急且不可能指定律师或实习律师的情况下，可指定适当之人，法学士属优先考虑者。一旦有可能指定律师实习律师或法学士，上述紧急情况下的指定辩护须立即停止。

可见，与委托辩护人中辩护人的资格条件相比，指定辩护人的资格要求明显不同，律师、实习律师均可，并且在紧急情况下也可以是其他适当之人，甚至可以是非法学士。这在澳门回归之初，律师甚至法学士大量缺乏的情况下有其合理性，但从澳门发展的角度看，随着法学人才的培养，刑事诉讼法应当逐步废除这些过渡性的权宜之计，以真正保障指定辩护的有效性，切实维护嫌犯的权利。早在2000年，《葡萄牙刑事诉讼法典》相应条款（第62条）已经删去了允许法学士及其他适当之人担任指定辩护人的条款。

《澳门刑事诉讼法典》第54条第2款还规定，如其中一名或数名嫌犯已委托律师而其余嫌犯尚未委托律师，法官得在被委托之各律师中指定一名或一名以上律师为其余嫌犯辩护，但以此情况不妨碍辩护之作用为限。也就是说，法官可以指定一名或数名嫌犯委托的律师为其余嫌犯辩护，但需判断此种辩护是否会存在利益冲突，妨碍辩护的作用。这种规定在大陆法系国家是比较罕见的,《葡萄牙刑事诉讼法典》中也没有类似规定。此规定的初衷可能也是囿于当时的历史条件下法律人才的短缺,但在目前情况下,是否应当重新考虑这一规定的合理性和必要性,尚待斟酌。

(三) 辩护人的权利

通常来说,辩护人作为嫌犯的代理人,根据《澳门刑事诉讼法典》第52条的规定,行使法律承认嫌犯所享有的权利,而且"嫌犯得撤销由辩护人以嫌犯名义作出之行为之效力,只要作出与该行为有关之裁判前嫌犯明确表示之"。例如,辩护人可以代表嫌犯向法官提交证据,以及在审判做出后,代表嫌犯提出上诉等。

但是也有些诉讼权利的行使,辩护人无权代理,只能由嫌犯本人亲自行使。这些权利主要包括:《澳门刑事诉讼法典》第263条第1款a项规定的诉讼程序暂时中止的同意权;第282条第3款规定的预审辩论中嫌犯放弃其在场的权利;第315条第2款嫌犯基于其年龄、严重疾病或在澳门特别行政区以外居住等理由而同意在其不出席情况下之听证;第337条第2款b项容许在听证中宣读辅助人、民事当事人及证人向法官所做之声明;第338条第1款a项请求在听证中宣读本人先前做出之声明;第340条第2款规定之同意就实质变更之事实继续进行审判;第405条第1款声请撤回上诉等①。

同时,辩护人并非单纯的刑事案件中嫌犯之代理人,其作为刑事诉讼的主体,享有以其自身名义做出某些诉讼行为的权利,行使其刑事诉讼中的辩护职能,而非代理职能。如同迪亚士教授所指出的,"辩护人不单纯是委托人利益的代理人,其也享有在司法行政实体的制度中为着嫌犯专有利益,可以在法律规定的特定行为②及在嫌犯缺席听证时或在某些的行为代理嫌犯③"④。辩护人可以在刑事诉讼中以自己的名义进行的诉讼活动或其享有的诉讼权利还包括:第50条第1款e项规定的与嫌犯联络的权利;第128条第2款规定的陪同被拘留的嫌犯进行首次司法讯问的权利;第283条第3

---

① Paulo Pinto de Albuquerque, *Comentário do Código de Processo Penal*, Universidade Católica Editora, 2011, p. 201.
② 参见《澳门刑事诉讼法》第53条,即强制辩护之情形。——笔者注
③ 参见《澳门刑事诉讼法典》第315条第3款及第313条第3款。——笔者注
④ 〔葡〕Manuel Leal-Henriques:《澳门刑事诉讼法教程》(上册)(第二版),卢映霞、梁凤明译,法律及司法培训中心,2011,第47页。

款、第284条第2款和第4款规定的直接介入预审辩论的权利；第295条、第302条及续后条文规定的参与审判听证的权利等。甚至在某些情况下，辩护人以其名义行使的某些诉讼权利，必须在嫌犯不在场之情况下进行。例如，《澳门刑事诉讼法典》第128条"对被拘留之嫌犯进行之首次司法讯问"第7款规定，在进行讯问期间，检察院及辩护人不得做出任何干涉，但不妨碍其就诉讼程序上之无效提出争辩之权利；讯问完结后，检察院及辩护人得在嫌犯不在场的情况下，声请法官向嫌犯提出检察院及辩护人认为对发现事实真相属适宜之问题。

（四）辩护人的更换

辩护人作为在刑事诉讼中专门维护嫌犯诉讼权利之人，在刑事诉讼中可以更换。

1. 辩护人更换的情形

辩护人更换包括以下情形：①无论委托辩护或指定辩护，辩护人在一个必须有辩护人援助之行为中不到场、在该行为完结前缺席，又或拒绝或放弃辩护，需及时更换辩护人；②在嫌犯委托辩护人的情况下，嫌犯也可以决定中止委托，替换辩护人；③在指定辩护的情形下，嫌犯及被指定之辩护人均有提出异议的权利。第一，如指定之辩护人陈述法官认为合理之理由，得免除其在法院之代理。第二，嫌犯得声请随时替换被指定之辩护人，法官如果认为该声请具合理理由，可以同意其声请，为其另行指定辩护人，或允许嫌犯委托辩护人。

2. 辩护人更换的程序

更换辩护人，需要为新的辩护人准备辩护留出必要的准备时间。因此，法庭通常会因为辩护人的更换而中断诉讼行为或听证。《澳门刑事诉讼法典》第56条第1、2款规定，如辩护人在一个必须有辩护人援助之行为中不到场、在该行为完结前缺席，又或拒绝或放弃辩护，法官须立即指定另一辩护人；但当显示立即指定另一辩护人为不可能或不适宜时，法官亦得决定中断该行为之进行。如辩护人在预审辩论或听证期间被替换，法官得依职权或应新辩护人之声请，中断预审辩论或听证之进行，以便新辩护人能与嫌犯商议及查阅笔录。

如果中断诉讼行为或听证无法保障辩护权之行使，《澳门刑事诉讼法典》第56条第3款规定，如有绝对需要，法官得决定押后进行该行为或听

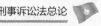

证而不为以上两款所指之中断，但押后之时间不得超逾 5 日。正如葡萄牙学者 Manuel Lopes Maia Gonçalves 教授所指出的，中断和押后的分别在于，中断不会失去连续性，所以不得延至下一天，而押后则可以延至下一天。法律尽量避免押后的情况出现，所以只有在有绝对需要时，才可以选择押后[①]。

第五节　辅助人及民事诉讼当事人

一　辅助人

辅助人制度来源于葡萄牙。辅助人是刑事诉讼法中的特别诉讼主体，其与被害人有关，但其范围又不完全等同于被害人。一旦成为辅助人，即享有特定的诉讼权利，如根据《澳门刑事诉讼法典》第 58 条第 2 款 b 项、第 266 条及第 267 条的规定，辅助人可以对与检察院做出控诉不同的事实提出控诉；第 58 条第 2 款 c 项规定，可依法律规定提出上诉，即便检察院未提出上诉；第 269 条第 1 款 b 项及第 270 条第 1 款规定，当检察院决定对卷宗予以归档时提出预审声请等。《澳门刑事诉讼法典》第 58 条对辅助人的诉讼地位做出了具体的规定。根据该条规定，在一般情况下，辅助人具有作为检察院协助人的地位，其在诉讼程序中的参与须从属于检察院的活动。但同时辅助人有一系列法定的特有权利，因而不应把辅助人理解为单纯的检察院的合作人，其亦是本身权利的拥有人[②]。

（一）成为辅助人的前提条件

根据《澳门刑事诉讼法典》第 57 条，除特别法赋予其权利成为辅助人之人外，其他能够在刑事诉讼程序中成为辅助人之情况受到严格的限制。仅下列的人士在刑事诉讼程序中可以成为辅助人。

（1）被害人，即具有法律借着订定罪状而特别保护其利益的人，只要

---

① Manuel Lopes Maia Gonçalves, *Codigo de Processo Penal: Anotado*, Almedina, 2005, p. 189.

② 〔葡〕Manuel Leal-Henriques：《澳门刑事诉讼法教程》（上册）（第二版），卢映霞、梁凤明译，法律及司法培训中心，2011，第 88 页。

其已满 16 岁；根据葡萄牙学者同时也是《澳门刑事诉讼法典》草案的作者迪亚士教授的观点，上述情况应理解为"根据符合罪状的犯罪行为所得出的标准，因刑事法益的拥有者的该法益被侵犯或处于危险"[①]。因此，透过刑事法律订定的罪状所保护的利益或价值，从而找出相应的权利人，当该权利人的法益受到侵犯时，其便具有成为辅助人的正当性。

（2）非经其告诉或自诉不得进行刑事程序之人。

（3）如被害人死亡，而在死亡前未放弃告诉权，则其未经法院裁判分居及分产的生存配偶、直系血亲卑亲属、被害人所收养之人，以及与被害人在类似配偶状况下共同生活之人得成为辅助人；或如无该等人，则直系血亲尊亲属、兄弟姊妹及其直系血亲卑亲属，以及收养被害人之人得成为辅助人。但以上之人士曾共同参与有关犯罪者除外。

（4）如被害人没有诉讼能力，则其法定代理人及按上项顺序所列的人得成为辅助人。但以上之人曾共同参与有关犯罪者除外。

（5）任何人，只要属刑事程序不取决于告诉及自诉的犯罪，且依据以上各项之规定没有人可以成为辅助人。

从以上法律规定的情况来看，辅助人主要是指被害人，只有在被害人死亡或无法成为辅助人时，其他人才能成为辅助人。另外，对于特别法赋予权利成为辅助人的情况，其遵从特别法优于一般法的原则。例如，第 6/96/M 号法律第 38 条规定：在有关刑事案件涉及对消费者的保护时，受事实损害之自然人或法人、消费者委员会、消费者团体得成为辅助人。

（二）成为辅助人的程序

原则上，具正当性的人可以在诉讼程序中任何时刻成为辅助人并参与该诉讼程序，但是仍须在听证开始 5 日前向法官声请；或如属非经自诉不得进行的刑事程序，则该声请须在提出控诉前，或在提出控诉时同时向法官声请；又或如果希望参与预审辩论，则具正当性的人须在进行预审辩论 5 日前声请成为辅助人。否则尽管该人仍然可以成为辅助人参与及后的诉讼程序，如审判听证，但并不能够参与有关的预审辩论。

另外，法官须在让检察院及嫌犯就该声请表明立场后，以批示做出是否允许该人成为辅助人的裁判。但是有关检察院及嫌犯的立场并不限制法

---

① Figueiredo Dias, *Direito Processual Penal*：*Clássicos Jurídicos*，Coimbra Editora，2004，p. 505.

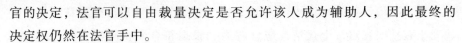

官的决定，法官可以自由裁量决定是否允许该人成为辅助人，因此最终的决定权仍然在法官手中。

如果法官最终决定允许该人成为辅助人，但嫌犯或检察院反对。那么援引《澳门刑事诉讼法典》第389条、第390条（反面解释，上指裁判不属于不得提起上诉的裁判）、第391条第1款b项以及第397条第2款的规定，嫌犯或检察院可对此裁判提起上诉，且有关上诉须立即上呈。另外，认为自身具有正当性的人亦可以对不允许其成为辅助人的裁判提出上诉。

（三）辅助人的权利

根据《澳门刑事诉讼法典》第58条的规定，辅助人在刑事诉讼程序中协助检察院。除此之外，辅助人在刑事诉讼程序中还特别有下列权限：参与侦查或预审，并提供证据及声请采取视为必需的措施；提出独立于检察院控诉的控诉，如属半公罪或私罪的情况，则即使检察院没有提出控诉，辅助人亦得独立提出控诉；即使检察院没有提起上诉，辅助人亦可对影响其本人的裁判提起上诉。

此外，辅助人也有律师陪同的权利。根据《澳门刑事诉讼法典》第59条的规定，辅助人必须由律师代理。如果有数名辅助人，且各名辅助人之间利益没有冲突、归责于嫌犯的犯罪相同，则仅由一名律师代理各辅助人。如在选择律师方面有不同意见，则由法官做出裁判。

（四）辅助人、被害人、受害人之分别

被害人（在其没有声请成为辅助人前）和受害人都不是刑事诉讼程序中的主体，只有辅助人才是刑事诉讼中的主体。有关被害人的概念，援引《澳门刑事诉讼法典》第57条第1款a项和《澳门刑法典》第105条的规定可知，被害人是指具有刑事法律借着订定罪状而特别保护其利益，且该等利益受到侵犯的人。如上所述，只要该名被害人已年满16岁，便有必然的正当性成为辅助人。但是这仍需要该被害人经过向法官做出声请的程序而成为辅助人。

Jorge Fonseca 教授认为，受害人是订定罪状的规定所要保护的利益的拥有人，是所有人不论被侵害与否，总之是受因犯罪而生的伤害之人，简单来说，所有被害人都是受害人，但不是所有受害人都是被害人。所以受害

人是根据民法，因犯罪而遭受实质财产或精神损害的自然人或法人，而这些损害是值得法律保护的。立法者用"因犯罪而生的损害"，显示前提条件是不法行为和损害赔偿之间存在因果关系①。

另外，需要注意的是，尽管被害人可能是有关刑事诉讼中最重要的证人，但是如果其声请成为辅助人后，由于角色上的冲突，则不得以证人身份做证言（《澳门刑事诉讼法典》第 120 条）。

二 民事诉讼当事人

《澳门刑事诉讼法典》中之民事诉讼当事人，严格来说，应当被称为附带民事诉讼当事人，是在刑事诉讼程序中附带解决之民事权益纠纷的利害关系人。

（一） 附带民事诉讼强制依附原则

根据澳门现行法律，受害人并不可以自由地选择是在刑事诉讼程序中提出民事请求，还是提起一独立的民事诉讼程序。根据《澳门刑事诉讼法典》第 60 条之规定，除非法律另有规定得透过民事诉讼独立提出民事损害赔偿请求，否则以一犯罪的实施为依据的民事请求，仅得在有关刑事诉讼程序中提出。因此，依据《澳门刑事诉讼法典》第 61 条，即使受害人未成为辅助人或不得成为辅助人，民事损害赔偿请求亦须由其在刑事诉讼程序中提出。而且根据《澳门刑事诉讼法典》第 73 条的规定，审理民事损害赔偿请求的刑事判决，即使其为无罪判决，也构成裁判已确定的案件，并具有法律赋予民事判决成为裁判已确定的案件时所具的效力。

《澳门刑事诉讼法典》第 61 条第 1 款规定了强制性依附原则的例外情况，包括以下七种情形。

第一，当有关刑事诉讼程序的进展十分缓慢时，得解除该强制性依附。例如，自获得犯罪消息时起 8 个月内，检察院没有提出控诉，或在该段期间内刑事诉讼程序无任何进展。这里所谓之无任何进展，是指无任何实质性进展。正如 Costa Pimenta 教授所指出的，"无任何进展"应理解为没有进行

---

① Manuel Leal-Henriques, Manuel Simas-Santos, *Código de Processo Penal de Macau*, Imprensa Oficial de Macau, 1997, p. 169.

审判或解决问题，但不应理解为没有做出任何批示（尤其是单纯事务性批示）①。

第二，刑事诉讼卷宗已归档，或追诉权在判决确定前已消灭。通常来说，在此情况下已经不存在刑事诉讼，自然无法提出附带民事诉讼之请求，应当允许受害人或其他有正当性提出民事赔偿请求之人自行提出民事诉讼。根据 Manuel Leal-Henriques 教授的解释，"追诉权在判决确定前已消灭"，可能是基于时效（《澳门刑法典》第 110 条及续后数条）、嫌犯的死亡（《澳门刑法典》第 119 条及第 120 条）、大赦（《澳门刑法典》第 119 条及第 120 条）、舍弃及撤回告诉或自诉（《澳门刑法典》第 108 条及第 109 条）、规定及处罚犯罪行为的法律被废止（《澳门刑法典》第 2 条第 2 款）②。《葡萄牙刑事诉讼法典》已将追诉权消灭的时间点由"判决确定前"改为"审判前"，也就是说，如果在一审听证后，尚未做出确定判决前，发生上述追诉权消灭之事由，其所附随之民事部分仍可继续审理。根据葡萄牙的规定，在宣告行为非罪化、大赦或时效是在第一审审判之后，诉讼程序会继续进行，以审理基于非合同责任或风险责任而生的民事诉讼，只容许当消灭早于审判时才得提出独立的民事请求，而不同于澳门是在判决确定前的规定。但若嫌犯的死亡是在审判前，则刑事诉讼程序消灭，不容许卷宗继续进行以审理民事诉讼，而让受害人独立提出民事请求赔偿③。

第三，半公罪或私罪的情况下，并不要求强制性依附于刑事诉讼。但是如果有告诉权或自诉权的人透过独立的民事诉讼提出该等民事损害赔偿请求，则该请求的提出等同于放弃针对有关刑事不法行为的告诉权或自诉权（《澳门刑事诉讼法典》第 61 条第 2 款）。

第四，在控诉时仍未有损害，或损害未被知悉，又或损害的全部范围未被知悉，为确保民事权益，应当允许提出独立之民事诉讼请求。

第五，刑事诉讼的时间过长，为及时保护民事诉讼当事人之权益，得

---

① Manuel Leal-Henriques, Manuel Simas-Santos, *Código de Processo Penal de Macau*, Imprensa Oficial de Macau, 1997, p. 165 – 166.

② Manuel Leal-Henriques, Manuel Simas-Santos, *Código de Processo Penal de Macau*, Imprensa Oficial de Macau, 1997, p. 166.

③ Paulo Pinto de Albuquerque, *Comentário do Código de Processo Penal*, Universidade Católica Editora, 2011, p. 232.

允许另行提出民事诉讼。《澳门刑事诉讼法典》第 71 条 "执行判决时之结算及转由独立民事诉讼解决问题" 第 4 款规定，如民事损害赔偿请求所引发之问题导致不能做出一严谨之裁判，或该等问题可能产生某些附随事项，使刑事诉讼程序出现令人难以容忍之延误，法官得依职权或应声请做出决定，让当事人透过独立之民事诉讼解决该等问题。

第六，根据《澳门刑事诉讼法典》第 62 条第 2 款以及《澳门民事诉讼法典》第 262 条及续后条文可知，民事损害赔偿请求得针对负纯粹民事责任之人而提出，而该人得因己意参与刑事诉讼程序。该民事损害赔偿请求的提出是针对嫌犯及其他负纯粹民事责任的人，或仅针对负纯粹民事责任的人而嫌犯被诱发作为该诉讼的主参加人，则该民事诉讼可以独立进行。

第七，刑事诉讼是以简易程序、简捷程序、最简易程序或轻微违反程序的形式进行的。由于如上所述，该等诉讼的目的是为了取得共识以及案件能得到快速的审理以取得最终的结果，而非在于处理请求以及或有的上诉程序，因此并不允许民事当事人的参与。故当刑事诉讼是以该等诉讼程序的形式进行时，法律允许民事当事人透过独立的民事诉讼提出民事损害赔偿请求。

（二）提起附带民事诉讼之程序

除检察院有权限提出受害人要求其提出的民事损害赔偿请求外，原则上，民事诉讼当事人按照民事诉讼法的规定由律师代理。而就该等民事损害赔偿请求，有关民事诉讼当事人的权力范围仅限于该请求的支持及证明方面，而不可以涉及相关的刑事诉讼程序。

提出有关民事损害赔偿请求须遵守《澳门刑事诉讼法典》第 66 条所规定的时间，主要分为三种情况。

（1）当有关请求由检察院或辅助人提出，须在控诉中提出或在应提出控诉之期间内提出。检察院或辅助人可以在控诉文书中包括民事请求，即 "在控诉中提出"；又或不在控诉文书中提出民事请求，而是利用一独立的声请提出民事请求，即在 "应提出控诉之期间内提出" [1]。

---

① Manuel Leal-Henriques, Manuel Simas-Santos, *Código de Processo Penal de Macau*, Imprensa Oficial de Macau, 1997, p. 177.

（2）如不属上述情况，而受害人依据《澳门刑事诉讼法典》第64条第 2 款的规定在诉讼程序中曾表示其有提出损害赔偿请求的意图，则办事处在将起诉批示通知嫌犯时，或如无起诉批示，则在将指定听证日的批示通知嫌犯时，亦须通知受害人，以便其在 20 日内提出该请求。

（3）属其他情况者，在将起诉批示，或如无起诉批示，则在将指定听证日的批示通知嫌犯后 20 日内，受害人可提出该请求。

（三）依职权裁定给予弥补

依职权予以弥补是大陆法系刑事诉讼中法官职权主义的体现。该制度的适用条件较为严格，仅当出现《澳门刑事诉讼法》第 74 条所规定的情况且同时符合该条所规定的所有要件时，才可以依职权裁定该请求。根据该条规定，有关要件包括：①没有在有关刑事诉讼程序中提出依附性的民事损害赔偿请求，或没有透过独立的民事诉讼提出民事损害赔偿请求；②该金额系为合理保护受害人之利益而须裁定；③受害人不反对该金额；④从审判中得到充分证据，证明依据民法准则而裁定给予的弥补的前提成立及应裁定给予有关金额。

而且，即使有关判决是无罪判决，为了合理保护受害人的利益，也容许依职权裁定有关请求。因此，有关裁定的目的并不在于弥补损失，而是响应受害人有欠缺的情况，其中所裁判的金额将会在民事赔偿请求中予以考虑[1]。

第六节 其他诉讼参与人

其他诉讼参与人，主要包括证人、鉴定人、传译员等，虽然其并不能决定诉讼之进程，不是刑事诉讼之主体，但在刑事诉讼中也发挥着重要的作用，不容忽视。

---

[1] 〔葡〕Manuel Leal-Henriques：《澳门刑事诉讼法教程》（上册）（第二版），卢映霞、梁凤明译，法律及司法培训中心，2011，第 100 页。

一 证人

（一）证人的概念

在澳门，证人是指了解案件和相关情节的当事人以外的第三人。依据葡萄牙学者 Germano Marques da Silva 教授的见解"证人经过宣誓指出事实和已发生的情节，原则上不可以加入自己关于事实范围或价值判断的意见"[①]。

证人具有不可替代性[②]，成为证人并不取决于当事人的意志，也不取决于证人本人的意愿，亦不能由司法机关任意指定和选择，而是由案件事实和情况决定的。因此，在当事人以外的第三人中，谁知悉案件的事实，就需要亲自来证明该等事实，而不可能由其他人代替。再者，援引《澳门刑事诉讼法典》第 118 条"作证之能力及义务"第 1 款"凡未因精神失常而处于禁治产状态之人，均有成为证人之能力，仅在法律所规定之情况下方得拒绝作证"。因此可知，在一般情况下，如果一个未成年人知悉某特定案件的事实，虽然该未成年人不具有行为能力，但亦只能由该未成年人本人做证，而不可能由其法定代理人例如父母来代替。

（二）证人资格的规定

证人资格是指在诉讼中成为证人及做证应具备的条件。对此，可援引《澳门刑事诉讼法典》第 118 条第 1 款的规定，如果因精神失常而处于禁治产状态的人，就不能成为证人。在澳门的刑事诉讼中，影响证人资格的就只有上述一种情况。故此，只要符合第 118 条第 1 款的规定，就可以成为证人，并不受年龄、性别、职业、财产状况等限制。那么，精神不健全但未宣告为禁治产的人或儿童能否成为证人？法律没有硬性规定，故一般认为只要该等人士能正确表达并且理解宣誓的意义，即可做证。需要注意的是，虽然不会因此否定其成为证人的资格，但对该等人士的证言，法官可以根据具体情况自由判断是否予以采纳。所以，该种情况可能会影响证言的可

[①] Germano Marques da Silva, *Curso de Processo Penal II*, Editorial Verbo, 2002, p. 141.

[②] 《澳门刑事诉讼法典》第 125 条"询问之规则"："一、作证言系一亲身行为，在任何情况下均不得透过受权人为之。"

信性或证明力。

另外，《澳门刑事诉讼法典》第 120 条也规定了由于法律上的诉讼关系而不得以证人身份做证言的情况。其包括同一案件或相牵连案件中的嫌犯或共同嫌犯，而在此身份仍维持的期间内[①]；已成为辅助人；以及作为民事当事人[②]这三种情况。然而，除此之外，在证人资格上就再没有其他限制。可见澳门刑事诉讼中的证人范围相当广泛。

（三）证人权利和义务的规定

证人作为刑事诉讼的参与人，应当如实提供证言。为确保证人之诉讼权利与实体权利，使证人在刑事诉讼中免受不人道或不公平的待遇，《澳门刑事诉讼法典》规定了证人的权利，同时也规定了证人做证的义务。

1. 证人的权利

（1）证人有权申请成为嫌犯。根据《澳门刑事诉讼法典》第 48 条之规定，在向一非为嫌犯之人（很有可能是证人，也可能是被害人，或其他尚不具备诉讼身份之人）做出任何询问期间，如有理由怀疑该人曾犯罪，则进行询问之实体须立即中止询问，告知其成为嫌犯并告知嫌犯所享有的《澳门刑事诉讼法典》第 50 条规定的权利。

（2）某些证人享有基于身份、职务或公务的拒绝做证权，并且在基于身份关系而有权拒绝做证的情况下，有权限接收该证言的实体还必须提醒该人有权拒绝做证（详见本书第六章）。

（3）获律师陪同出席的权利。根据经第 1/2009 号法律修改的第 21/88/M 号法律《法律和法院的运用》第 4 - A 条"法律和法院的运用"的规定，证人有律师陪同的权利。当中规定：所有人均有权运用法律，向法院提起诉讼，在任何程序及有关程序的任何阶段中即使以证人……身份亦可得到律师的帮助，以及获得司法补救……另外，所有人均有权取得法律信息和法律咨询、在法院被代理及由律师在没有和无须展示事先授权书的情况下陪同面对任何公共当局，特别是司法当局和刑事调查当局，不论其相对

---

① "相关条文的原意……是为了保障嫌犯本身的利益，故才会禁止其以证人的身份作证，但并不妨碍嫌犯自行作声明……"参照〔葡〕Manuel Leal-Henriques《澳门刑事诉讼法教程》（上册）（第二版），卢映霞、梁凤明译，法律及司法培训中心，2011，第 140 页，注释 193。

② 该民事当事人仅能就针对嫌犯所提出的民事赔偿请求部分做证。

于有关当局的地位为何。

（4）获得经济补偿的权利。由于证人要出庭做证，以接受诉讼各方对其有关案件事实的询问。那么必然会耽误一定的时间、耗费一定的精力和财力，因此获得经济补偿的权利亦为证人一项重要的合法权利。在澳门，证人的经济补偿权主要规定在《澳门刑事诉讼法典》第 299 条，当中规定法官得对证人裁定给予一定金额的补偿，而该金额系按训令所核准的收费表计算，并作为补偿该等人已做之开支。

（5）受司法保护的权利。这是一项对证人来说非常重要的权利，尽管澳门法律体系中有做出零散的规定[①]，但有必要订立健全的证人保护制度。否则，证人便不能得到有效的人身和财产保护。那么相对而言，法律要求证人负有据实回答向其提出的问题等的强制性义务就失去合理性。

2. 证人的义务

有关证人义务方面，主要规定在《澳门刑事诉讼法典》第 119 条"证人之一般义务"第 1 款中。证人负有下列义务。

（1）在所定之时间及地方向已对其做出正当传召或通知之当局报到，并听候其安排，直至该当局解除其义务为止。援引《澳门刑法典》第 103 条，如证人无合理解释而不在指定日期、时间到场，法官则会向该未到场证人科处缴付 1.5UC 至 8UC[②] 的罚款。

（2）宣誓，如实向司法当局做证言。但未满 16 岁的人无须宣誓。

（3）遵守向其正当指出、与做证言之方式有关之指示。

（4）据实回答向其提出之问题。

另外，援引《澳门刑法典》第 324 条，证人向法院或其他有权机关做虚假陈述的，处 6 个月至 3 年徒刑，或 60 日以上罚金。无合理理由拒绝陈述的，处相同刑罚。如证人在宣誓后做虚假陈述，则会被科处 5 年以下徒刑或 600 日以下罚金。

二 鉴定人

鉴定人是以其专门知识、经验和技能对刑事案件中的专门性问题进行

---

① 例如，参考第 6/2008 号法律《打击贩卖人口犯罪》第 6 条第 4 款、第 7 条。

② UC 为一特定数额，其金额相等于公共行政工作人员薪俸表 100 点的金额的 1/10。

检验、鉴别并提出判断意见的人。虽然一般情况下，单凭经验法则或常理都可判断一证据能否支持一事实的发生。但是在诉讼过程中，往往会出现一些专门性的事实需要借助专业知识，甚至专门仪器和技术手段来予以判断，故此，便需指派或聘请鉴定人从事这方面的工作。所以，援引《澳门刑事诉讼法典》第139条第1款可知，如为理解或审查有关事实而需要特别的技术、科学或艺术知识，则需要指派或聘请鉴定人，以做出鉴定证据。而且如果有关鉴定显得特别复杂，或鉴定要求对多方面事宜有所认识，那么可以将该鉴定交由数名鉴定人以合议方式或结合不同学科的知识进行（第139条第3款）。鉴定完结后，鉴定人须制作报告；如有关鉴定是由超逾一名鉴定人进行的，而各鉴定人之间有不同意见，则各自呈交其报告；如属结合不同学科知识的鉴定，亦须各自呈交报告（《澳门刑事诉讼法典》第143条）。

原则上，鉴定人必须履行有权限实体所指定之职务，但为了保证鉴定人能不偏不倚地做出鉴定证据，援引《澳门刑事诉讼法典》第36条的规定可知，回避、拒却及自行回避制度经做出必需的配合后，同时适用于鉴定人。

另外，为了保障鉴定人能尽责地履行职务，法律规定如果鉴定人不在所定的期间内呈交报告，或以草率的方式完成其获委派的任务，司法当局得将之替换。在做出替换后，须通知被替换的鉴定人向有权限的司法当局报到并说明其不履行该任务的原因；如司法当局认为被替换之鉴定人明显违反其所负的义务，则法官须依职权或应声请判处其缴付1.5UC至4UC的款项。而且，对于替换鉴定人的裁判不得提起上诉（《澳门刑事诉讼法典》第140条）。

最后，根据《澳门刑事诉讼法典》第148条的规定，鉴定人可以得到一定的报酬：由命令在非官方场所内进行鉴定或命令非官方鉴定人进行鉴定的实体订定鉴定人的报酬，而订定报酬时须考虑所提供服务的种类、重要性及通常应支付的服务费，但不影响法律所规定的特别制度的适用。有关特别制度可以参阅第100/99/M号法令有关法医鉴定的第8条第4款的规定。

三 传译员

由于根据《澳门刑事诉讼法典》第82条的规定，如须参与诉讼程序的人不懂或不谙用以沟通的语言，则即使主持该行为的实体或任何诉讼参与人懂得该人所使用的语言，仍须免费为其指定适当之传译员。另外，诉讼行为不论以书面或口头做出，均须使用本地区其中一种官方语言，否则无效。故如果有需要将非以官方语言做成且未附有经认证的翻译本的文件翻译，则亦须指定传译员。因此，传译员是在诉讼程序中，进行语言、文字（包括聋哑手势和盲文等形式）翻译的人员。

另外，援引《澳门刑事诉讼法典》第 36 条的规定，可知回避、拒却及自行回避制度，经做出必需的配合后，同时适用于传译员。因此，为了保障诉讼程序的公正和真实性，如果传译员符合须回避、拒却及自行回避中所规定的情况时，理应做出相应的行为。

再次，对于传译员履行职务的规定，以及传译员的报酬，经《澳门刑事诉讼法典》第 82 条第 4 款的规定，相应适用有关鉴定人的相关规定（《澳门刑事诉讼法典》第 140、148 条）。

最后，援引《澳门刑事诉讼法典》第 81 条的规定，证人、鉴定人及传译员均须在诉讼程序中做出宣誓。除非其未满 16 岁，又或是身为公务员且在执行职务时参与诉讼行为的鉴定人及传译员。另外，宣誓或承诺一旦做出，即无须在同一诉讼程序中同一阶段内再做出。

第四章

刑事诉讼标的

第一节　刑事诉讼标的概述

一　刑事诉讼中的"诉"与"案件"

刑事诉讼是国家为确定特定被告人的特定犯罪事实，为确定具体的刑罚权而进行的程序。"诉"或"诉讼"的目的，是请求法院确定具体刑罚权之有无及其范围，以刑罚权为其内容，即以一被告之一犯罪事实为其内容①。

（一）实体法意义上的"案件"与程序法意义上的"诉"

根据我国台湾著名学者陈朴生教授的经典论述，"刑事诉讼上具有两种关系，一为国家与个人间之具体刑罚权之关系，即处罚者与被处罚者的关系，称之为诉讼之实体，或称诉讼客体，亦称案件；一为确定具体刑罚权而进行之诉讼的关系，即裁判者与被裁判者的关系，称之为诉"②。诉讼标

---

① 林俊益:《刑事诉讼法概论》，新学林出版股份有限公司，2012，第 122 页。
② 陈朴生:《刑事诉讼法实务》，海天印刷厂有限公司，1999，第 91 页。

的作为被追诉人"所为之事实",包含着实体法的内容,但又依靠诉讼程序予以实现。

例如,甲乙合谋以共同正犯形式盗取了某商场的一部手提电话。那么,甲盗窃了某商场的手提电话就成为一个实体法的案件,乙盗窃了某商场的手提电话也成为一个实体法的案件;相应地,此情况下存在两个"诉",即"针对甲的盗窃行为之诉"以及"针对乙的盗窃行为之诉",也存在两个独立的"诉讼标的",分别为"甲被起诉的盗窃手提电话的事实"及"乙被起诉的盗窃手提电话的事实"。

又如,甲实施了入室盗窃的行为,但临时起意,强奸了正在熟睡的被害人乙。此时,同样存在着两个实体法的案件,即"甲盗窃了被害人乙的财物"及"甲强奸了被害人乙",在程序法上,同样成立两个"诉"及两个"诉讼标的"。

(二) 实质的"案件"与形式的"案件"

在司法实践中,对嫌犯的追诉往往表现为"案件",并且每个案件具有一个独立的案件编号。然而此"案件"并非理论上探讨之与"诉"相对应之案件,而是包括了案件的牵连管辖情形,是形式上的案件。

在理论上,一被告之一犯罪事实,称为一案;其他情形,无论数被告或数犯罪事实,皆为数案件[①]。而在实践中,检察官往往会选择将相牵连之案件合并提出控诉,将多个案件写在同一份控诉书中,共享一个案件编号,但因为有两个被告(前述"甲乙合谋以共同正犯形式盗取了某商场的一部手提电话"的案例)或者两个犯罪事实(前述"甲实施了入室盗窃的行为,但临时起意,强奸了正在熟睡的被害人乙"的案例)而成为两个理论上的"案件",也就是两个不同的"诉"及"诉讼标的"。换言之,与"诉"相对应存在的理论上的"案件",是实质的案件,而司法实践中以不同案件编号存在的案件,是形式的案件。一个形式上的案件,可能包含数个实质的案件,是数个案件的集合体。正如陈朴生教授所指出的:

> 同一案件,为一诉之标的者固为一诉;为数诉之标的者则为数诉。

---

① 林钰雄:《刑事诉讼法》,元照出版有限公司,2010,第262页。

相牵连之案件，如一人犯数罪之主观的牵连；或数人共犯一罪或数罪，数人同时在同一处所各别犯罪，或犯有与本罪有关系之藏匿人犯、湮灭证据、伪证、赃物各罪之客观的牵连，非犯罪事实为个数，即犯人为个数，其刑罚权各别，在法律上原非不可分割为数诉讼客体，故为数案件，亦即数诉。合并管辖、合并审判和合并起诉，追加起诉，乃诉之合并，并非案件之合并①。

那么，上述区分的意义何在？举例说明之：在某大学的图书馆内，王某夺走甲正在使用的笔记本电脑，砸向与其发生争执的乙，致乙轻伤。王某被检察院以"抢夺他人财物"及"伤害身体完整性"的罪名提出控诉，法院受理后，认为由于被害人乙的伤势尚需较长时间鉴定，不能在48小时内，甚至也不能在30日内审结，因此建议分案处理，即先以"简易程序"审理王某抢夺他人财物的行为，再以"普通程序"审理王某伤害身体完整性的行为。此案能否分案处理的关键，就在于区分在实体法上到底是一个案件还是两个案件，在程序法上是否可以成立两个独立的诉，即两个不同的诉讼标的？如果是两个独立的诉，自然可以分案处理；如果两个行为构成"同一历史性经过"，是一个不可分的诉，则不能分案处理。对于诉讼标的的认定，历来都是大陆法系各国和地区理论和司法实务中的争议焦点，本章第二节将详细阐述。

二 刑事诉讼标的之概念及其辨析

诉讼标的，又称诉讼客体、诉讼对象，是大陆法系刑事诉讼理论中的经典概念。德国法学家罗科信教授指出，一般意义上，刑事诉讼标的是指在处理一问题时，究竟被告是否曾经应负罪责地犯一可罚性行为，以及对其应处以何种法律效果。而狭义的诉讼标的是指被起诉之人的"被诉之行为"，即仅指法院诉讼程序之标的②。在法国，诉讼标的是诉讼请求事由，"在刑事案件中，始终都是请求对受到追诉的人适用刑罚"③。因此，诉讼

---

① 陈朴生：《刑事诉讼法实务》，海天印刷厂有限公司，1981，第84~85页。

② 〔德〕克劳思·罗科信：《德国刑事诉讼法》，吴丽琪译，三民书局，1998，第204页。

③ 〔法〕卡斯东·斯特法尼等：《法国刑事诉讼法精义》，罗结珍译，中国政法大学出版社，1999，第880页。

标的就是指诉讼中所处理或审判的"诉讼事由",或称"被诉之行为"。

这里需要指出的是,"控诉""起诉""自诉"虽然在澳门刑事诉讼法中具有不同的含义,本章为叙述方便,如无特殊强调,采用广义的起诉概念,从适用案件范围上包括公罪、半公罪及私罪之提出控诉或自诉,从适用主体上包括检察院提出之控诉、自诉人提出之自诉及预审法官所做之起诉批示。

(一) 刑事诉讼标的之概念

在澳门刑事诉讼法中,诉讼标的(objecto do processo)是与诉讼主体①(sujeitos do processo)相对存在的概念,从这一意义来讲,诉讼标的也可以被称为"诉讼对象"或者"诉讼客体"。贝莱扎教授指出,从刑事诉讼法律的角度看(审视或评价),诉讼客体应被视作具有自身特征的假设事实;Cavaleiro de Ferreira 教授称之为"具刑事重要性的人类行为"②。在徐京辉、程立福先生所著之《澳门刑事诉讼法》中,将诉讼主体和诉讼标的同时作为诉讼的前提③。也就是说,除了法院、检察院的合法性以外,嫌犯的特定性也是诉讼得以存在和展开的条件。刑事诉讼法律关系以一定的事实为标的,这个事实便是指控嫌犯做出的犯罪事实,法院进行审判的前提是有关诉讼标的合法④。综上,刑事诉讼标的即是诉讼中所审判的犯罪事实。

《澳门刑事诉讼法典》中多处提及了诉讼标的的概念。例如,在审判程序中,第 319 条"初端阐述"指出,以上各条所指之初端行为做出后,主持审判之法官命令应做证之人离开听证室,亦得命令其他应被听取陈述之人离开,同时须简单阐述诉讼标的。关于诉讼行为的第 87 条"作出决定之行为"也指出,如果法官所做之行为系对诉讼程序之标的做出最后认定者,

---

① 根据葡萄牙学者 Manuel Leal-Henriques 教授的论述,诉讼主体是指那些以自主方式使程序进行、促进及主导诉讼程序的人,也就是说,只有他们才能影响诉讼的步骤,并对诉讼程序起着主导及决定性作用。在刑事诉讼中,法院是诉讼主体中的审判权主体,而检察院、嫌犯、辩护人及辅助人则是诉讼主体中的行为主体。参见〔葡〕Manuel Leal-Henriques《澳门刑事诉讼法教程》(上册)(第二版),卢映霞、梁凤明译,法律及司法培训中心,2011,第 46 页。

② 贝莱扎:《〈澳门刑事诉讼法典〉中诉讼客体之变更》,《澳门法律学刊》1997 年第 1 期。

③ 诉讼前提是葡萄牙通行的说法,一般将之分为诉讼主体与诉讼客体。其中,诉讼客体即指诉讼标的。参见徐京辉、程立福《澳门刑事诉讼法》,澳门基金会,1999,第 14 页。

④ 徐京辉、程立福:《澳门刑事诉讼法》,澳门基金会,1999,第 15 ~ 16 页。

则以判决为之。

（二）刑事诉讼标的与犯罪行为

诉讼标的与犯罪行为并非同一概念。大多数情况下，诉讼标的即是诉讼中被追诉人所实施的犯罪行为，尤其在单纯一罪之情况下更是如此。然而，这两个概念所侧重的内容及某些情况下的外延并不相同。

诉讼标的是诉讼中的概念，强调的是在诉讼中某些诉讼主体（多数情况下为检察院）提出的要求法院审判的嫌犯涉嫌犯罪的行为。而犯罪行为则是实体法的概念，其强调的是嫌犯所涉嫌做出的犯罪行为，其核心是根据实体法评价为犯罪的行为。在某一具体刑事诉讼中，犯罪行为与诉讼标的的外延可能存在着不一致的情况，尤其是在诉讼中的事实存在变更的情况下，更加需要借助诉讼标的的理论来明确，在诉讼中哪些犯罪行为的追加或者减少是被允许的，哪些则不被允许。例如，检察院控诉嫌犯以触摸被害人胸部的方式实施性胁迫罪，但在诉讼中发现嫌犯触摸被害人胸部的目的是意图强奸，但因为被害人大声反抗才仓皇逃走。这一诉讼中出现的新事实能否在诉讼中一并审理，取决于该事实与原诉事实是否属于同一诉讼标的。

三 刑事诉讼标的之功能

刑事诉讼的前提包括诉讼主体及诉讼客体（诉讼标的）。诉讼主体的功能在于界定各诉讼参与机关或个人在诉讼中的地位及其权利义务，而诉讼标的的功能则在于确定案件审理的对象之范围。根据德国学者罗科信教授的论述，诉讼标的有三项任务：表明了法律程序的标的，概述了法院调查时及判决时之界限，以及规定了法律效力之范围[1]。台湾学者林钰雄教授指出，刑事诉讼法上之所以必须探讨诉讼标的，法理基础在于"不告不理之控诉原则"与"禁止再诉之一事不再理原则"[2]。

---

[1] 诉讼标的理论在德国尤为盛行。本书对诉讼标的理论的介绍主要参考〔德〕克劳思·罗科信《德国刑事诉讼法》，吴丽琪译，三民书局，1998，第 204～210 页；〔德〕托马斯·魏根特：《德国刑事诉讼程序》，岳礼玲、温小洁译，中国政法大学出版社，2004，第 129～131 页。

[2] 林钰雄：《刑事诉讼法》，元照出版有限公司，2010，第 280 页。

（一）诉讼标的界定了法院调查和裁判的事实范围：控诉原则

根据控诉原则，刑事案件的侦查及提出控诉的机关不同于审理裁判的机关，审检分立，彼此独立。不告不理原则的核心含义就是"无起诉即无审判"。在弹劾主义的诉讼构造下，法院作为消极被动行使审判权的主体，其程序启动必须依靠作为控诉方的检察机关或自诉人提起，而且审判权行使的范围或称诉讼标的，也仅仅局限于被诉之被告及犯罪事实。刑事诉讼中有权限实体提出的控诉书或者做出的起诉批示，在启动刑事审判的同时，也划定了刑事审判的范围。这一观点已经成为大陆法系的通说，并且在许多国家的立法中已明确规定。例如，《德国刑事诉讼法典》第 155 条第 1 款规定，"法院的调查与裁判，仅限于起诉所称犯罪行为和所指控人员"。

这一原则在澳门刑事诉讼中通常被称为"审检分立原则"。澳门中级法院院长赖健雄先生指出，自欧洲大陆各国的自由革命后，对澳门法制有深远影响的欧洲大陆学者逐渐在刑事诉讼审判中关注这一公平审判的问题，经多年和反复的演变，直至今天基本都沿用审检分立制度。自然地，作为沿用典型大陆法系模式的澳门，亦不例外地在刑事诉讼中落实了审检分立原则[①]。审检分立原则不仅体现于其程序启动的意义，即检察院提出的控诉书为法院审判的前提；而且还体现在程序运作中的意义，即诉审同一原则。检察院的控诉书具有划定诉讼目标的功能，即在刑事审判过程中，检察院的控诉书约束及限定了法院的审判活动和司法决定。原则上，法院必须按照且仅可按检察院控诉书所描述的事实范围行使审判权。

根据澳门检察院助理检察长马翊先生的解释，审检分立原则可以分为组织架构或结构意义上的审检分立原则及职能意义上的审检分立原则。在诉讼标的语境下所探讨之审检分立原则，应当是职能意义上之审检分立原则[②]。葡萄牙学者 Manuel Leal-Henriques 教授亦在理论上指出，控诉书（或倘有的起诉批示）订定及限定了诉讼的标的，即在审判听证

[①] 赖健雄：《澳门刑事诉讼中的审检分立原则及法官的主动调查权》，载汤德宗、王鹏翔主编《2006 两岸四地法律发展》（下册），台湾中研院法律学研究所筹备处，第 382 页。

[②] 参见马翊助理检察长 2014 年 4 月 1 日于澳门大学法学院所作之题为《澳门刑事诉讼中的审检分立原则——兼谈检察院在刑事诉讼中的职能及权限》的演讲。

过程法院所审查的事实事宜。因此，澳门的理论和司法实务普遍认可审检分立原则①下，诉讼标的或称控诉书所订定的事实具有对审判范围的限定作用。

诉讼标的这一功能在澳门刑事诉讼法中有诸多体现。例如，辅助人提出的辅助之诉不得有事实的实质变更，不得超出原诉讼标的的范围（《澳门刑事诉讼法典》第266条第1款）；预审法官在预审程序中可以调查的事实范围（《澳门刑事诉讼法典》第285条）；法官在审判阶段可以增加的事实的范围及其相关程序（《澳门刑事诉讼法典》第339、340条）；超出控诉事实而做出的裁判属于无效情形（《澳门刑事诉讼法典》第360条）等。

（二）诉讼标的划定了确定裁判的效力范围：一事不再理原则

一事不再理原则的核心含义是，不得对同一案件进行重复追诉和审判。就特定被告的特定犯罪事实，只应受到国家"一次性"的追诉、处罚，国家不得重复追诉、处罚相同被告的相同犯罪事实②。而何为同一案件，则需要借助诉讼标的的理论予以认定。诉讼标的界定了审判中的犯罪事实的范围，判决确定后才被发现的犯罪事实能否被再次提起诉讼，也取决于该事实是否属于之前嫌犯已经被起诉的诉讼中的诉讼标的。例如，某警察被控持枪杀人，在法院做出确定性判决后，该警察被发现其用于杀人的手枪系非法持有，则该非法持有枪支的行为是否能被起诉，就取决于这一行为能否被之前诉讼中的持枪杀人行为所涵盖，也就是一事不再理原则下既判力的效力范围问题。

从程序方面看，一事不再理原则要求同一案件不得再次起诉，包括判决确定前禁止再诉之"重复起诉之禁止"，以及实体判决确定后禁止再诉之"实体确定力"。从实体方面看，一事不再理原则禁止对同一案件的双重处罚，即特定被告的特定犯罪事实，最多只受一次处罚，因此也被称为"一罪不两罚"。例如，检察官就甲杀乙一案提起公诉，案件系属于法院，若于

① 审检分立原则在葡萄牙和澳门的诉讼理论中被赋予了丰富的含义，根据台湾学者黄朝义的观察，澳门刑事诉讼法中的"审检分立"类似于台湾法学界所提"弹劾主义"或"告发主义"的概念。参见黄朝义《评〈澳门刑事诉讼程序中的审检分立原则及法官的主动调查权〉一文》，载汤德宗、王鹏翔主编《2006两岸四地法律发展》（下册），台湾中研院法律学研究所筹备处，第392页。

② 林钰雄：《刑事诉讼法》，元照出版有限公司，2010，第282页。

判决确定前再就此案件提起诉讼，则属违反重复起诉之禁止；如果在有罪判决确定后再就同一案件提起诉讼，则违反确定判决之既判力。如果法院再度就同一案件做出裁判，则属于"一罪两罚"[①]。

贝莱扎教授指出，在葡萄牙和澳门的刑事诉讼法中，都没有关于刑事既判力的规定[②]。从宪法性渊源来看，《澳门基本法》并未规定一事不再理原则，澳门签署并加入的《公民权利及政治权利国际公约》第14条第7款规定："任何人已依一国的法律及刑事程序被最后定罪或宣告无罪者，不得就同一罪名再予审判或者惩罚。"但是根据《澳门基本法》第40条的规定，"《公民权利和政治权利国际公约》、《经济、社会与文化权利的国际公约》和国际劳工条约适用于澳门的有关规定继续有效，通过澳门特别行政区的法律予以实施"。因此，有关一事不再理原则的规定需要通过制定法律予以实施，不能直接适用。从葡萄牙的法律制度观察，《葡萄牙共和国宪法》第29条"刑法之适用"第5款规定，任何人均不得因犯同一罪行而受超逾一次之审判。葡萄牙的刑事诉讼法并没有明确提及一事不再理原则，而是通过对非常上诉条件的严格限制，间接地体现了一事不再理原则。因此，《澳门刑事诉讼法典》中关于再审程序的规定，可以理解为一事不再理原则的体现。

四　刑事诉讼标的与"事实变更"

《澳门刑事诉讼法典》中虽然数次提及"诉讼标的"，但是与其他大陆法系国家的做法相似，并没有在法律中明确规定诉讼标的的认定标准。《澳门刑事诉讼法典》第1条f项规定，事实之实质变更是引致将一不同之犯罪归责于嫌犯或引致可科处之制裁之最高限度加重之事实变更。在刑事诉讼的过程中，事实变更的判断成为刑事诉讼程序中不可回避的重要问题，包括提起辅助之诉（《澳门刑事诉讼法典》第266、267条）；预审过程中的事实变更（第285条第3款）；审判过程中的事实变更（第339条、第340条及第360条b项）。除事实之变化外，在刑事诉讼中还存在着单纯的法律定性变更，虽然《澳门刑事诉讼法典》中没有对此做明确规定，在实务中却

---

①　林钰雄：《刑事诉讼法》，元照出版有限公司，2010，第282页。
②　贝莱扎：《〈澳门刑事诉讼法典〉中诉讼客体之变更》，《澳门法律学刊》1997年第1期。

频繁出现①。

在澳门的刑事诉讼法中，在诉讼过程中出现认定事实及/或适用法律的变化时，应当如何认定其变化的性质，并适用相应的法律，一直是理论和实务界的难点。请注意，为与"事实变更"这一法律术语相区别，在此使用的是"变化"一词来表达包括"新事实""事实变更""法律定性变更"等诸多含义。为此，有必要以诉讼标的理论为基础，逐一分析诉讼中可能出现的各种变化之具体情形。

首先，应当区分"新事实"与"事实变更"，而诉讼标的则是区分二者的内在界限。刑事诉讼中的"新事实"是在诉讼过程中发现的与原来事实存在某些关联的事实，例如系同一嫌犯所为，但又与原来事实完全不同的事实。简单来说，如果新出现的事实与原诉事实属于同一诉讼标的，则属事实之变更；如果新出现的事实与原诉标的完全不同，构成了一个新的诉讼标的，则属"新事实"。例如，如果嫌犯 A 被控诉过失杀人，而在审理过程中发现了该嫌犯两年前的另一起强奸行为，则该新发现的事实就是一个"新事实"。如果嫌犯 A 被控诉过失杀人，而在审理过程中发现 A 实际上是故意杀人，则新发现的关于其主观罪过的事实就构成了原被诉事实的"变更"，而非"新事实"。本书在此所举之范例是最为简单明了之情况，而在实践中，由于刑法关于罪数规定的复杂性，如吸收犯、连续犯、犯罪竞合等多种情况的出现，再加之事实之多种多样，关于"新事实"与"事实变更"的判断并不容易。为此，关于二者内在界限的认定，也即何为同一诉讼标的，何为不同诉讼标的，在各大陆法系国家都经历了激烈的辩论和争执的过程。目前大陆法系的通说，包括葡萄牙学说，均采"历史过程同一说"，如果前述事实与新增加的事实属于一个完整的历史性经过，即构成一个故事，则属于同一诉讼标的。

其次，应当区分事实的"实质变更"与"非实质变更"，而二者的区分界限则为"法益一致性说"及"刑罚限度变更说"②。无论事实的"实质变更"，还是"非实质变更"，其本质都是同一诉讼标的内的变更，这也是"事实变更"区别于"新事实"的关键所在。而事实的"实质变更"，也即从 A 事实变为 B 事实，虽然其基础性的诉讼标的是同一的，

①　例如，澳门中级法院第 3/2003－Ⅱ号裁判书、第 25/2009 号裁判书等。
②　贝莱扎：《〈澳门刑事诉讼法典〉中诉讼客体之变更》，《澳门法律学刊》1997 年第 1 期。

属于同一历史过程，但实际上已经从法律评价的"一种罪"变成了与之有关联的"另一种罪"，或者"加重应适用刑罚的上限"。因此，这种判断必须求助于刑法的规范，即定罪规范所保护法益的一致性或者刑罚上限的变更。如果在同一历史过程中的事实变更已经使得所保护的法益根本不同，或者使得刑罚限度发生变更，则该事实变更属于实质变更，例如过失杀人转化为故意杀人。否则，则构成事实的非实质变更，例如，嫌犯到底是对被害人的头部打击致其死亡，还是对被害人的胸部打击致其死亡。

最后，应当区分基于事实变化的"事实变更"与单纯的"法律定性变更"。二者都没有产生新的诉讼标的，都是在同一诉讼标的下的诉讼情况变化。虽然事实的变更，尤其是事实的实质变更往往带来法律定性的变化，但是该变化是以事实的变化为基础的；而单纯的法律定性变更则排除了事实的变化，只是法院对起诉事实的认定与检察院或其他控诉主体的认定不同。根据葡萄牙最高法院第 2/93 号具有强判性司法见解效力的合议庭裁判，"相关法律定性之简单变更（或变更控罪）不构成控诉书或起诉批示所描述之事实的实质变更，即使是法律定性之变更使此类事实纳入一个更严重的刑事罪名亦然"[1]。因此，虽然事实变更与单纯的法律定性变更都可能导致一个更为严重的刑事罪名，但二者都是同一诉讼标的下的变更，只不过一个是以事实为基础的变更，一个是单纯地基于同一事实的法律定性的变更。例如，某人侵入一荒废已久的私人住宅，检察院提出控诉的罪名为"侵犯住所罪"，而法院将该行为定性为"侵入禁止自由进入之地方罪"，即属单纯的法律定性变更。

可见，诉讼标的理论划定了新事实与事实变更的界限；而在同一诉讼标的内，诉讼情况的变化又可以分为事实变更和单纯的法律定性变更。即便同属事实变更，也要根据"法益一致性说"及"刑罚限度变更说"划定事实的实质变更与非实质变更的界限。为解决刑事诉讼情况出现各种变化时的法律适用问题，应当溯源至大陆法系关于诉讼标的的理论，以之作为分析判断之工具，具体分析诉讼中出现的新情况之性质，到底属于新事实，还是事实变更，还是仅为法律定性的变更。本书在此仅简单描述诉讼标的

---

[1] 葡萄牙 1993 年 3 月 10 日《共和国公报》第 58 期，转引自贝莱扎《〈澳门刑事诉讼法典〉中诉讼客体之变更》，《澳门法律学刊》1997 年第 1 期。

与诉讼过程中情况变化的关系，以及各种不同变化之认定标准，详细内容
请参考本章以下几节的论述。

第二节　刑事诉讼标的之同一性认定

刑事诉讼标的的认定，也即起诉事实所涵盖的范围，一直是刑事诉讼
中的重点和难点问题之一。德国罗科信教授指出，因为《德国刑事诉讼法
典》第 151 条规定的"公诉原则"及《德国基本法》第 103 条第 3 项规定
的"一事不两罚"原则，有关"诉讼标的是否同一个"的问题就变得很重
要①。德国法学家魏根特教授也指出，《德国刑事诉讼法典》第 155 条中所
说的"行为"（即诉讼标的）的确切含义，是在德国刑事诉讼程序中最有争
议的问题之一②。在中国台湾，关于诉讼标的的争论也一直存在，以陈朴生
教授为代表的传统学说认为，实体法上的一罪，在诉讼法上即为一诉讼标
的；而以林钰雄教授为代表的另一派则认为，诉讼标的并不必然与实体法
上的罪数相对应，而需要考虑是否存在一个"相同的历史进展过程"③。在
日本，关于公诉事实的同一性，在学说和判例上都提出了诸多观点，包括
基本事实同一说、罪质同一说、构成要件共通说、诉因共通说、社会嫌疑
同一说、刑罚指向同一说、综合评价说等④。在葡萄牙，与诉讼标的有关的
改革，尤其是《葡萄牙刑事诉讼法典》2007 年关于审判程序中与事实实质
变更有关的诉讼程序的修改，也引发了诸多的批评和讨论⑤。在英美法系国
家，由于在起诉制度上实行严格的罪状（count）制度，严格禁止罪状的变
更，奉行禁止双重危险原则，与大陆法系的制度差距甚大，本书在此不做

---

① 〔德〕克劳思·罗科信：《德国刑事诉讼法》，吴丽琪译，三民书局，1998，第 179 页。

② 〔德〕托马斯·魏根特：《德国刑事诉讼程序》，岳礼玲、温小洁译，中国政法大学出版社，2004，第 29 页。

③ 林钰雄：《刑事诉讼法》，元照出版有限公司，2010，第 286 页。

④ 〔日〕松尾浩也：《日本刑事诉讼法》，丁相顺译，中国人民大学出版社，2005，第 285 页。

⑤ 《葡萄牙刑事诉讼法典》第 359 条"控诉书或起诉书中所描述事实之实质变更"第 1、2 款规定，在正进行之诉讼程序之判上，法院不得考虑控诉书或起诉书中所描述事实之实质变更，且该变更并不意味着诉讼程序的消灭。如新事实独立于诉讼的目标，将事实之实质变更告知于检察院时，该告知之效力等同于提出检举，以便检察院就新事实进行追诉。关于此问题，将在第四章第三节做详细阐述。

详细讨论①。

总体来说，关于诉讼标的的认定，有两种主要观点：一是诉讼标的的认定与实体法的罪数相对应，实体法上的一罪，对应于诉讼法上的一个诉讼标的；二是诉讼标的应当独立于实体法的罪数认定，其认定标准为"相同的历史发展过程"。

一　德国的自然性事实同一说

在德国，关于诉讼标的的认定曾经存在着法律性事实同一说和自然性事实同一说两种观点。法律性事实同一说认为，审判中认定的罪名或者审判事实的构成要件与起诉事实具有同质性或相似性，才能维持同一性，并认为犯罪是对刑法规范的违反，那么犯罪是否成立，应根据各个刑法规范确定，如果对事实适用了不同的刑法规范，就不足以维持其同一性。自然性事实同一说认为，只要审判中的事实与起诉事实属于同一个自然的或社会的事实，那么无论最后的审判定为何罪，都不算超出了起诉的效力范围。"法院之审判，固应以起诉之犯罪事实为范围，但于不妨害事实同一之范围，仍得自由认定事实，适用法律。所谓事实同一，非谓全部事实均须一致，只须基本事实相同，其余部分纵或稍有出入，亦不失为事实同一。"②

随着立法和司法实践的推移，自然性事实同一说受到更多的认同，

①　在英美法系国家，起诉事实由罪状制度确定。法院审理的范围受起诉方要求的罪状的限制，罪状没有涉及的犯罪事实，法院就不可能进行审判。为保障被告人合法权益，同时也为了有效追究犯罪，英美法系国家规定了起诉中的强制合并原则。强制合并原则是指为了避免分割追诉，有义务对数个诉因一并追诉。由于双重危险的范围过于狭窄，该原则是弥补这种不足的原则之一。美国通常要求在同一时间和地点所犯的，或在其他方面彼此牵连的罪行被合并在一起，如此就可能在一次审判中完成对被告人所有罪行的指控。以联邦系统为例，如果犯罪是"基于同一行为或交易，或者是基于两个或两个以上彼此相关的或构成一个共同的意图或计划的组成部分的行为或交易"的话，犯罪应当被合并。而且，在联邦体系中，《联邦刑事诉讼规则》第8条a项规定，如果某些犯罪"具有相同或相似的特征"也允许将其合在对被告人提起的一个审判程序中加以处理。根据这一规定，同一犯罪的几个行为，比如抢劫银行，虽然被告人在不同的时间和地点，而且也并非作为一个意图的一部分，但也允许将其合在一起。但是仅仅是犯罪产生不同罪名的事实并不能决定合并起诉的问题，即使这些犯罪也可能具有"相似特征"。具体讨论详见李哲《刑事裁判的既判力研究》，北京大学出版社，2008。

②　刁荣华：《刑事诉讼法释疑》，汉苑出版社，1976，第123页。

逐步确立了统治性的地位。按照德国罗科信教授的论述，德国的判例和通说已经采纳自然性事实同一说的观点，认为诉讼上的行为概念与实体法并没有很大的关系。诉讼上的行为概念就是指被告的全部行为，倘若按照生活经验，透过起诉而摆在法院面前的事件，这些行为可构成一个单位。所谓一个单位的历史事实，应当从彼此有关的行为的先后顺序出发，在具社会意义的"一个事件"的范围内考虑。在以证据证明实现的调查中，在同样的意义下，这个行为的先后顺序，是可以用普通讲话的方式来建构的。被告可以在审判中据此进行调整，而且他可以要求法院，透过起诉书所记载的实体可罚行为构成要件，来指出有生活历程的一致性。就这一点，被起诉行为的单一性，并不能在统计上做出确定，而是在某个范围内是可以改变的。如果只是去看起诉事件的实质，法院不但可以在法律上做不同的评价（《德国刑事诉讼法典》第 155 条第 2 款及第 264 条第 2 款），而且也可以在事后做出实际上不同于起诉的认定，一并放到程序目标的范围（《德国刑事诉讼法典》第 265 条第 2 款）内并开启审判。所以起诉有没有谈到特定的事实就不是很重要，而重要的是，起诉所指涉的事件，可不可以形成一个单一（独立）的事件①。德国科隆大学的著名刑法学教授托马斯·魏根特也持基本相同的立场，他指出，根据德国法院的判例，诉讼法上的"行为"是指历史上所发生的事件，因此比实体法上的犯罪行为的定位更广泛②。相似的还有 Werner Beulke 教授在其《刑事诉讼法教科书》中所表明的立场：只要按照日常观点认为被指控人的全部行为与追诉机关所称的已发生的情况共同构成一个事情经过，那该行为即为程序意义上的犯罪行为。也可以说，如果被指控人的行为在不同的程序中处理，那就会被认为将一个日常的事情人为地分开了。程序意义上的犯罪行为不同于实体意义上的犯罪行为。实体意义上的犯罪行为，是在行为同时符合多个犯罪构成的情况下，依照《德国刑法典》第 52 条和第 53 条为了区分行为单数或复数而进行的划分；而程序意义上的犯罪行为应该是个包含更广的概念，例如，想象竞合犯和实际竞合犯、行为过程的转化、持续行为等，这些

---

① Claus Roxin, Bernd Schunemann, *Strafverfahrensrecht*, C. H. Beck, 2012。本部分论述来自台湾高雄大学吴俊毅副教授的翻译，在此表示感谢。

② 〔德〕托马斯·魏根特：《德国刑事诉讼程序》，岳礼玲、温小洁译，中国政法大学出版社，2004，第 130 页。

均被认为是一个程序意义上的犯罪行为①。

二 日本的诉因制度与起诉事实

第二次世界大战以后，传统上属职权主义的日本刑事诉讼受到了美国法的影响，大量吸收了当事人主义的因素，形成了独具特色的刑事诉讼制度②。

在传统的以职权主义为特征的日本刑事诉讼法中，审判的对象是公诉事实，也称为"公诉事实对象说"。根据职权主义的理论，法院审判的对象是公诉书背后的犯罪事实，法院审判哪些事实并不受检察官起诉书记载的制约③。这一理论在第二次世界大战后的日本新刑事诉讼法框架下是行不通的。根据新的日本刑事诉讼法，起诉不再奉行职权主义，检察官并不要求对所有的犯罪事实提起公诉，而是具有起诉的裁量权；检察院的起诉奉行诉因制度，检察院需要在起诉书中明确记载特定的诉因，来明确作为法院审判对象的犯罪事实，同时也明确了被告人的防御对象；并废止了庭前移送案卷的大陆法系传统做法，而采用起诉状一本主义。因此，在目前兼采职权主义与当事人主义的起诉制度下，传统的"公诉事实对象说"在学术通说和判例中被"诉因对象说"所取代。

所谓"诉因对象说"，是指在当事人主义的诉讼结构下，法院只对检察官提出的起诉书所记载的诉因有审判的权利和义务，法院的审判范围受到诉因的制约。如果超出诉因范围认定事实，就是超出了审判对象的范围，是重大的违法行为。因此，日本虽然并没有采纳英美法系的严格禁止变更审判对象的制度，但是对于变更诉因进行了严格限制，只有在特别有限的几种情况下才可以变更诉因④（关于日本允许变更诉因的具体情形，将在本章第三节详细介绍）。

日本的刑事诉讼号称"精密司法"，在诉讼标的的认定这一基本理论问

① 〔德〕Werner Beulke：《刑事诉讼法教科书》（第10版），C. F. 米勒出版社，第512页边码以下，转引自宗玉琨译注《德国刑事诉讼法典》，知识产权出版社，2013，第208页。

② 宋英辉等：《外国刑事诉讼法》，北京大学出版社，2011，第431页。

③ 〔日〕铃木茂嗣：《刑事诉讼法》（改订版），青林书院，1990，第112页，转引自〔日〕田口守一《刑事诉讼法》，张凌、于秀峰译，中国政法大学出版社，2010，第246页。

④ 〔日〕田口守一：《刑事诉讼法》，张凌、于秀峰译，中国政法大学出版社，2010，第245页。

题上也出现了名目众多，甚至令人眼花缭乱的派别、学说，例如基本事实同一说（判例）、罪质同一说（小野博士）、构成要件共通说（团藤博士）、诉因共通说（平野博士）、社会嫌疑同一说（平场博士）、刑罚指向同一说（田宫博士）、综合评价说（松尾浩也）等。上述各种学说各有其特点，但总体来说可以分为两大类：一类是从实体法的罪数理论出发，认为基于"一诉因一罪"原则，诉因是否变更取决于实体法关于罪名认定的变化，如罪质同一说、构成要件共通说等；另一类则是结合诉因在犯罪事实界定方面的独特作用，认为在诉因制度下，应当结合公诉事实来认定诉因的变化，如诉因共通说、综合评价说等。

三　中国台湾地区诉讼标的认定之争论

中国台湾法学家就诉讼标的的问题也有非常激烈的争论。中国台湾地区继受了日本刑事诉讼理论中的起诉事实同一性与单一性理论，发展出台湾刑事诉讼中起诉事实同一性与单一性的学说，代表学者有陈朴生教授、黄东熊教授等。这一理论对中国内地的学者也产生了深远的影响，在刑事诉讼的教科书①中，甚至关于刑事诉讼客体研究的专著②中，也都引用了同一性与单一性的诉讼标的理论。然而在 20 世纪末，中国台湾的林钰雄教授指出，"素以概念分析之精密著称之德国法学，并未区分起诉事实之同一性与单一性"③。以林钰雄教授为代表的一些法学教授主张取消传统的事实单一性与同一性理论，认为事实的同一性与单一性并无太大的差别。

在诉讼标的的认定上，陈朴生等教授主张事实与实体法罪名的同一性，一个实体法的罪名，即是程序法上的一诉，也即一个诉讼标的。根据"2007 台上 2928 判决"之要旨，"按刑事审判之范围应与诉之范围互相一致，检察官就被告之全部犯罪事实，以实质上或裁判上一罪起诉者，因其刑罚权单一，在审判上为一不可分割之单一诉讼客体，法院应就全部事实予以合一审判，以一判决终结之"。然而，如果检察官以数罪并罚起诉，则"本属数个犯罪事实，即数个案件，在实体法上是数罪，在诉讼法上属数个

---

① 宋英辉等：《外国刑事诉讼法》，北京大学出版社，2011，第 431 页。
② 张晓玲：《刑事诉讼客体论》，中国人民公安大学出版社，2010。
③ 林钰雄：《刑法与刑诉之交错适用》，中国人民大学出版社，2009，第 105 页。

诉讼客体，纵法院合并审理，亦不能谓系单一案件"①。

而林钰雄教授则主张，以实体法的罪数来判断程序法上的诉讼标的，具有其本身无法克服的弱点，应以德国法提出的"统一历史进程"的标准来取代之。根据林钰雄教授的观点，诉讼法上的犯罪事实是指一个具体的事件，即一个相同的历史进展过程。这个历史进展过程须与其他相类的或相同的历史进展过程相区别，并且被告在这个历史进展过程中已经或应该实现了某个构成要件②。从实质上看，林钰雄教授的观点比较类似于德国的自然性事实同一说以及日本诉因制度下的松尾浩也教授提出的综合评价说。

四 "实体法罪数说"与"历史过程同一说"之辨析

从上述德国、日本、中国台湾的学说之争可以看出，虽然在诉讼标的的认定上发展出若干学说，但其基本争议的焦点在于，诉讼标的的认定到底是以法律规定的罪数为标准，还是以案件事实犯罪的历史过程为标准。"实体法罪数说"看到了刑事诉讼的本质在于实现刑罚权，因此对于一个法律上的罪名，就应当作为一个诉讼标的。而"历史过程同一说"则看到了诉讼作为回溯性解决已经发生的案件的过程，与理论上、抽象的刑事实体法关于罪名的规定有所不同，刑事诉讼所解决的是特定时间、地点、行为客体以及侵害目的的一个生活历程，各行为之间具有紧密的"事理关联性"③。

如果是简单的单一行为案件，两种学说并不发生冲突。例如，某人在闹市盗窃了被害人的钱包和手机。根据"实体法罪数说"，行为人构成一罪，即盗窃罪，在诉讼法上也应构成一个独立的诉讼标的。根据"历史过程同一说"，行为人在某个特定时间和地点，对某一特定被害人实施的侵犯被害人财产权的行为，自然构成一个单独的历史进程，也是一个独立的诉讼标的。但是在某些相对复杂的情况下，上述两种对诉讼标的进行界定的学说会产生截然不同的结论。需要指出的是，由于在不同的刑事实体法之下，对刑事罪名的认定有不同的规定，如牵连犯，在澳门和台湾按照数罪并罚处理，而在许多其他大陆法系国家和地区则按照法律上的一罪处理。

---

① 林俊益：《刑事诉讼法概论》，新学林出版股份有限公司，2012，第135页。
② 林钰雄：《刑事诉讼法》，元照出版有限公司，2010，第284~285页。
③ 林钰雄：《刑事诉讼法》，元照出版有限公司，2010，第287页。

因此，对于某一案件诉讼标的的判定，必须以本国或本地区的刑事实体法为基础。

笔者赞同"历史过程同一说"。正如林钰雄教授所指出的，诉讼标的的认定与实体法上的罪数并无必然联系，并不是说实体法上的一罪必然对应诉讼法上的一个诉讼标的。原因在于，实体法上的罪数概念与诉讼法上的犯罪事实概念在立法目的与方法方面都不尽相同①。实体法的罪数概念，其立法目的着眼于犯罪的法律评价，尤其关注犯罪所侵犯之法益的性质及程度。因此，在适用方法上主要考虑犯罪的社会危害程度，进而确定其所应得到的惩罚，其惩罚轻重程度与罪数的多少并不具有必然的联系。而诉讼法上探讨的行为，则着眼于是否属于起诉的范围，以及法官据此做出的判决在多大程度上具有约束后诉的效力。因此，诉讼法上的犯罪事实，其根本的考虑在于相同的犯罪事实只应受到国家一次的追诉与处罚，所以国家不得再次起诉或者重复追诉处罚相同的犯罪事实。

五　澳门之立场

《澳门刑事诉讼法典》并没有明确界定诉讼标的的含义，也没有表明关于诉讼标的界定的立场。那么在澳门刑事诉讼中，诉讼标的的认定到底应采"实体法罪数说"还是"历史过程同一说"呢？

Manuel Leal-Henriques 教授所著的《澳门刑事诉讼法教程》中引用了另一位学者贝莱扎教授的观点，认为区分某一事实属于原案事实的变更，还是构成完全独立于审判诉讼标的的事实（也即区分不同诉讼标的）的标准，必须借助于自然主义学者的见解（即自然性事实同一说，或称历史过程同一说），只有这样，《澳门刑事诉讼法典》中的制度才不至于完全陷入胶着的状况②。可以看出，Manuel Leal-Henriques 教授和贝莱扎教授两位学者在诉讼标的的认定方面采"历史过程同一说"，这一立场是与德国和日本的立场相同的，而与中国台湾目前司法实务界所采纳的通说不同。持相同或相似观点的还有迪亚士教授和 Frederico Isasca 教授。根据迪亚士教授的观点，诉讼标的应当是一个生活的片段（pedaço da vida），并包含对该生活片段所

---

① 林钰雄：《刑事诉讼法》，元照出版有限公司，2010，第 238~239 页。

② 〔葡〕Manuel Leal-Henriques：《澳门刑事诉讼法教程》（上册）（第二版），卢映霞、梁凤明译，法律及司法培训中心，2011，第 69 页。

有可能的法律评价，联系到所有可能有法律含义的生活片段①。Frederico Isasca 教授也指出，判断是否属于不同的刑事案件，应当考虑两个标准，即是否具有不同的自然的、社会意义上的显著性，以及是否会对辩护权的行使带来影响②。

根据葡萄牙和澳门的学术著作，虽然在诉讼标的的认定上仍有争论③，但基本可以看出，源自德国的"历史过程同一说"可以被认为是澳门认定诉讼标的是否同一的主导性观点，笔者对此表示赞同。因此，在澳门刑法典框架下，"历史过程同一说"更具有可行性，符合一般的法律伦理观念和社会公共道德之倾向。现以两例分析之。

（一） 实体法上的数罪可否构成一个诉讼标的？

在澳门，想象竞合犯是可以数罪并罚的④。例如，某人为餐厅营业员，当其仇人甲全家四口到其工作的餐厅用餐之时，其在汤中下毒，由于甲、甲妻及其女儿皆服食了下过毒的汤，三人皆中毒身亡。而儿子由于贪玩，并没有喝汤，因此幸免于难。检察院开立卷宗，并以三个独立的杀人罪控诉嫌犯。案发数月后，甲的儿子离奇死亡。经法医鉴定，甲的儿子系由于同种毒药中毒身亡，但由于该种毒品的剂量较小，其死亡时间明显晚于其他被害人。原因在于，虽然儿子没有喝汤，但是由于小量的汤汁溅到其食用的其他菜肴之中，其他菜肴中也含有少量的毒药。在该案中，此营业员的一次投毒行为，侵犯了数个不同的人身法益，构成四个独立的杀人罪，应当数罪并罚。

如果检察院在一次控诉书中起诉了嫌犯的四宗杀人罪，法院自然应当一并审判并做出裁决。但是如果法院已经就检察院控诉的嫌犯涉嫌三宗杀人罪的案件做出判决后，检察院才发现甲的儿子死亡也是由于该嫌犯那一

---

① Mário Paulo da Silva Tenreiro, *Considerações sobre o Objecto do Processo Penal*, Separata da Roa, 1987, pág. 1024, 此脚注所引内容由澳门大学讲师 Miguel Manero 先生提供，在此表示感谢。

② Frederico Isasca, *Alteração Substancial dos Factos e a sua Relevância no Processo Penal Português*, 2ᵃed, Almedina, 2003, passim, 此脚注所引内容由澳门大学讲师 Miguel Manero 先生提供，在此表示感谢。

③ 贝莱扎教授指出，在葡萄牙理论界存在着"自然主义者"（即"自然性事实同一说""历史过程同一说"）与"规范主义者"（即"法律性事实同一说""法益同一说"）之间无休止的"指控"（争论）。参见贝莱扎《〈澳门刑事诉讼法典〉中诉讼客体之变更》，《澳门法律学刊》1997 年第 1 期。

④ 赵国强：《澳门刑法概说（犯罪通论）》，社会科学文献出版社、澳门基金会，2012，第 527 页。

次的投毒所致，检察院是否仍然可以开立卷宗并提出控诉，要求法院在上述三宗杀人罪裁判的基础上再次开庭审判，判处嫌犯的第四个杀人罪成立呢？

《澳门刑事诉讼法典》并没有明确提出解决的办法，对这一问题的判断应当运用诉讼标的的理论来解决。从理论上厘清某案件属于一个诉讼标的还是数个诉讼标的，并不是书斋式的理论论证，而是具有非常现实的程序意义。在该案中，如果该嫌犯投毒并致四人先后死亡的事实属一个诉讼标的，则检察院不得对其重新提出控诉，因为该诉讼标的已通过事前的控诉系属于法院，不得针对同一诉讼标的的重复起诉。反之，如果该案属四个诉讼标的，则检察院对前三个诉讼标的之控诉并不排斥之后对第四个诉讼标的之控诉，法院仍然可以受理案件。那么，这四个罪名对应的是一个诉讼标的还是四个诉讼标的呢？

根据"实体法罪数说"，前述案例自然应当构成四个不同的诉讼标的，因为其在实体法上构成了四个相互独立的罪名。而根据"历史过程同一说"，虽然嫌犯在实体法上因为侵犯了数个法益而应当被定数罪，但其投毒致人死亡的过程是同一历史性经过的"一个故事"，应当被算作同一诉讼标的。虽然甲的儿子在数月后方产生死亡的后果，根据林钰雄教授提出的"特定时间、地点、特定行为客体以及侵害目的的一个生活历程，各行为之间具有紧密的事理关联性"这一标准来看，嫌犯在某一特定时间和地点投放毒品，意图毒死被害人甲全家的经过仍然可以看作同一个历史性的过程，即同一诉讼标的。

因此，根据"实体法罪数说"，检察院仍然能够就嫌犯投毒杀害某甲的事实提出控诉；而根据"历史过程同一说"，虽然检察院在提出控诉时遗漏了（可能是由于错误而遗漏，也可能出于其他不能预见的原因而遗漏）嫌犯投毒剥夺了第四条人命的事实，但由于该事实属于前一案件诉讼标的的一部分，并不会独立构成一个新的诉讼标的，为避免违背"一事不二罚"原则，检察院不得重新提出控诉。

（二）法律上的一罪是否可以构成两个或多个诉讼标的？

在澳门，连续犯是作为法律上的一罪合并处罚的。根据《澳门刑法典》第29条第2款的规定，"数次实现同一罪状或基本上保护同一法益之不同罪状，而实行之方式本质上不同，且系在可相当减轻行为人罪过之同一外在情况诱发下实行者，仅构成一连续犯"。因此，如果某甲因为看到某仓库门经常没有上锁，于是在 2013 年 3 月 1 日从该仓库盗窃了价值 5000 元的建筑材料，某甲等待了两个月，发现失窃的情况无人发觉，于是从 2013 年 5 月 1 日起接连三天从该仓库盗窃财物，第四天在仓库盗窃时被发觉。据甲供述，其总共在该仓库盗窃了四次，但甲故意隐去了两个月前的那次盗窃行为。检察院以一个盗窃罪对甲提出控诉。法院判决结束后，该失窃仓库在库房清点中发现，除某甲供述的盗窃数额外，还少了价值 5000 元的建筑材料。经查看监控录像，发现该失窃仍是某甲所为。被害人向检察院提出告诉，要求检察院追究某甲的刑事责任并要求赔偿损失。那么，检察院是否可以重新开立卷宗，对甲于 2013 年 3 月 1 日实施的盗窃行为进行调查并提出控诉呢？

同样，该案的解决取决于对诉讼标的的判断。如果前诉与后诉属于同一诉讼标的，则不能再次提出控诉；反之，则可以另行提出控诉。如果采用"实体法罪数说"，则 2013 年 3 月 1 日的盗窃行为与 5 月 1 日至 4 日实施的盗窃行为就构成刑法上的连续犯，应当作为一罪处罚，因此所有的盗窃行为构成一个诉讼标的。如果采用"历史过程同一说"，3 月 1 日的盗窃行为与 5 月的数次密集的盗窃行为相比，显然属于另外"一个故事"，各次盗窃行为彼此独立存在，并不具有特别严密的"事理关联性"，故而也就不能作为同一诉讼标的处理。

因此，在"实体法罪数说"下，检察院不能开立卷宗就某甲于 2013 年 3 月 1 日实施的盗窃行为进行调查并提出控诉；而在"历史过程同一说"下，检察院则可以重新开立卷宗予以调查，并就某甲于 2013 年 3 月 1 日盗窃 5000 元建筑材料的事实重新提出控诉，该仓库也可以在该刑事诉讼中要求赔偿失窃之损失。

第三节　刑事诉讼中的"新事实"

《澳门刑事诉讼法典》第 285 条"控诉书中或展开预审声请书中所描述事实之变更"第 1 款及第 2 款规定了预审过程中的事实变更问题，提及"检察院或辅助人之控诉书中又或展开预审之声请书中未描述之事实"，但该"未描述之事实"是否包括与原诉并不相关的嫌犯所实施的

213

其他犯罪行为，法律并没有明确规定。同样，虽然《澳门刑事诉讼法典》第340条提及了"新事实"，但该"新事实"是独立于原诉的诉讼标的，还是原诉的诉讼标的的范围内的新的事实，均需要进一步澄清。本节将在诉讼标的理论的背景下对刑事诉讼中的"新事实"予以详细分析及评论。

一 诉讼标的："事实变更"与"新事实"的内在界限

在澳门刑事诉讼法中，比起"诉讼标的"，刑事诉讼中更常用到的概念是"事实"以及事实的"实质变更"和"非实质变更"。例如，《澳门刑事诉讼法典》第1条f项关于事实的实质变更的规定，第266条和第267条关于刑事诉讼中辅助人提出辅助之诉及检察院在非经自诉不得进行之诉讼程序中提出控诉均不得构成对前诉的实质变更的规定，第285条关于预审程序中出现事实变更的处理程序，第293条关于庭前审查中发现事实的实质变更之处理程序，第339条和第340条关于庭审过程中出现事实变更（包括实质变更和非实质变更）的处理程序等。

那么事实变更与诉讼标的又是什么关系呢？简单来说，诉讼标的界定了事实变更的客观范围。随着刑事诉讼的进展，案件的事实可能会不断发生变化。那么哪些变化是能够纳入本次诉讼而一并解决的，哪些则必须重新开立卷宗，也即哪些属于原来起诉的事实的变更，哪些属于新的事实，必须另案处理，都要依靠诉讼标的的认定来解决。简单来说，在同一诉讼标的内的事实变更是法律所允许的，如果已经超出同一诉讼标的，构成了新的事实，通常只能另案处理。

在澳门，刑事诉讼中的"事实变更"并不包括"新事实"，这一点已经在诸多论述中予以肯定。澳门前助理检察长韦高度先生曾撰文指出：

> 法律上所谓"事实变更"，显然在有关规定中是指事实之更改或改变。事实之变更也就是指事实的发展。应该区别哪些与载于卷宗之事实互相没有牵连或联系的事实，这些事实应是完全独立的，应属于一个新的诉讼客体。
>
> 例如在审理一宗凶杀案过程中，发现嫌犯犯了一条盗窃罪，该案与凶杀案并没有任何关系，因此《刑事诉讼法典》第340条第2款的

规定不适用之①，否则会违反诉讼程序的审检分立结构。

但要区分新事实对程序中所载之事实是构成简单变更，还是构成完全不同的归罪，并非轻而易举。这促使我们去界定诉讼程序的客体及其身份之标准②。

澳门中级法院院长赖健雄先生也持相同观点：

> 如在审判听证期间发现新的事实，而该等事实与原先载于检察院控诉的事实完全没有关联时，那么，似乎不属于事实变更，而是揭露出新事实。例如，检察院控诉行为人杀人，而在审判中发现同一行为人于两年前曾实施抢劫。但如在审判中发现行为人在杀死被害人前，先对其强奸，那么这种情况则属事实的变更，因为发现新的事实与先前已载于检察院的事实相关联③。

总结来说，《澳门刑事诉讼法典》中所规定的事实变更是狭义范围内的事实变更，仅限于同一诉讼标的内的事实变化，而不包括能够独立构成另一诉讼标的的新事实。换言之，诉讼标的是区分"事实变更"与"新事实"的重要指标，划定了"事实变更"与"新事实"的内在界限。

二 预审程序中的"新事实"

辅助人或者在声请展开预审的行为中成为辅助人的人有权对检察院的控诉决定声请预审。一般来说，如果检察院已经决定展开控诉，辅助人无权声请预审，辅助人仅能够对检察院的控诉决定中没有提及的、对控诉书中所载事实构成实质变更的事实声请预审，由预审法官决定是否将该等事实纳入审判范围④。例如，如果检察院指控嫌犯犯有《澳门刑法典》第158

---

① 即使检察院、嫌犯及辅助人同意就新事实继续进行审判，并且该审理法院对新事实具有抽象的管辖权，亦不能合并审理该新事实。——笔者注
② 韦高度：《刑事诉讼程序之事实及法律变更》，载《澳门司法警察日纪念特刊》，澳门司法警察学校出版社，2001，第29页。
③ 赖健雄：《澳门刑事诉讼中的审检分立原则及法官的主动调查权》，载汤德宗、王鹏翔主编《2006两岸四地法律发展》（下册），台湾中研院法律学研究所筹备处，第385页。
④ 《澳门刑事诉讼法典》第269条"属控诉情况之展开预审"第1款b项指出，辅助人或在声请展开预审之行为中成为辅助人之人，针对检察院未控诉且对检察院所做之控诉构成实质变更之事实，可以声请展开预审。

条所指控之性胁迫罪，而辅助人认为，嫌犯做出猥亵动作的意图为强奸，嫌犯当时还实施了拉扯辅助人并试图脱掉辅助人衣物的行为，只是因为辅助人大声呼救才阻止了强奸行为的实际实施，该部分意图强奸的事实就构成了事实的实质变更，因此辅助人有权声请预审。如果预审法官经调查确认了上述事实，可以将该事实之实质变更纳入审判程序。然而，如果预审法官在调查过程中发现了嫌犯的另外一起针对另一被害人的盗窃行为，则是否可以将其纳入审判范围呢？这就涉及预审程序中出现的"新事实"的程序问题。

《澳门刑事诉讼法典》第 285 条"控诉书中或展开预审声请书中所描述事实之变更"第 1、2 款规定了预审过程中的事实变更问题，"如从调查行为或预审辩论得出结果，使人有依据怀疑发生检察院或辅助人之控诉书中又或展开预审之声请书中未描述之事实，则法官依职权或应声请将有关怀疑之事告知辩护人及尽可能就此怀疑之事讯问嫌犯，并应声请给予嫌犯不超逾十日之期间以准备辩护，有需要时得将辩论押后。如因上款之规定导致预审法官无权限，则上款之规定，不适用之"。而且，该条第 3 款还规定，"如第一款所指之事实对控诉书或展开预审声请书中所描述之事实构成实质变更，且以独立之诉讼程序调查该等事实属适宜者，则预审法官须将该等事实告知检察院；此告知之效力等同于为进行针对该等事实之刑事程序而提出检举"。

在该条规定的第 1 款中，将预审中出现的事实表述为"未描述之事实"，既没有区分事实之实质变更与非实质变更，也没有区分事实变更与新事实，似乎可以做广义理解，包括上述所有情况。但是从该条第 3 款的规定来看，第 1 款的"未描述之事实"应当排除了与原控诉事实没有关系的"新事实"，因为根据该条第 3 款仅仅规定了"以独立之诉讼程序调查该等事实属适宜"的情况下，预审法官须将对"所描述之事实构成实质变更"的事实告知检察院，而未提及如何处置与"所描述之事实"完全不同之作为"新事实"的"未描述事实"。由此推断，该条第 1 款所称之"未描述事实"应当限定在同一诉讼标的的同一事实范围内，即在预审过程中只能吸纳同一诉讼标的内的构成事实实质变更或非实质变更的事实，而不能吸纳新的事实。这一观点也与贝莱扎教授的观点是一致的。该教授在其文章中指出：

如果该种起诉①不是指向事实变更，而是与案件毫无关系的其他事实，那么明显存在一个不可补正的无效。正如我们所看到的，第285条只能适用于事实变更。对于被依法（即使是依据第285条）带入预审之事实毫不相干的事实而言，该预审法官没有吸收他们进行预审的正当性，这里适用第106条b）或/及d）项②的规定③。

澳门前助理检察长韦高度先生对此持相同态度，认为在预审阶段提出的事实必须与控诉书中所指的事实有关联，并与其形成"实质统一"，或"同一的基本核心"④，也即预审程序中的新事实只能是同一诉讼标的下的事实变更，而非完全没有关系的新事实。

虽然《澳门刑事诉讼法典》第285条所指之控诉书或预审声请书中"未描述事实"并不包括"新事实"，但这并不意味着在预审过程中不会出现与原诉讼标的完全不同的新事实。例如，在对嫌犯有关杀人案件的预审过程中，发现了嫌犯两年前实施强奸犯罪的新事实。那么对于这一事实，预审法庭应当如何处理呢？根据贝莱扎教授的观点，"对于这些新事实而言，很明显只能组织新的诉讼程序（因此，第285条与第340条不适用于它们）"。理由是，如果在预审中吸纳了与原诉讼标的完全不同的新事实，则"完全违反了控诉式的诉讼结构。嫌犯无权允许一个未经侦查的独立诉讼，无侦查的预审也是不可能的"⑤。

三　审判程序中的"新事实"

根据控诉原则，审判的对象只能局限在控诉方提起诉讼的范围内，然而刑事诉讼也并非绝对禁止审判过程中的事实变更。

《澳门刑事诉讼法典》第340条第1款规定了审判过程中出现事实的实

---

① 即根据检察院或辅助人之控诉书中又或展开预审之声请书中未描述之事实起诉。——笔者注
② 即诉讼行为不可补正之无效。——笔者注
③ 贝莱扎：《〈澳门刑事诉讼法典〉中诉讼客体之变更》，《澳门法律学刊》1997年第1期。
④ 韦高度：《刑事诉讼程序之事实及法律变更》，载《澳门司法警察日纪念特刊》，澳门司法警察学校出版社，2001，第29页。
⑤ 贝莱扎：《〈澳门刑事诉讼法典〉中诉讼客体之变更》，《澳门法律学刊》1997年第1期。

质变更的程序，"如在听证过程中得出结果，使人有依据怀疑发生一些事实，其系在起诉书中未描述，又或无起诉时，在控诉书中未描述，而对起诉书或控诉书中所描述之事实构成实质变更者，则主持审判之法官将该等事实告知检察院，该告知之效力等同于提出检举，以便检察院就新事实进行追诉；在正进行之诉讼程序之判罪上，不得考虑该等事实"。该条第 2 款作为例外条款，规定"如检察院、嫌犯及辅助人同意就新事实继续进行审判，且该等事实并不导致法院无管辖权，则上款之规定，不适用之"。虽然在第 2 款提及了"新事实"（novos factos），但该"新事实"是在第 1 款的语境下提出的，即在事实的实质变更之前提下的"新的事实"，而非独立于原诉讼标的的与原事实毫无关系的"新事实"。贝莱扎教授也指出，《澳门刑事诉讼法典》第 340 条第 2 款的规则只适用于事实变更，而不适用于和构成该审判之诉讼客体的事实毫不相干的完全独立的事实。对这些事实而言，嫌犯无权免除诉讼程序之正常步骤，这些事实可能与其他辅助人有关①。

由此可以看出，在控诉原则的限制下，如果已经开启针对某嫌犯的追诉程序，刑事诉讼程序的运行只能严格限制在控诉书或起诉批示所界定的诉讼标的之范围内，无论如何也不能扩展至与原诉标的无关的新事实。

四　吸纳"新事实"之可能性：德国的做法

上文介绍了葡萄牙和澳门关于"事实变更"与"新事实"界限的见解，这应当是大陆法系的通说。总体而言，由于事实变更的范围仍然限定在原来的诉讼标的范围内，在经过适当的程序配合后可以并入正在进行的诉讼程序，这一点似无非议（当然，在具体的程序设计方面，还存在着诸多争议，将留待本章第四节讨论）。但是与原诉讼标的不同的"新事实"，一定不能并入刑事诉讼中一并解决吗？

葡萄牙学者在讨论诉讼标的与事实变更问题时，大多参考或引用了德国的立法、学说和判例，应当说德国的做法对葡萄牙的立法和学说具有重要的参考价值。然而在同样奉行控诉原则、审检分立原则的德国，对"新事实"的态度却迥然不同。《德国刑事诉讼法典》第 155 条"调查范围"第 1 款明确规定，法院的调查与裁判，仅限于起诉所称犯罪行为和所指控人

---

① 贝莱扎：《〈澳门刑事诉讼法典〉中诉讼客体之变更》，《澳门法律学刊》1997 年第 1 期。

员。但是这个一般性的规定并不禁止在审判过程中例外性地就"新事实"产生合并审判之效果。

根据《德国刑事诉讼法典》第266条"追加起诉"的规定，在法庭审理中检察官将公诉延伸至被告人的其他犯罪行为时，如果法院对案件有管辖权且被告人同意，法院可以裁定将其他犯罪行为纳入程序。该条中"被告人的其他犯罪行为"指的就是"新事实"，也并不是如《澳门刑事诉讼法典》第340条一样限制在与控诉客体（即诉讼客体）相关的事实上①。也正因为如此，《德国刑事诉讼法典》第264条"判决标的"第1款对判决标的的界定没有采用如第155条表述的"起诉所称的犯罪行为"，而是将其延伸至"公诉所称的、如审理结果表明的犯罪行为"。

德国的这种做法是否有违控诉原则呢？根据德国罗科信教授的解释，通常来说，法院在判决中只得就在开启审判程序之裁定中所界定的犯罪行为加以裁判。如果被告在审判程序中承认其尚犯有其他在开启审判程序的裁定中未被指称之犯罪行为时，则法院对此犯罪行为无权同时加以判决。此时需由检察机关重为一新的起诉。然而《德国刑事诉讼法典》第266条关于追加新事实的起诉，可以被看作简化的起诉方式，检察院得以在审判程序中口头地对被告之其他犯行起诉。因此，《德国刑事诉讼法典》第266条并非告发原则（即控告原则）的突破，而是其之一项证明。

德国的追加起诉从本质来讲是一个新的起诉，只不过与原来的起诉合并审理而已。为保障被告的合法权利，该诉讼合并应当得到被告的明示同意，并记载于笔录中。而且被告为准备辩护，可以要求中断审判程序，审判长亦得主动命令中断②。需要注意的是，即便德国采"追加起诉"制度，也并非所有在审判过程中发现的"新事实"都可以通过"追加起诉"的制度予以合并，而必须遵循严格的程序限制。然而立法将追加起诉作为某些案件，尤其是事实清楚的刑事案件的处理程序，相比绝对禁止追加起诉、一律重新开立卷宗的做法，实际上提供了一个可能节约诉讼资源并且更有

---

① 贝莱扎：《〈澳门刑事诉讼法典〉中诉讼客体之变更》，《澳门法律学刊》1997年第1期。

② 《德国刑事诉讼法典》第266条规定如下。①在法庭审理中检察官将公诉延伸至被告人的其他犯罪行为时，如果法院对案件有管辖权且被告人同意，法院可以裁定将其他犯罪行为纳入程序。②追加公诉可以口头提出。内容应当符合第200条第1款的规定。追加公诉应当记入法庭笔录。审判长应当给予被告人为自己辩护的机会。③如果审判长认为有必要，或者被告人就中止审理提出申请，且其申请并非显然蓄意，也非仅为拖延程序，则中止审理。应当向被告人指明申请中止审理的权利。

利于保障被告人权利的选择。

　　笔者非常认同德国的这种可以在审判程序中追加新事实的做法。在澳门目前案件压力较大，刑事司法关注提高诉讼效率的情况下①，采纳类似德国的"追加起诉"制度，或许可以在兼顾公平的基础上有助于实现提高诉讼效率的目的。根据贝莱扎教授的解释，在葡萄牙和澳门的制度中禁止增加"新事实"的理由主要有两个。一是确保宪法所保障的控诉式诉讼结构，审判机关必须不同且独立于控诉机关及预审机关，以便不形成对待审判之事或人的偏见。二是宪法要求保障嫌犯的辩护权，嫌犯必须知道他被控诉的内容，以便准备辩护②。笔者认为，上述两个程序正义的基本原则是不能被撼动的，这一点毫无疑义。然而，类似德国的引入"新事实"的"追加起诉"制度，并不会产生与上述两个基本原则的冲突。其一，追加起诉并非没有起诉，而只是在法庭审判过程中由检察院口头追加起诉而已，属于略式起诉程序，并没有产生"不诉而审"的问题。其二，被告人的辩护权及其他诉讼权利在此种诉讼程序中也是得到了保障的。例如，是否能够追加起诉，需要被告人的书面同意，而且应当给予被告人必要的辩护时间。

　　在刑事诉讼程序中允许因为吸纳"新事实"而追加起诉至少有以下两个好处。其一，可以节约诉讼资源，尽量在同一诉讼程序中解决同一嫌犯的刑事责任问题。如果与嫌犯有关的数个诉讼客体在起诉前知晓，通常会发生牵连管辖之效果。同理，即使有些诉讼客体在起诉后方被发觉，只要该追加起诉能够通过某些制度设计，如被告的明示同意及诉讼中断等，弥补口头仓促起诉的不足，那么无疑合并起诉能够带来诉讼效率的提高，避免另案处理可能导致的不必要的司法资源浪费。其二，审判过程中的合并起诉对被告而言也是有利的。正如罗科信教授所言，合并起诉常常是为了被告之利害关系才发生的，亦即其欲在犯罪事实很清楚时，避免进行数项的诉讼程序，而是致力于使全部的罪责只需一次诉讼程序即被认定③。

　　当然，如果澳门引入类似的制度，也要注意与其他规定的衔接。例如，辅助人的权利保障。由于德国并没有类似澳门的辅助人制度，因此追加起诉相对容易，诉讼程序相对简便。但是辅助人制度并不会成为澳

---

① 详情见本书第一章第五节。

② 贝莱扎：《〈澳门刑事诉讼法典〉中诉讼客体之变更》，《澳门法律学刊》1997 年第 1 期。

③ 〔德〕克劳思·罗科信：《德国刑事诉讼法》，吴丽琪译，三民书局，1998，第 452 页。

门引入"追加起诉"制度的障碍，这一问题完全可以通过技术手段解决，例如在追加起诉的程序设计中加入对被害人的告知及允许其申请成为辅助人的规定。另外，《澳门刑事诉讼法典》第 16 条第 1 款规定，"同时处于侦查、预审或审判阶段之案件方相牵连"。这一规定的立法原意在于保障被告人及相关当事人充分享有诉讼权利，而"追加起诉"制度在做了上述制度上的配合后，应当能够保障被告人、辅助人及相关人员的诉讼权利，而且从诉讼及时解决争端的角度，反而更好地维护了相关人员的诉讼权利和实体权利，应当并无冲突。即便有冲突，也可以通过原则规定与例外规定的立法形式予以解决。此外，因为追加新事实而产生诉讼中止时，还可能会对嫌犯的权利保障，尤其是羁押等强制措施实施期间的遵守方面产生一定的冲击，但这些问题都可以通过一些技术性手段，经制度配合后予以解决。

由于德国并无预审程序，自然不会涉及预审程序中出现与原诉讼标的不同的"新事实"的追加问题。笔者认为，与审判程序同理，甚至基于预审程序中法官更为积极的作用，预审程序中发现的"新事实"经适当之制度配合后自然也可纳入起诉批示之范围，作为审判程序的诉讼标的，与原诉讼标的合并审判。

第四节　刑事诉讼中的事实变更与法律定性变更

根据控诉原则，刑事诉讼程序应当严格限定在控诉书或起诉批示所限定的事实范围内。通常来说，诉讼标的是刑事诉讼赖以进行的前提，应当具有稳定性和确定性。然而由于对案件事实的认识随着诉讼的推进而不断加深，因此有出现变化之可能。正如时任台湾"司法院"刑事厅厅长林俊益先生在其著述中所言，刑事诉讼是针对"特定被告"之"特定犯罪事实"，为确定具体刑罚权之有无及其范围所进行之程序。确定之初，原非明了，必赖诉讼之进行，次第形成，而告确定[①]。

《澳门刑事诉讼法典》第 1 条第 1 款 f 项规定，事实之实质变更是引致将一不同之犯罪归责于嫌犯或引致可科处之制裁之最高限度加重之事实变

---

① 林俊益：《刑事诉讼法概论》，新学林出版股份有限公司，2012，第 128 页。

更。这里所指之"事实变更",是在同一诉讼标的范围内的变更,而非上一节所讨论之"新事实"。而如何判断是否属于同一诉讼标的,葡萄牙学者基本认同德国的学说。Paulo Pinto de Albuquerque 教授指出,当新的事实属于同一"历史性及单一的事实"(einheitlicher geschichtlicher Vorgang),这个"历史性及单一的事实"由有"类似的不法内容及狭窄的空间上及时间上的连续性"的行为人的所有行为组成①。

根据《澳门刑事诉讼法典》的规定,刑事诉讼中的事实变更又分为事实的实质变更和非实质变更。本节将在讨论如何区分事实的实质变更与非实质变更的基础上,探讨在刑事诉讼程序的各阶段产生的事实变更,包括实质变更与非实质变更的程序,及在此过程中的权利保障。除此之外,虽然《澳门刑事诉讼法典》并未规定单纯的法律定性变更的问题,但在司法实务中屡有发生,《葡萄牙刑事诉讼法典》也已增加相关的规定,遂于本节一并讨论。

一 事实的实质变更

正如葡萄牙学者 Paulo Pinto de Albuquerque 教授指出的,事实之实质变更(alteração substancial dos factos)是一个复杂的概念,因此需要将之区分于事实之非实质变更(alteração não substancial dos factos)及单纯的法律定性之变更(alteração da qualificação jurídica dos factos)②。

根据《澳门刑事诉讼法典》第 1 条第 1 款 f 项,事实的实质变更包括两种情况,一是将引致将一不同的犯罪归责于嫌犯的事实变更,二是将引致可科处之制裁的最高限度加重的事实变更。Antonio Duarte Soares 教授将事实的实质变更总结为以下情形:不论所获悉的新事实的严重程度如何,新事实的归罪不同于控诉书上所载事实的归罪;所获悉的要素构成犯罪情节加重,并导致刑罚最高限度加重;所获悉的新事实与控诉书所载之事实,在吸收关系当中,构成较广泛之法定罪状;所获悉的新事实,与控诉书所载之事实构成唯一犯罪决议,但该新事实将导致刑罚

---

① Paulo Pinto de Albuquerque, *Comentário do Código de Processo Penal*, Universidade Católica Editora, 2011, p. 45.

② Paulo Pinto de Albuquerque, *Comentário do Código de Processo Penal*, Universidade Católica Editora, 2011, p. 44.

最高限度加重；所获悉的新行为与被控诉之行为构成连续犯罪，且导致有关刑罚最高限度加重；行为人变更所参与之方式会导致刑罚最高限度加重；主观归责加重（由过失改为故意），导致其可科处之制裁之最高限度加重[①]。

在葡萄牙法院的判决中，下述情形应当属于事实的实质变更：以作为犯罪被归责但最终被判处不作为犯（葡萄牙终审法院判决）；以单一犯罪被归责但最终被判处同一犯罪的连续犯（葡萄牙终审法院判决）；以针对人的犯罪被归责但最终被判处醉酒及吸用有毒物质（葡萄牙终审法院判决）；以盗窃罪被归责但最终被判处赃物罪，反之亦然（葡萄牙终审法院判决）；以抢劫罪被归责但最终被判处赃物罪，反之亦然（基马拉斯中级法院判决）；以交通工具诈骗被归责但最终被判处无有效票乘搭交通工具的违例（波尔图中级法院判决）。

（一）引致将一不同的犯罪归责于嫌犯的事实变更

正如本章第三节所述，不同的犯罪不能基于一个完全不同的"新事实"，而是要基于同一诉讼标的，属于"同一历史性的事件"的变更。同时，所引致的不同犯罪是由事实的变更所引发的，而非基于同一事实的法律定性之变更。

需要注意的是，此种"事实的实质变更"与"新事实"的区别。试举两例说明。案例一，嫌犯 A 被控诉过失杀人，而在审理过程中发现该嫌犯两年前的另一起强奸行为。案例二，嫌犯 A 因触摸妇女胸部被控诉性胁迫罪，而在审理过程中发现该嫌犯 A 应当构成强奸罪的未遂。

表面看来，这两起案件都会引致将不同的犯罪归责于嫌犯，案例一中嫌犯的罪名由"过失杀人"变更为"过失杀人"及"强奸"，而案例二中嫌犯的罪名由"性胁迫"变更为"强奸"，但是二者又存在着本质的不同。在案例一中，不同的罪名产生于另一诉讼标的的"新事实"，而案例二中，不同的罪名则来自同一诉讼标的，即"同一历史性过程"，只不过发生了事实的实质变更，即产生了"法益"的变化。贝莱扎教授指出，为理解何为"不同之犯罪"，只有通过对罪状之存在理由做集中解释，即通过发现刑事规范所保护的

---

① 转引自韦高度《刑事诉讼程序之事实及法律变更》，载《澳门司法警察日纪念特刊》，澳门司法警察学校出版社，2001，第 29 页。

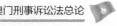

法益并借助于它，才能找到与需遵守的法律制度相容的可靠标准①。

总结来说，对于在诉讼过程中可能引致之不同的判罪，应当区分该判罪的基础到底是"新事实"还是"事实的实质变更"。判断是存在"新事实"还是原来事实的变更，应当根据"历史过程同一说"，判断该新发生的事实与原来的事实是否为"同一故事"。如果新的事实仍然与原来的事实属同一历史过程，例如虽从"性胁迫"变为"强奸"，但仍为同一历史过程，则仅发生事实变更的效果，而非"新事实"。下一步的问题是，该事实变更到底是"实质变更"还是"非实质变更"，其判断标准之一即为"法益标准"（另一标准为"刑罚上限变更"，二者属选择性适用），判断法律所保护的法益是否已经发生变化。

（二）将引致可科处之制裁的最高限度加重的事实变更

"引致可科处之制裁之最高限度加重"的事实变更是指嫌犯的"刑罚最高上限"的变更。例如，嫌犯被控犯有《澳门刑法典》第 135 条第 1 款的遗弃罪，但由于在审理过程中发现嫌犯的行为已引致被害人之重伤，而转为该条第 3 款的遗弃罪，即最高刑幅由第 1 款的 5 年变为第 3 款的 8 年。Paulo Pinto de Albuquerque 教授对此做出解释：

> 法律要求的是对"可科处之制裁"的整体衡量，而不只是针对可科处的徒刑的抽象框架。因为第 1 条第 1 款 f 项的要件是"选择性"的，所以即使没有"不同之犯罪"，也可以出现可科处之制裁之最高限度的加重。因此，以下的情况因出现可科处之制裁之最高限度的加重而构成事实之实质变更：（一）针对控诉所增加的新的事实，而这些事实会引致可科处之制裁之最高限度加重；（二）控诉中某些事实的减去，例如，在连续犯或复数犯罪的案件中，由于未能证明那些能减轻罪过的事实，这些事实的减去会引致可科处之制裁之最高限度加重②。

（三）两种实质变更的关系

如上所述，实质变更既可能属引致"不同之犯罪"的情况，也可能属

---

① 贝莱扎：《〈澳门刑事诉讼法典〉中诉讼客体之变更》，《澳门法律学刊》1997 年第 1 期。
② Paulo Pinto de Albuquerque, *Comentário do Código de Processo Penal*, Universidade Católica Editora, 2011, p. 45.

引致"可科处之制裁之最高限度加重"的情况。那么如果某一事实变更既引致"不同之犯罪",也因为该"不同之犯罪"而导致"可科处之制裁之最高限度加重",则到底应属于哪一情形呢?

根据 Paulo Pinto de Albuquerque 教授的解释,因该"不同之犯罪"而引致事实变更的情况只适用于这个"不同之犯罪"(新的犯罪)应当处以相同的制裁或低于原来的制裁的情况。因为,如果该"不同的犯罪"所引致的制裁高于原来的制裁,则可以立即适用另一事实实质变更的情形,即"引致可科处之制裁之最高限度加重"的情况[1]。笔者对此并不认同。如采用 Paulo Pinto de Albuquerque 教授的解释,《澳门刑事诉讼法典》第 1 条第 1 款 f 项应当由现行表述"事实之实质变更:引致将一不同之犯罪归责于嫌犯或引致可科处之制裁之最高限度加重之事实变更"修改为"事实之实质变更:引致可科处之制裁之最高限度加重之事实变更,或虽无上述加重,但引致将一不同之犯罪归责于嫌犯的变更"。因为根据 Paulo Pinto de Albuquerque 教授的论证,两种引致事实实质变更的情况间显然有了一个先后的逻辑关系,即以"科处之制裁之最高限度加重"的判断优先于"不同之犯罪"的判断。

笔者的看法恰好相反。其一,如果事实的变化已经导致不同的归罪,那么无论该归罪较原来可科处制裁的限度为高或者相同,甚至更低,都已经对嫌犯产生实质性的影响,当属事实之实质变更;其二,即使仍属同一罪名,但导致可科处的制裁之最高限度加重,仍会对嫌犯产生实质性的影响,因此虽然在同一罪名的前提下,仍会构成实质变更。

二 事实的非实质变更

事实的非实质变更包括两种主要情况:一是单纯的犯罪情节变更,二是控诉中所归责的罪状已经包括新的事实所归责的罪状[2]。Antonio Duarte Soares 教授将事实的非实质变更总结为以下情形:只要获悉之新事实不会导致抽象刑幅之最高限度加重,该等事实与控诉之事实结合,将被视为同一

---

[1] Paulo Pinto de Albuquerque, *Comentário do Código de Processo Penal*, Universidade Católica Editora, 2011, p. 45.

[2] 关于葡萄牙法院有关事实实质变更与非实质变更的判例,除特别注明外,均引自 Paulo Pinto de Albuquerque, *Comentário do Código de Processo Penal*, Universidade Católica Editora, 2011, pp. 44 – 47。

犯罪决议；只要获悉之新行为不会导致刑罚之最高限度加重，该等行为与控诉之行为结合，构成连续犯罪；获悉之新事实与被控诉之事实不符，新事实涉及之犯罪会被载于控诉书中的犯罪吸收（表面是犯罪竞合关系），只要后者有关制裁之最高限度较前者为高；行为人变更参与之方式，只要不会导致刑罚最高限度加重；故意或过失犯罪要素之程度增加（由偶然故意至必然故意或至直接故意——由无意识至有意识过失）。此外，下列情况也适用于法律关于事实非实质变更的条款，包括：部分或全部撤除控诉书所载之事实，只要继续存在之事实对案件仍具有重要影响力（如复合犯罪）；主观归责之减轻（由故意改为过失）①。

（一）单纯的犯罪情节变更

如只是实施犯罪的情节的单纯变更（包括犯罪日期、时间、地点、实施形式及犯罪工具），只要这些情节不构成法定罪状的要件，亦不构成另一"历史性及单一的事实"，便不构成"不同之犯罪"，这些情节的单纯变更只属于事实之非实质变更。

例如，以下情况即为事实的非实质变更：①被害人所携带的工具的性质的差异及争吵中的其中一个情节的差异（葡萄牙终审法院判决）；②先前的明示协议与默示协议之间的差异（葡萄牙终审法院判决）；③哪一位嫌犯叫被害人到犯罪地点的差异（有葡萄牙终审法院判决认为甚至不构成事实之非实质变更）；④互相攻击谁先谁后顺序的差异（有波尔图中级法院判决认为甚至不构成事实之非实质变更）；⑤订立犯罪协议的地点的差异（有葡萄牙终审法院判决认为甚至不构成事实之非实质变更）；⑥犯罪日期的变更（里斯本中级法院判决），即使对嫌犯因于某一日期犯罪提出控诉，但最终被判处在某一不确定的日期犯罪（因存在两个可能的犯罪日期），而两个日期当中包括在控诉中所指的日期（有科英布拉中级法院判决认为甚至不存在事实之非实质变更，只是单纯的事实的"明确性"）；⑦犯罪时间的变更（基马拉斯中级法院判决）；⑧嫌犯所使用的胁迫被害人的用词的差异，例如在控诉中指嫌犯用的字眼是"用锄头切开你一半"，但最后证实他所讲的其实是"你进入屋内我就用木棍打你背脊"及"你拿起石头我就打你"（波

---

① 转引自韦高度《刑事诉讼程序之事实及法律变更》，载《澳门司法警察日纪念特刊》，澳门司法警察学校出版社，2001，第29页。

尔图中级法院判决）；等等。

（二）控诉中所归责的罪状已经包括新的事实所归责的罪状

当控诉中所归责的罪状已经包括新的事实所归责的罪状时，不存在"不同之犯罪"，这种情况也是事实之非实质变更。

例如，以下情况不存在"不同之犯罪"：①正犯所做出的事实包括共同犯罪人所做出的事实（葡萄牙终审法院判决）；②直接故意所做出的事实包括或然故意所做出的事实（葡萄牙终审法院判决，但另一葡萄牙终审法院判决认为甚至不存在事实之非实质变更）；③杀人犯罪的故意包括人身伤害犯罪的故意（葡萄牙终审法院判决）；④对配偶的虐待包括伤害身体完整性罪（波尔图中级法院判决认为甚至不存在事实之非实质变更）。

（三）不能引致事实变更的事实变化

Paulo Pinto de Albuquerque 教授指出，如因未能证实控诉中的事实而导致部分被归责的犯罪被判不成立或以较轻的罪名判处，不存在"不同之犯罪"，甚至不存在事实之非实质变更。例如，以加重人身伤害被归责但最终因未能证实加重的事实而被判处普通人身伤害罪（葡萄牙终审法院判决）；以加重盗窃罪被归责但最终因未能证实拿走他人的动产而被判处侵入限制公众进入之地方（科英布拉中级法院判决）等。

在澳门法院的司法裁判中，也有诸多关于什么是事实的非实质变更的判例。在一起共同贩毒案中，检察院控诉书中认定嫌犯甲贩卖毒品的数量为 114.609 克，而初审法院在判决书中将贩卖毒品的数量更改为 154.337 克，应为事实的非实质变更（澳门中级法院第 242/2001 号判决，关于该非实质变更是否应告知嫌犯合议庭有不同意见）。在一起勒索案中，关于"把门锁堵死、切断电箱里的电源，并去学校找她的女儿"的威胁是发生在要求支付本金澳门币 15000 元时，还是发生在要求支付利息澳门币 5000 元时的变更应为事实的非实质变更（此为澳门中级法院第 32/2002 号案件中赖健雄法官的表决声明，笔者对此观点表示赞同）。在一起交通意外过失杀人案中，控诉书中所述被害人"突然出现从左方向右方横过马路"，初审法院裁判中认定为被害人"停于此处"，应被视为事实的非实质变更（澳门中级法院第 207/2004 号判决）。然而，在一起伤害身体完整性案中，控诉书所载"嫌犯将该桌子揪起并撞向被害人，引致被害人倒地受伤",初审法院裁判中认定"在嫌犯紧握该桌子及突然放手期间,不小心令被害人被该桌子碰撞到,引致被害人倒地受伤",嫌犯伤害身体完整性的主观罪过由故意变更为过失,不属于第 339 条第 1 款所规定的"事实的非实质变更"①。

三 单纯的法律定性变更

单纯的法律定性变更是指在法官在原来的控诉书或起诉批示所指出的事实的基础上,变更了原来控诉书或起诉批示中的法律评价。《澳门刑事诉讼法典》仅仅规定了事实的非实质变更的程序(《澳门刑事诉讼法典》第 339 条),而没有规定单纯的法律定性变更的问题。这一规定与葡萄牙 2007 年修订《澳门刑事诉讼法典》前的规定是一致的。《德国刑事诉讼法典》明确认可了法官做出不同于起诉决定的法律评价的权力。该法第 264 条第 2 款则明确规定,"法院不受拘束与开启审判程序裁定所根据的犯罪行为评断"。

在葡萄牙和澳门的学说和司法实务中,均对法官有权变更控诉事实的法律评价持肯定态度。葡萄牙教授 B. Santos 教授指出,要求法院必须根据起诉时的某种法律解释做出裁判,这是"无道理的、侮辱性的"②。葡萄牙的最高法院通过判例肯定了法官有权进行单纯的法律定性变更。根据葡萄牙最高法院第 2/93 号具有强判性司法见解效力的合议庭裁判,"相关法律定性之简单变更(或变更控罪)不构成控诉书或起诉批示所描述之事实的实质变更,即使是法律定性之变更使此类事实纳入一个更严重的刑事罪名亦然"③。澳门中级法院法官在其裁判中指出,审判者在法院权限范围内拥有对起诉书或控诉书之事实做出不同于该等文书所做归纳之法律定性的自由④。"事实上,法律的确定或者对所查明事实的法律归纳,是司法功能的核心,该项功能不能受不正确归纳的限制,否则将完全偏离这项

---

① 澳门中级法院第 573/2013 号判决。
② 参阅《刑事诉讼中的有罪裁决及起诉》,《RLJ》第 63 期,转引自澳门中级法院第 131/2001 号裁判。
③ 葡萄牙 1993 年 3 月 10 日《共和国公报》第 58 期,转引自贝莱扎《〈澳门刑事诉讼法典〉中诉讼客体之变更》,《澳门法律学刊》1997 年第 1 期。
④ 澳门中级法院第 200/2000 号裁判。

功能。"①

在澳门的司法实践中，法官可以基于控诉事实而单纯变更法律定性，并类推适用《澳门刑事诉讼法典》第 339 条关于事实的非实质变更的规定。例如，将嫌犯从普通抢劫罪变更为加重抢劫罪，因为被害人被夺走的财物金额总计澳门币 52700 元及现金澳门币 6000 元②。嫌犯在另一嫌犯指使下将一伪造证件交给他人使用，检察院控诉为以从犯身份触犯一项使用他人之身份证明文件罪，法院将该行为的法律定性改为以正犯身份触犯一项使用他人之身份证明文件罪③。

2007 年葡萄牙修改后的刑事诉讼法典对这一类推适用的做法做出修正，在第 358 条（相对应于《澳门刑事诉讼法典》第 339 条），即"（一）如在听证过程中得出结果，使人有依据怀疑发生一些事实，其系对案件之裁判属重要，但在起诉书中未描述，又或无起诉时，在控诉书中未描述，而对起诉书或控诉书中所描述之事实不构成实质变更者，则主持审判之法官依职权或应声请将该变更告知嫌犯，并在嫌犯提出声请时，给予其确实必需之时间以准备辩护。（二）如变更系因辩方所陈述之事实而产生，则上款之规定，不适用之"的基础上，增加了第 3 款，"当法院变更控诉书或起诉书中所描述事实的法律定性时，相应适用第 1 款的规定"。该条款从立法上结束了之前刑事诉讼法中对单纯的法律定性变更没有明确规定，而必须适用类推规定的尴尬状况，是对之前《葡萄牙刑事诉讼法典》的有益完善，澳门也应当借鉴葡萄牙的这一修改规定，在《澳门刑事诉讼法典》第 339 条"事实的非实质变更"中增加类似的有关单纯的法律定性变更的准用条款，改变类推适用的现状。

四　事实变更与法律定性变更的诉讼程序

根据《澳门刑事诉讼法典》，以是否有预审为标准，诉讼客体将由控诉书或起诉批示确定④。而在此之前的侦查阶段中，诉讼标的可以自由变化，只要不违背法律关于自诉及告诉的规定即可。然而在提出控诉或起诉（若

① 澳门中级法院第 131/2001 号裁判。
② 澳门中级法院第 3/2003 – Ⅱ 号判决。
③ 澳门中级法院第 25/2009 号判决。
④ 贝莱扎：《〈澳门刑事诉讼法典〉中诉讼客体之变更》，《澳门法律学刊》1997 年第 1 期。

有预审）后，诉讼标的确立了最高的限度。审判法院只能在此限度内做出判决，只有在法律明确规定例外的情况下，才允许变更诉讼的标的（即《澳门刑事诉讼法典》第 340 条第 2 款之情形）①。

因此，事实的非实质变更也即诉讼标的范围内的事实变更，以及基于同一诉讼标的所做之法律定性变更，均是诉讼推行、认识深化的必然结果，因为并未从本质上撼动诉讼标的，并不会产生违反控诉原则的结果，其纳入诉讼程序无须获得被告人的同意。而事实的实质变更，即引致将一不同之犯罪归责于嫌犯或引致可科处之制裁之最高限度加重之事实变更，已经引致诉讼标的的变更（虽然并未产生一个新的独立的诉讼标的），则必须经被告人同意方可纳入。此即区分事实的非实质变更与事实的实质变更最大的程序意义。需要注意的是，虽然诉讼标的范围内的事实的非实质变更，以及基于相同事实的法律定性的变更无须征得被告人的同意，但应当注意对被告人的辩护权，尤其是对控诉的防御权的充分保障。

（一）辅助之诉或附随之诉：禁止事实的实质变更

根据《澳门刑事诉讼法典》第 265 条第 3 款，检察院的控诉书（也适用于辅助人提出的自诉）应当包括内容的描述、指出嫌犯的身份资料、对事实及情节的叙述、所适用的法律规定、指出证据、做出控诉书的日期及由提出控诉之人做出签署。Manuel Leal-Henriques 教授论述道：

> 对于事实的叙述，不应超越有关范围：即仅对事实做出描述，避免出现个人对事实作出审查及评价的情况，以及对之作任何法律或其他方面的结论。在此，检察院应完全采取中立的态度，其仅可描述经查证后的客观事实，且应采用明了可懂但符合法律严谨性的术语②。

在就检察院之控诉做出通知后 10 日内，根据《澳门刑事诉讼法典》第 266 条"辅助人提出之控诉"第 1 款的规定，辅助人或在控诉行为中成为辅助人之人亦得以检察院控诉之事实或该等事实之某部分提出控诉，又或以

---

① 贝莱扎：《〈澳门刑事诉讼法典〉中诉讼客体之变更》，《澳门法律学刊》1997 年第 1 期。
② 〔葡〕Manuel Leal-Henriques：《澳门刑事诉讼法教程》（上册）（第二版），卢映霞、梁凤明译，法律及司法培训中心，2011，第 31 页。

其他对检察院控诉之事实不构成实质变更之事实提出控诉。同时，《澳门刑事诉讼法典》第 267 条"非经自诉不得进行之刑事程序"第 4 款针对自诉案件中检察院提出的控诉做了类似的规定，即检察院得在自诉提出后 10 日内，以相同于自诉之事实或该等事实之某部分提出控诉，又或以其他对自诉之事实不构成实质变更之事实提出控诉。

也就是说，无论是公罪及半公罪案件中辅助人针对检察院控诉提出的辅助之诉，还是私罪案件中检察院针对辅助人的自诉提出的附随之诉，均不得超越原诉的事实范围，并不得构成对该事实之实质变更。这一规定的主要原因是，原诉提出主体（即公罪及半公罪案件中的检察院和私罪案件中的被害人）享有程序上及实体上的诉权，有权界定起诉的范围，而提出辅助之诉或附随之诉的主体不得更改原诉的范围，哪怕在同一诉讼标的范围内的实质变更，也是不允许的。

如果辅助之诉或附随之诉超出了原诉的范围，则法院有权对此部分不予受理。《澳门刑事诉讼法典》第 293 条"诉讼程序之清理"第 2 款规定，如移送卷宗以进行审判，而在之前没有进行预审，且辅助人控诉之一部分系在不遵守第 266 条第 1 款之规定下提出，或检察院控诉之一部分系在不遵守第 267 条第 4 款之规定下提出，则法官须做出批示，不受理该部分之控诉。

（二）预审程序：是否应当区分实质变更与非实质变更

根据《澳门刑事诉讼法典》第 285 条的规定，作为原则，只要预审程序中出现了检察院或辅助人的控诉书或展开预审之声请书中没有提及的新的事实，无论该事实构成实质变更，还是非实质变更，预审法官均可在该预审程序中做出是否将该事实一并提起控诉的决定。请注意，这里"新的事实"并不包括独立于原诉讼标的的"新事实"（详细论述参阅本章第三节）。作为例外，如果在实质变更的情况下，若该实质变更之事实能够独立于原来的事实，进行独立的调查，则预审法官可以决定将有关事实通知检察院，以便其做独立的立案处理①。换言之，正如 Manuel Leal-Henriques 教

---

① 该条规定与葡萄牙经第 48/2007 号法律修改前的规定颇为相似，所不同的是，根据葡萄牙当时的法律，对于预审法官在此情况下提出的检举，检察院必须开立侦查卷宗。而澳门的规定是，该预审法官的检举仅具有告发效力。笔者认为，澳门的规定更符合审检分立原则和预审程序的定位。

授所言，在澳门的法律制度中，如使人有依据怀疑发生检察院或辅助人的控诉书中又或展开预审的声请书中未描述的事实，则仅当该等事实构成实质变更，且在原诉讼程序中做调查属不适宜时，方以独立的诉讼程序进行调查①。

例如，在嫌犯甲涉嫌故意杀人案的预审中，如果预审法官发现甲实施杀人行为的时间不是夜里2点，而是夜里3点，这个新的事实仅构成事实的非实质变更（有的观点甚至认为该情况只是对事实的确定，并不构成事实之变更），预审法官直接在起诉或不起诉的批示中加入该更正后的新事实即可。如果在嫌犯甲涉嫌故意杀人案的预审中，发现嫌犯在杀人前实施了对被害人的强奸行为，则预审法官可以视案件情况，如果该强奸的情节比较清楚，事实认定比较容易，则可以在给予嫌犯必要的辩护准备时间后将该事实纳入预审程序；如果该强奸的情节比较复杂或者有其他不利于迅速开展诉讼程序的情形，比如嫌犯拒不认罪等，则预审法官可以将该强奸事实通知检察院，以便检察院立案处理。相反的情况是，如果控诉某人窝藏赃物罪，但在预审中发现该人实际上应当是盗窃罪的正犯，那么该部分盗窃事实无法独立于窝藏赃物的事实独立开立诉讼程序，因此只能由预审法官在正在进行的预审程序中予以处理，决定是否起诉该盗窃事实。

可见，在预审程序中，《澳门刑事诉讼法典》并没有似审判程序中那样区分事实的实质变更和非实质变更，赋予了预审法官更大的吸纳新事实的权利。哪怕在预审程序中出现事实的严重变化，即实质变更，预审法官仍然有权主动将其纳入诉讼程序，交由法院开启正式的审判程序。笔者认为，这一规定有检讨之必要。预审程序与审判程序从其功能定位上是有所区别的，预审程序本质上是一个司法复核的程序，即审查提出控诉或侦查归档的决定是否适当。虽然预审法官具有一定程度的调查权，但该调查应当服务于司法核实的目的。毕竟，根据澳门现行的制度，预审法官并不是类似法国那种刑事案件的侦查主体，而仅仅是被动的司法复核主体。因此，赋予预审法官主动吸纳新事实，将其并入可能的起诉批示，违反了诉讼构造中法官之被动性的角色定位，将预审法官从司法复核的角色转变成了与检

---

① 〔葡〕Manuel Leal-Henriques：《澳门刑事诉讼法教程》（上册）（第二版），卢映霞、梁凤明译，法律及司法培训中心，2011，第37页。

察院同样的追诉权主体，实属欠妥。

《葡萄牙刑事诉讼法典》的相关条文①通过第 48/2007 号法律做出修改，改变了上述做法。根据修改后的法典，预审程序中发现的新事实应当区分是否为实质变更。如果该新的事实仅构成非实质变更或者法律定性的变更，则法官依职权或应声请将有关变更之事告知辩护人及尽可能就此变更讯问嫌犯，并应声请给予嫌犯不超逾 8 日之期间以准备辩护，有需要时得将辩论押后。如果该事实构成实质变更，则除非该新的事实可独立提出控诉，由预审法官向检察院提出检举，否则预审法官不得考虑将该实质变更纳入进行的程序做出起诉，也不可以引致诉讼程序的消灭（即实际产生对该案件重新立案侦查的效果）。该项立法具有两个澳门刑事诉讼法的修改可以考虑的优点。一是增加了有关法律定性的变更的规定，这一情形在《澳门刑事诉讼法典》中并没有明确规定，而实践中却屡有发生，争议颇多（详情见后述）。二是将预审程序的事实变更区分为实质变更与非实质变更，预审法官不得有违其司法核实之角色定位而主动吸纳事实的实质变更。那么，这一条规定是否尽善尽美呢？正如该条法律在葡萄牙国内所引发的诸多批评一样，笔者也不认同其全盘否定预审法官在预审程序中无法吸纳实质变更之事实的做法。在此种规定下，预审法官在事实实质变更的情况下只有两种选择，或者建议检察院重新立案，或者对实质变更不予考虑。例如，在上述嫌犯甲涉嫌故意杀人案的预审中，发现嫌犯在杀人前实施了对被害人的强奸行为，根据葡萄牙现行法典第 303 条的规定，预审法官只能将该强奸的情节交付检察院，由检察院决定是否立案处理。这显然不利于诉讼效率的提高，甚至因另立诉讼程序而使被害人难以及时获得补偿，拖长了嫌犯在刑事程序中的时间，可能是对诉讼各方主体都不利的一种方案。法律应当允许预审法官在被告人同意并保障相关当事人（包括嫌犯及辅助人）诉讼权利的前提下将该强奸之事实纳入预审程序（该建议的详细理据与本章第三节关于刑事诉讼程序中纳入"新事实"的理据基本相同，在此不再赘述）。

总结来说，澳门刑事诉讼关于预审时的事实变更问题可以考虑借鉴葡萄牙刑事诉讼法律修改中的合理部分，并避免其过于机械、严苛的程序规定。笔者建议，预审程序中的事实变更可以分为两大类情形。其一，在出

---

① 《葡萄牙刑事诉讼法典》第 303 条。

现事实的非实质变更和单纯的法律定性的变更时，法官应依职权或应声请将有关变更告知辩护人及尽可能就此事讯问嫌犯，并应声请给予嫌犯不超逾10日的时间以准备辩护，有需要时得将辩论押后。其二，在出现事实的实质变更时，法官可征求嫌犯的意见，如嫌犯同意将该事实纳入正在进行的预审程序，则预审法官可以将该实质变更的事实纳入正在进行的程序，决定是否起诉。如果嫌犯反对，只有在法官认为该实质变更可以独立于正在进行的诉讼程序，或者虽然嫌犯同意将该事实之实质变更纳入正在进行之诉讼程序，而预审法官认为将其独立成立一新的诉讼程序更为适宜时，则可以就该事实向检察院提出检举，由检察院决定是否立案侦查。这样，在事实实质变更的情况下，预审法官既没有逾越其应有的被动核实之角色，又起到其应有的程序掌控之作用，在尊重嫌犯及辅助人权利的前提下保障诉讼公正、有效运行。

（三）审判程序中事实的实质变更

在刑事审判程序中允许事实的变更，甚至是一定程度的实质变更是世界各国的普遍做法。总体来说，允许事实变更的幅度及其事实程序可分为三种类型，即建基于职权主义的大陆法模式，建基于当事人主义的英美模式，还有兼采职权主义传统并引入英美法系诉因制度的日本模式。大陆法模式下，审判对象变更的余地比较大，法官被赋予了特定的诉讼标的变更权；英美法系实行严格的罪状制度（即日本诉因制度的"前身"），法官无法变更诉讼标的。而日本则在引入英美法系罪状制度的基础上，允许审判对象的变更，即限制性的诉因变更主义。其特点是，除了使用有关犯罪的诉讼这种事实概念以外，还使用公诉事实这种抽象性概念来划定诉因的界限。因此，根据日本学者的论述，日本法中审判对象的变更范围比英美法的范围要大，但比大陆法的范围小，属于中间类型的变更制度①。

在大陆法系的德国，法律允许审判过程中的事实变更，甚至实质变更。在职权主义的诉讼模式下，只要该变更没有超出同一诉讼标的的范围，即仍然属于"同一的历史性经过"，则法官无须征求被告人的意见，可以自行

---

① 〔日〕田口守一：《刑事诉讼法》，张凌、于秀峰译，中国政法大学出版社，2010，第262页。

决定事实的变更，哪怕是事实的实质变更[①]。只要在该新事实已经超出原诉讼标的的范围，构成"新事实"的情况下，才根据《德国刑事诉讼法典》第 266 条的规定追加起诉（详情见本章第三节关于"新事实"的论述）。

葡萄牙和澳门的刑事诉讼法典并没有采用德国的立法模式，而是基于对被告人的权利保障，将同一诉讼标的内的事实变更区分为事实的实质变更与非实质变更，并对事实的实质变更施加更为严格的限制条件。这种考虑到实质变更和非实质变更可能给被告人带来不同的影响而有所区别的做法是有其合理性的，更加体现了对被告人及辅助人相关诉讼权利和实体权利的尊重。然而澳门和葡萄牙的做法，尤其是葡萄牙在 2007 年修改刑事诉讼法典后的做法，仍不无有待商榷之处。

第一，如果存在事实的实质变更，根据《澳门刑事诉讼法典》第 340 条（对应《葡萄牙刑事诉讼法典》第 359 条）第 1 款的规定，主持审判之法官将该等事实告知检察院，该告知之效力等同于提出检举，以便检察院就新事实进行追诉；在正进行之诉讼程序之判罪上，不得考虑该等事实。虽然该条款没有明确指出仅适用于可独立进行的诉讼，但事实上，如果该事实的实质变更无法从原诉中分离，这一条款在实际中也无法执行。例如，前述嫌犯涉嫌窝藏赃物罪，但在审判中发现该人实际上应当是盗窃罪的正犯，那么该部分盗窃事实无法独立于窝藏赃物的事实独立开立诉讼程序，则法官也无法将该部分事实告知检察院以做出检举。又如，嫌犯因过失杀人被提起诉讼，但在审判中发现其具有杀人之间接故意，则该部分主观要件的变更也无法独立成立一新的诉讼，因此也无法适用上述第 340 条第 1 款的规定。

第二，如果检察院、嫌犯及辅助人同意就该构成实质变更的事实继续进行审判，且该等事实并不导致法院无管辖权，则法院可以在正在进行的诉讼程序中考虑该事实，并据此做出裁判，甚至是加重被告人刑事处罚的

[①] 《德国刑事诉讼法典》第 265 条规定如下。①在事先未特别向被告人指明法律观点已经变更并给予其辩护机会的情况下，不得对被告人依据不同于在法院所准许的公诉中引用的刑法规定做判决。②如果刑法特别规定的加重可罚性或科处矫正及保安处分的情节在审理中才出现，亦同样依照前款进行程序。③新出现的情况使得对被告人适用比在法院所准许的公诉中引用的刑法规定更重的规定，或者此情况属于第 2 款所称情节，被告人对此新出现的情况有争执，主张未能充分准备辩护时，依其申请应当中断法庭审理。④此外，因案情变化，为了充分准备公诉或辩护，中断法庭审理比较适当时，法庭亦应依申请或依职权中断法庭审理。

裁判。但是应嫌犯之声请，主持审判之法官给予嫌犯不超逾 10 日之期间以准备辩护，并在有需要时将听证押后。此种程序安排既考虑到刑事诉讼追究犯罪的目标，又兼顾了人权保障之需要，当无异议。

问题在于，如果该实质变更无法作为独立的诉讼程序进行审理，而检察院、嫌犯及辅助人中又有人不同意就该构成实质变更的事实继续审判，法院应当如何处理？根据 2007 年修改后的《葡萄牙刑事诉讼法典》第 359 条第 1 款①，在该种情况下，法院只能在不考虑该变更事实的基础上继续审理，不可以此事实的实质变更作为诉讼消灭的理由。也就是说，根据葡萄牙的刑事诉讼法，如果某嫌犯涉嫌窝藏赃物罪，但在审判中发现该人实际上应当是盗窃罪的正犯，只要该嫌犯不同意将该事实之变更纳入审判程序，该嫌犯只能以窝赃罪被定罪；又如，嫌犯因过失杀人被提起诉讼，但在审判中发现其具有杀人之间接故意，只要该嫌犯不同意该事实之变更，该嫌犯也只能因过失杀人被定罪。此种过于机械的坚持控诉原则，甚至对控诉原则的理解有失偏颇的做法，有违人类社会普遍的正义观和伦理价值。根据控诉原则，检察院没有提出控诉的事实，法院即不能审判。但此处之事实，应当是诉讼法意义上的事实，即"诉讼标的"之概念。在此，笔者同意德国著名学者罗科信教授的观点。罗科信教授认为：

> 诉讼标的意义上行为的一致性，并不因起诉而被静止地固定下来，其在一定范围内是可以更改的。例如，根据德国刑事诉讼法第 155 条的规定，法院的调查与裁判，只能延伸到起诉书中写明的行为和以诉讼指控的人员。在此界限范围内，法院有权和有义务自主行动；尤其是在刑法的适用上，法院不受提出的申请之约束。然而，只要法院所持的不同看法具有被起诉的事件经过的基本性质，则法院在诉讼标的的范围内对后来才辨认出来的与起诉书上或与开启审判程序的裁定上所载的事实出入，也可以自行决定②。

我们固然不应当鼓励警察机关及检察院的偷懒、失职，依赖法院在审判中发现事实的真相，并通过事实的实质变更之方式明确审判的标的，但

---

① 《葡萄牙刑事诉讼法典》第 359 条第 1 款规定，在正进行之诉讼程序之判罪上，法院不得考虑控诉书或起诉书中所描述事实之实质变更，且该变更并不意味着诉讼程序的消灭。
② 〔德〕克劳思·罗科信：《德国刑事诉讼法》，吴丽琪译，三民书局，1998，第 180 页。

也不应当因为警察机关及检察院的疏忽，甚至是当时情势下之能力所不及而放纵罪犯。考虑到大多数的警察机关及检察院都会勤勉并忠于职守的基本社会观念和社会秩序之大前提，在职权主义的诉讼理念下，应当允许法官对事实之实质变更进行审理，只要其仍限定在同一诉讼标的的范围内，而没有构成新的事实。

然而笔者并不同意德国刑事诉讼的具体做法，即只要在诉讼标的范围内，任何案件事实的变更都可以由法官自行决定，无须征求当事人的意见。澳门及葡萄牙的刑事诉讼法典考虑到事实的实质变更可能会给当事人带来更加严重的影响，因此与事实之非实质变更区别对待的做法具有其合理性，应当坚持。但是葡萄牙 2007 年修改后的刑事诉讼法似乎过于偏重对被告人权利的保障，甚至有违社会基本的正义观和对犯罪进行追诉的要求，有放纵罪犯之嫌。《澳门刑事诉讼法典》没有规定在前述情况下，即出现了事实的实质变更，而该变更不能独立成立一个新的诉讼，嫌犯又不同意将该变更纳入诉讼程序时应当如何处理，但也未似葡萄牙新的立法般使得对该实质变更部分的追究变得不可能。葡萄牙最高法院在 1993 年 1 月 28 日的合议庭裁判中所指出的方案，应当在澳门得到坚持，即"不需展开任何新的诉讼程序，原程序继续进行，只是因包含了新事实而要将该程序退回到调查阶段。面对必须予以查明的新事实，应当退回'重开侦查'"。贝莱扎教授也主张，经考虑厉行追诉主义、职权主义、诉讼经济及快捷原则后，把卷宗返回侦查阶段，由检察院重新加入事实，并再重新扩大事实范围的控诉，这一说法未尝不是一可行和较合理的解决方法①。澳门中级法院院长赖健雄先生也对这一主张表示赞同②。这一主张与德国关于事实实质变更的基本立场是一致的，即应当允许起诉后案件事实在同一诉讼标的的范围内的调整，以有效实现追究犯罪的目标。

这里可能存在的疑问是，《澳门刑事诉讼法典》中并无有关审判程序中止，退回"重开侦查"的程序规定。根据澳门前助理检察长韦高度先生的建议，在刑事诉讼法没有明确规定的情况下，可以根据《澳门刑事诉讼法典》第 4 条"漏洞之填补"而考虑适用民事诉讼法典的相关条款。根据

---

① 贝莱扎：《〈澳门刑事诉讼法典〉中诉讼客体之变更》，《澳门法律学刊》1997 年第 1 期。

② 赖健雄：《澳门刑事诉讼中的审检分立原则及法官的主动调查权》，载汤德宗、王鹏翔主编《2006 两岸四地法律发展》（下册），台湾中研院法律学研究所筹备处，第 388 页。

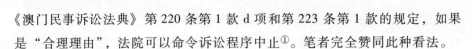

《澳门民事诉讼法典》第220条第1款d项和第223条第1款的规定，如果是"合理理由"，法院可以命令诉讼程序中止①。笔者完全赞同此种看法。

需要指出的是，根据韦高度先生的看法，预审程序中也可以使用此种诉讼程序之中止，来解决预审程序中出现的不能独立进行诉讼的事实之实质变更问题②，笔者对此持不同意见。原因是，预审程序中法官的角色定位和作用与审判程序中的是不同的。预审程序的法官并不是事实的发现者，而是充当在审判前程序中监督检察院的角色，对检察院所做出的是否控诉的决定进行司法复核，以免过于强大的检察院所做出的决定侵害了嫌犯或辅助人的权利。这与大陆法系各国普遍规定的对检察官的起诉或不起诉决定进行监督制约的各种机制，如德国的强制诉讼制度、法国的民事当事人制度、日本的检查审查会制度等，道理都是相通的，也发挥着类似的功能。而审判程序中的法官，在职权主义的诉讼模式下，是事实的发现者，享有与发现事实相对应的调查权（虽然预审法官也享有调查权，但其是服务于司法核实的目的），拥有在同一诉讼标的范围内调整案件事实的权力，以更好地实现其在审判阶段准确发现案件事实之任务。根据赖健雄先生的表述，"就诉讼标的范围内的事实，法官有义务及有权在控辩双方举证之外，自主地作出证据调查，以查明控罪事实的真相，从而创造出判决所必须的基础"③。因此，2007年《葡萄牙刑事诉讼法典》的修改，限制了预审法官在预审阶段吸纳事实实质变更的能力，对此笔者是赞同的，因为该种做法符合预审法官的角色定位。而在审判阶段仍然采同样之立场，则有违审判阶段法官实质发现功能之发挥，有待斟酌。

（四）审判程序中事实的非实质变更及单纯的法律定性变更

关于事实的非实质变更和单纯的法律定性变更，有以下两个问题值得强调。

第一，是否所有事实的非实质变更和法律定性变更都需要告知嫌犯，

---

① 韦高度：《刑事诉讼程序之事实及法律变更》，载《澳门司法警察日纪念特刊》，澳门司法警察学校出版社，2001，第30页。
② 韦高度：《刑事诉讼程序之事实及法律变更》，载《澳门司法警察日纪念特刊》，澳门司法警察学校出版社，2001，第29页。
③ 赖健雄：《澳门刑事诉讼中的审检分立原则及法官的主动调查权》，载汤德宗、王鹏翔主编《2006两岸四地法律发展》（下册），台湾中研院法律学研究所筹备处，第388页。

并在其提出声请时给予其必要的准备辩护的时间。正如葡萄牙助理总检察长所指出的，"在实际上并不要求控诉书极其准确"①。因此，也并非所有与控诉书所述事实有所变化的事实都需要告知嫌犯，根据葡萄牙学者的观点，某些案件情况的变更，只能被称为"不能引致事实变更之事实变化"，例如以加重人身伤害被归责但最终因未能证实加重的事实而被判处普通人身伤害罪（详见前述"事实之非实质变更"部分）。甚至，某些法律定性的变更也没必要事先告知嫌犯，例如将嫌犯的行为之法律定性从"故意致人重伤"变更为"过失致人重伤"，或者将某一行为的法律定性从侵犯住所罪改为侵犯禁止他人进入之地方罪等。

其实，《澳门刑事诉讼法典》第 339 条明确规定，只有该事实的非实质变更（类推适用于法律定性的变更）"对案件之裁判属重要"时，法院方具有必须告知的义务。关于何为"对案件之裁判属重要"，葡萄牙 Antonio Duarte Soares 教授对此做出精到之见解②："对案件裁判属重要"的表述，包含多种情形，其中有些对于刑罚分量或可科处之刑罚之下限有影响，另一些在此层面上虽无任何影响，但总能扰乱最初采取的辩护策略③。

第二，如果法院在存在"对案件之裁判属重要"的事实之非实质变更，或者单纯的法律定性的变更之情况下，并未将相关变更告知嫌犯，给予嫌犯必要的准备辩护的时间，则将会产生何种法律后果？对此，澳门的刑事司法裁判有两种不同的意见。在回归初期的某些刑事裁判中，中级法院的法官对此采取诉讼行为无效之立场，应当构成《澳门刑事诉讼法典》第 360 条第 1 款 b 项之无效（澳门中级法院第 131/2001 号裁判、澳门中级法院第 207/2004 号裁判）。例如，澳门中级法院第 131/2001 号裁判指出，"原审合议庭触犯了《澳门刑事诉讼法典》第 339 条的规定关于将该等变更告知嫌犯，如提出声请，给予其必要时间准备辩护之部分，因此犯有该法典第 360 条第 1 款 b 项规定之无效"④。而在最近几年的有些裁判中，法院的立场有所改变，认为此种告知欠缺应当属于《澳门刑事诉讼法典》第 105 条及第

① 参阅葡萄牙 1966 年 10 月 6 日最高法院合议庭裁判，《BMJ》第 160 期，转引自澳门中级法院第 32/2002 号裁判。

② 该见解亦被多份澳门本地之司法裁判所引用，如澳门中级法院第 213/2001 号裁判、澳门中级法院第 32/2002 号裁判、澳门中级法院第 573/2013 号裁判等。

③ 〔葡〕Antonio Duarte Soares：《控罪变更》，载葡萄牙《司法见解/最高法院合议庭裁判》第 2 卷，第 3 ~ 15 页，转引自澳门中级法院第 32/2002 号裁判。

④ 澳门中级法院第 131/2001 号裁判。

110 条的规定，仅构成不当情事（澳门中级法院第 25/2009 号裁判、澳门中级法院判决第 573/2013 号裁判）。笔者认同后一种立场，即法院没有告知其本应告知的事实之非实质变更或法律定性的变更，仅能构成不当情事，不能适用《澳门刑事诉讼法典》第 360 条第 1 款 b 项之无效。

《澳门刑事诉讼法典》第 360 条第 1 款 b 项规定，在非属第 339 条及第 340 条所指之情况及条件下，以起诉书中，或无起诉时以控诉书中未描述之事实做出判罪者，该判决无效。根据贝莱扎教授的解释，"只有在事实变更场合才准许使用这一准则"①。正如澳门中级法院在最近的刑事裁判文书中所指出的，"基于立法者并未规定法院不遵守《刑事诉讼法典》第 339 条第 1 款的规定会导致判决的无效，因此根据《刑事诉讼法典》第 105 条及第 110 条的规定，原审法院的倘有疏忽仅构成不当情事，利害关系人应在法定期间内提出争辩，否则该不当情事将获得补正"②。

概言之，如果法院的裁判是建立在一个与构成该案诉讼客体之事实完全不同的独立事实（即"新事实"）之基础上的，则是《澳门刑事诉讼法典》第 106 条规定的不可补正的无效；如果法院对该案诉讼标的所做出之裁判，引用了第 339 条及第 340 条规定情形以外的事实，即庭审过程中没有提及的该案诉讼标的内的事实，则构成可补正之无效；如果法院违反了第 339 条关于"将该等变更告知嫌犯，如提出声请，给予其必要时间准备辩护"之部分，则仅构成不当情事；如虽属控诉书某些细节的变化，或者属法律定性方面由重变轻的变更，则无须遵守第 339 条有关"将该等变更告知嫌犯，如提出声请，给予其必要时间准备辩护"之部分，相关的不作为不会构成不当情事。

---

① 贝莱扎：《〈澳门刑事诉讼法典〉中诉讼客体之变更》，《澳门法律学刊》1997 年第 1 期。
② 澳门中级法院第 573/2013 号裁判。

第五章
刑事诉讼行为

第一节　刑事诉讼行为的一般问题

在刑事诉讼程序中，刑事诉讼行为是刑事诉讼法律关系形成、发展、变更或者消灭的主要原因。著名的德国诉讼法学家 W. Sauer 教授曾指出："诉讼行为之概念乃为诉讼法之中心点。"① 《澳门刑事诉讼法典》第一部分第二卷分五编对诉讼行为的一般问题、原则、方式和效力等做了详细规定，同时刑事诉讼法的其他条文也涉及众多关于诉讼行为的相关规定，可以说，"诉讼行为贯穿于整个《刑事诉讼法典》之中"②。

一　刑事诉讼行为的概念和特征

"诉讼行为"一词，源自民事法律行为理论③。据德国学者勒赫教授考

---

① 转引自曹鸿阑《刑事诉讼行为之基础理论》，《法学评论》1974 年第 6 期。

② 徐京辉、程立福：《澳门刑事诉讼法》，澳门基金会，1999，第 50 页。

③ 早期学者将诉讼行为等同于私法行为，认为诉讼行为是法律行为在诉讼领域的自然延伸，两者在性质上没有区别。德国学者库恩拉德·赫尔维希在 1910 年出版的《诉讼行为和法律行为》一书中，首次在民事理论的框架内将法律行为和诉讼行为进行了明确区分，从而开启了学界对诉讼行为理论的研究。

证，诉讼行为一词最早是由 18 世纪德国自然法学家 Daniel Nettelbladt 教授在其著作中提出的①。而作为诉讼行为理论的一个重要分支，刑事诉讼行为理论则是由德国学者 Benneke Beling 教授在 1900 年出版的《德意志帝国刑事诉讼教科书》中首次提出的，他在该书中系统论述了刑事诉讼行为的概念、分类及其效力等②。

关于刑事诉讼行为的概念，理论界有诸多不同的观点和争论。总体来说，可以区分为广义说和狭义说两种。根据广义说，诉讼主体及诉讼参与人等其他诉讼法律关系主体，根据刑事诉讼法的规定所做出之产生诉讼法律效果的行为都是刑事诉讼行为。而狭义说则认为，过于宽泛的谈论诉讼行为并无意义，诉讼行为应当限定为与诉讼程序的进行直接相关的意思表示，只有引发特定诉讼效果的意思表示才是诉讼行为，如起诉、判决、提出上诉等。例如，证人到法庭做证的行为，根据广义说，属于诉讼行为；而根据狭义说，由于其并不能促进刑事诉讼程序的发展，诉讼并不会因为证人的做证而启动、进入下一阶段或者撤销，因此不属于狭义的诉讼行为。

在大陆法系的学说中，狭义说与广义说均有论及。德国罗科信教授主张狭义说，认为诉讼行为是"在诉讼程序中能按意愿达到所期望之法律效果，并促使诉讼程序继续进行之意思表示（例如告诉、公诉、羁押命令、审判程序之命令、判决、提起法律救济）"③。葡萄牙学者 Pontes de Miranda 教授也持狭义说之主张，指出诉讼行为是"任何对诉讼程序有重要性的行为，或因形成、或因保留、或因延伸、推动、变更、确定或分离诉讼关系的行为"④。

更多的学者则采广义说。德国学者 Niese 教授指出，刑事诉讼行为不仅具有诉讼法上的效果，还可能具有实体法的效果，例如逮捕这种诉讼行为，就可能会干预被告的基本权利⑤。葡萄牙学者 Cavaleiro de Ferreira 教

① 勒赫在 1976 年发表的《内铁尔布拉特和民事诉讼》一文中提出该观点，转引自张家慧《当事人诉讼行为法律研究》，中国民主法制出版社，2005，第 65 页。
② 曹鸿阑：《刑事诉讼行为之效力》，载陈朴生编《刑事诉讼法论文选辑》，五南图书出版公司，1984，第 111 页。
③ 〔德〕克劳思·罗科信：《刑事诉讼法》，吴丽琪译，法律出版社，2003，第 195 页。
④ 〔葡〕Manuel Leal-Henriques：《澳门刑事诉讼法教程》（上册）（第二版），卢映霞、梁凤明译，法律及司法培训中心，2011，第 101 页。
⑤ Claus Roxin, Bernd Schunemann, *Strafverfahrensrecht*, 2009, p.22/5 ff.，转引自林钰雄《刑事诉讼法》（上册），元照出版有限公司，2010，第 246 页。

授认为，诉讼行为是"与诉讼程序的进行有直接关系的法律行为，以准备、确定来发展及实施为目的"①。葡萄牙共和国总检察长也持相同观点，他更为详细地指出，诉讼行为是指"所有在诉讼程序中作出或由于诉讼程序而作的行为、活动或行动"，从而实现"实施法律及体现公正"的"诉讼程序整体的发展方向"②。日本学者田口守一教授认为，诉讼行为是指"具有诉讼法上效果的构成诉讼程序的各个行为"③。中国台湾地区学者陈朴生教授认为，"诉讼行为，乃构成诉讼程序所实施合于诉讼法上定型之行为，并足以发生诉讼法上之效果者"④。林钰雄教授认为，诉讼行为是在整个诉讼程序中一连串的诉讼参与人在诉讼上的相关活动，包括逮捕、羁押、讯问、判决等⑤。中国内地学者宋英辉教授提出，"刑事诉讼行为是刑事诉讼法律关系的主体⑥所实施的符合诉讼法上规定的构成要件，并且足以产生诉讼法上效果的行为，是刑事诉讼程序的基本构成要素之一"⑦。孙长永教授也表达了类似的观点，即"刑事诉讼行为是指诉讼主体或者其他主体实施的、构成诉讼程序内容的、可以产生诉讼上的特定效果的行为"⑧。

本书赞同诉讼行为的广义说。从《澳门刑事诉讼法典》第一部分第二卷的内容安排看，立法对诉讼行为采用广义的观点，涵盖了各诉讼法律关系主体（而非仅仅诉讼主体）依法实施的产生诉讼法上效果的各行为。葡萄牙和澳门的理论与实务界均赞同诉讼行为的广义说观点。而且采用广义说的观点来规范及研究刑事诉讼行为，更加有利于刑事诉讼的规范运行和发展，以免发生不必要之争执。为此，本书采广义说之诉讼行为观点。刑事诉讼行为，是指刑事诉讼法律关系主体在刑事诉讼程序中所实施的，足

---

① 〔葡〕Manuel Leal-Henriques：《澳门刑事诉讼法教程》（上册）（第二版），卢映霞、梁凤明译，法律及司法培训中心，2011，第101页。
② 葡萄牙1995年12月26日第23/94号意见书，载于《Pareceres》1995年第6期，第63页及其后数页，转引自〔葡〕Manuel Leal-Henriques《澳门刑事诉讼法教程》（上册）（第二版），卢映霞、梁凤明译，法律及司法培训中心，2011，第46页。
③ 〔日〕田口守一：《刑事诉讼法》，张凌、于秀峰译，中国政法大学出版社，2010，第150页。
④ 陈朴生：《刑事诉讼法实务》（增订版），海天印刷厂有限公司，1981，第114页。
⑤ 林钰雄：《刑事诉讼法》，元照出版有限公司，2010，第245页。
⑥ 诉讼法律关系是指诉讼参与人在诉讼中与审判、起诉、侦查机关之间形成的权利义务关系，诉讼法律关系主体则是指在这个过程中享有权利、承担义务的人或者机关，包括所有的诉讼参与人和有关机关，因此诉讼法律关系主体的范围比诉讼主体的范围广。——笔者注
⑦ 宋英辉主编《刑事诉讼原理》，法律出版社，2007，第197页。
⑧ 孙长永主编《刑事诉讼法学》，法律出版社，2013，第42页。

以产生诉讼法上效果的行为。从这个定义上看，刑事诉讼行为具有以下几方面的特征。

（1）刑事诉讼行为是刑事诉讼法律关系主体所实施的行为。刑事诉讼法律关系主体包括刑事诉讼主体和其他主体。依照《澳门刑事诉讼法典》的规定，刑事诉讼主体包括法官、检察院、刑事警察机关、嫌犯及其辩护人、辅助人和民事当事人六类，是构成刑事诉讼不可缺少的主体；与此同时，参与刑事诉讼的其他主体，比如证人、鉴定人、传译员等，虽然他们的参与并不使刑事诉讼的成立受到影响，但若缺少他们的参与行为，刑事诉讼程序则无法顺利进行，因此同样应当纳入诉讼行为的范畴。

（2）刑事诉讼行为是构成刑事诉讼程序的行为。与刑事诉讼程序无关的行为，比如法官、检察官的工作分工和评核等属于内部工作事务的行为，不是刑事诉讼行为。

（3）刑事诉讼行为是必须能够发生刑事诉讼法上效果的行为。一般而言，法律对刑事诉讼行为的要件及其法律效果都会有明确规定。比如，根据《澳门刑事诉讼法典》第26、27条之规定，检察院、嫌犯或辅助人依法有权向有管辖权解决冲突之法院之院长提出有管辖权之冲突的声请，有权之法院应当就该管辖权冲突依法做出裁判。

二　刑事诉讼行为的分类

依照不同的标准，刑事诉讼行为可以划分为不同的种类。

（一）法院行为、控辩双方行为和第三人行为

根据诉讼行为主体的不同，刑事诉讼行为可以划分为法院行为、控辩双方行为和第三人行为。

（1）法院行为是指审理和裁判行为以及与审判相关的附带行为。例如，主持搜查律师事务所、医生诊所或银行场所，司法辅助人员通知开庭日期等。法院行为包括合议庭、独任法官以及其他司法辅助人员等的行为。

（2）控辩双方行为是指检察官、嫌犯及其辩护人、辅助人及其代理人的行为等。其中，辩护人和代理人所进行的行为也属控辩双方行为的组成部分。

（3）第三人行为是指前两类主体以外的主体所实施的行为。例如，检

举人的检举行为、证人的做证行为和鉴定人的鉴定行为等。

（二）起始的诉讼行为、推进的诉讼行为和终结的诉讼行为

刑事诉讼程序是一个有序的、不断推进的动态过程，根据对诉讼程序运作的功能不同，刑事诉讼行为可以分为起始的诉讼行为、推进的诉讼行为和终结的诉讼行为。

（1）起始的诉讼行为是指能够引起诉讼程序的行为。依照《澳门刑事诉讼法典》第42条的规定，检察院具有接收检举及告诉，以及就是否继续处理检举及告诉做出审查的权限；具有提出控诉，并在预审及审判中确实支持该控诉的权限。检察院可以依职权主动启动刑事诉讼程序，亦可应第三人的声请而提起刑事诉讼。

（2）推进的诉讼行为是指在刑事诉讼程序启动后所实施的、能够推进诉讼程序不断进展的各类行为。在这其中，对诉讼程序发展起主要推动作用的是法院、检察院、嫌犯以及辅助人的诉讼行为，体现在以下三个方面：一是诉讼请求的提出行为，例如提起上诉的行为；二是事实的主张和证据的提供行为；三是诉讼程序的推进行为，例如庭审进行行为、证据调查行为、文书送达行为等。

（3）终结的诉讼行为是指能够终结刑事诉讼程序的行为。一般而言，诉讼程序因法官的终局裁判而终结。但从广义的诉讼行为范围而言，终结的诉讼行为还包括检察院对案件做出永久归档、免除刑罚的归档等行为，此外预审法官的不起诉批示也具有终结诉讼程序的效力。

（三）诉讼法律行为和诉讼事实行为

根据与意思表示关系的不同，刑事诉讼行为可以分为诉讼法律行为和诉讼事实行为。

（1）以产生某种诉讼法律效果的意思表示为要素的诉讼行为称为诉讼法律行为。例如，检察院提出控诉、法官做出裁判等。但是包含有意思表示而且该意思表示也发生一定法律效果的行为，若该法律效果不是诉讼上的法律效果，就不被认为是诉讼法律行为。例如，法院内部管理的行为，发生的效果并不是诉讼法上的效果，所以并不能认为是诉讼行为。

（2）与行为人的意思表示内容无关的具有诉讼法律效果的诉讼行为，被称为诉讼事实行为。例如讯问嫌犯、调查证据等。诉讼事实行为根据内

容的不同，又可以进一步分为表示行为和单纯事实行为[①]。表示行为是指表达行为人的观念或者意见的行为。例如法庭辩论行为中，检察官和辩护人就案件的事实问题和法律问题发表自己的意见，虽然都体现了各自的意思表示，但是这类行为所期待的法律效果，并不取决于行为人的意志，只有在行为影响到法官的心证时才能达到预期的法律效果。单纯事实行为，是指不以意思、观念、意见的表示为要素的行为，如法官确定审判日期的批示等。

（四）决定性行为和非决定性行为

根据行为性质的不同，刑事诉讼行为分为决定性行为和非决定性行为。这个分类针对的是法官和检察院的诉讼行为。

（1）决定性行为，是指在诉讼程序中具有结论性作用、要求具备一定法律形式的行为。由于决定性行为往往涉及案件的公正裁决，因此《澳门刑事诉讼法典》第 87 条严格规定了决定性行为的法律形式。其一，决定性行为必须说明理由。和非决定性行为相比，决定性行为在诉讼程序中具有更重要的影响，往往是对诉讼程序中最核心的问题所做的结论性意见，因此它的做出必须有充分的、合法的理由和依据。其二，决定性行为按情况须具备书面行为或者口头行为之形式要件。其三，法官的决定性行为有三种方式：一是判决，如该等行为系对诉讼程序之标的做出最后认定者；二是批示，如该等行为系对诉讼程序进行中出现之问题做出最后认定者，或系在不属上项所指情况下使诉讼程序终结者；三是合议庭裁判，如由合议庭做出之决定。检察院的决定性行为须以批示方式做出。

（2）非决定性行为，是指在诉讼程序中并不具备结论性作用，可由法官及检察院酌情加以裁定的行为。比如案件的证据调查行为、讯问嫌犯行为等。非决定性行为往往具有一定的灵活性，可由检察院或者法官根据诉讼程序的实际需要自由裁量，且非决定性行为的目的一般是为了做出决定性行为。

（五）实质行为和声明行为

根据作用机理的不同，刑事诉讼行为可以分为实质行为和声明行为。

[①] 陈朴生：《刑事诉讼法实务》（增订版），海天印刷厂有限公司，1981，第 120 页。

（1）实质行为是指通过事实情况的变更而产生诉讼效果的行为。实质行为产生效果不依赖行为人的主观意思表示，而是基于行为所涉及的事实情况，如证据的扣押或者执行拘留命令状等。

（2）声明行为则是指通过行为人的意识活动才能产生诉讼效果的行为。声明行为又可分为意愿声明、一般性的自愿声明和科学性的声明。意愿声明是为了产生特定法律效果的声明；一般性的自愿声明是仅以本身的意愿，但并不以达致一法律效果为目的的声明；科学性的声明则是对某一些事实和物质的认知的声明①。这种分类方法在现实中具有非常重要的意义，尤其是当行为人的意向有瑕疵时，因为意向有瑕疵即意味着诉讼行为有瑕疵。例如在上诉及放弃上诉时，如果上诉人是因胁迫而放弃的，则此诉讼行为有因瑕疵应被认定为无效②。

除了以上分类之外，刑事诉讼行为还可以进行一些其他分类。如根据诉讼阶段的不同，可以分为侦查行为、预审行为、审判行为、上诉行为和执行行为；根据行为外部表现的不同，可以分为作为与不作为③；根据行为效果的不同，可以分为主要行为和辅助行为等；根据行为最终效果性质的不同，可以分为形成实体行为和形成程序行为④。

三 刑事诉讼行为的要件

通常来说，诉讼行为的要件包括成立要件和生效要件。生效要件以成立要件为前提。但与民事行为的成立要件和生效要件严格区分所不同，刑事诉讼行为的成立要件和生效要件并不能明确区分，从立法规范和实务操作来看，两者之间的界限也不明显。一般而言，在刑事诉讼中的一项诉讼行为，如果符合了法律规定的要件而成立时，也即同时具有了诉讼法上的效力。因此，本书所说的刑事诉讼行为的要件，是综合了成立要件和生效要件而言的。

具体来说，诉讼行为的要件包括以下几个方面。

---

① 〔葡〕Manuel Leal-Henriques：《澳门刑事诉讼法教程》（上册）（第二版），卢映霞、梁凤明译，法律及司法培训中心，2011，第103～104页。

② 徐京辉、程立福：《澳门刑事诉讼法》，澳门基金会，1999，第52～53页。

③ 张建伟：《刑事诉讼法通义》，清华大学出版社，2007，第248页。

④ 宋英辉主编《刑事诉讼原理》，法律出版社，2007，第199～200页。

（一） 主体要件

主体要件是指实施诉讼行为的主体本身所应当具备的条件。主体资格的瑕疵往往会影响诉讼行为的成立及生效。不能实施行为的主体在诉讼中所实施的行为违反了主体要件，其所实施之行为应宣布为无效行为。

法律规定了许多行为只有特定的主体才有资格实施，特定主体可以实施法律规定的特定行为的资格即为主体资格适格。例如，《澳门刑事诉讼法典》第 128 条规定，对被拘留之嫌犯进行首次司法讯问仅由预审法官进行，讯问时有检察院及辩护人在旁，且有司法公务员在场。如果讯问由检察官进行，则该行为即违反法律规定的主体要件，将导致该讯问行为不成立。又如，判决应当由法官做出，非法官所做的裁判，不具备裁判的要件，其所实施的裁判行为同样不成立。

（二） 能力要件

诉讼能力又称诉讼行为能力，是指诉讼主体可以亲自实施诉讼行为，并通过自己的行为，行使诉讼权利和承担诉讼义务的诉讼法上的资格。诉讼能力适格是诉讼行为成立的必要条件，无诉讼行为能力的行为人所实施的诉讼行为属于无效的诉讼行为。当然，行为人即使没有诉讼能力，也可以委托他人代理诉讼行为。例如，《澳门刑事诉讼法典》第 118 条 "作证之能力及义务" 第 1 款规定：凡未因精神失常而处于禁治产状态之人均有成为证人之能力，如果精神失常而处于禁治产状态的人在诉讼中所做的证言则属于无效行为。又如，《澳门刑法典》第 18 条对嫌犯的能力要件做出了一般性规定：未满 16 岁之人，不可归责。

（三） 形式要件

刑事诉讼行为的实施往往直接关系到当事人利益的实现，因此法律对诉讼行为设置了严格的形式要件，以规范刑事诉讼主体诉讼权利的行使和诉讼义务的履行。诉讼行为的形式要件包括行为的语言、方式、期限、场所等各要素。形式要件是评价诉讼行为程序合法性的标准。例如，大部分国家的法律都规定，检察院在提起控诉时必须用法律规定的语言提交书面控诉书，否则该行为无效。在德国，法律救济书状须以德文书写，对外国人则应以一其能理解之语言对其告知，否则其可声请恢复原状①。又如，《澳门刑事诉讼法典》第229条规定了检举得以口头或书面为之，且无须经特别手续。为了积极地打击犯罪，鼓励各方检举犯罪行为，法律对检举的形式采用了从宽的原则，允许口头方式进行检举，但同时规定，口头方式的检举须做成书面，并由接获检举之实体及经适当认别身份之检举人签名，以规范检举行为的实施。违反诉讼行为期限，往往会导致该诉讼行为不成立。例如，违反期限提出上诉，则该上诉行为无效。

需要注意的是，对于某些非根本性的形式错误，法律允许行为人采取一定形式的补救行为，赋予此类不符合形式要件的诉讼行为得以补正的机会，补正之后符合了法律的形式要件，则该诉讼行为具备相应的法律效力。例如，法院在判决书中缺少了日期及各法官签名，该判决行为不必然无效，允许法院对遗漏部分进行补正。有时，法律也会规定采用其他方法进行救济。例如，在不当情事可能影响已做出的行为效力时，法律允许知悉该不当情事的有权当局做出命令就该不当情事进行弥补②。

（四）意思要件

刑事诉讼行为的意思要件，是指诉讼行为应当具备行为人的意思表示内容。日本学者曾经如此定义行为：行为是"人之意思现于外部之静状及动状。故意思未现于外部时，不得谓之为行为。又虽现于外部，有物界之影响，而不基于意思时，亦不得谓之为行为"③。意思表示须具有清晰的意义，"对其客观的内容必要时可经解释来加以调查，不应只就字面意义，而尤需对其真正想表达的意思来加以理解"④。意思表示是诉讼行为的特别成立要件，仅在法律对于某些诉讼行为有特别规定的情况下，意思表示才成为诉讼行为的成立要件⑤。例如检察院做出控诉决定，在控诉书中须明确对嫌犯所实施的犯罪事实以及法律适用等确定的意思表示内容，如果缺少相关意思表示内容，控诉书不成立。意思要件，作为刑事诉讼行为的成立要件，从维护程序公正的角度出发，无须进行意思表示是否真实的价值评价。

---

① 〔德〕克劳思·罗科信：《刑事诉讼法》，吴丽琪译，法律出版社，2003，第197页。
② 参见《澳门刑事诉讼法典》第110条第2款。
③ 〔日〕清水澄新：《法律经济辞典》，张春涛、郭开文译，群益书社，1916，第138页。
④ 〔德〕克劳思·罗科信：《刑事诉讼法》，吴丽琪译，法律出版社，2003，第196页。
⑤ 宋英辉主编《刑事诉讼原理》，法律出版社，2007，第204页。

意思表示一般应当是行为人本人的意思，但实际上不是本人的真实意思，并不影响意思表示的有效性。例如，嫌犯提出重新鉴定的声请，无论其真实意愿是拖延诉讼还是其他目的，都不影响提出重新鉴定的诉讼行为的效力。刑事诉讼行为的意思表示有瑕疵，原则上并不影响诉讼行为的效力，只有在意思瑕疵极其严重，使"个案正义需求（或称具体妥当性）明显优于法安定性考虑"的例外情形时，才能发生否定诉讼行为效力的结果①。

四 刑事诉讼行为之秩序保障

刑事诉讼，从性质上而言，是司法当局为实现刑罚权而进行的一系列司法活动，公共权力在整个刑事诉讼程序中始终占据主导地位。而作为诉讼程序的要素——诉讼行为的实施，同样需要在公共权力的规范和引导下有序进行，才能实现刑事诉讼的最终目的。诉讼行为是包括司法当局、刑事警察机关、嫌犯、辅助人等多方行为的整体，构建和保障诉讼行为的良好秩序同样是法律需要解决的问题。

《澳门刑事诉讼法典》第75条规定了维持诉讼行为进行时之秩序的相关规则。

从主体上看，维护诉讼行为秩序的权力主体是司法当局、刑事警察机关及司法公务员。在刑事诉讼的结构中，诉讼地位和诉讼角色决定了司法当局、刑事警察当局及司法公务员在刑事诉讼程序中享有维护诉讼行为秩序的权利，同时也构成法律所规定的义务。

从措施上看，第一，一般必需之措施，应由司法当局、刑事警察机关及司法公务员在需使各项工作符合规则及维持由其主持或领导之诉讼行为进行时之秩序的情形下，对扰乱有关行为进行之人所采取；第二，限制人身自由的拘留措施，则应当由法官决定，在该扰乱者仍应在当日参与由法官主持之行为，或应在该行为进行时在场的情形下，命令将该人拘留，直至其参与该行为为止，又或命令在该人必须在场之时间内将其拘留。同时，司法当局等有权限实体在进行诉讼行为时有任何违法行为发生的情况下，做出以上必需措施以及拘留措施，须制作或命令制作笔录，对相关情况予以明确记录。法律同时规定，为维持诉讼行为进行时之秩序，得在有需要

---

① 林钰雄：《刑事诉讼法》，元照出版有限公司，2010，第248页。

时要求刑事警察机关协助；为此目的，该刑事警察机关须由主持该诉讼行为之司法当局领导。

五　宣誓与承诺

宣誓作为一种诉讼制度，具有几千年的悠久历史，早在古希腊时期就已经存在，被古希腊人视为审判程序的一个重要组成部分。而现今世界各国（包括两大法系的国家，如英国、美国、法国、德国等）的审判程序中几乎都有证人宣誓仪式[①]。在古代证据制度中，宣誓不仅具有形式价值，更是作为一种在宗教信仰背景下神示证据制度的审判方式而存在。而在现代证人制度中，宣誓已经不以证人的宗教信仰为前提，它在诉讼程序中的意义，更多地体现在程序价值和对法律的信仰价值上。

《澳门刑事诉讼法典》第81条规定了宣誓和承诺制度。证人在向有权限之司法当局做证之前，必须进行宣誓："本人谨以名誉宣誓，所言全部属实，并无虚言。"而在执行职务时参与诉讼行为的非公务员的鉴定人及传译员在诉讼程序中的任何阶段内在司法当局前，必须许下承诺："本人谨以名誉承诺，尽忠职守。"

宣誓的主体仅限于证人。嫌犯、辅助人及民事当事人在做出声明前无须宣誓（《澳门刑事诉讼法典》第127、131条）。《澳门刑事诉讼法典》第119条和第125条进一步明确了证人的宣誓义务和程序，同时司法当局须事先警告应做宣誓或承诺之人，指明如其拒绝或不遵守该宣誓及承诺将受之处分。

作为具有公务员身份并在执行职务时参与诉讼行为的鉴定人及传译员，按照《澳门刑事诉讼法典》第81条第6款的规定，无须进行承诺。这主要是基于公务员在就职时需要做出类似承诺，根据《澳门公共行政工作人员通则》第35条的规定，在公务员就职行为中，就职者须做出以下名誉承诺："谨以本人名义，郑重声明，尽忠职守。"因此，公务员的身份已经当然地使他负有尽忠职守的义务，重复承诺并无意义。同时，考虑到年龄小、

---

①　Somerville J., in Blackburn v. State, 71, Ala. 319：(The objects is) to purge the conscience, and impress the witness with a due sense of religious obligation, so as to secure the purity and truth of his testimony under the influenceof its sanctity，转引自李学灯《比较证据法》，五南图书出版公司，1992，第498页，注释25。

心智尚不成熟的原因，法律还规定了未满 16 岁的人无须做出宣誓或承诺。

宣誓或承诺一旦做出，即无须在同一诉讼程序中的同一阶段内再次做出。而在同一诉讼程序中的不同阶段或者在不同诉讼程序中，都应按照法律的要求做出新的宣誓或承诺。

宣誓或者承诺的法律效力，首先体现在拒绝宣誓或承诺的后果上。根据《澳门刑法典》第 324 条第 1、2 款之规定，拒绝宣誓或承诺等同于拒绝陈述或者拒绝提供报告、翻译或资料，可构成"作虚假之证言、鉴定、传译或翻译罪"，处 6 个月至 3 年徒刑，或科不少于 60 日罚金。宣誓或者承诺的法律效力，还体现在若宣誓或承诺以后做出虚假证言或虚假鉴定的行为，根据《澳门刑法典》第 324 条第 3 款之规定，可构成"作虚假之证言、鉴定、传译或翻译罪"，处最高 5 年徒刑，或科最高 600 日罚金。由此可见，宣誓或承诺，在澳门的刑事诉讼中是一项具有实际法律意义的行为。

第二节　诉讼公开与司法保密

诉讼公开，也称审判公开、司法公开，是刑事诉讼的一项重要制度，在防止司法滥权、促进公众监督权、保障合法人权方面起着非常重要的作用。"法律应予公布属于主观意识的权利，同样，法律在特殊事件中的实现，即外部手续的历程以及法律理由等也应有理由使人获悉，因为这种历程是自在地在历史上普遍有效的，又因为个别事件就其特殊内容来说诚然只涉及当事人的利益，但其普遍内容即其中的法和它的裁判是与一切人有利害关系的。这就是审判公开原则。"[1]"审判应当公开，犯罪的证据应当公开，以便使或许是社会唯一制约手段的舆论能够约束强制力和欲望；这样，人民就会说，我们不是奴隶，我们受到保护。"[2] 诉讼公开同时也是现代政治文明的普遍性要求。联合国《公民权利和政治权利国际公约》规定："人人有资格由一个依法设立的合格的、独立的和无偏倚的法庭进行公正和公开的审理。"《美国联邦宪法修正案》在第 6 条规定，在一切刑事诉讼中，

---

① 〔德〕黑格尔：《法哲学原理》，范扬、张企泰译，商务印书馆，1961，第 232 页。
② 〔意〕切萨雷·贝卡里亚：《论犯罪与刑罚》，黄风译，北京大学出版社，2008，第 34 页。

被告人均有权得到公正审判团予以迅速和公开的审理①。

司法保密基于对无罪推定原则的贯彻和执行。毋庸置疑，无罪推定原则已经成为现代法治和人权保护的一项重要的指导性原则。而司法保密的意义在于：在做出具有确定性的有罪判决前，所有嫌犯均被推定为无罪；保障司法独立，避免社会舆论干扰司法当局的判断；确保有关部门在收集证据时免受影响，避免证据被预先隐藏或毁灭等情况出现。同时，现代司法保密制度的设立还基于保护个人隐私、商业秘密和国家机密不受侵犯的角度考虑。

诉讼公开和司法保密制度之间存在着天然的矛盾：一方面，诉讼公开要求案件审理必须向公众公开；另一方面，司法保密又强调司法过程的不公开。两者基于不同的价值取向选择了不同的行为模式。但同时两者的矛盾并不是完全不可调和的。各国和各地区在司法实践中，都确立了相应的制度来调整诉讼公开和司法保密之间的衔接。鉴于诉讼公开是司法公正的制度保障，"没有公开则无所谓正义"②。通常的做法是，将诉讼公开作为基本原则，司法保密作为例外情况，仅在特定的诉讼阶段或者特定的案件类型中对特定事项予以保密。例如，按照中国内地的刑事诉讼法，人民法院审判第一审案件应当公开进行，但是有关国家秘密或者个人隐私的案件以及被告人不满18周岁的案件，不公开审理；涉及商业秘密的案件，当事人申请不公开审理的，可以不公开审理。又如，根据《法国刑事诉讼法典》第306条，法庭审理公开进行，但如公开审理对秩序或道德风化有严重危害的，不在此限③。

在澳门的刑事诉讼程序中，诉讼公开和司法保密分别针对刑事诉讼中的不同阶段，两个原则在实施中并不存在矛盾，而是相辅相成，共同维护着正常的刑事诉讼秩序。根据刑事诉讼法的规定，司法保密原则所针对的是刑事诉讼中的整个侦查和预审阶段，为了保障在这两个阶段刑事侦查的顺利进展以及对涉嫌人名誉的保护和尊重，案件是需要受到严格的司法保密义务约束的。而当刑事诉讼程序进入审判阶段之后，基于司法透明和民主化保障的考虑，从维护新闻自由、保障公众知情权出发，应当适用诉讼公开的原则。同时，诉讼公开原则也并不是一项绝对

---

① 宋英辉、孙长永、刘新魁等：《外国刑事诉讼法》，法律出版社，2006，第42页。
② 〔美〕伯尔曼：《法律与宗教》，梁治平译，中国政法大学出版社，2003，第21～22页。
③ 《法国刑事诉讼法典》，罗结珍译，中国法制出版社，2006，第235页。

性的原则，在一些特殊案件中，法官也可以根据案件事实和具体情节做出限制公开的批示。

一 诉讼公开

（一） 公开之一般规定

《澳门刑事诉讼法典》第 76 条第 1 款规定，刑事诉讼程序自做出起诉批示时起公开，或如无预审，则自做出指定听证日之批示时起公开，否则刑事诉讼程序无效，而在此之前须遵守司法保密原则。

（二） 公开产生的权利

当案件预审阶段结束，或者检察院控诉书送达刑事法庭，法官做出指定听证日之批示之后，案件即进入公开阶段。根据《澳门刑事诉讼法典》第 76 条第 2 款之规定，刑事诉讼程序之公开导致下列权利产生：公众在诉讼行为进行时旁听；社会传播媒介叙述诉讼行为或将诉讼行为书录转述；查阅笔录及获得笔录任何部分之副本、摘录或证明。有关权利的行使条件系由法律规定。

1. 公众旁听诉讼权

对于法律表明须公开的诉讼行为，法律赋予任何人均有旁听的权利，尤其是听证；同时，在任何情况下均不得排除判决宣读之公开性。

在某些特殊情况下，法官依职权或应检察院、嫌犯或辅助人之声请，得以批示的方式决定对公众之自由旁听做出限制，或决定有关诉讼行为或其中一部分不公开进行。该限制的批示应当以容许排除公开性之法律为依据，或应以事实或具体情节作为依据，而该等事实或具体情节系使人推定公开诉讼行为将对人之尊严或公共道德，又或对该诉讼行为之正常进行造成严重损害。在引致做出批示之理由终止后法官应立即废止该批示。如属审理贩卖人口罪或涉及被害人为未满 16 岁的性犯罪之刑事诉讼程序，则诉讼行为一般不公开进行。如葡萄牙学者的观点所述：

> "被害人为未满十六岁的性犯罪"，这是利益之间（公开的利益与涉及人的尊严或公共道德的利益）的权衡，而立法者作出这样的规定

是考虑到行为的性质和被害人的年龄①。

不公开之诉讼行为进行时，仅必须参与该行为之人，如法官、检察官、嫌犯及其辩护人、辅助人及其代理人，以及基于应予考虑之理由，尤其是职业或科学上之理由而经法官容许之其他人，方得旁听，其他人可以是司法官、律师、法律学生、医生、心理学家、社会学家、教育学者、社工、监狱长、宗教助理、记者等②。

法律同时规定，法官禁止未满 18 岁之人旁听，或禁止做出行为影响有关诉讼行为之尊严或纪律之人旁听，这并不表示限制或排除行为之公开性。

2. 社会传播媒介报道和评论权

允许社会传播媒介报道和评论案件，是诉讼公开原则的一项重要内容。如诉讼行为不处于因司法保密而不得透露之状态，或该等诉讼行为之过程系容许公众旁听者，社会传播媒介得在法律设定之限度内详细叙述该等诉讼行为之内容。这里的"法律设定之限度内"，一方面是指《澳门刑事诉讼法典》第 78 条所禁止的规定，另一方面是指《澳门出版法》（第 7/90/M号法律），尤其是第 4 条"出版自由"、第 17 条"广告"、第 19 条"答辩权"及第 29 条"滥用出版自由罪"的相关规定③。

依照《澳门刑事诉讼法典》第 78 条第 2、3 款的规定，社会传播媒介不得做出以下行为：①在第一审判决做出前转述诉讼文书或组成卷宗之文件之内容，但该等文书或文件系透过申请时已载明用途之证明而获得者，又或在公开该等文书或文件时已获主持该程序所处阶段之司法当局明示许可者，不在此限；②将做出任何诉讼行为之影像或声音传送，尤其是听证时之影像或声音，但上项所指之司法当局以批示许可传送者除外；③在听证前后，以任何方法公开贩卖人口罪之受害人身份，以及在听证前，以任何方法公开性犯罪、侵犯名誉罪或侵犯受保护之私人生活罪之受害人身份，如被害人未满 16 岁，则即使在听证后，仍不许可公开其身份；④如

---

① Manuel Leal-Henriques, Manuel Simas-Santos, *Código de Processo Penal de Macau*, Imprensa Oficial de Macau, 1997, p. 208.

② Manuel Leal-Henriques, Manuel Simas-Santos, *Código de Processo Penal de Macau*, Imprensa Oficial de Macau, 1997, p. 208.

③ Manuel Leal-Henriques, Manuel Simas-Santos, *Código de Processo Penal de Macau*, Imprensa Oficial de Macau, 1997, p. 211.

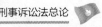

法官依职权或应声请，曾以《澳门刑事诉讼法典》第77条第3款所指之事实或情节为依据，禁止公开诉讼行为，在公开听证做出裁判前，仍不许可叙述此前进行之诉讼行为。

如果社会传播媒介违反上述限制性规定，依照《澳门刑法典》第312条第1款的规定，将以"普通违令罪"处罚，处最高1年徒刑，或科最高120日罚金。

3. 查阅笔录及获得证明权

嫌犯、辅助人及民事当事人，是除法官、检察院及作为协助人①参与诉讼程序之人以外的，与刑事诉讼程序有直接利害关系的诉讼主体。因此，在保障案件顺利侦查的前提下，法律赋予了这三类诉讼主体充分的查阅笔录及获得证明权。

（1）嫌犯、辅助人及民事当事人有权在办事处或另一正在实施某些措施之地方查阅笔录，以及获得经批示许可发出之副本、摘录及证明；如获得该等副本、摘录及证明系为准备在法律所定期间内做出控诉、辩护或民事损害赔偿请求，则无须做出上述批示。

（2）如有关犯罪并不取决于自诉，而检察院仍未提出控诉，嫌犯、辅助人及民事当事人有权查阅笔录中关于已做之声明及其所呈交之声请书与记事录之部分，以及查阅笔录中关于其可在场之证明措施或其应参与而属附随问题之部分。同时，法律规定上述规定涉及的笔录影印本独立放置于办事处的期间为5日，且办事处应当应利害关系人的声请提供副本，而在该期间内不得妨碍诉讼程序的进行。2013年《澳门刑事诉讼法典》修改增加了为申请查阅笔录的利害关系人提供笔录副本的义务，但该副本的内容仅是特定的内容：包括已做之声明及其所呈交之声请书与记事录之部分，以及查阅笔录中关于其可在场之证明措施或其应参与而属附随问题之部分。这些内容属于嫌犯、辅助人及民事当事人在法律规定的诉讼期间内提出控诉、辩护或民事损害赔偿请求的准备方面，因此，加强相关的实质条件并不会对司法保密构成影响②。

（3）嫌犯、辅助人及民事当事人有权在办事处以外之地方，免费查阅

---

① 作为协助人参与诉讼程序之人，包括刑事警察机关、刑事警察当局和法院公务人员。参见 Manuel Leal-Henriques，Manuel Simas-Santos，*Código de Processo Penal de Macau*，Imprensa Oficial de Macau，1997，p. 215。

② 《澳门特别行政区立法会第三常设委员会第3/IV/2013号意见书》，第43～44页。

已完结之诉讼程序之卷宗，或已有起诉批示或指定听证日之批示之诉讼程序之卷宗，但须先向有权限之司法当局提出声请，由该司法当局许可将有关卷宗交予该等人，并定出查阅之期限。在办事处以外的地方查阅卷宗，一般指的是交付卷宗，只有嫌犯、辅助人及民事当事人有权请求，且要由司法当局（检察院或法官）做出许可[1]。

从上述规定看，有权查阅笔录的主体包括嫌犯、辅助人及民事当事人。因此，如果刑事案件的被害人想要查阅笔录，则必须先申请成为辅助人，聘请律师方可进行，此种做法在某种程度上剥夺了被害人在刑事案件中的知情权。葡萄牙在2007年修改刑事诉讼法典时，增加相应条款规定被害人有权作为声请查阅笔录的主体。《葡萄牙刑事诉讼法典》第89条第1款（对应《澳门刑事诉讼法典》第79条第1款）做出修改，规定"在侦查期间，嫌犯、辅助人、被害人、受害人、民事责任人可以通过声请查阅卷宗或其所载的信息，以及获得相关的摘录、副本或证明。如果当诉讼程序属司法保密，检察院在合理地考虑到可能会损害调查或诉讼参与人或被害人的权利时，有权提出反对"。

对于嫌犯、辅助人及民事当事人以外的其他任何显示有正当利益的人，法律规定，从诉讼程序公开时起，得请求获准查阅非处于司法保密状态之诉讼程序之笔录，并得请求透过缴付费用而获提供笔录或笔录中某部分之副本、摘录或证明。主持该诉讼程序所处阶段之司法当局，或在诉讼程序中曾宣示最后裁判之司法当局，以批示做出裁判。

不在所定期间内返还卷宗的责任，相应适用《澳门民事诉讼法典》第120条之规定。如不返还之责任在于其他个人，须依法处以罚款乃至刑事追诉；如不返还之责任在于律师的，还应知会代表律师之机构；如不返还之责任在于检察院，须将此事告知其上级。

特别需要注意的是，即便法律赋予了嫌犯、辅助人及民事当事人以及任何显示有正当利益之人，在法律规定的情形下享有查阅笔录及获得证明权，但这并不影响以上个人仍须受司法保密义务之约束，即在同一案件中禁止透过社会传播媒介叙述各诉讼行为或转述该等诉讼行为之各步骤，否则要承担相应的法律责任。

---

[1] Manuel Lopes Maia Gonçalves, *Codigo de Processo Penal: Anotado*, Almedina, 2005, p. 240.

二 司法保密

(一) 司法保密的内容

司法保密原则要求诉讼程序之所有参与人,以及以任何方式接触该诉讼程序及知悉属该诉讼程序之任何资料之人,不得做出下列行为:在其无权利或义务旁听之诉讼行为做出时,旁听或知悉该诉讼行为之内容;透露诉讼行为或其各步骤之进行情况,不论透露之动机为何。司法保密原则涉及多个利益之间的权衡,正如澳门中级法院法官在一裁判书中所述:

> 在刑事诉讼中,司法保密服务于多个利益,其中一些利益是明显辩证性冲突的:国家利益(即公正无私及独立地司法;免除第三人侵入;独立于耸人听闻的猜测或干扰调查者或审判者触觉的各种影响之外);另一个利益是避免嫌犯因事先知悉事实及证据而作出扰乱诉讼程序的行为,使其难以露面或使证据难以收集,甚至逃避司法行为;嫌犯本身的利益(即希望不公开泄露可能最后未获证明的事实,以此避免对其声誉及尊严的严重损害);最后,是诉讼中其他当事人的利益,尤其是可能的受害人的利益(即不泄露损害其声誉以及社会观感的某些事实)①。

(二) 司法保密的例外情况

司法保密原则不是绝对的,在某些法律特别规定的情况下,在不妨害调查犯罪事实或者有利于利害关系人合法利益的前提下,司法当局可依法将案情告知相关人员。

第一种情况,主持有关诉讼阶段的司法当局认为对澄清事实真相属适宜时,可将处于司法保密状态的行为或文件的内容告知某些人,又或命令或容许某些人知悉有关内容。同时,该人在任何情况下均受司法保密约束。举例而言,在刑事案件的侦查阶段,嫌犯一旦被传讯问话,如果有权司法当局认为有助于案件的侦破,则可以告知其所归责的具体事实以及其他一些处于司法保密状态下的事实和文件。

---

① 澳门中级法院第 3/2004 号裁判。

第二种情况，如果利害关系人以供属刑事性质之诉讼程序之用，或是以弥补损害所必需为由提出声请，司法当局可以许可发出证明，让人知悉处于司法保密状态之行为或文件之内容。同时，如果上述声请是在路上通行车辆所造成的交通意外案件中，且利害关系人自获得犯罪消息时起8个月内，以刑事诉讼程序未导致有控诉提出，或在该段期间内刑事诉讼程序无任何进展为由提出的，司法当局必须许可发出证明，让人知悉处于司法保密状态之行为或文件之内容。法律之所以做出如此例外的规定，是在司法保密原则与利害关系人合法利益的紧迫性之间寻找平衡并做适度取舍，以最大限度地实现公平与正义。如在交通意外案件中，如果刑事诉讼程序长时间内无进展，交通意外的利害关系人为及时主张其合法权益，就需要获悉其主张损失弥补的所需而又受到保密的材料，因此法律赋予其获得相关材料的权利。

第三种情况，在侦查阶段，嫌犯、辅助人及民事当事人，在有关犯罪并不取决于自诉而检察院仍未提出控诉时，仅有权查阅笔录中关于已做之声明及其所呈交之声请书与记事录之部分，以及查阅笔录中关于其可在场之证明措施或其应参与而属附随问题之部分。在侦查完结后，嫌犯、辅助人及民事当事人为准备在法律所定期间内做出控诉、辩护或民事损害赔偿请求，有权无须批示查阅笔录并获得该等副本、摘录及证明。但在此情形下，嫌犯、辅助人及民事当事人仍负有司法保密的义务，不得对外透露合法获悉的但仍处于保密状态的诉讼资料。

（三）违反司法保密的责任

所有诉讼程序的参与人，以任何方式接触该诉讼程序及知悉属该诉讼程序的任何资料之人，包括法院和检察院的司法官、警察、律师、司法文员、证人、翻译员、鉴定人以至新闻工作者等，违反司法保密时，根据《澳门刑法典》第335条的规定，可构成"违反司法保密罪"，处最高2年徒刑或科最高240日罚金。

第三节　诉讼行为的方式及文件处理

一　诉讼行为之语言

在澳门的刑事诉讼中，诉讼行为不论以书面形式做出还是以口头形式

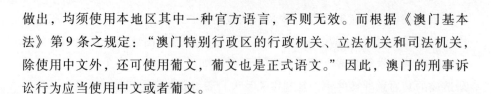

做出，均须使用本地区其中一种官方语言，否则无效。而根据《澳门基本法》第9条之规定："澳门特别行政区的行政机关、立法机关和司法机关，除使用中文外，还可使用葡文，葡文也是正式语文。"因此，澳门的刑事诉讼行为应当使用中文或者葡文。

（一）传译员的参与

《澳门刑事诉讼法典》第82条规定，如须参与诉讼程序之人不懂或不谙用以沟通之语言，则即使主持该行为之实体或任何诉讼参与人懂得该人所使用之语言，仍须指定适当之传译员，但该人无须承担任何费用。如有需要将非以官方语言作成且未附有经认证之翻译本之文件翻译，则亦须指定传译员。如果法律认为必须指定传译员而未指定传译员，属于法律规定的取决于争辩之无效（《澳门刑事诉讼法典》第107条第2款c项）。

传译员的指定相应适用法官的回避、拒却和自行回避制度（《澳门刑事诉讼法典》第36、82、140条）。担任传译员，依法有权获得相应的报酬，并可以对报酬之决定提出申诉或提起上诉（《澳门刑事诉讼法典》第82、148条）。传译员必须履行有权限实体所指定的职务，如果违反相应的义务需要承担被司法当局替换、罚款以及其他法律责任，具体制度同样适用于刑事诉讼程序中的鉴定人职务制度（《澳门刑事诉讼法典》第82条第4款、第140条）。

如果传译员为非公务员，则在其行使职务介入诉讼程序时必须向司法当局做出承诺，同时承担因拒绝承诺以及承诺后虚假传译的法律后果（《澳门刑事诉讼法典》第81条、《澳门刑法典》第324条）。

（二）特殊人群的参与

特殊人群，即聋人、哑人或聋哑人参与诉讼时，为充分保障他们的合法权益以及诉讼的有效进行，法律规定了特殊的司法规则，适用于特殊人群的声明、口头声请及宣誓。

在懂得阅读或者书写的情况下，聋人、哑人或聋哑人做出声明、口头声请及宣誓时，须遵守以下规则：以书面向聋人发问，而其以口头回答；以口头向哑人发问，而其以书面回答；以书面向聋哑人发问，而其亦以书面回答。

如聋人、哑人或聋哑人不懂阅读或书写，有权限当局须指定适当之传译员；如应在听证时做出声明，且法官认为较适宜有传译员之参与者，亦须指定适当之传译员。

二 诉讼行为之方式

根据程序法定的原则，诉讼行为的方式必须有法律的明确规定。诉讼行为的方式是否合法，直接影响到该诉讼行为是否具有相应的法律效力。诉讼行为或者以书面的方式，或者以口头的方式，刑事诉讼法对这两种方式都做了相关规定并赋予了相应的法律效力。

（一）书面方式

《澳门刑事诉讼法典》第 84 条详细规定了诉讼行为采用书面方式的一般规则：①以书面方式做出的诉讼行为必须以可完全阅读之形式缮写，且无未经划废之空白部分，亦无未做出更改声明之行间书写、涂改或订正；②可以使用打字机或文书处理机的方法，但须在签名前证实有关文件经完全复阅，并指出制作该文件之实体；③可以使用预先印制之表格或印文，需要将有关内容填入其中；④如有关文件系明显难以阅读者，任何有利害关系之诉讼参与人得在无须负任何负担下请求以打字方式将之转录。

在具体的书写规范上，还应注意以下事项：①书面方式所需采用之缩写意思应明确；②日期及数目得以阿拉伯数字表示，但刑罚、损害赔偿之金额及其他确实性必须加以维护之资料须以大写指明；③必须载明做出诉讼行为的时间（以年、月、日的方式记载）；④如属影响人之基本自由之行为，还须载明该行为开始及结束之时间[1]；⑤应指明做出行为之地点。

此外，书面方式所缮写之文书最后须由主持该行为之人、曾参与该行为之人及缮写该文书之司法公务员签名，且未载有签名之各页须由签

---

[1] 该规定体现了法律对人的自由权利的充分保障，例如，根据《澳门刑事诉讼法典》第 93 条第 3 款之规定，"讯问嫌犯不得在零时至六时之间进行，否则无效，但在拘留后随即作出之讯问除外"。该条款的实施需要以书面方式的讯问笔录上予以记录，如果书面记录上显示讯问时间在此区间内，则该诉讼行为无效。

署人简签，而不论该行为应否在其后继续进行。签名及简签须亲笔为之，并且禁止使用任何复制方法。如任何必须签名之人不能签名或拒绝签名，则在场之当局或公务员须在笔录中就该事实以及所提出之理由做出声明。同时，法律规定某些特殊情况下的诉讼行为在书面记录中并不须所有参与者签名，例如预审辩论记录仅须由法官和缮立记录之司法公务员签名（《澳门刑事诉讼法典》第 287 条第 2 款）；听证记录也仅须主持听证之法官及缮写记录之司法公务员签名（《澳门刑事诉讼法典》第 343 条 f 项）。

（二）口头方式

除了法律另有规定外，任何声明必须以口头方式做出。为了避免行为人受到非正常的干扰或者出于各种目的而做出不自愿、不真实的声明，法律对口头声明的形式要件做出了具体规定，以期最大限度地保障口头声明的自发性和可靠性：①以口头做出声明时不许可朗读为此目的而事先制作之书面文件；②主持有关诉讼行为之实体得许可声明人使用书面笔记以助记忆，但须在笔录内载明此情节；③在声明人使用书面笔记时，应采取措施，以维护所做声明之自发性，并在需要时命令声明人将该书面笔记展示，并详细询问其来源。

如果批示及判决是以口头方式做出的，须在笔录内予以载明。

需要注意的是，以上关于口头方式的具体规定并不影响关于听证时容许或禁止朗读有关文件之规定之适用。具体而言，就是指根据《澳门刑事诉讼法典》第 337 条关于"笔录及声明的容许宣读"的规定，对于法律规定的某些特定情况下的声明，允许在听证会上进行宣读。

三 文书

"文书"一词早在汉代即已使用，如《史记·匈奴列传》中有记载"毋文书，以言语为约束"；《汉书·刑法志》中也有"文书盈于几阁，典者不能遍睹"的表述。通常而言，在刑事诉讼阶段的文书主要是指诉讼文书。诉讼文书，是指具有一定诉讼功能并能在诉讼中适用的文件。按照法律规定需要采用书面方式的诉讼行为一般表现为诉讼文书。诉讼文书是某些特定的诉讼行为的形式要件，例如检察院提出控诉需要提交控诉书①。

（一）诉讼文书的分类

诉讼文书基于不同标准，可以分成以下几类。

1. 公文书和私文书

这是依照文书性质的不同所做的分类。公文书是指由公共当局在法定权限内，依法定手续所缮立之文书，如法院的判决、检察院的控诉书等。私文书是指由非公共当局的个人等用以表达意愿或者记录事项所缮立之文书，如嫌犯之申诉书、记事录等②。根据《澳门民法典》第363条"公共当局、官员及公证员之权限"之规定，如公共当局、官员或公证员就文书所涉及之事宜及在地域上均具有权限缮立有关文书，且非处于法定回避之情况而不得缮立文书，则其所缮立之文书方为公文书。由公开出任有关职务之人所缮立之文书，视为由有权限之公共当局、公共公证员或其他官员所缮立；但参与人或受益人于做成文书时明知有关当局或官员之资格虚假、不具有权限或在就任上存在不当情事者，不在此限。同时，《澳门民法典》第364条"真确性"第1款还规定，如文书由作成人签署，并附有经公证员认定之作成人签名或有关部门之印章，则推定其由有关当局或官员所发出；对于由公证员缮立之文书亦给予同样之推定。

2. 法定文书和意定文书③

这是依照是否要求法定形式的不同所做的分类。法定文书是指法律规定了该项文书的具体形式要件，如果不符合特定的法定要件，该文书即不具备相应的法律效力。例如，《澳门刑事诉讼法典》第355、360条详细地规定了刑事案件的判决书必须符合相应的内容和形式要件，如果一份判决缺少了有罪决定或无罪决定，该判决无效。意定文书是指法律并未对文书记载事项和形式进行明文规定，可由制作人自行决定的文书，例如嫌犯之申述书等，但意定文书同样需要符合诉讼文书的一般规范，例如需要本人签名等。

3. 表示文书和报告文书

这是依照文书内容的不同所做的分类。表示文书是指以一定意思表示

---

① 张建伟：《刑事诉讼法通义》，清华大学出版社，2007，第253页。
② 邱庭彪：《澳门刑事诉讼法分论》，澳门基金会、社会科学文献出版社，2012，第119页。
③ 林俊益：《刑事诉讼法概论》（上），新学林出版股份有限公司，2012，第184页。

为内容的文书，如控诉书、声请书等，在文书中都记载了制作人明确的请求事项以及理由等。而报告文书是以报告一定事实为内容的文书，如搜查笔录、听证笔录等。

4. 原本、正本和缮本①

这是依照文书的来源不同所做的分类。原本是制作者制作的原文书，在诉讼中大多要求适用原文书。正本是完全按照原本制作的文书，一般在诉讼中送达各方的公文书，如控诉书、判决等均为正本。缮本是指从原本抄缮而来的文书。例如，《澳门刑事诉讼法典》第84条规定，在有关文件系明显难以阅读者，任何有利害关系之诉讼参与人得在无须负任何负担下请求以打字方式将之转录，即为缮本。

（二）刑事诉讼法上的文书

1. 申述书、记事录及声请书

嫌犯有权在诉讼程序中以书面形式向司法当局提交相关文书，根据文书内容的不同可分为申述书、记事录及声请书，这是嫌犯行使辩护权的重要形式，应当受到法律的充分保障。申述书是与卷宗事宜有关的事实或状况的提交；记事录是为了记录的文件，把需要记录下来的东西载于记事录后，其后无须再问；声请书是指向相关实体请求采取措施的行为②。

法律规定，嫌犯不论是否有行动自由，均可在诉讼程序中任何阶段内呈交申述书、记事录及声请书，即使该等文书系未经辩护人签名者，但该等文书之内容不得超越有关诉讼程序目标之范围或其目的系维护嫌犯之基本权利者。嫌犯之申述书、记事录及声请书必须归入卷宗内。同时，其他由律师代理之诉讼参与人之声请书须由律师签名，但出现不可能由律师签名之情况，且该声请所拟做出之行为系受除斥期间拘束者，不在此限。

如法律容许以口头做出声请，则领导有关诉讼程序之实体或负责该诉讼程序之司法公务员，须在笔录内载明该等声请。

---

① 林俊益：《刑事诉讼法概论》（上），新学林出版股份有限公司，2012，第184页。

② Manuel Leal-Henriques, Manuel Simas-Santos, *Código de Processo Penal de Macau*, Imprensa Oficial de Macau, 1997, pp. 233 – 234.

2. 笔录

根据《澳门刑事诉讼法典》第89条的定义，笔录是一种文书，用以证明法律规定必须作成文件，且缮写笔录之人曾在场之诉讼行为之进行情况；笔录亦用以收录在缮写笔录之人面前发生而以口头做出之声明、声请、诉讼程序之促进行为及做出决定之行为。

从性质上看，笔录是一种法定文书，由法律规定必须制作成文书；从内容上看，笔录用于收录口头声明、声请、诉讼程序之促进行为及做出决定之行为；从程序上看，笔录必须在缮写笔录之人面前制作，任何转述或者转录方式均不能形成有效笔录。

记录是一种特殊的笔录，是就预审辩论及听证所做之笔录，同样适用于笔录制作的一般规定，同时还适用于刑事诉讼法规定的补足规范。

笔录是一种公文书，因此当其本身的真实性及所记载内容的真实性没有受到有依据的质疑时，则笔录内所记载的事项被视为已经得到证实。

（1）笔录之要件。笔录除须具备书面行为所规定之要件外，亦须载有下列资料：第一，参与有关诉讼行为之人之身份资料；第二，预计会参与有关诉讼行为之人之缺席原因，如该原因系已知悉者；第三，对所进行之行动，每一诉讼参与人之参与情况，所做之声明，以何种方式及在何种情况下做出该等行动、参与及声明，所呈交或接收之文件，所达之结果等之逐点叙述，以保证能真正反映所发生之事情；第四，任何对评价证据或对评价行为是否合乎规则属重要之事情。

（2）笔录之缮写。笔录的缮写主体，包括司法公务员和刑事警察公务员。笔录系在主持有关诉讼行为之实体领导下，由司法公务员缮写，或在侦查期间由刑事警察公务员缮写。

如笔录应以撮要方式缮写，则主持有关诉讼行为之实体有权限监察该撮要是否符合所发生之事情或所做出之声明之主要内容；为此目的，该实体得口述该笔录之内容，又或依职权或应声请授权诉讼参与人或其代理人口述该笔录之内容。

如有人提出口述之内容与所发生之事情不一致者，须将指出有关差异及须做更正之处之声明载于笔录内；其后，主持有关诉讼行为之实体，经听取在场之有利害关系之诉讼参与人意见后，宣示确定性裁判，维持或变更最初之文本。

（3）记录及转录。笔录作为一项重要的诉讼文书，是法官对案件做出裁判的重要依据。除了使用传统的书写方法，《澳门刑事诉讼法典》第91条还赋予了公务员可以使用速记、机器速记或其他有别于一般书写之方法，以及借助磁带录音或视听录制方法缮写笔录。

同时，为了保障此类方法的制作笔录的及时性和准确性，法律还做出了一些明确的规定。

一是要制作及时。当使用速记、机器速记或其他有别于一般书写之方法时，借助此等方法之公务员须在最短时间内做出转录，如不可能由该公务员为之或该公务员缺席，则由适当之人为之。

二是要核对准确性。在签署笔录前，主持有关诉讼行为之实体应证实该转录与原文相符。

三是要保存记录。载有速记之纸张及载有机器速记或录音录像之带须附于该笔录；如此为不可能，则在施加封印及加上编号，以及以有关诉讼程序之数据加以识别后，将之妥为保管；所保管之记录之一切开启及封闭，须由进行该行动之实体在笔录内载明之。

（4）丢失、遗失或被毁之笔录之再造。《澳门刑事诉讼法典》第92条规定，如笔录或部分笔录丢失、遗失或被毁，无论是否已提起与该诉讼程序有关的任何上诉，均由已进行或应进行第一审诉讼程序的法院再造该笔录。

再造笔录由法官依职权或应检察院、嫌犯、辅助人或民事当事人之声请启动程序。

再造笔录时，由检察院、嫌犯、辅助人及民事当事人参与有关会议；记录于笔录内之各参与人之协议，仅替代有关卷宗之民事部分，对于刑事部分则仅为提供资料之用。其他笔录的再造规范均须依循民事诉讼法所规定之步骤。

第四节　诉讼行为之时间

一　期日和期间

诉讼行为的时间分为期日和期间。期日是指法官、检察院以及其他诉讼相关人员在某个场所共同进行诉讼行为的确定时间。比如法官指定的预审辩论日期（《澳门刑事诉讼法典》第 279 条）、听证日期（《澳门刑事诉讼法典》第 294 条）。期日经指定而特定，指定权人通常是各个诉讼阶段的主导者。期间是法律规定或法官指定的诉讼主体进行或不得进行一定诉讼行为的一段时期。期间必须持续一段时间，有始期和终期。例如在审判程序中，嫌犯如欲提出答辩，须自就指定听证日期的批示做出通知之日起 20 日内提出（《澳门刑事诉讼法典》第 297 条）；又如辅助人须在进行预审辩论 5 日前声请成为辅助人方得参与预审辩论（《澳门刑事诉讼法典》第 57 条），这里的 20 日和 5 日就是期间。

根据效力的不同，期间可以分为中间期间和行为期间（《澳门民事诉讼法典》第 95 条）。中间期间，也可以称为犹豫期间①，是指法律确定某一时刻并规定从某一时刻起可以实施某一诉讼行为或者从某一时刻起期间才开始计算。中间期间使某一行为在延迟一段时间后方可做出，或使另一期间在延迟一段时间后方起算。行为期间，也称失权期间②，是指只有在法律规定的一个时间段内可以做出某种诉讼行为。行为期间过后，做出行为之权利即消灭。

期日和期间的区别在于：期间表现为一定的时间间隔，而期日是一个确定的时日；期间一般不可以变更，期日可以依法变更；期间由法律规定或者法官指定，期日由法官等诉讼主导者指定。

法律对期日和期间进行明确规定，是出于提高诉讼效率的目的，防止诉讼拖延，同时保障利害关系人所受到的损失能够尽快得到赔偿，此外还有利于保障嫌犯的合法权益，避免对嫌犯长期和超期的羁押。

二 期间计算

（一）做出行为的时间

诉讼行为须在工作日及司法部门办公时间内，且在非法院假期期间做出。但该规定在以下紧急诉讼的情形下为例外（《澳门刑事诉讼法典》第 93 条第 2 款）。

---

① 张建伟：《刑事诉讼法通义》，清华大学出版社，2007，第 256 页。
② 张建伟：《刑事诉讼法通义》，清华大学出版社，2007，第 256 页。

（1）与被拘留或拘禁之嫌犯有关之诉讼行为，又或对保障人身自由属必要之诉讼行为。对保障人身自由属必要之诉讼行为，包括任何关于强制措施及财产担保措施的行为①。

（2）侦查行为与预审行为，以及预审辩论与听证，如其主持人系以批示确认该等行为、辩论或听证在不受该等限制下开始、继续进行或完成属有益处者。

（3）与非澳门特别行政区居民且不具有雇员身份的逗留许可，以及对其采用禁止离开澳门特别行政区的强制措施的嫌犯有关的诉讼行为。该项规定是《澳门刑事诉讼法典》在 2013 年修订时增加的条款，是基于保障诉讼参与人合法权利的目的。立法委员会在审议时，考虑到澳门是一个每年接待庞大旅客数目的地方。由于原则上非本地居民在澳门没有居所或不能工作，尽早让非本地居民接受审判亦可使其脱离在澳候审的不确定生活状态，而且非本地居民长期留澳候审或会影响本地治安的稳定，因此法律规定对于这类人员，有关的诉讼行为带有紧急性质，即可在非工作日、在办公时间以外，以及在法院假期期间做出。同时，对于被采用禁止离境强制措施的嫌犯，包括本地居民以及非本地居民，相关的刑事诉讼程序也将变为紧急程序②。

法律还规定，讯问嫌犯不得在零时至六时之间进行，否则无效，但在拘留后随即做出之讯问除外。该项规定体现了实现犯罪控制和人权保障之间的平衡，对当局实施刑事侦查权进行了规制，防止警察权力和司法权力滥用导致的对嫌犯合法人权的侵犯。同时，该规定的例外情况——拘留后随即做出的讯问除外，更是从有利于嫌犯的角度出发，及时地对嫌犯拘留的合法性和必要性进行确认，避免对嫌犯不必要的羁押。

（二）期间计算的一般规则

《澳门刑事诉讼法典》第 94 条第 1 款规定，民事诉讼法之规定，适用于做出诉讼行为之期间之计算。而《澳门民事诉讼法典》第 93、94 条规定的诉讼行为期间计算的一般规则是在假期内诉讼期间中止进行，具体而言：法律所定或法官以批示定出之诉讼期间连续进行；但在法院假期期间，诉

---

① Paulo Pinto de Albuquerque, *Comentário do Código de Processo Penal*, Universidade Católica Editora, 2011, p. 289.

② 《澳门特别行政区立法会第三常设委员会第 3/IV/2013 号意见书》，第 18～19 页。

讼期间中止进行，但有关期间为 6 个月或 6 个月以上，或有关行为属法律视为紧急之程序中须做出者除外；做出诉讼行为之期间届满之日为法院休息日时，随后第一个工作日方为该期间届满之日；遇有全日或部分时间豁免上班之情况，同样视为法院休息。

（三）一般期间及逾期

《澳门刑事诉讼法典》第 95 条规定了期间的一般性适用规则：除法律另有规定之外，做出任何诉讼行为之期间为 10 日。如果法律有特别规定的，按照特别法优于一般法的原则，适用特别规定。

《澳门刑事诉讼法典》第 96 条还对司法公务员的行为做出了一般性的规定：对于司法公务员缮立诉讼程序之书录及制作发出命令状，须在 2 日内完成。同样，如果法律有特别规定的，适用特别规定。此外，如果有嫌犯被拘留或拘禁时，亦不适用上款之规定，在此情况下，有关行为必须立即先于其他工作做出，以保障嫌犯的合法权利。

如果出现期间逾期的情形，法律也规定了逾期责任的追究方式：先由办事处须按月将出现逾期之情况列表，并将之交予法院院长及检察院；法院院长及检察院自收到该表之日起 10 日内，须将该表连同导致延误之理由之陈述，送交有纪律惩戒权限之实体，以便追究相关逾期责任，同时即使有关诉讼行为在此之前已做出，也不影响逾期责任的追究。

（四）放弃期间以及在期间外做出的行为

1. **放弃期间**

为了保障诉讼效率，避免无实际效果的期间影响诉讼程序的进展，法律还规定了放弃期间制度。所谓放弃期间，是指因所定出之期间而得益之人，有权向领导有关诉讼行为所属诉讼程序阶段之司法当局提出声请，放弃该期间之利益，而该当局须在 24 小时内就该声请做出批示。

放弃期间，只能由因所定出之期间而得益之人提出声请，因为期间总是为保护特定人的利益而设置，作为利益享有者有权自由处分该项利益。同时，放弃期间需要得到有权司法当局的批示才能实现，司法当局可以做出准许的批示，也可以做出不予准许的批示。

2. **在期间外做出的行为**

有时，在诉讼程序进展过程中，客观上难免会出现一些特殊障碍事项，导致利害关系人无法在法定期限内及时做出相关诉讼行为，如果这些特殊障碍事项是不可预见且不可归责于利害关系人的，势必对利害关系人造成无法弥补的损失或者使利害关系人遭受不利于自己的诉讼结果。因此，刑事诉讼法规定了在某些特殊情况下，在期间外做出的行为仍然具有法律效力，但必须符合法律规定的相应条件：①只有利害关系人才能提出声请；②声请的理由限于出现障碍致使无法在法律所定的期限以内完成诉讼行为的；③声请应当在法定期间届满时起或自障碍终止时起 5 日内做出；④声请应向领导有关诉讼行为所属诉讼程序阶段的司法当局提出；⑤由有权司法当局听取该情况所涉及的其他诉讼主体意见；⑥有权司法当局可以做出准许的批示，也可以做出不准许的批示，如果做出准许的批示，司法当局须尽可能再次做出利害关系人有权在场之行为。

对于何为合理障碍，刑事诉讼法中并无明确规定，可以参考《澳门民事诉讼法典》第 96 条之规定做如下理解：所谓合理障碍，是指不可归责于利害关系人以致未能及时做出行为的事由。

第五节　诉讼行为之告知及为做出行为而做之传召

一　诉讼行为之告知

诉讼行为之告知，是一项重要的诉讼活动，是司法当局引导诉讼程序的重要手段，它具有以下特点。

（1）告知是由办事处依职权作成，又或经司法当局或有权限之刑事警察当局做出批示后由办事处作成的。

（2）告知的执行主体，是负责处理该案件之司法公务员，又或为此目的而被指定且具备适当证明文件之警务人员、行政当局人员或属邮政部门之人员。

（3）告知的目的是传达以下三种内容：一是要求到司法部门之命令；二是为参与诉讼措施而做之传召；三是诉讼程序中所进行之行为或所宣示之批示之内容。

（4）告知的方式包括通知方式和电话方式，但如果告知是以电话做出的，则必须以任何书面方式确认。

需要注意的是，各司法部门间之告知，必须符合法定的形式：①如属命令职务范围在澳门特别行政区以内之实体做出的诉讼行为，采用命令状的形式；②如属要求在澳门特别行政区范围以外做出的行为，采用请求书的形式；③如涉及做出通知之请求或其他种类之信息传递，采用公函、通告、信件、电报、专线电报、图文传真、电话通信或其他电讯工具等形式。

二 为做出诉讼行为而做之传召

刑事诉讼中的传召，是指司法当局要求某人在做出诉讼行为时到场。刑事诉讼法规定，传召得以任何使该人知悉此事之方法为之，包括使用通知方式，也包括使用电话方式，而所使用之方法须在卷宗内加以注明。

（一）使用电话方式的传召

使用电话方式，做出传召之实体须表明其身份及指出其所担任之官职，并指出能使被传召之人完全知悉其被传召参与之行为之有关资料；如被传召之人欲求证该电话是否由官方致电及其内容是否属实，须指出能使该被传召之人做出此求证之资料。

（二）使用通知方式的传召

刑事诉讼法规定了须以通知方式做出的情形，其中须指明传召或告知的目的。具体情形有：①告知法律所定具除斥期间效力之期间之始期或终期；②为进行讯问、做出声明或参与预审辩论或听证而做之传召；③传召曾被传讯而未应讯之人，而在传讯时并未告诫被传讯之人如不应讯将受不利效果；④为采用一强制措施或财产担保措施而做之传召；⑤法律规定须采用通知方式的其他情形。

三 通知

通知是在刑事诉讼中广泛使用的一种诉讼活动，法律规定，在很多情况下告知和传召都必须使用通知的方式进行。

（一）通知的方式

根据《澳门刑事诉讼法典》第 100 条的规定，通知有以下几种方式。

（1）直接通知：以在应被通知之人身处之地方直接与其本人接触的通知方式。直接通知是将相关文书直接交给利害关系人本人，通常而言，通知的人是司法公务员或是为此目的而被指定且具备适当证明文件之警务人员、行政当局人员。

（2）邮寄通知：采用挂号信件或挂号通知书的通知方式。邮寄通知，推定在邮政挂号日之后第三日接获通知；如该日非为工作日，则推定在该日随后之第一个工作日接获通知，而在通知行为内应载明有关告诫，即不执行通知内容的法律后果。

（3）公告通知：采用告示及公告的通知方式。公告通知是在直接通知和邮寄通知都无效时才能使用，但法律另有规定的除外。台湾地区的"刑事诉讼法"也规定了公示送达制度，由于公示送达事实上并未能发挥真正的送达效果，对被送达人之权利保护并不周全，因此必须有法定原因且不能以其他方法送达时，才得为公示送达①。

应在信封或通知书之正面准确指明该函件之性质、有关法院或发出该函件之部门，以及法律规定的其他程序上的规定。

（二）等同于做出通知的情形

为了保障通知的效力，法律又规定了几种等同于做出通知的情形。

1. 收件人拒收或不在的情形

当收件人拒收或不在时，等同于做出通知的情况包括：①收件人拒绝签收，则邮政部门人员将信件或通知书交予该人，并就此事件做出注记，而此行为之效力等同于做出通知；②收件人拒绝接收该信件或通知书，邮政部门人员须就此事件做出注记，而此行为之效力等同于做出通知；③收件人不在，则将信件或通知书交予与其一起居住或工作之人，而邮政部门须载明此事；④因无任何人或基于其他理由而不可能依据以上各项之规定做出通知，邮政部门须遵守有关规章之规定。

---

① 林俊益：《刑事诉讼法概论》（上），新学林出版股份有限公司，2012，第 204 页。

2. 当场传召及告知的情形

由司法当局或刑事警察当局在其主持之诉讼行为中向在场之利害关系人做出之传召及告知，效力等同于通知，但该等传召及告知须载于笔录内，法律要求使用其他方式者除外。

3. 紧急情况下采用电话方式的情形

在紧急情况下以电话方式做出的传召及告知，符合以下要件的，具有等同于通知的效力，但法律要求使用其他方式者除外：①传召实体须表明其身份及官职；②须指出能使被传召之人完全知悉其被传召参与之行为之有关资料；③须应要求指出能使该被传召之人做出求证之资料；④在电话中告知应被通知的人该传召或告知的效力等同于通知；⑤在通电话后透过图文传真或其他远距离信息传送方法加以确认。

4. 视为通知本人的情形

为接收通知，应被通知之人得指定在澳门特别行政区有居所之人接收该通知；在此情况下，按照以上各款之手续而做出之通知，视为向应被通知之人本人做出。

（三）通知的对象

一般而言，通知须向通知内容所直接针对之利害关系人本人做出，比如采取强制措施的通知一般应直接向嫌犯做出，但根据通知内容的性质不同，法律同时还规定了一些特殊情形。

（1）关于控诉、归档、起诉或不起诉批示、听证日期的指定、判决、采用强制措施及财产担保措施，以及提出民事损害赔偿请求的通知，须同时向嫌犯、辅助人、民事当事人，以及其辩护人或律师做出。在这类涉及刑事诉讼中几类关键问题的通知，往往直接影响嫌犯、辅助人、民事当事人的权利以及辩护人及律师职责的履行，因此法律要求必须同时向上述主体做出通知，否则通知无效。在这种情况下，做出随后的诉讼行为的期间自做出最后通知之日起计。

（2）如属其他情况，则须向嫌犯、辅助人及民事当事人或其辩护人或律师做出。对于以上关键问题之外的其他内容的通知，有权当局可以选择向嫌犯、辅助人及民事当事人通知，或者向辩护人或律师做出。

为了便于通知，法律规定，辅助人及民事当事人须指出其居所、工作地点或其选择的其他住所，如更改所指出的地址，应透过递交声请的方式或以挂号邮件寄出声请的方式，告知有关卷宗当时所处的办事处，否则视为辅助人及民事当事人先前所指的地点为其接收通知的地址。此项规定亦是《澳门刑事诉讼法典》新修订的内容，基于提高诉讼效率的目的设立。在刑事诉讼中，对诉讼参与人的通知占有核心地位，通知对于推进诉讼程序的进展具有非常重要的作用。而在司法实务中，通知诉讼当事人，尤其是通知辅助人及民事当事人时，往往会存在一定的困难，导致诉讼程序的进度被过度地拖延。因此法律做出了相关修订，增设与法院合作的两个诉讼义务：第一，辅助人和民事当事人有义务指出联络地址，这个地址可以是住所、办公或其他地址；第二，也有义务将变更地址（将来通知的地址）一事告知法院，否则视为已在最初指定的地址向其做出通知①。

（3）如果通知对象是被拘禁之人，则须向监狱场所之领导人提出要求，并由为此目的而被指定之公务员通知应被通知之人本人。

（4）如果通知对象是从属于上级且已被通知在进行诉讼行为期间到场之人，那么该对象无须经许可而到场，但应立即将该通知知会其上级，并向上级呈交证明其曾到场之文件。葡萄牙学者 Costa Pimenta 教授认为，这规定针对所有受私法制度约束的合同关系，并不只是行政人员或警察②。关于此种情况，葡萄牙在 1998 年对刑事诉讼法典做了修改，更加细化了其操作规定，将之分为两种情况，分别处理。根据《葡萄牙刑事诉讼法典》第114 条的规定，"对行政人员作出通知可以透过向其相关部门做出，被通知者的到场无须经过上级的许可，然而当通知是以其他方式做出，则应立即将该通知知会其上级，并向上级呈交证明其曾到场之文件"。"警察人员及国家和其他公法人的任何其他公务员，都有到场的义务。"③

（5）如果通知对象是刑事警察机关之人，则应透过其所属部门要求其到场。

（四）通知的执行协助

通知作为一项重要的司法机关的诉讼活动，法律要求其他机关给予一

---

① 《澳门特别行政区立法会第三常设委员会第 3/IV/2013 号意见书》，第 24 ~ 25 页。

② Manuel Leal-Henriques, Manuel Simas-Santos, *Código de Processo Penal de Macau*, Imprensa Oficial de Macau, 1997, p. 263.

③ Paulo Pinto de Albuquerque: *Comentário do Código de Processo Penal*, Universidade Católica Editora, 2011, p. 307.

定的合作和协助。负责做出通知或执行命令状之司法公务员，可以在有需要时要求警察部队给予合作；在展示通知书或有关命令状后，可以要求所有维持公共秩序之人员帮助及给予合作。

同时，如果司法公务员仍未能做出通知或执行命令状之内容者，须就此事缮写笔录，当中逐点指出已进行之各项措施，并在不延误时间下将之送交发出通知或命令状之实体。

（五）通知的效力

一般而言，通知的法律效力主要体现在两个方面，一方面是欠缺通知的法律后果，另一方面是不执行通知的法律后果。

1. 欠缺通知的法律后果[①]

欠缺通知是指有权当局应当就刑事诉讼中的某个事项向利害关系人做出通知而未做出通知，也包括未按照法律规定的形式做出通知而视为无效的情形。依照刑事诉讼法的规定，欠缺对法律要求必须到场的嫌犯或其辩护人的通知，则可能导致有关诉讼行为无效，且该无效系不可补正之无效；欠缺对法律要求到场的辅助人及民事当事人的通知，则可能导致有关诉讼行为无效，但该无效系取决于争辩之无效，有关利害关系人可以提出争辩或者明示放弃提出争辩。在法律未规定欠缺通知导致诉讼行为无效的情况下，欠缺通知构成不当之诉讼行为。

2. 不执行通知的法律后果

不执行通知是指依规则被传召或通知之人，无合理解释不执行通知内容，不在指定之日期、时间到达指定之地点。无合理解释的不到场行为，依法可能导致纪律上、行政上以及刑事上的法律后果，具体包括以下情况。

（1）如属无合理解释的不到场的被传召或通知之人（不包括检察官、律师），法官须判处未到场者缴付 1.5UC[②]（现为澳门币 1185 元）至 8UC（澳门币 6320 元）之款项。

---

① 徐京辉、程立福：《澳门刑事诉讼法》，澳门基金会，1999，第 75 页。
② 根据澳门特别行政区第 63/99/M 号法令第 2 条："一、设立计算单位，并于法律体系内将之简称为 UC。二、UC 为特定数额之金钱，金额相当于公共行政工作人员薪俸表 100 点之金额之十分之一，且在有需要时，须将该金额凑整至澳门币十位数，零数为 5 以上者，往上凑整，零数为 5 或以下者，往下凑整。"目前薪俸点每点金额为 79 元。因此，刑事诉讼中每 UC 为澳门币 790 元。

（2）法官得依职权或应声请命令拘留无合理解释而不到场之人，而拘留之时间系实施有关措施所必要之时间，并得判处该人缴付因其不到场而引致之开支，尤其是与通知、事务处理及各人之往来有关之开支。该规定不影响法官按照《澳门刑事诉讼法典》第103条第1款之规定做出罚款的适用。

（3）如属嫌犯之不到场，且依法容许采用羁押措施，则法官尚得对其采用羁押措施。

（4）如属检察院人员之不到场，须让其上级知悉此情况。

（5）如属在诉讼程序中被委托或被指定之律师之不到场，须让代表有关职业之机构知悉此情况。

如果事件中出现了某些特殊情况，因不可归责于不到场之人的事实而其不能在被传召或被通知的诉讼行为中到场，视为有合理解释的不到场。有合理解释的不到场，豁免了未履行通知内容的相关人员的法律责任，并且如证实不到场之人是不可能到场或严重不便到场者，司法当局还可以在相关人员身处之地方听取其陈述。根据《澳门刑事诉讼法典》第104条的规定，有合理解释的不到场在程序上须符合以下条件。

（1）从告知的时间上，在可预见的情况下，应最迟提前5日告知，或如此为不可能，则应尽早告知；在不可预见的情况下，应在指定做出有关诉讼行为的日期及时间告知。

（2）从告知的内容上，须明确指出有关的理由、可找到不到场之人的地方，以及可预见此障碍持续的时间。

（3）从告知的依据上，须将不可能到场的证据资料随告知一并提交，但如属于诉讼行为当日及时间所告知的不可预见的障碍，可于5日内提交有关证据资料，同时可以指定不多于三名证人。如提出之解释系患病，须呈交医生检查证明，以证明不可能到场或严重不便到场之情况，以及此障碍可能持续之时间；如果不能获得医生检查证明，也可以提供其他证据。对于医生检查证明的规定，《葡萄牙刑事诉讼法典》第117条第4款做了不同的规定："如提出之解释系患病，不到场之人须呈交医生检查证明，并指明不可能到场或严重不便到场之情况，以及此障碍可能持续之时间。司法当局可以命令签署医生检查证明的医生到场及由另一位医生确认患病陈述的准确性。"该医生检查证明不需要指出不能到场或严重不便到场的原因，只要表明不到场之人患病及不可能到场的日期和时间①。

《澳门刑事诉讼法典》在 2013 年的修订中，将诉讼行为的不到场情况分为可预见和不可预见两种。可预见一般是不到场之人可合理预见在生活上将出现的情况，在可预见的情况下，应最迟提前 5 日告知，或因可接受的理由而未能做出该提前告知，则应尽早告知，如此规定是为了确保法院的工作流程及容许一旦不到场导致听证押后时，可做另外安排。不可预见是指使不到场之人不能出席听证的情况是之前未能预见的，也需要将不可到场的告知及有关合理解释在最短的时间内提交②。

第六节　诉讼行为的无效

一　无效诉讼行为的概念和特征

诉讼行为完成后，按照法律的规定即会产生相应的法律效果。"诉讼行为之理论体系中最重要者莫过于效力之问题。"③ 而与民事诉讼行为不同，刑事诉讼行为的效力，直接来自法律的明确规定。刑事诉讼行为的效力表现在诉讼行为符合法定构成要件，从而发生诉讼法上预期的效果。例如，在有预审的情况下，预审法官做出起诉的批示即产生启动第一审程序的效果，而同时案件司法保密将会结束。正如 Manuel Leal-Henriques 教授所述：

> 诉讼行为，无论是当事人的诉讼行为（希望法院作出回应而向法院提出），还是管辖权本身的诉讼行为（法院应依职权作出宣告的行为又或依职权主动作出的行为），只有在诉讼程序中遵守法律规定的要件时才有意义。事实上，并非所有源自私人的行为均具产生诉讼效果或达致诉讼程序相关目的的适当性，同样地，所有依管辖权所作出的行

---

① Paulo Pinto de Albuquerque, *Comentário do Código de Processo Penal*, Universidade Católica Editora, 2011, p. 312.
② 《澳门特别行政区立法会第三常设委员会第 3/IV/2013 号意见书》，第 113～117 页。
③ 曹鸿阑：《刑事诉讼行为之基础理论》，载陈朴生主编《刑事诉讼法论文选辑》，五南图书出版公司，1984，第 80 页。

为并非必然地不存在任何瑕疵。诉讼行为总会遭受或多或少的瑕疵或错误，并会因此而导致法律行为不存在至不当情事等程序，甚至无效①。

从字面上理解，无效刑事诉讼行为就是指"没有效力的刑事诉讼行为"②。"诉讼行为不问其有无明文规定，依法皆应赋予一定之功能，此即诉讼法上构成要件之效果也。无效，即其行为未能具体发生此等效果。"③ 因此，所谓无效诉讼行为，是指诉讼行为不能发生其在诉讼法上应有的效果。无效是因为在诉讼程序中欠缺其中一项前提条件，或者说是欠缺了构成诉讼行为的主要要素。巴西学者 José Frederico Marques 教授认为：

> 无效行为是一非典型的、不完全的及无效力的行为，该行为欠缺法律规定的适当性，理由是，作出了和诉讼条文规定不协调的行为④。

无效诉讼行为的特征体现在以下几个方面。一是诉讼行为已经成立并且生效，即便是不可补正之无效，也须经过法定程序被宣告后才不生效。二是导致无效的原因是诉讼行为的违法性，即诉讼行为违反了诉讼法的规定，且这种违法性比不当情事的瑕疵在性质上更为严重。三是无效诉讼行为的后果是对原诉讼行为效力的否定。诉讼行为被宣告无效后，将会产生一系列的法律后果（将在本节第四部分详细论述）。四是除不可补正的无效属绝对无效外，其他无效诉讼行为存在经补正后变为有效的可能性。法律列举了某些特定情况下，无效诉讼行为可被补正，从而对原本不规范的诉讼行为进行矫正和治愈，因而具备法定的效力⑤。

---

① 〔葡〕Manuel Leal-Henriques：《澳门刑事诉讼法教程》（上册）（第二版），卢映霞、梁凤明译，法律及司法培训中心，2011，第107页。
② 邓云：《刑事诉讼行为基础理论研究》，中国人民公安大学出版社，2004，第220页。
③ 曹鸿阑：《刑事诉讼行为之基础理论》，载陈朴生主编《刑事诉讼法论文选辑》，五南图书出版公司，1984，第84页。
④ José Frederico Marques, *Elementos de Direito de Processo Penal II*，pp. 397, 414，转引自〔葡〕Manuel Leal-Henriques《澳门刑事诉讼法教程》（上册）（第二版），卢映霞、梁凤明译，法律及司法培训中心，2011，第109页。
⑤ 夏红：《无效刑事诉讼行为研究》，中国人民公安大学出版社，2009，第54~57页。

二 合法性原则与诉讼无效

《澳门刑事诉讼法典》第 105 条明确规定了"合法性原则",即"违反或不遵守刑事诉讼法之规定,仅在法律明文规定诉讼行为属无效时,方导致有关诉讼行为无效。如法律未规定诉讼行为属无效,则违法之诉讼行为属不当之行为"。

(一)"欠缺行为主要要素":诉讼行为"严重瑕疵"的标准

如果诉讼行为存在严重的瑕疵,即会导致诉讼行为的无效。何为"严重瑕疵",必须由法律明确规定。那么,法律明确规定的"严重瑕疵"所遵循的标准是什么呢?Manuel Leal-Henriques 先生引用 José Frederiço Marques 教授的论述,肯定了"欠缺行为主要要素"的标准。José Frederiço Marques 教授指出,"严重瑕疵"的特征是,"在刑事诉讼行为中,没有根据程序法规定之有效条件而作出的诉讼或诉讼行为"。因此,"无效是诉讼程序中欠缺其中一项前提条件"而无法构成"规范的程序",或无法"适当地形成诉讼关系","在诉讼行为中欠缺构成行为的主要要素"[1]。例如,"组成有关审判组织之法官人数少于应有数目","法律要求辅助人或民事当事人到场,而因无作出通知以致辅助人或民事当事人缺席者"等情形,均属于因为欠缺构成审判的主要要素,而导致审判行为无效。只不过,二者的严重程度有所差别,前者为不可补正的无效,而后者之无效则取决于争辩,并在某些情况下被视为已获补正或可补正。

(二)法律没有明文规定为"不可补正之无效",即为"取决于争辩之无效"

因此,由法律所明文规定的各种"欠缺行为主要要素"的"严重瑕疵"的情形构成了刑事诉讼中的行为无效情形,主要规定于《澳门刑事诉讼法典》第 106 条"不可补正之无效"与第 107 条"取决于争辩之无效"。

根据《澳门刑事诉讼法典》第 106 条,"除另有法律规定为不可补正之

---

[1] José Frederico Marques, *Elementos de Direito de Processo Penal* Ⅱ, p. 397, p. 414,转引自〔葡〕Manuel Leal-Henriques《澳门刑事诉讼法教程》(上册)(第二版),卢映霞、梁凤明译,法律及司法培训中心,2011,第 109 页。

无效外，下列情况亦构成不可补正之无效，而此等无效应在程序中任何阶段内依职权宣告：a）组成有关审判组织之法官人数少于应有数目或违反定出有关组成方式之法律规则；……f）在法律规定之情况以外采用特别诉讼形式"。根据该条规定，除上述六种不可补正之无效外，其他法律明确规定的"不可补正之无效"，也属于诉讼行为不可补正的无效之情形。根据《澳门刑事诉讼法典》第107条"取决于争辩之无效"第2款，"除另有法律规定定为取决于争辩之无效外，下列情况亦构成取决于争辩之无效：a）法律规定使用某一诉讼形式而采用另一诉讼形式者，但本项之规定并不影响上条f项之规定之适用；……d）侦查或预审不足，且其后未采取可视为对发现事实真相属必要之措施"。可见，除《澳门刑事诉讼法典》第106、107条明确规定的"不可补正之无效"和"取决于争辩之无效"之情形外，法律容许根据"另有法律规定"的条文界定刑事诉讼行为的无效。

有些诉讼行为的无效被明确界定为"不可补正之无效"。例如，《澳门刑事诉讼法典》第302条第1款规定，"审判听证须公开，否则为不可补正之无效"。但是在某些法律条文中，仅规定诉讼行为无效，却未明确属"不可补正之无效"，还是"取决于争辩之无效"，例如，《澳门刑事诉讼法典》第360条"判决的无效"，仅指出如果"未载有第355条第2款及第3款b项所规定载明之事项者；或在非属第339条及第340条所指之情况及条件下，以起诉书中，或无起诉时，以控诉书中未描述之事实作出判罪者"，判决为无效。此种无效应当如何理解，是"不可补正之无效"还是"取决于争辩之无效"呢？根据 Manuel Leal-Henriques 先生的解释，"针对不可补正的无效情况，法律会明确订定属不可补正的性质；若仅提及'将构成无效'，这便是'可补正'的无效"[1]，即"取决于争辩"之无效。这一解释是符合立法的一般逻辑和原理的，因为"不可补正"之无效为性质最为严重之无效，法律在明确其"无效"性质的同时，必须明确其为"不可补正"，除此之外，法律规定的"无效"应为一般情况下的无效，即"可补正"的无效。

（三）"不可补正之无效"与"取决于争辩之无效"之区别

"取决于争辩之无效"这一名称容易误导读者错误地得出一个推理，即

---

① 〔葡〕Manuel Leal-Henriques：《澳门刑事诉讼法教程》（上册）（第二版），卢映霞、梁凤明译，法律及司法培训中心，2011，第111页。

《澳门刑事诉讼法典》第 106 条 "不可补正之无效" 行为不能 "争辩"，利害关系人或检察院无权声请，仅可由法官宣告无效。在《澳门刑事诉讼法典》第 106 条的行文中确实也无法找到 "利害关系人及检察院有权声请法官宣告诉讼行为无效" 的依据。那么，除 "取决于争辩之无效" 外，"不可补正之无效" 是否也 "可争辩" 呢？作为利害关系人和检察院，当某一诉讼行为属于 "不可补正之无效" 时，自然可以向法官提出申请，由法官依职权宣告。Paulo Pinto de Albuquerque 教授指出，不可补正的无效可以依职权或经利害关系人或检察院声请而审理①。也就是说，不可补正之无效也是允许利害关系人及检察院提出 "争辩" 的。"不可补正" 与 "取决于争辩" 这两种无效的真正区别并不在于何种可争辩，何种不可争辩，其区别主要有以下两点。

其一，"不可补正" 与 "可补正"。《澳门刑事诉讼法典》第 106 条与第 107 条最重要的区别在于，第 106 条的诉讼行为无效属于 "不可补正" 之性质，而第 107 条的诉讼行为无效则具有补正之可能性，即属 "可补正" 之无效。因此，在有些刑事诉讼法的教材中，没有使用 "取决于争辩" 的名称，而是使用了 "可补正的无效" 来概括《澳门刑事诉讼法典》第 107 条规定的情形②。

其二，法官是否可以依职权主动宣告行为无效。根据《澳门刑事诉讼法典》第 106 条，作为法律明文规定的最为严重的瑕疵，即使没有利害关系人和检察院的申请，法官也有义务依职权主动宣告某一诉讼行为属 "不可补正" 的无效。而在《澳门刑事诉讼法典》第 107 条规定的情形下，这些诉讼行为能否被认定为无效，完全 "取决于" 当事人的争辩，法官无权主动宣告这些行为无效，其强调的重点在于 "取决于"，即仅仅只能取决于当事人的争辩，排斥了法官主动宣告行为无效的权力。

特别需要注意的是，合法性原则并不影响适用于证据上的禁止规定。也就是说，除上述法律明文规定的无效情况外，当证据被不法收集时，该证据无效③。例如，根据《澳门刑事诉讼法典》第 113 条，透过酷刑或胁

---

① Paulo Pinto de Albuquerque, *Comentário do Código de Processo Penal*, Universidade Católica Editora, 2011, p. 318.

② 〔葡〕Manuel Leal-Henriques：《澳门刑事诉讼法教程》（上册）（第二版），卢映霞、梁凤明译，法律及司法培训中心，2011，第 111 页。

③ Manuel Leal-Henriques, Manuel Simas-Santos, *Código de Processo Penal de Macau*, Imprensa Oficial de Macau, 1997, p. 274.

迫，又或一般侵犯人之身体或精神之完整性而获得之证据均为无效，且不得使用。在未经有关权利人同意下，透过侵入私人生活、住所、函件或电讯而获得之证据亦为无效，但属法律规定之情况除外。使用以上法律禁止的手段收集的证据，是绝对的无效，即不可通过补正而使其有效。

三 不可补正之无效

不可补正之无效，也称"绝对无效"①，是指在任何情况下该诉讼行为都不能发生预期的法律效果，并且这种无效无法补正。在诉讼程序的任何阶段发现时都应依职权宣布其为无效，也可以经利害关系人或检察院申请而审理②。不可补正之无效必须由法律明确规定。

根据《澳门刑事诉讼法典》第 106 条，不可补正之无效包括以下情况：①组成有关审判组织之法官人数少于应有数目或违反定出有关组成方式之法律规则；②检察院无依据《澳门刑事诉讼法典》第 37 条之规定促进有关诉讼程序，以及在法律要求其到场之行为中缺席；③依法须到场之嫌犯或其辩护人缺席；④法律规定必须进行侦查或预审而无进行侦查或预审；⑤违反与法院管辖权有关之规则，具体是指违反了《澳门刑事诉讼法典》第 8~20 条有关管辖权的规定③；⑥在法律规定之情况以外采用特别诉讼形式；⑦法律另有规定的不可补正之无效情形。

关于《澳门刑事诉讼法典》第 106 条关于不可补正的无效情形，有以下几点须特别说明。

第一，关于该条 b 项"检察院无依据《刑事诉讼法典》第 37 条之规定促进有关诉讼程序，以及在法律要求其到场之行为中缺席"。葡萄牙最高法院曾经于 1999 年 12 月 16 日做出统一的司法见解并刊登于 2000 年 1 月 6 日的《共和国公报》上，其中指出：

---

① 刑事诉讼中的绝对无效，并不意味着诉讼行为自始、当然不发生效力，因为"诉讼在刑事诉讼法上之发展涉及实体与程序两个方面，故倘非经一定程序而宣告其无效，不能认定当然无效，从而刑事诉讼法上之无效系有待于撤销之后始成为无效"。见蔡墩铭《刑事诉讼法论》，五南图书出版公司，1999，第 132 页。

② Paulo Pinto de Albuquerque, *Comentário do Código de Processo Penal*, Universidade Católica Editora, 2011, p. 318.

③ Manuel Leal-Henriques, Manuel Simas-Santos, *Código de Processo Penal de Macau*, Imprensa Oficial de Macau, 1997, p. 277.

在公罪或准公罪的情况中，倘若检察院在辅助人提出控诉后表示赞同控诉，且非属《刑事诉讼法典》第284条第1款①所规定的情况，则构成同一法典第119条b项②所规定的不可补正的无效③。

也就是说，根据该统一司法见解（虽然该统一司法见解对澳门并无约束性效力），在准公罪中，提出控诉仍然是检察院的职权，如果检察院仅通知辅助人提出告诉，并对该告诉表示赞同，并不构成一个有效的控诉，而属于第106条b项所规定的，"检察院无依据《刑事诉讼法典》第37条之规定促进有关诉讼程序"，因此构成不可补正的无效。

第二，关于c项"依法须到场之嫌犯或其辩护人缺席"。《澳门刑事诉讼法典》第313条第1款规定，嫌犯在对其做出审判听证时必须在场，但不影响同一法典第314~316条之规定之适用。也就是说，如果不符合法律明确规定的缺席审判的情形，则嫌犯在审判听证时不在场构成诉讼行为不可补正的无效。

如果法院完全没有采取个人通知和邮寄通知的措施通知嫌犯有关审判日期的批示，而采用张贴公告的方式，导致嫌犯在该指定的日期及时间被缺席审判，则应当属于不可补正的无效。正如审理此上诉案的澳门中级法院合议庭所言：

> 在本案中，明显没有出现第315条（因为不是一个一开始被定性为简易刑事案而之后反致为普通刑事案，也没有任何嫌犯事前作出或提出的要求或同意，以便审判听证确实或可以在其缺席的情况进行）和第316条（因为欠缺实行把指定审判日期的批示向嫌犯作出个人和邮寄通知的措施）的例外情况时，第一审法院在得悉把该批示向嫌犯本人作出个人通知和邮寄通知的措施或然不成功之前，又或者在如嫌犯事前已接获听证日期的个人通知和邮寄通知时证实嫌犯或者会无理缺席该指定日期的听证之前，不应该什么都不顾就决定向嫌犯作出公示传唤关于指定审判听证日期的批示。

---

① 对应《澳门刑事诉讼法典》第266条第1款，即辅助人在公罪及半公罪案件中提出辅助之诉。——笔者注
② 对应《澳门刑事诉讼法典》第106条b项。——笔者注
③ 〔葡〕Manuel Leal-Henriques：《澳门刑事诉讼法教程》（下册）（第二版），卢映霞、梁凤明译，法律及司法培训中心，2011，第31页。

以上不当（因过早）使用公示传唤嫌犯在第一审进行审判听证，而该嫌犯最终在（未经同意的）缺席下确实被审判，原审法院的审判行为自此刻开始变成程序上的无效①。

第三，关于该条 d 项"法律规定必须进行侦查或预审而无进行侦查或预审"。根据《澳门刑事诉讼法典》的规定，在简易诉讼程序中得不经侦查而直接起诉嫌犯，因此在其他法律规定应当进行侦查的案件中省略了侦查程序，或者有适格的预审申请而未启动预审，均会构成诉讼行为不可补正的无效。

澳门中级法院第 241/2009 号裁判确认了一项不可补正之无效。裁判指出，由于检察院在收到涉及公罪的犯罪消息后，并没有依法立即展开侦查，而是在相隔大半年之后，且在检举人多次追问下，才决定对有关犯罪消息不予立案侦查，所以这次不立案侦查的决定，实已违反了《澳门刑事诉讼法典》第 245 条第 2 款所定的有关针对单纯涉及公罪的犯罪消息必须立即展开侦查的强制义务，并因此导致该决定带有《澳门刑事诉讼法典》第 106 条 d 项所指的涉及"法律规定必须进行侦查（或预审）而无进行侦查（或预审）"的不可补正的诉讼行为无效情况②。

本书并不认同此裁判。有关"法律规定必须进行侦查或预审而无进行侦查或预审"的立法原意在于保障嫌犯的诉讼权利，避免未经充分的侦查或者应有的预审而贸然发动对嫌犯的审判。根据 Paulo Pinto de Albuquerque 教授的解释，"欠缺侦查"是指在不适用简易程序时，法律规定有义务进行侦查，但完全遗漏侦查的情况。这一见解来自葡萄牙 1999 年 10 月 21 日里斯本中级法院合议庭裁判。在葡萄牙的另外一起判例中，法官进一步指出，根据侦查犯罪消息及被告发的事实为无罪因而直接归档，告诉权在期限届满后做出、刑事诉讼程序已消灭，不属于侦查上的欠缺或遗漏③。

第四，关于法律另有规定的不可补正之无效情形，《澳门刑事诉讼法典》还规定了以下不可补正的情形。例如，审判听证须公开，否则为不可补正之无效，但主持审判听证之法官决定排除听证之公开性或对听证之公开做出限制者，不在此限（《澳门刑事诉讼法典》第 302 条第 1 款）。还有，

① 澳门中级法院第 213/2004 号裁判。
② 澳门中级法院第 241/2009 号裁判。
③ 葡萄牙波尔图中级法院 2007 年 5 月 9 日合议庭裁判。

听证开始时，如检察院或辩护人不在场，则主持听证的法官以法定代任人替代检察院及以另一辩护人替代辩护人，否则为不可补正之无效（《澳门刑事诉讼法典》第 311 条第 1 款）。

四　取决于争辩之无效

取决于争辩之无效，又称"相对无效""可补正之无效"，是指诉讼行为的无效是有条件的、相对的，其存在的瑕疵可以通过积极的补救、消极的放弃争辩或者经过一定期间而获得补正。

（一）提出争辩的主体

根据《澳门刑事诉讼法典》第 107 条第 1 款，取决于争辩之无效，均应由有关利害关系人提出争辩。这里的利害关系人是指所有可能会因争辩的理由成立而得益的诉讼参与人，即当行为是在合规范且无瑕疵地实施时获得利益的人①。葡萄牙学者 Paulo Pinto de Albuquerque 教授认为，利害关系人是指被违反的规范所保护的权利的拥有人，包括嫌犯、辅助人、民事当事人或其他诉讼参与人，而检察院不具正当性去争辩这可补正的无效②。

（二）取决于争辩之无效的范围

《澳门刑事诉讼法典》第 107 条明确列举了取决于争辩的无效情形：①法律规定使用某一诉讼形式而采用另一诉讼形式者，但并不影响《澳门刑事诉讼法典》第 106 条 f 项规定之适用的；②法律要求辅助人或民事当事人到场，而因无做出通知以致辅助人或民事当事人缺席者；③法律认为必须指定传译员而未指定传译员；④侦查或预审不足，且其后未采取可视为对发现事实真相属必要之措施；⑤其他法律规定的无效情形。其中有以下三点需要注意。

第一，根据《澳门刑事诉讼法典》第 107 条第 2 款 a 项，法律规定使用某一诉讼形式而采用另一诉讼形式者，但并不影响《澳门刑事诉讼法典》

---

① Manuel Leal-Henriques, Manuel Simas-Santos, *Código de Processo Penal de Macau*, Imprensa Oficial de Macau, 1997, p. 282.

② Paulo Pinto de Albuquerque, *Comentário do Código de Processo Penal*, Universidade Católica Editora, 2011, pp. 321 – 322.

第 106 条 f 项规定之适用的。根据《澳门刑事诉讼法典》第 106 条 f 项，如果在法律规定之情况以外采用特别诉讼形式，则会构成不可补正的无效。根据上述法律条文，如果本来应当不能采用特别诉讼程序审理而错误地采用了特别诉讼程序的，构成对嫌犯权利的重大侵害，因而属于不可补正的无效。如果非此种情况，属于其他错误适用诉讼程序的情形，例如对某一现行犯，本来可以适用独任庭进行审判，实际却适用了合议庭审判，则构成取决于争辩的无效。

第二，关于《澳门刑事诉讼法典》第 107 条第 2 款 d 项"侦查或预审不足，且其后未采取可视为对发现事实真相属必要之措施"。

在澳门的司法实务中比较多见的一个问题是，法官在做出废止缓刑的决定前并未依据《澳门刑事诉讼法典》第 476 条第 3 款听取被判刑人的意见，是否会构成取决于争辩的无效？中级法院在分析这一问题时，援引了《澳门刑事诉讼法典》第 107 条第 2 款 d 项，指出此种情形不会构成第 107 条第 2 款 d 项第一部分规定的取决于争辩的无效，因为此种情形并不涉及侦查阶段或预审阶段；那么此种情况是否构成取决于争辩的无效就取决于有关措施（即在做出废止缓刑的被上诉决定前事先听取被判刑人的意见）是否具备"发现事实真实属必要"的"实质性"特征，即是否符合第 107 条第 2 款 d 项第二部分①。法院最后认为此种情形并没有违背辩论原则，不属于发现事实真实所必要的措施，因此认为"在作出废止缓刑的决定前未听取被判刑人的意见"不会构成取决于争辩的无效。笔者同意这一结论，但该案的论证以及在论证中体现的对第 107 条第 2 款 d 项的理解值得商榷。

根据上述司法见解，有关"侦查或预审不足，且其后未采取可视为对发现事实真相属必要之措施"的情形系由两个并立的情形组成，即"侦查或预审不足"，以及"未采取可视为对发现事实真相属必要之措施"，只要满足其中之一，便会构成诉讼行为取决于争辩的无效。笔者认为，上述两个部分应当联合起来分析，如果案件在侦查阶段或预审阶段没有依法实施必要的措施，而且事后也没有采取其他有效的措施弥补该不足，影响发现事实真相的，应当属于取决于争辩的无效。关于该项情形，葡萄牙 2007 年修改的刑事诉讼法做了更为明确的规定，将该项修改为"侦查或预审不足，因没有实行被法律约束的行为，且其后未采取可视为对发现事实真相属必

---

① 澳门中级法院第 144/2001 号裁判、第 112/2002 号裁判、第 130/2004 号裁判。

要之措施"。

葡萄牙 Paulo Pinto de Albuquerque 教授在对这一情形进行解释时，明确将该种无效分为两种情形，即"侦查不足"与"预审不足"，而如何衡量是属于"侦查不足"还是"预审不足"，则应当考虑该项后半部分的规定，即"没有实行被法律约束的行为，且其后未采取可视为对发现事实真相属必要之措施"。Paulo Pinto de Albuquerque 教授分别列举了"侦查不足"与"预审不足"的情形。其中，"侦查不足"包括违反在成为嫌犯、身份书录、询问、鉴定、刑事警察机关做出诉讼前的行为（例如扣押）、关于犯罪消息的取得、关于供未来备忘用之声明等方面的不足。"预审不足"包括在嫌犯要求时，没有进行询问；没有向检察院、嫌犯、辩护人及辅助人的代表通知展开预审的声请书；没有向检察院、嫌犯、辩护人、辅助人及其律师通知预审的行为；没有在预审时就所调查之证据进行辩论；遗漏在预审中给予嫌犯或其辩护人在最后就证据表明立场；欠缺通知辅助人的代表进行预审辩论；欠缺在预审中的预审辩论等[1]。

第三，关于法律另有规定构成诉讼行为无效的情形。如果法律并未明示某一无效为不可补正之无效，则均为取决于争辩的无效。《澳门刑事诉讼法典》有多处规定了取决于争辩的无效情况。①须回避之法官所做之行为均为无效，但重新做出该等行为并无效用，且做出之行为未对该诉讼程序裁判之公正造成任何损害者，不在此限（《澳门刑事诉讼法典》第30条第4款）。②刑事诉讼程序自做出起诉批示时起公开，或如无预审，则自做出指定听证日之批示时起公开，否则刑事诉讼程序无效（《澳门刑事诉讼法典》第76条第1款）。③诉讼行为不论以书面还是口头的方式做出，均须使用澳门特别行政区其中一种官方语言，否则无效（《澳门刑事诉讼法典》第82条第1款）。④讯问嫌犯不得在零时至六时之间进行，否则无效，但在拘留后随即做出之讯问除外（《澳门刑事诉讼法典》第93条第3款）。⑤拘留命令状须以一式三份发出，并载有下列资料，否则无效：a）有权限之司法当局或刑事警察机关之签名；b）应被拘留之人之身份资料；c）引致拘留之事实及依法构成拘留依据之情节之说明（《澳门刑事诉讼法典》第241条第1款）。⑥控诉书须载有下列内容，否则无效：a）指出认别嫌犯身份之资

① Paulo Pinto de Albuquerque, *Comentário do Código de Processo Penal*, Universidade Católica Editora, 2011, pp. 319-322.

料；b）叙述或扼要叙述能作为对嫌犯科处刑罚或保安处分之依据之事实，尽可能载明犯罪实施之地方、时间及动机，行为人对事实之参与程度，以及任何对确定应科处行为人之制裁属重要之情节；c）指出适用之法律规定；d）指出将调查或声请之证据，尤其是将在审判中做证言之证人及做陈述之鉴定人之名单及其身份资料；e）日期及签名（《澳门刑事诉讼法典》第265条第3款）。⑦指定听证日期之批示须包括下列内容，否则无效：a）指出有关事实及适用之法律规定，此指出得透过引用起诉书内所载者为之；如无起诉，得透过引用控诉书内所载者为之；b）指出到场之地点、日期及时间；c）如嫌犯在有关诉讼程序中仍未委托辩护人，则为其指定之；d）日期及法官之签名（《澳门刑事诉讼法典》第295条第1款）。⑧在第306条第4款及第313条第3款与第4款所规定之情况下，如嫌犯返回听证室，主持听证之法官须扼要告知嫌犯在听证中其不在场时所发生之事情，否则无效①（《澳门刑事诉讼法典》第306、313条）。⑨如有数名共同嫌犯作答，则主持审判之法官决定应否在听取任何嫌犯之声明时让其他嫌犯在场；如属分开听取声明，则在听取所有嫌犯之声明，且其全部返回听证室后，法官须立即扼要告知该等嫌犯其不在场时所发生之事情，否则无效（《澳门刑事诉讼法典》第324条第4款）。⑩如嫌犯声明欲自认对其归责之事实，主持审判之法官须询问其是否基于自由意思及在不受任何胁迫下做出自认，以及是否拟做出完全及毫无保留之自认，否则无效（《澳门刑事诉讼法典》第325条第1款）。⑪宣读之容许及其法律依据须载于记录，否则无效（《澳门刑事诉讼法典》第337条第8款）。⑫对口头陈述仅得做一次反驳；然而，如辩护人要求发言，则辩护人必须为最后发言者，否则无效（《澳门刑事诉讼法典》第341条第2款）。⑬听证中以口头做出的声明必须记于记录内，否则无效（《澳门刑事诉讼法典》第344条）。⑭判决由任一法官在听证室公开宣读，而判决

---

① 参见《澳门刑事诉讼法典》第313条第2款规定：已到场参与听证之嫌犯在听证完结前不得离开；须采取必需及适当之措施，防止嫌犯离开，包括在必要时于听证中断期间将之拘留。第3款规定：即使有上款之规定，如嫌犯离开听证室，听证亦得继续进行直至完结，只要其已被讯问及法院不认为其在场属必要者；在一切效力上，嫌犯均由辩护人代理。第4款规定：如嫌犯出于故意或过失，使其本身处于无能力继续参与听证之状态，则上款之规定，相应适用于此情况。第306条第4款规定：在听证过程中，如嫌犯不给予法院应有之尊重，则对其做出警告；如嫌犯继续如此，须命令将之收容于法院之附属设施内，但嫌犯仍得在最后讯问及判决宣读时在场，并有义务在法官认为其必须在场时返回听证室。

书中案件叙述部分得不予宣读；判决之理由说明部分，或此部分篇幅颇长者，其撮要，以及主文之宣读均属强制性，否则无效（《澳门刑事诉讼法典》第353条第3款）。⑮违反《澳门刑事诉讼法典》第360条第1款规定的无效，包括两种情况：一是该条第1款a项，即未载有第355条第2款（紧随案件叙述部分之后为理由说明部分，当中列举经证明及未经证明的事实，以及阐述即使扼要但尽可能完整，且作为裁判依据的事实上及法律上的理由，并列出用作形成法院心证且经审查及衡量的证据）及第3款b项（有罪决定或无罪决定）所要求的事项；二是该条第1款b项，即在非属第339条及第340条所指之情况及条件下，以起诉书中，或无起诉时，以控诉书中未描述之事实做出判罪者。关于与第360条第1款b项有关的诉讼行为违法，尤其是在存在事实的非实质变更，并对案件之裁判属重要时，法官没有告知嫌犯并给予其必要的辩护准备，应当属于无效还是不当情事，司法实务也有不同的看法，甚至有过完全不同的裁判，在本书第四章第四节已详细介绍，这里不再重复。这里主要讨论因为第360条第1款a项而导致无效的情况。

首先，嫌犯经常会因为"事实事宜"的不足而提出无效的争辩。但是事实事宜的说明往往比较复杂，在实践中，事实说明的些许瑕疵并不能构成无效的理由。正如澳门中级法院法官在其裁判中所称，"应当"挽救"理由说明不太'充裕'的裁判，只要该裁判与事实真相原则及/或嫌犯辩护之保障不相冲突"[1]。仅当获证明的事实不足以论证所做出的法律上的裁判属合理时［而不是当证据（数量）不多难以做出裁判］，方存在事实事宜不足以支持法律上的裁判的情形。换言之，只有在做出法律上的裁判所必不可少的事实事宜之查明过程中存有漏洞时，方存在这种瑕疵[2]。

其次，嫌犯也可能会因为"法律理由"的不足而提出无效的争辩。与事实事宜不足的立场相同，只有在法院绝对缺乏对事实或者法律方面的判决做出理由说明的情况下才有《澳门刑事诉讼法典》第355条第2款所指的无效。说明理由不完善的情况，而非第355条第2款的绝对缺乏，不会导致判决的无效[3]。正如澳门中级法院法官在第733/2009号裁判中所指出的，

---

① 澳门中级法院第25/2001号裁判。
② 澳门中级法院第102/2002号裁判。
③ 澳门中级法院第610/2011号裁判。

如果存在理由说明，而只是在某些理由说明方面不足，不会构成此种无效①。

最后，嫌犯还可能因为法官没有列举"未获证明的事实"而提出无效的争辩。刑事诉讼法要求在裁判中列明"经证明及未经证明的事实"，其立法原意在于制约法官的自由心证，禁止法官恣意枉法裁判，并保障发现事实的真相及嫌犯的辩护权。因此，并不能机械地理解为，法官应当严格按照分条缕述的格式，对所有经证明或未经证明的事实一一列举。正如澳门中级法院的法官在其裁判中所表明的立场，绝不能认为立法者要求列举未获证明之事实意味着对未获证明之事实仅做严格形式意义上的列举，并要求予以逐项穷尽列举。如果以未获证明的事实之简单摘要，即可得出原审法院调查并审理了案件目标的结论，应当认为这一部分合议庭裁判是合法的及有效的②。

（三）提出争辩的时间

取决于争辩之无效，应在法律规定的时间内提出，如果在法律规定的时间内未提出争辩的，则视为有关无效获得补正，从而相关的诉讼行为即具有相应的法律效力。例如，澳门终审法院第 23/2010 号裁判指出，"任何违反刑事诉讼法典第 339 条第 1 款的情况应在法定期间内提出争议，正如在本个案中在向中级法院上诉时提出。实际上，上诉人在向中级法院提起上诉时没有提出这个问题，即使存在违反亦已获补正"。

具体而言，应当在以下规定确定的时间内提出争辩：①属有利害关系人在场之行为之无效者，在该行为完结前；②属法律要求到场而未获通知的辅助人或民事当事人，在就指定听证日之批示做出通知后 10 日内；③属关于侦查或预审之无效者，在预审辩论完结前；无预审者，在就完结侦查之批示做出通知后 10 日内；④属特别诉讼形式者，在其听证开始时。

---

① 澳门中级法院第 733/2009 号裁判。在该案中，从一审裁判书中的理由说明可见，原审法院有就获证事实、不获证事实、事实认定、判罪、判刑和设定行为规则方面加以说明理由。尽管其就行为规则的说明理由部分确有不足，但不属完全欠缺理由说明，故不属构成欠缺法律理由说明的情形，充其量只属理由说明不足的情况。根据《澳门刑事诉讼法典》第 105 第 1 款及第 2 款的规定，凡违反或不遵守刑事诉讼法规定的不法情事，仅在法律明示规定为无效时方构成无效情事，其余一概视为不当情事。因此，仅就行为规则适用方面理由说明不足仅构成不当情事。

② 澳门中级法院第 102/2002 号裁判。

（四）无效之补正

取决于争辩的无效可在法律规定的方式下进行补正，从而获得相应的法律效力。所谓补正，是指诉讼行为的方式不完备时，在诉讼行为开始之后对不足部分进行补充①。无效的补正方式有以下两种：一是自动补正，即未在法律规定的期限内提出争辩，视为诉讼行为自动补正。这是无效之补正的一般性规则，不需要利害关系人主动为之。还有一种是主动补正，即由利害关系人在诉讼中主动做出一定行为而进行的补正。其具体包括以下的行为种类：①明示放弃就该等无效提出争辩；②明示接受可撤销之行为之效力；③可撤销之行为系为权能得以行使而做出，而有关权能确实已行使；④如有关无效系因欠缺为做出诉讼行为所做之通知或传召而引致，又或因该通知或传召有瑕疵而引致，但利害关系人在做出有关诉讼行为时到场或放弃到场，则该无效获补正，但如果利害关系人到场的意图仅为就该无效提出争辩的除外；⑤法律另有规定的其他情形。

五　宣告无效的效力

一旦一个诉讼行为被宣告无效，将会产生诉讼法上规定的法律效果，具体而言，宣告无效的效力表现为以下几个方面。

（一）针对瑕疵行为的效力

宣告无效的效力，最直接的效果是使出现瑕疵之行为成为非有效行为。宣告无效所评价的就是出现瑕疵的、特定的诉讼行为，否定其在诉讼程序中的有效性。例如，违反法院管辖权的审判将直接导致该审判行为绝对无效。例如，《法国刑事诉讼法典》第 174 条第 3 款规定，被撤销的文书或文件从侦查案卷中撤出，并且由上诉法院书记室归档②。

（二）针对其他诉讼行为的效力

宣告无效的效力的另一个表现，是对于其相关联的其他诉讼行为的影

---

① 〔日〕田口守一：《刑事诉讼法》，张凌、于秀峰译，中国政法大学出版社，2010，第 155 页。

② 《法律刑事诉讼法典》，罗结珍译，中国法制出版社，2006，第 172 页。

响。如之前所述，刑事诉讼是一个由法官、检察院、嫌犯和其他刑事诉讼主体等的诉讼行为共同构成的动态行为锁链，在这个锁链中，没有一个诉讼行为是孤立的，其必然会对前后的诉讼行为产生影响。因而当一诉讼行为被宣告无效后，也必然对与之相关的诉讼行为产生一定的影响。《澳门刑事诉讼法典》第 109 条规定，无效使依附该行为之各行为及可能受到该无效影响之各行为成为非有效行为。澳门民事诉讼法中也有类似的规定：一行为必须予以撤销时，其后做出且绝对取决于该行为之行为亦予撤销（《澳门民事诉讼法典》第 147 条第 2 款）。

（三）针对整个诉讼程序的效力

宣告无效还会对整个诉讼程序产生影响。通常而言，被宣告无效后，诉讼程序将恢复诉讼行为没有实施以前的状态。《澳门刑事诉讼法典》第 109 条第 2 款规定，宣告无效时，须规定何行为方视为非有效行为，且在必要时及在可能范围内须命令重新做出该等行为，而有关开支由因过错而导致该等无效之嫌犯、辅助人或民事当事人负责。

同时，宣告无效的效果具有有限性。澳门刑事诉讼法规定，无效之宣告不妨碍对所有不受该宣告之效力影响而仍能保留之行为的利用（《澳门刑事诉讼法典》第 109 条第 3 款）。

六 不当情事

不当情事是指在形式上存在瑕疵，但该瑕疵程度相对较轻，法律并未直接将其明确规定为无效的诉讼行为。不当情事仅仅适用于诉讼行为虽不规范，但并不影响诉讼案件进展的公正性和合法性的情形，如果无人提出争辩或者有关瑕疵已经得到补正，诉讼程序可以继续进行。

（一）不当情事与无效的界限：法律的明文规定

总体来讲，不当情事与无效行为均属违反刑事诉讼法规定的情况。然而，为了诉讼效率和诉讼经济的考虑，不能将所有违反刑事诉讼法规定的行为皆判为无效，并重新开始与其相关的诉讼行为。为此，法律区分了不当情事与无效，将所有法律和社会公义更加不能容忍的违反刑事诉讼法规定的行为以法律明文规定的方式界定为"无效"情事，而对其他违反刑事诉讼法的行为规定为"不当情事"。因此,不当情事从本质上来讲也是违法行为,如果经法院确认为不当情事,也同样会产生诉讼行为非有效及该不当情事可能影响的随后进行之程序成为非有效程序的效果。如葡萄牙学者Gil Moreira Dos Santos 教授所说:

> 不当情事,是包括所有透过作为或不作为违反实行诉讼行为的合法性的情况。当我们面对实行诉讼行为存在违法性时,要确定这违法性是否为法律规定无效的情况,若是,则会适用无效的规定,若不属法律规定无效的情况,则会是单纯的不当情事而会适用本条的规定①。

(二) 不当情事的认定

不当情事是对诉讼行为的损害的严重性较低的瑕疵,是一非典型和概括的范畴,包括所有损害诉讼行为而法律不定为无效的瑕疵②。当法律没有明文规定为无效时,则对刑事诉讼法的违反,不论其是作为还是不作为,均构成不当情事。例如,如果法官在判决时未指明"嫌犯答辩状所载之结论",并不会构成无效,而只是不当情事(澳门中级法院裁判第 167/2001号裁判、第 107/2003 – I 号裁判、第 16/2004 号裁判)。根据《澳门刑事诉讼法典》第 360 条第 1 款 a 项有关裁判无效的规定,只有欠缺《澳门刑事诉讼法典》第 355 条第 2 款及第 3 款 b 项内容的裁判方可争辩为无效,而"摘要指出嫌犯答辩状所载之结论"规定于第 355 条第 1 款,因此并不属于无效之情形,对此的违反只能构成不当情事。又如,根据《澳门刑事诉讼法典》第 360 条第 1 款 b 项,如果法院仅仅欠缺告知嫌犯依法必须告知之事实的非实质变更并给予其应有的辩护准备,则仅构成不当情事,而非无效③。

关于其他违反刑事诉讼法的情形是否一律构成不当情事,在葡萄牙有两种观点。一种观点采广义说(princípio da atipicidade da irregularidade),即

---

① Manuel Leal-Henriques, Manuel Simas-Santos, *Código de Processo Penal de Macau*, Imprensa Oficial de Macau, 1997, pp. 285 – 286.

② Manuel Lopes Maia Gonçalves, *Codigo de Processo Penal: Anotado*, Almedina, 2005, p. 305.

③ 根据该项,只有法院做出的裁判系在原审事实(包括依据《澳门刑事诉讼法典》第 339 条及第 340 条所做之事实变更)之外做出裁判,方构成诉讼行为的无效事由。详情参见本书第四章。

所有刑事诉讼中的违法情况都可以是不当情事①。即只要违反刑事诉讼法的规定，非无效即为不当情事。而另一种观点采狭义说（princípio da relevância material da irregularidade），认为不是所有刑事诉讼中的违法情况都是不当情事，只有其重要性能影响所实施的行为的价值时才是不当情事②。笔者赞同狭义说。从兼顾诉讼公平与诉讼经济的角度考虑，并非所有违反刑事诉讼法规定的行为都必须被定为不当情事，例如，根据《澳门刑事诉讼法典》第361条的规定，当判决出现瑕疵但并不构成无效的情形，或者判决之内容存在错误、误写、含糊或多义之情况，且消除该等情况不会构成实质变更时，法院须依照职权或应声请更正判决。如果将判决内容出现的错误、误写、含糊或多义之情况视为不当情事，则当事人可以争辩其为非有效，需要重新由法官做出裁判，在合议庭裁判的情况下甚至还需要再次合议，这显然并无必要。

（三）不当情事的争辩

不当情事的有效状态可以因利害关系人的争辩而转化为非有效状态，但必须符合法律规定的期限和方式。第一，在诉讼行为时利害关系人在场的情形下，利害关系人须在出现不当情事之行为时提出争辩；第二，如在行为做出期间利害关系人不在场，利害关系人须在其自接获通知参与诉讼程序中任何程序之日起5日内，或自参与在该诉讼程序中所做之某一行为时起5日内提出争辩。利害关系人按照以上期限和方式提出对不当情事的争辩，方使有关行为成为非有效行为，并使该不当情事可能影响的随后进行之程序成为非有效程序。

例如，在某一"使用他人之身份证明文件罪"的案件中，检察院以从犯身份指控一嫌犯，但原审法院在未预先告知该嫌犯的情况下做出改判以正犯论处。对此判决，嫌犯提出上诉，称原审法院违反《澳门刑事诉讼法典》第340条第2款及第3款的规定，应宣告无效。中级法院合议庭经审理后认为：该案并不涉及任何事实变更的情况，更谈不上事实的实质性变更，而是一个法律问题。因此不能适用《澳门刑事诉讼法典》第340条，而应

① Paulo Pinto de Albuquerque: *Comentário do Código de Processo Penal*, Universidade Católica Editora, 2011, p. 326.
② Paulo Pinto de Albuquerque: *Comentário do Código de Processo Penal*, Universidade Católica Editora, 2011, p. 326.

类推适用第 339 条第 1 款，法院可以对相同事实做出不同的法律定性，将相关事宜告知嫌犯，并在嫌犯提出声请时给予其必要时间以准备辩护。该案案件资料并未显示原审法院做出以上告知。但同时法律并未规定不遵守第 339 条的做法会导致判决无效，因此，根据《澳门刑事诉讼法典》第 105 条及第 110 条的规定，原审法院的疏忽仅构成不当情事，利害关系人应在法定期间内提出争辩，否则该不当情事将获补正。该案中提出争辩的期间为 5 日，即上诉人应在接获判决通知日起 5 日内提出争辩。而事实上上诉人直至第 8 日才提出，已经超出法定期间，因此其要求宣告判决无效的主张不能成立[①]。

（四）不当情事的法律效力

从上述分析可以看出，有瑕疵的刑事诉讼行为[②]可以分为无效的诉讼行为和不当情事，而无效的诉讼行为包括不可补正之无效行为和取决于争辩的无效行为。从这个分类上看，不当情事似乎并不属于无效的诉讼行为的范畴。但不当情事可以根据利害关系人的争辩而宣告该行为为"非有效"行为，并使该不当情事可能影响随后进行之程序成为非有效程序（《澳门刑事诉讼法典》第 110 条第 1 款）。因此，有观点认为"不规则行为从本质上说亦是无效行为的一种，但它比无效行为的瑕疵程度要轻。因此，法律允许其瑕疵容易地被补正"[③]。因此，如果严格依据《澳门刑事诉讼法典》的术语，《澳门刑事诉讼法典》第 106 条"不可补正之无效"，第 107 条"取决于争辩之无效"，以及第 110 条"不当情事"，经适当程序获法官宣告后，均可产生该诉讼行为"非有效"的效果。

不同的是，如果属不当情事，根据《澳门刑事诉讼法典》第 110 条第 2 款，法官在该不当情事可能影响已做出之行为的价值时，有权命令对该不当情事予以弥补，并不一定宣布该不当情事为非有效。而且如果需要根据

---

① 澳门中级法院第 25/2009 号裁判。

② 有瑕疵的刑事诉讼行为的定义也有狭义、广义和最广义之分。持狭义观点者认为，只有违反训诫性规定的刑事诉讼行为才是有瑕疵的诉讼行为；持广义观点者认为，没有按照程序法规范的刑事诉讼行为是有瑕疵的诉讼行为；持最广义观点者认为，某个特定刑事诉讼行为在效力、适法性以及理由正当性等方面存在不完美的都是有瑕疵的诉讼行为。澳门刑事诉讼法中采用广义的理解。参见夏红《无效刑事诉讼行为研究》，中国人民公安大学出版社，2009，第 71~73 页。

③ 徐京辉、程立福：《澳门刑事诉讼法》，澳门基金会，1999，第 84 页。

《澳门刑事诉讼法典》第 110 条第 1 款之规定，宣布该不当情事发生后的随后进行之程序为非有效行为，必须能够证明该行为受到不当情事之影响。例如，证人未宣誓而做证，属于刑事诉讼中的不当情事。如果嫌犯提出不当情事之争辩，则该做证行为被宣布为非有效。但这并不意味着在听取该证人陈述后法庭所进行之其他行为，如听取其他证人经宣誓而做陈述的行为、嫌犯做出声明的行为等诉讼行为都会被宣布为非有效，因为上述随后进行的行为并不会受到该不当情事之影响。与此相反，不可补正之无效与取决于争辩之无效都是法律明确规定的有严重瑕疵之行为，该行为的非有效，很有可能会导致依附该行为的各行为以及可能受该无效影响的各行为均成为非有效行为。例如，本来应当适用普通程序审理的案件适用了简易程序，则该决定使得整个依简易程序审理的各诉讼行为均无效，例如检察院在法庭上出示证据的行为、法院听取嫌犯声明的行为、传唤证人出庭做证的行为，甚至法庭做出裁判的行为等。

（五）不当情事与取决于争辩之无效的区别

虽然不当情事与取决于争辩的无效均允许通过利害关系人之争辩而产生诉讼行为的"非有效"，以及与其有关的诉讼程序"非有效"的结果，但是二者仍存在诸多不同。

首先，不当情事与取决于争辩的无效所涉及之瑕疵的严重程度不同。诉讼行为的无效，包括不可补正之无效与取决于争辩之无效，均属诉讼法上具严重瑕疵之行为，并且需要由法律明文规定该种情形无效。而不当情事是其他违反刑事诉讼法的行为，即法律没有将其视为非常严重的瑕疵，并且没有明文规定为无效的违法情形。

其次，不当情事更易于补正。由于不当情事属于违法性较轻，对发现真相和保障辩护权的影响更弱的违法情形，因此在法律上更易于补正，允许法官依职权弥补；而取决于争辩的无效，其补正条件更为苛刻和严格，而且基于对利害关系人诉讼权利处分权的尊重，法官不得依职权予以弥补。《澳门刑事诉讼法典》第 110 条第 2 款规定，如任何不当情事可能影响已做出之行为之价值，得在知悉该不当情事时，有权限当局可以依职权命令就该不当情事做出弥补，而不必要宣布该诉讼行为为非有效行为。第 9/1999 号法律《司法组织纲要法》第 15 条"订正"也规定了法官在何种情况下可以依职权弥补不当情事。根据该条规定，已完结的卷宗、簿册及其他文件在归档前须经检察院检阅，且在有需要时由法官订正，以便查明是否存有不当情事以及对之做出弥补。"订正检阅"的注记应在记载最后一项笔录或书录之页上做出，并应由法官注明日期及签署。同时，发现任何不当情事时，如法律容许对之做出弥补，法官须命令弥补该不当情事，在做出弥补及重新检查后方得做确定性注记。如法律不容许做出弥补，法官须在注记上载明所发现的不当情事。在上级法院，上述订正属有关法院院长的权限。

最后，提出争辩的时间不同。主张诉讼行为的"非有效"，无论是以无效为理由，还是以不当情事为理由，均会产生诉讼资源的耗费。因此，对于不当情事，提出争辩的时间要求更为苛刻。如果行为做出期间利害关系人不在场，利害关系人须在其自接获通知参与诉讼程序中任何程序之日起5日内，或自参与在该诉讼程序中所做之某一行为时起5日内提出争辩。这也是实践中许多在上诉中提出的争辩已过不当情事之争辩期而被视为补正之原因。而对于取决于争辩的无效，其争辩期更为宽松，例如，属法律要求到场而未获通知的辅助人或民事当事人，在就指定听证日之批示做出通知后10日内提出争辩。

第六章

证据

<h2 style="text-align:center">第一节　概述</h2>

证据制度是刑事诉讼法的重要组成部分，从开立卷宗侦查到判决的做出，在整个刑事诉讼程序中，证据都起着关键的作用。"刑事诉讼法是确定并实现国家于具体刑事个案中对被告刑罚权的程序规范，实体刑法借此而得以实现，证据法则是沟通其间的桥梁。"① 因此，刑事诉讼为了查明事实真相及实现公义，对于该人是否实行该刑事不法行为，就必须依靠相应的证据来予以证明。"证据是旨在反映符合罪状的一些事实，以便让审判者从相关的事实中，判定是否曾发生所指称的事实、如何发生及何时发生、是否涉及刑事犯罪、行为人谁属等。换言之，证据的作用在于重组已发生且在刑法上有重要性的事实。"② 广义的证据制度也包括证明制度以及相关的证据规则。

---

① 林钰雄：《刑事诉讼法》，元照出版有限公司，2010，第468页。
② 〔葡〕Manuel Leal-Henriques：《澳门刑事诉讼法教程》（上册）（第二版），卢映霞、梁凤明译，法律及司法培训中心，2011，第127页。

一　证据的概念

《澳门刑事诉讼法典》中并没有明确订定证据的概念。Manuel Leal-Hen-riques 教授指出，立法者并没有在刑事法律的层面订出证据的概念，而只订出证明的对象；《澳门刑事诉讼法典》第 111 条就证明对象规定："一切对犯罪是否存在、嫌犯是否可处罚以及确定可科处之刑罚或保安处分等在法律上属重要之事实"，以及在提出民事赔偿请求的情况下，"对确定民事责任属重要之事实"①。

（一）证据仅针对实体法事实

从该证明对象的内容分析，澳门刑事诉讼中的证明采狭义说，即只有与实体法有关的证据方为证据，证据并不包括证明程序法事实的材料。这一说法也可以在《澳门民法典》中找到依据，《澳门民法典》第 334 条规定，证据具有证明事实真相的功能。而有关程序法事实，在大陆法系理论中并不要求严格的证据证明，而只要求"释明"。根据德国罗科信教授的解释，证明（Beweisen）是指法官对所陈述之事实产生确信；而释明（Glaub-haftmachung）则使人相信其具可能性即可，例如对法官之回避，拒绝证言时有关理由的释明②。

（二）证据的表现形式：证据资料与证据方法

根据台湾学者蔡墩铭教授的分类，证据可以分为两种：一是指证据的内容，或称证据资料（Beweisstoff），即在诉讼上用以认定事实之资料③，强调的是用以认定案件事实的内容；二是指证据方法（Beweismittel），即供推理之物体或认定事实之各种有形物，如证言、鉴定、被告之自白、物证、文书等。从《澳门刑事诉讼法典》中有关证据的规定看，刑事诉讼中的证据也具有以上两种含义。例如，《澳门刑事诉讼法典》第 321 条第 1 款规定，法院依职权或应声请，命令调查所有其认为为发现事实真相及为使案

---

① 〔葡〕Manuel Leal-Henriques：《澳门刑事诉讼法教程》（上册）（第二版），卢映霞、梁凤明译，法律及司法培训中心，2011，第 128 页。
② 〔德〕克劳思·罗科信：《德国刑事诉讼法》，吴丽琪译，三民书局，1998，第 207 页。
③ 蔡墩铭：《刑事诉讼法概要》，三民书局，2010，第 121 页。

件能有良好裁判而必须审查之证据。这里的证据，即是从证据资料的角度规定的，强调法院应当调查所有与案件真相有关的证据内容。该条第 2 款规定，如法院认为有需要调查未载于控诉书、起诉书或答辩状之证据方法，则尽早预先将此事告知各诉讼主体及载于记录内。这里的证据，很明显是指证据方法。

（三）刑事诉讼中提出的证据与法官据以形成心证的证据

还应当区分刑事诉讼中提出的证据与法官据以形成心证的证据。澳门刑事诉讼法的证据概念在这个意义上来说是广义的证据概念，既包括法官最后据以认定案件事实的证据，也包括在诉讼中提出，但最终并未采纳的证据。例如，《澳门刑事诉讼法典》第 113 条"在证据上禁用之方法"第 1 款指出，透过酷刑或胁迫，又或一般侵犯人之身体或精神之完整性而获得之证据，均为无效，且不得使用。这里所指之证据，显然并不能作为法官形成心证之依据。又如，《澳门刑事诉讼法典》第 336 条规定，未在听证中调查或审查之任何证据，在审判中均无效，尤其是在法院形成心证上为无效力。这里的证据，也是广义的证据，并不是法官形成心证的根据。

二　证据能力（证据资格）与证明力

证据能力（Beweiskraft）是指在刑事诉讼中，某一证据是否具有作为严格证明资料的法律上的资格。所谓严格证明，是指攸关认定犯罪行为之经过、行为人之责任及刑罚的高度等问题的重要事项，法律规定须以严格之方式提出证据[①]。证明力是指具有证据资格的证据的评价问题，即该证据是否与案件有关，能在多大程度上证明案件事实。证据的证明力，在大陆法系国家，由法官自由心证（详见本书第二章有关自由心证原则的论述）。在此仅详细论述证据能力问题。

（一）证据必须经过法定的调查程序

刑事诉讼中的证据，必须在遵守直接、言词原则的前提下，经过法律规定的调查程序，方可进入法官自由心证的范围，这亦被称为证据能力的

---

① 蔡墩铭：《刑事诉讼法概要》，三民书局，2010，第 122 页。

"积极构成要件"。《澳门刑事诉讼法典》第七卷 "审判"以专章的形式
（第三章 "调查证据"）规定了听证过程中调查各种证据之规则。同时，《澳门刑事诉讼法典》第 336 条规定，未在听证中调查或审查之任何证据，在审判中均无效，尤其是在法院形成心证上为无效力。《澳门刑事诉讼法典》第 355 条规定，法院的裁判应当列出用作形成法院心证且经审查及衡量的证据，否则便会构成该法典第 360 条所规定之无效。

（二）证据必须非为法律所禁止

《澳门刑事诉讼法典》第 112 条 "证据之合法性"规定，凡非为法律所禁止之证据，均为可采纳者。这种 "自由评价证据"的原则，被称作证据能力的 "消极构成要件"。《澳门刑事诉讼法典》在证据方法的立法方面，采用了举例列举的方式，因此并不会出现法律没有规定的证据方法即为无效的问题。相反，立法采用了消极立法的模式，即从反面规定哪些证据为法律所禁止。

《澳门刑事诉讼法典》第 113 条 "在证据上禁用之方法"明确规定了两种情况下的证据禁止。一是对人的身体或精神之完整性的侵犯。该条第 1 款规定，透过酷刑或胁迫，又或一般侵犯人之身体或精神之完整性而获得之证据，均为无效，且不得使用。二是对私人生活、住所、通信自由的侵犯。该条第 3 款规定，在未经有关权利人同意下，透过侵入私人生活、住所、函件或电讯而获得之证据，亦为无效，但属法律规定之情况除外。而且该条第 2 款还详细规定，利用下列手段获得之证据，即使获有关之人同意，亦属侵犯人之身体或精神之完整性：①以虐待、伤害身体、使用任何性质之手段、催眠又或施以残忍或欺骗之手段，扰乱意思之自由或做出决定之自由；②以任何手段扰乱记忆能力或评估能力；③在法律容许之情况及限度以外使用武力；④以法律不容许之措施做威胁，以及以拒绝或限制给予依法获得之利益做威胁；⑤承诺给予法律不容许之利益。

第二节　关于证据的原则

一　无罪推定原则

无罪推定是针对封建专制下纠问式刑事诉讼中的有罪推定而言的。被

认为最早比较完整地阐述了无罪推定思想的是意大利启蒙法学家贝卡里亚，他说："在法官判决之前，一个人是不能被称为罪犯的。只要还不能断定他已侵犯了给予他公共保护的契约，社会就不能取消对他的公共保护。"① 为争取在司法程序上对公民人身等权利的保障，反对封建专制刑事司法的野蛮性与不合理性，贝卡里亚在1764年出版的《论犯罪与刑罚》一书中论证刑讯之不合理性时，阐述了无罪推定的思想。他说：

> 刑讯必然造成这样一种奇怪的后果：无辜者处于比罪犯更坏的境地。尽管二者都受到折磨，前者却是进退维谷：他或者承认犯罪，接受惩罚，或者在屈受刑讯后，被宣布无罪。但罪犯的情况则对自己有利，当他强忍痛苦而最终被无罪释放时，他就把较重的刑罚改变成较轻的刑罚。所以，无辜者只有倒霉，罪犯则能占便宜。

> 这种方法能保证使强壮的罪犯获得释放，并使软弱的无辜者被定罪处罚。

> 除了强权之外，还有什么样的权利能使法官在罪与非罪尚有疑问时对公民科处刑罚呢？这里并未出现什么新难题，犯罪或者是肯定的，或者是不肯定的。如果犯罪是肯定的，对他只能适用法律所规定的刑罚，而没有必要折磨他，因为，他交待与否已无所谓了。如果犯罪是不肯定的，就不应折磨一个无辜者，因为，在法律看来，他的罪行并没有得到证实②。

其后，无罪推定原则为资产阶级革命后的许多国家所接受。法国1789年《人权宣言》第9条规定："任何人在未经判罪前均应假定无罪。"意大利1947年宪法第27条规定："被告人在最终定罪之前，不得被认为有罪。"该项原则还被联合国法律文件所确认。《葡萄牙共和国宪法》第32条第2款第一部分规定，"任何嫌犯在有罪判决确定前，推定为无罪"。1948年联合国《世界人权宣言》第11条第1项规定："凡受刑事控告者，在未经依法公开审判证实有罪前，应视为无罪，审判时并须予以答辩上所需之一切保障。"1976年生效的联合国《公民权利和政治权利国际公约》

---

① 〔意〕切萨雷·贝卡里亚：《论犯罪与刑罚》，黄风译，中国法制出版社，2005，第31页。
② 〔意〕切萨雷·贝卡里亚：《论犯罪与刑罚》，黄风译，中国法制出版社，2005，第31、33页。

第 14 条第 2 款规定：“受刑事控告之人，未经依法确定有罪以前，应假定其无罪。”

《澳门基本法》第 29 条第 2 款规定了无罪推定原则，“澳门居民在被指控犯罪时，……在法院判罪之前均假定无罪”。《澳门刑事诉讼法典》中也明确规定了这一原则。《澳门刑事诉讼法典》第 49 条第 2 款规定，“……在有罪判决确定前推定嫌犯无罪”。由此可见，嫌犯在诉讼程序待决期间，只要未被判罪前，在整个刑事诉讼程序中仍然推定为无罪。尽管嫌犯在诉讼程序中须履行一定的义务，但是该等义务更多的是为了保障嫌犯的辩护权，以及使诉讼程序能得以迅速地顺利进行，从而令嫌犯尽快地得到一确定的刑事判决。例如，嫌犯有出席听证的义务，这亦更多的是为了给予嫌犯行使其辩护权的机会。

另外，基于无罪推定原则，不仅不能要求嫌犯证明自己无罪，相反，如对嫌犯罪过之问题存在疑问时，此疑问即构成足够理由做出开释嫌犯的无罪判决（in dubio pro reo）[1]，即存疑无罪原则（o princípio in dubio pro reo），或称作疑点利益归被告原则，也称为罪疑唯轻原则。如果在刑事诉讼程序中，控诉方不能充分证明有关案件事实是真实的，对诉讼目标遇有合理疑问时，应当适用无罪推定原则，对于存疑的事实应视为不存在，从而惠及嫌犯，并应判处其无罪释放或将其裁定为一种较轻的罪行。因此，无罪推定原则强调的是是否存在合理疑问，如果不是合理疑问就不能产生疑罪从无的作用。根据学者迪亚士教授的见解：“对于审判所针对的事实，该原则的适用不受任何的限制，因此，不但适用于构成犯罪的事实及加重情况，亦适用于阻却不法性的事由……和免除刑罚的原则，以及减轻情节。”因此，不论是“情节性”还是单纯的“一般性”事实均适用这项原则[2]。

关于无罪推定原则，有三点需要注意。首先，无罪推定原则不仅适用于罪与非罪的判断，还适用于某些重要的程序性问题。例如，无罪推定原则适用于对形式要件做出决定的重要事实的认定，例如告诉权行使的时机、嫌犯的诉讼能力、刑事程序的时效等[3]，该原则也适用于对诉讼行为是否无

---

[1]　Maria Assunção：《澳门刑事诉讼制度的结构及基本原则》，《法域纵横》1996 年总第 1 期。

[2]　〔葡〕Manuel Leal-Henriques：《澳门刑事诉讼法教程》（上册）（第二版），卢映霞、梁凤明译，法律及司法培训中心，2011，第 30 页。

[3]　Paulo Pinto de Albuquerque, *Comentário do Código de Processo Penal*, Universidade Católica Editora, 2011, p. 355.

效或有瑕疵做出决定的重要事实的认定①。其次，无罪推定原则仅适用于审判阶段。根据 Paulo Pinto de Albuquerque 教授的论述，无罪推定原则不适用于侦查和预审的最后决定，因为司法当局那时不是必须要排除合理怀疑形成一心证；也不适用于对排除民事责任属重要性的事实，若那些事实对刑事责任和民事责任都有联系，则这原则可以适用之②。因此，即使有合理疑问，警察部门在接收犯罪消息时也不可以不对涉嫌人进行调查，又或检察官也不可以因此而不提起控诉。最后，无罪推定原则并不适用于法律问题。德国罗科信教授指出，罪疑唯轻原则（即无罪推定原则）并不适用于对法律疑问的澄清，其只与事实之认定有关。当法律问题有争议时，依一般的法律解释原则应对被告为不利之决定时，法院亦应做出不利于被告的法律解释③。

二 证据裁判原则

证据裁判是指对于案件争议事项的认定，应当依据证据。台湾学者林钰雄教授指出，证据裁判原则是证据规定的帝王条款之一，支配刑事诉讼法所有的犯罪事实之认定④。证据裁判原则包括以下几项要求：首先，裁判的形成必须以证据为依据；其次，没有证据，不得认定犯罪事实；最后，据以做出裁判的证据必须达到相应的要求。

在大陆法系国家，法律大都明文规定了证据裁判原则。《法国刑事诉讼法典》第 427 条规定：除法律另有规定外，犯罪得以任何证据形式认定，并且法官得依其内心确信做出判决。法官只能以在审理过程中向其提出的，并在其面前经对席辩论的证据为其做出裁判决定的依据。《法国刑事诉讼法典》第 536 条规定，对违警罪案件中证据的处理，同样适用第 427 条的规定。《法国刑事诉讼法典》第 537 条规定，违警罪或由笔录或报告证明，或在无报告和笔录时由证人证明，或由其他事实证明。《德国刑事诉讼法典》第 244 条第 2 款规定，为了查明事实真相，法院应当依照职权将证据调查延伸到对裁判有

---

① Paulo Pinto de Albuquerque, *Comentário do Código de Processo Penal*, Universidade Católica Editora, 2011, p. 356.

② Paulo Pinto de Albuquerque, *Comentário do Código de Processo Penal*, Universidade Católica Editora, 2011, p. 356.

③ 〔德〕克劳思·罗科信：《刑事诉讼法》，吴丽琪译，法律出版社，2003，第 128 页。

④ 林钰雄：《刑事诉讼法》，元照出版有限公司，2010，第 468 页。

意义的所有事实和证据。《德国刑事诉讼法典》第 261 条规定：对证据调查的结果，由法庭根据在审理的全过程中建立起来的内心确信而决定①。《日本刑事诉讼法典》第 317 条规定："认定事实应当根据证据。"

《澳门刑事诉讼法典》第 355 条第 2 款规定，判决书在紧随案件叙述部分之后为理由说明部分，当中列举经证明及未经证明的事实，以及阐述即使扼要但尽可能完整，且作为裁判依据的事实上及法律上的理由，并列出用作形成法院心证且经审查及衡量的证据。而且根据该法典第 360 条第 1 款 a 项的规定，凡未载有第 355 条第 2 款及第 3 款 b 项所规定载明之事项者，该判决无效。也就是说，如果在判决书中未载明用作形成法院心证，且经审查及衡量的证据，该判决无效。

可见，实行职权主义的大陆法系国家，普遍奉行证据裁判原则。在强调法官依职权调查证据的同时，大陆法系国家一般都规定了严格的证据调查程序，非常强调对于法官裁判的约束，要求裁判必须依靠证据，以规范法官权力的行使，并最终达到发现事实真相的要求。

（一）证据裁判原则的要求

根据证据裁判原则，据以做出裁判的证据必须不为法律所禁止，并且该证据应当经过法定的调查程序。只有满足了上述两方面的要求，才能作为证据由裁判者据以进行裁判。

在德国刑事诉讼法中，有证据能力之禁止的规定。《德国刑事诉讼法典》第 136a 条第 3 项第 2 段规定，违反禁止规定而取得的被告人陈述，即使被告自己同意，也不得作为证据。《联邦总登录法》第 51 条第 1 项规定，凡已不再列入或即将不再列入记录之前科，在当事人后来另一新的刑事诉讼案中，原则上不得将此视为不利当事人之用。德国法院的判例对于证据能力之禁止做了进一步的发展：如果未履行对家属就其拒绝证言权必须加以告示之义务，其因此所为之证言不得作为证据；如果公务员并无做证之许可而仍陈述证言时，不会使证据无证据能力；其他如秘密录音、日记、秘密摄影等，基于《德国基本法》第 1、2 条的规定，在刑事诉讼程序中不得作为证据使用，并且也不可以间接地透过知悉该秘密证人的讯问，将其

---

① 〔德〕托马斯·魏根特：《德国刑事诉讼程序》，岳礼玲、温小洁译，中国政法大学出版社，2004，第 133 页。

转化为证据等①。

在澳门，《澳门刑事诉讼法典》第 336 条明确规定了证据价值的衡量，即未在听证中调查或审查之任何证据，在审判中均无效，尤其是在法院形成心证上为无效力。同时，《澳门刑事诉讼法典》也规定了证据无效的情形以及证据的调取方法。《澳门刑事诉讼法典》第 112 条规定，凡非为法律所禁止之证据，均为可采纳者。第 113 条则规定了在证据上禁用之方法。例如，透过酷刑或胁迫，又或一般侵犯人之身体或精神之完整性②而获得之证据，均为无效，且不得使用。在《澳门刑事诉讼法典》第七卷"审判"之第三章"调查证据"以专章的形式规定了证据调查的程序，包括调查证据的一般原则、调查证据的次序，以及各种调查证据的方法，如听取嫌犯之声明、辅助人之声明、民事当事人之声明、鉴定人之声明，询问证人等程序。

（二）证据裁判发挥作用的范围：实体法事实还是程序法事实？

大陆法系国家的证据法理论将证明分为严格证明和自由证明。所谓严格证明，是指运用诉讼法中规定的法定证据方法，经过法律规定的证据调查程序进行的证明。所谓自由证明，是指运用除此以外的证据方法，不受法律规定的约束而进行的证明。我国台湾地区学者林钰雄教授指出，"证据使用禁止形成自由心证的外在界限，已经因此而排除的证据，法官不得认为其有证据价值而采为裁判之基础。严格证明法则也是自由心证的外在界限，因此，未经严格证明者，不能依照自由心证而采为裁判基础"③。因此，从证据裁判与自由心证的关系看，证据裁判所要求的证据必须经过严格证明。在德国，对于有关认定犯罪行为的经过、行为人的责任及刑罚的高度等问题的重要事项，法律规定须以严格之方式提出证据，也即严格证明。对严格证明有以下两方面限制：一是有关证据方法的限制，即指被告、证

---

① 〔德〕克劳思·罗科信：《德国刑事诉讼法》，吴丽琪译，三民书局，1998，第 213 ~ 217 页。

② 根据《澳门刑事诉讼法典》第 113 条第 2 款，利用下列手段获得之证据，即使获有关之人同意，亦属侵犯人之身体或精神之完整性：①以虐待、伤害身体、使用任何性质之手段、催眠又或施以残忍或欺骗之手段，扰乱意思之自由或做出决定之自由；②以任何手段扰乱记忆能力或评估能力；③在法律容许之情况及限度以外使用武力；④以法律不容许之措施做威胁，以及以拒绝或限制给予依法获得之利益做威胁；⑤承诺给予法律不容许之利益。

③ 林钰雄：《刑事诉讼法》，元照出版有限公司，2010，第 486 页。

人、鉴定人、勘验及文书证件；二是程序限制，即严格证明的证据只能依刑事诉讼法规定的证据调查的规则使用。对于除此之外的事项，法院可以以一般实务的惯例以自由证明的方式进行调查（例如以查阅卷宗或电话询问的方式）。自由证明程序的适用包括对裁判只具有诉讼上的重要性的事实认定。例如，有权提起告诉之人知悉犯罪行为及行为人的时间或者对证人年龄的认定；对除判决以外的裁判中的事实认定（如羁押命令之签发或开启审判程序之裁定）。对于诉讼要件的认定在理论和司法实务中适用自由证明。但是如果一项事实具有双重的重要性时，亦即同时对罪责及刑罚问题及诉讼上的问题均具有重要性时，则适用严格证明①。

在日本，成为严格证明对象的事实，是关于刑罚权是否存在及其范围的事实，包括公诉犯罪事实、处罚条件及处罚阻却事由、刑罚的加重或减免事由等。成为自由证明对象的事实，包括：犯罪的情况，如被告的经历及性格、犯罪的动机、是否已赔偿损害等；诉讼法上的事实，如是否存在诉讼条件、是否存在证据证明力的要件等②。可以看出，在大陆法系证据法理论中，证明一般区分为自由证明和严格证明。对于实体法事实，主要是与定罪量刑有关的事实，一般要求严格证明，此即证据裁判原则的范围；而对于程序法事实，包括某些辅助证明的事项，或者被告人否认其罪行的证明，可采用自由证明的方式。

因此，严格意义上的证据裁判原则，适用于以严格证明方式所证明的实体法事实。尽管在对程序法事实进行的自由证明中也需要依据证据，但证据裁判主义对程序法事实的认定并不起支配作用。

首先，证据裁判原则产生的历史背景及其目的决定了其发挥作用的范围。从历史发展的角度讲，证据裁判是否定神判的产物，是随着近代理性主义的兴起形成的一项证据法原则③。我国台湾地区学者林钰雄教授认为，证据裁判原则是证据规定的帝王条款，支配所有犯罪事实的认定④。因此，证据裁判最初的作用在于认定实体法事实。

其次，与证据裁判原则相对应而存在的自由心证制度决定了证据裁判原则发挥作用的范围。"具备证据能力者，始生证明力之问题。""证据禁止

---

① 〔德〕克劳思·罗科信：《刑事诉讼法》，吴丽琪译，法律出版社，2003，第208页。
② 〔日〕田口守一：《刑事诉讼法》，张凌、于秀峰译，中国政法大学出版社，2010，第269页。
③ 张建伟：《证据法要义》，北京大学出版社，2009，第52页。
④ 林钰雄：《刑事诉讼法》，元照出版有限公司，2010，第344页。

法则形成自由心证的外在界限，已经因此而排除的证据，法官不得认其有证据价值而采为裁判之基础。"① 我国台湾地区学者蔡墩铭教授也提出，"近代刑事诉讼法所采之自由心证主义与证据裁判主义，不失为事实认定之二项基本原则，且由于此二项原则之密切配合，使真实发现与人权保障皆成为可能"②。

最后，相关学说也主要强调证据裁判在认定实体法事实中的作用。在日本，学术界的通说是建立在对《日本刑事诉讼法典》第 317 条"认定事实应当根据证据"的规定的基础上的。通说认为，该条的"事实"是推断犯罪需要的事实，即公诉犯罪事实；该条的"证据"是具有证据能力且经合法调查的证据，即需要严格证明的证据。就是说，《日本刑事诉讼法典》第 317 条规定的证据裁判主义意味着对公诉犯罪事实，需要严格的证明③。我国台湾地区的"刑事诉讼法"第 154 条规定："犯罪事实应依证据认定，无证据不得推定其犯罪事实。"④ 证据裁判原则是指，无证据则无法进行裁判，法院之裁判必须使用证据。检察官对被告犯罪事实负有举证责任，检察官既起诉，必有证明犯罪事实之证据存在，但为使裁判正确起见，法院应促使两造当事人尽量提出证据，尤其是在认定被告是否犯罪上，不仅应鼓励被告提出证据，法院更应给予当事人、辩护人、代理人或辅佐人以辩论证明力之适当机会⑤。因此，在我国台湾地区，证据裁判原则也指对犯罪事实的认定。

（三）证据裁判原则之例外

根据前述可知，仅有实体法事实的证明方需遵循证据裁判原则，程序法事实并无此要求。但是，是否所有的实体法事实均需要提供具有证据资格之证据加以证明呢？各国普遍对此采取审慎之态度，规定了某些证据裁判原则适用之例外。

作为证据裁判原则的例外，《德国刑事诉讼法典》第 244 条第 2 款规

① 林钰雄：《刑事诉讼法》，元照出版有限公司，2010，第 354、356 页。
② 蔡墩铭：《刑事证据法论》，五南图书出版公司，1997，第 424 ~ 425 页。
③ 〔日〕土本武司：《日本刑事诉讼法要义》，董璠舆、宋英辉译，五南图书出版公司，1997，第 311 页。
④ 蔡墩铭：《刑事诉讼法概要》，三民书局，2010，第 117 页。
⑤ 张丽卿：《刑事诉讼法理论与运用》，五南图书出版公司，2004，第 326 页。

定，因为事实明显，无收集证据的必要时，允许拒绝查证申请。在德国的刑事诉讼法教科书中，对此例外做了具体解释，即为一般大众均知之事实，及其他所有能为有理解力之人通常获取之知识，或者得由可靠之来源（如字典、地图等）获取者。众所周知的事实包括法院已知的事实，也就是"法院因职务关系可靠地获取之经验"。对于众所周知的事实无须证明，但为了保障法定审判的进行，也需要使此众所周知的事实成为审判程序中的议题①。

在澳门，证据裁判原则也有其例外规定。一是关于免证事实的规定。《澳门刑事诉讼法典》中并没有规定免证事实，但可以类推适用《澳门民事诉讼法典》的规定（关于法律的类推适用及漏洞之填补，参见本书第一章）。《澳门民事诉讼法典》第 434 条"无须陈诉或证明之事实"规定，明显事实无须陈述及证明；众所周知之事实应视为明显事实。并且法院履行其职务时知悉之事实亦无须陈述；法院采纳该等事实时，应将证明该等事实之文件附入卷宗。对于上述免证事实，自然无须适用证据裁判原则，通过证据加以证明。二是关于自认的规定。如果在符合法律规定的前提下，嫌犯就犯罪事实进行自认，该部分事实则不受证据裁判原则之约束。《澳门刑事诉讼法典》第 325 条"自认"第 1 款及第 2 款规定，如嫌犯声明欲自认对其归责之事实，主持审判之法官须询问其是否基于自由意思及在不受任何胁迫下做出自认，以及是否拟做出完全及毫无保留之自认，否则无效。完全及毫无保留之自认导致：①放弃就所归责之事实之证据调查，以及该等事实因此被视作已获证实；②立即转做口头陈述，如基于其他理由而不应判嫌犯无罪，则立即确定可科处之制裁；③司法费减半。

三 自由心证原则

自由心证原则，又称作"证据的自由评价原则"，是指对证据的取舍及证明力的大小及其如何运用，法律不做预先规定，而由法官秉诸"良心""理性"自由判断，形成内心确信，从而对案件事实做出结论的原则，是与法定证据相对应的证据法原则。

---

① 〔德〕克劳思·罗科信：《刑事诉讼法》，吴丽琪译，法律出版社，2003，第 209~210 页。

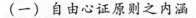

（一）自由心证原则之内涵

自由心证原则是关于如何评价证据之证据价值（证明力）的原则。证明力是指证据资料对于法官形成心证的作用，又称为证据价值，判断结果可高可低。因此，证据能力是自由心证的前提，若无证据能力的证据，法官根本不得将之作为裁判的基础，遑论评价其证据价值①。"易言之，法官必须在现有证据提出之情况下为自由心证，不能离开现有证据而为自由心证，因此在严格采证体系之下，纵法律未对法官之心证形成任何限制，但法官之心证形成自然受此严格采证体系之影响。"②

自由心证证据制度要义有二，一是自由判断原则，即证据的证明力由法官自由判断，法律不做预先规定。法官判断证据证明力时，不受外部的任何影响或法律上关于证据证明力的约束。不仅一个个孤立的证据能够证明何种事实以及证明程度如何由法官自由判断，而且所有证据综合起来能否证明起诉的犯罪事实或其他有关事实以及证明程度如何，也由法官自由判断。在相互矛盾的证据中确定何者更为可信，同样委诸法官自由判断。二是内心确信，即法官须依据证据，在内心"真诚地确信"，形成心证，由此判定事实③。

自由心证是对法定证据制度进行批判的产物④，其基点就是信赖人的理

---

① 林钰雄：《刑事诉讼法》，元照出版有限公司，2010，第 483 页。

② 蔡墩铭：《刑事诉讼法概要》，三民书局，2010，第 128 页。

③ 徐静村主编《刑事诉讼法学》（上）（修订本），法律出版社，1999，第 144 页。

④ 法定证据制度是法律预先规定出各种证据的证明力和评断标准，法官无须分析案件证据的真实性及证明力，只须按法律规定的比例，机械地计算证据，最终认定案件事实。根据中世纪欧洲各国法典规定，证据可以分为完全的和不完全的。完全的证据就是能够据以认定案情的证据，不完全的证据就是证明力不充分因而不能据以认定案情的证据。同时，不完全的证据又划分为不太完全的、多一半完全的、少一半完全的等，几个不完全的证据可以构成一个完全的证据。法定证据制度总的证明规则是，有一个完全的证据就可以确定案件事实，根据符合法定数量的不完全的证据也可以确定案件事实，而不完全的证据则可以作为对被告人进行刑讯的合法根据。在法定证据制度中，有些证据规则是与诉讼规律相契合的。但是，法定证据制度无视案件具体情况，看不到证据反映案件事实的千差万别，而以法定方式将不同证据的不同证据价值加以绝对化，强制法官对具体情况置若罔闻，对证据进行机械的加减，不免形而上学。因为预先确定证据的等级，就是要将千变万化、多种多样的具体案件事实完全纳入一个绝对凝固不变的框架，这是与认识论原理相违背的，在本质上是反科学的。可以说，法定证据制度在防止法官主观擅断的同时，也遏制了法官的主动性及能动认识的作用，这显然会有碍发现案件真实。因此，法定证据制度最终让位于自由心证证据制度便不足为奇了。参见宋英辉、许身健《刑事诉讼中法官评判证据的自由裁量及其制约》，载《证据学论坛》（第 1 卷），中国检察出版社，2000，第 366～367 页。

性，尊重法官本着理性与良心所做的判断。由于案件情况纷繁复杂，证据内容与形式多种多样，为了保证具体案件中证据运用的合理性和正确性，法律必须赋予法官自由评判证据的权力，让他们根据案件的具体情况去评判证据，根据证据与案件事实的联系认定案情。因此可以说，较之于法定证据制度从法律上预先规定证据证明力的做法，自由心证证据制度可以使法官根据证据的具体情况认定案情，符合人类认识的本性，因而更有利于发现真实。"由于法官长期从事犯罪之审判，累积相当多之事实认定经验，不致受一时冲动之影响，故可期其为合理妥当之事实认定。"① 正因为如此，自由心证原则提出后，陆续为世界各国所确立。

（二）大陆法系各国关于自由心证原则之规定

法国是自由心证的诞生地。法定证据制度在欧洲资产阶级革命时期受到反对与批判。1791 年法国制宪会议通过了由法学家迪波尔提出的关于自由心证的法案。1808 年《刑事审理法典》第 342 条进一步对自由心证做出了具体表述，之后，这一规定一直被刑事诉讼法所重申。《法国刑事诉讼法典》第 353 条规定：

> 重罪法庭退席之前，庭长宣读以下训词。这一训词以粗体大字张贴于评议室最明显的位置："法律不过问法官形成自我确信的理由，法律也不为法官规定某种规则并让他们必须依赖这种规则去认定某项证据是否完备，是否充分。法律只要求法官平心静气、集中精神、自行思考、自行决定，本着诚实，本着良心，依其理智，寻找针对被告及其辩护理由所提出之证据产生的印象。法律只向法官提出一个概括了法官全部职责范围的问题：'你已有内心确信之决定吗？'"法国刑事诉讼法关于自由心证的表述，还体现在其第 427 条和第 536 条的规定中。在法国刑事诉讼程序中，"法官以完全的自由来评判向其提出的证据的价值"，这"既适用预审法庭，也适用审判法庭"。而在刑事审判法庭中，自由心证制度不仅适用于重罪法庭，同样也适用于轻罪法庭与违警罪法庭②。

---

① 蔡墩铭：《刑事证据法论》，五南图书出版公司，1997，第 427～428 页。
② 〔法〕贝尔纳·布洛克：《法国刑事诉讼法》，罗结珍译，中国政法大学出版社，2009，第 79～80 页。

在德国，自由心证原则要求法官根据他个人的自由确信而确定证据。法官的个人确信，是指他的个人确认。这种确认，必须依据明智推理，建立在对证据结果之完全、充分、无相互矛盾的使用之上①。自由心证原则主要是针对经由审判程序所形成的判决而设，但其亦适用于整个诉讼程序及所有的司法机关，如检察机关和警察机关②。而且根据《德国刑事诉讼法典》第262条第1款的规定，行为的可罚性如果是取决于对民法法律关系的评断的，刑事法庭应当根据对该案的程序和刑事案件证据适用的规则，对民法法律关系做出裁判。也即对民法法律关系是否存在做出裁判时适用自由心证原则。《德国刑事诉讼法典》第154条d项还规定，对轻罪是否提起公诉，取决于对可以依照民法、行政法予以评断的问题之评断的时候，检察院可以规定出期限，使之在民事纠纷、行政纠纷程序中解决这一问题。因此，"刑事诉讼法第262条从意义上而言，亦适用于公法的前提问题（例如有关国籍的问题）"③。《德国刑事诉讼法典》第261条规定，证据调查的结果，由法庭根据它在审理的全过程中建立起来的内心确信而决定。

《日本刑事诉讼法典》第318条规定，证据的证明力由法官自由判断。日本诉讼理论认为，法官自由心证的作用是针对证据证明力的。由于有关证据能力已由法律规定，所以无须自由心证。因为自由心证是根据发现实体真实为目的而确立的，所以不允许法官恣意判断。尽管评价证据在性质上包含直感的要素，但在总体上必须符合经验法则和逻辑法则。从此观点来说，自由心证主义必须是合理的心证主义和科学的心证主义④。

俄罗斯刑事诉讼法也确立了自由心证原则。《俄罗斯刑事诉讼法典》第17条规定，法官、陪审员以及检察长、侦查员、调查人员根据自己基于刑事案件中已有全部证据的总和而形成内心确信，同时遵循法律和良知对证据进行评价。任何证据均不具有事先确定的效力。

澳门刑事诉讼中亦采自由心证原则。自由心证原则是指法官按照经验法则和逻辑标准而做出对证据的证明力的判断，并在自己内心确信的基础

① 〔德〕约阿希姆·赫尔曼：《〈德国刑事诉讼法典〉中译本引言》，载《德国刑事诉讼法典》，李昌珂译，中国政法大学出版社，1998，第17页。
② 〔德〕克劳思·罗科信：《刑事诉讼法》，吴丽琪译，法律出版社，2003，第117页。
③ 〔德〕克劳思·罗科信：《刑事诉讼法》，吴丽琪译，法律出版社，2003，第125页。
④ 〔日〕田口守一：《刑事诉讼法》，张凌、于秀峰译，中国政法大学出版社，2010，第273页。

上认定该等证据的真实性。因此，自由心证的做出并不是任意或单纯的主观评断。而是"一项依循长久累积下来的经验以及不断重复发生的事实与状况而得出的规则，并让我们在面对相同的具体情况时，可以推论出同样的结果"①。葡萄牙 Paulo Pinto de Albuquerque 教授指出，证据的自由评价不能被理解为纯粹的主观和感性的操作，而是进行理性和批判性的评价，根据逻辑、理由、最大的经济和科学的共同法则，容许审判者客观地对事实和必要要件进行评价，以做出一个实际有理由的决定②。根据《澳门刑事诉讼法典》第 114 条"证据之自由评价"的规定，"评价证据系按经验法则及有权限实体之自由心证为之，但法律另有规定者除外"。根据葡萄牙学者 Cavaleiro de Ferreira 教授的见解，经验法则"是指按一般情况而假定的定义或衡量，而无须取决于所审议的具体情况"，"经验法则建基于一般的经验，故此，并不取决于正被考虑的个案，但当证据具有其本身的证明效力者除外"③。

（三）对自由心证原则的制约

《澳门刑事诉讼法典》第 114 条"证据之自由评价"规定，"评价证据系按经验法则及有权限实体之自由心证为之，但法律另有规定者除外"。其中，"法律另有规定者除外"，即是从立法上对自由心证原则的制约。根据 Paulo Pinto de Albuquerque 教授的归纳，这些例外情况包括：①公文书和经认证的文书的证明力；②审理民事损害赔偿请求之刑事判决，即使为无罪判决，构成裁判已确定之案件，具有法律赋予民事判决成为裁判已确定之案件时所具之效力；③完全及毫无保留之自认；④鉴定证据等④。实质上，除上述情况外，从大陆法系各国的规定和学说来看，对自由心证的制约大致可以分为事先制约、形成心证过程中的制约和事后制约三种情况。

---

① 〔葡〕Manuel Leal-Henriques：《澳门刑事诉讼法教程》（上册）（第二版），卢映霞、梁凤明译，法律及司法培训中心，2011，第 31 页。

② Paulo Pinto de Albuquerque, *Comentário do Código de Processo Penal*, Universidade Católica Editora, 2011, p. 345.

③ Figueiredo Dias, *Curso de Processo Penal I*, p. 30，转引自〔葡〕Manuel Leal-Henriques《澳门刑事诉讼法教程》（上册）（第二版），卢映霞、梁凤明译，法律及司法培训中心，2011，第 130 页。

④ Manuel Lopes Maia Gonçalves, *Codigo de Processo Penal: Anotado*, Almedina, 2005, p. 319.

1. 事先制约

对法官自由心证的事先制约包括法官回避制度、合议制、控方向审判方移送材料范围的限制以及对法官素质的要求等。

首先，是回避制度。法官回避制度的要义就是要保持法官的客观公正，若法官与案件或案件当事人有利益关系或者其他特殊关系，就有可能妨碍其保持中立，从而可能影响其公正评判证据，因此当法官与案件或案件当事人有利益关系或者其他特殊关系时，不得参与审理活动。

其次，是合议制或陪审团制度。合议制是由法官数人组成合议庭进行审判的制度；陪审团是由一定数量的陪审员共同评价证据、认定事实的审判组织方式。由于都是由数人共同组成，可以阻却由单个法官决策可能出现的主观擅断的现象。

最后，法官具备良好素养，是公正、准确评判证据的前提，也是其正确行使自由裁量权的保证。正如我国台湾地区学者所言："法院于事实之真伪，虽有判断之自由，然亦非可率尔以从事，法律之所期待者，审判官恒为富于学识经验之人，其判断事实必能依经验定则而为之，如依经验定则而行，自无专横之弊，故敢舍法定证据主义而采自由心证主义者。"① 可见，拥有自由裁量权的法官，必须具备较高的职业素质，德才兼备，在评判证据中能保持独立、中立、公正，精通事理，具有对事理的综合分析与判断能力。

2. 法官形成心证过程中的制约

证据裁判原则与自由心证原则并称为现代证据法的两大基石。法官形成裁判时应当依其内心确信，但内心确信的形成不应当是任意的，而应当是有所约束的，以防法官的恣意，保障诉讼公正。证据裁判就是对法官恣意擅断的最为有效的约束机制。正如我国台湾学者蔡墩铭教授所言，证据裁判对自由心证具有双重之限定作用，"证据裁判主义不仅要求法官必须依证据而为事实之认定，而且对于一定之证据限制法官为自由心证，如无证据能力、未经合法调查，显与事理有违或与认定事实不符之证据，不得作为自由心证之依据。除此之外，补强证据之有无，及科学证据之取舍，法官亦无自由判断之余地"②。

---

① 石志泉：《民事诉讼法释义》，杨建华增订，三民书局，1987，第 244 页。

② 蔡墩铭：《刑事证据法论》，五南图书出版公司，1997，第 428 页。

首先，关于公文书的证据效力。《澳门刑事诉讼法典》第 154 条"公文书及经认证文书之证据价值"规定，如并无对公文书或经认证文书之真确性或其内容之真实性提出有依据之质疑，则该文书所载之实质事实视作获证明。因此，关于公文书所载之事实，法律推定其为真实，法官并无自由判断之余地，属于自由心证原则的例外。

其次，关于补强证据规则。补强证据规则是指为了防止法官对证据的评判发生错误，对于某些自身证明力较为薄弱或者经验证明运用该证据材料有较大危险的证据，要求有其他证据加以补强，才可以作为定案的根据。譬如，《日本刑事诉讼法典》第 319 条规定："不论是否被告人在公审庭上的自白，当该自白是对其本人不利的唯一证据时，不得认定被告人有罪。"补强规则作为自由心证原则的例外，理由有二：一是为了防止偏重供述的倾向；二是担保供述的真实性。

最后，关于鉴定证据。根据前述蔡墩铭教授的观点，科技证据之取舍，法官并无自由判断之余地。澳门刑事诉讼法持相同立场。《澳门刑事诉讼法典》第 149 条"鉴定证据之价值"规定，鉴定证据固有之技术、科学或艺术上之判断推定为不属审判者自由评价之范围。如审判者之心证有别于鉴定人意见书所载之判断，审判者应说明分歧之理由。然而，这一立场是否妥当，值得深思。德国法学家托马斯·魏根特教授指出，在德国，鉴定人对法庭判决仅仅起辅助作用，因此法庭不受其意见的约束。相反，上诉法院曾多次推翻下级法院的判决，理由是审判法院不是根据相关事实形成自己的意见，而是不加批判地接受鉴定结论①。

3. 事后制约

对法官自由心证的事后制约，包括判决书说明理由制度和以审查证据明显出错为由的救济程序。

判决书说明理由制度，对于约束法官评判证据时的自由裁量的作用是显而易见的。因为法官在撰写理由时，会对自己的判断进行再次审查和反省，查看判断过程中有无不符合逻辑法则及经验法则之处；详尽披露法官裁量证据的心证，还可以使人们对法官所采信的证据及认定的事实一目了然。法官的心证最终会昭示天下，使其在裁量证据时，为避免受到非议，

---

① 〔德〕托马斯·魏根特：《德国刑事诉讼程序》，岳礼玲、温小洁译，中国政法大学出版社，200，第 181 页。

只能谨慎从事。这样两方面的原因，可以促使法官在裁量证据时正确行使自由裁量权，避免逾矩①。在大陆法系国家，判决书注重反映法官对案件事实的认定，分析、论证各种证据，阐明法官形成内心确信的理由。判决书的大多数文字用来阐述法官对事实的看法，直接论证法官基于什么证据形成自己的观点，并具体分析当事人双方提出的证据和主张，指出采纳与否的原因②。可见，其重视判决理由对于法官自由心证的制约作用。《澳门刑事诉讼法典》第 355 条"判决书的要件"第 2 款规定，紧随案件叙述部分之后为理由说明部分，当中列举经证明及未经证明之事实，以及阐述即使扼要但尽可能完整，且作为裁判依据之事实上及法律上之理由，并列出用作形成法院心证且经审查及衡量的证据。

由于人类理性能力的有限性，要求法官评判证据如神一般明察秋毫是不现实的。在评判证据过程中，由于法官的经验、认识能力、个人的情感、当事人主张事实及提供证据的限制等因素的影响，法官在认识案件事实上难免存在疏漏。设立救济程序的目的就在于纠正法官评判证据所出现的错误。此外，由于救济程序的存在，在庭审活动中，法官也会在评判证据时尽可能避免其自由裁量造成的事实误认，而努力做到全面细致审查，谨慎小心判断。通常来说，上诉程序主要是对法律适用问题的审理，对于事实的认定属于第一审法官自由心证的范围。然而，正如澳门中级法院在第 535/2007 号裁判③中所指出的，如原审法官在审查证据时明显出错，亦即发生《澳门刑事诉讼法典》第 400 条第 2 款 c 项所指的情况，中级法院得根据该法典第 418 条第 1、2 款的规定，把案件发回重审，以便初级法院成立合议庭对案件目标做出审理。也就是说，通过上诉程序，提出法官在审查证据时的明显错误，则可能导致案件的重新审理，以便法官重新做出心证。

---

① 周斌：《判决书应展示法官心证形成过程》，《中国律师》2000 年第 6 期。

② 龚德培、张坤世：《判决书的法理分析》，《中国律师》2000 年第 6 期。又，大陆法系国家法官对于撰写判决书可谓殚精竭虑、不遗余力，据调查，德国法官在审理一个案件中，大约将 43% 的时间花在判决书的制作上。参见王利明主编《司法改革研究》，法律出版社，2000，第 349 页。

③ 在该案中，初级法院独任庭法官对嫌犯无罪开释，原因是未能证实相关人士是为嫌犯工作及获得嫌犯给予的任何报酬，故不能证明嫌犯与他们三人之间存在劳动关系。因此嫌犯被控犯三项雇用非法劳工罪不成立。检察院提出上诉，中级法院认为，根据该案中记账簿中多次出现涉嫌非法劳工的名字的最后一个字及美容、美甲等字眼，法官在审查证据时明显出错。

第三节　证据方法

证据方法，又称证据种类，是指调查者考虑事实真相的依据，亦是用以对待证事实形成心证必不可少的资料①。《澳门刑事诉讼法典》第三卷"证据"第二编"证据方法"中规定了七种证据方法，人证，嫌犯、辅助人及民事当事人的声明，透过对质的证据，透过辨认的证据，事实的重演，鉴定证据，以及书证。但这并不意味着上述证据之外的其他证据方法不可以作为证据使用。根据证据自由原则以及《澳门刑事诉讼法典》第 112 条的规定，只要非为法律所禁止的证据，均可予以采纳并以该证据形成心证。

一　人证

《澳门刑事诉讼法典》第 115～126 条对人证做出主要规定。人证，即指证人证言，是指通过特定人的有关陈述对案件事实所做的证明。人证是言辞证据的一种。根据《澳门刑事诉讼法典》第 115 条的规定，证人所提供的证言须为其直接知悉且为证明对象之事实。在法官确定可科处之刑罚或保安处分前，就关于嫌犯人格、性格、个人状况、以往行为等事实做出询问，仅在对证明犯罪之构成要素，尤其是行为人之罪过，属确实必要之范围内，或在对采用强制措施或财产担保措施属确实必要之范围内，方得为之，但法律另有规定者除外。

（一）证人的资格

证人是指了解案件和相关犯罪实行情况的当事人以外的第三人，该人需在有权机关面前阐述其所知悉的事宜。证人必须以客观方式陈述其所知悉的犯罪事实，而不可以加入任何个人意见，或任何其他结论性、价值判断或个人的确信及推测性等事实②。

---

① 〔葡〕Manuel Leal-Henriques：《澳门刑事诉讼法教程》（上册）（第二版），卢映霞、梁凤明译，法律及司法培训中心，2011，第 135 页。
② 〔葡〕Manuel Leal-Henriques：《澳门刑事诉讼法教程》（上册）（第二版），卢映霞、梁凤明译，法律及司法培训中心，2011，第 136～137 页。

原则上，只要亲身知晓案件情况的人均可做证人。但是如果在某些特殊情况下，基于证人自身能力或身份的限制，其无法做证或者其做证会损害法律所保护的其他更大的利益时，不得做证或者可以免予做证。

1. 因自身能力的限制而不得做证人的情况

《澳门刑事诉讼法典》第 118 条第 1 款规定，"凡未因精神失常而处于禁治产状态之人，均有成为证人的能力，仅在法律所规定之情况下方得拒绝作证"。因此，法律规定绝对无能力做证的原因只有一个，即"因精神失常而处于禁治产状态之人"。《澳门民法典》第 122 条"受禁治产约束之人"规定，因精神失常、聋哑或失明而显示无能力处理本人人身及财产事务之成年人或亲权已解除之人，得被宣告为禁治产人。所以，一个轻度智力不足的人仍可以作为证人做证，一个在犯罪发生时处于醉酒状态的人也可以作为证人做证[1]。澳门中级法院第 1050/2009 号裁判也指出，即使证人患有精神病或年幼，如证人做证时其做证能力未被法院依职权或应声请质疑和否定，则根据自由心证原则，法官得相信彼等的证言并将其作为认定事实的证据[2]。

为确定证人是否属于不能做证的情况，可以对其进行精神病学鉴定或/及人格鉴定[3]。《澳门刑事诉讼法典》第 118 条第 2、3 款规定，如为评估证言之可信性而必须检查任何做证之人之身体健康及精神健全状况，且该检查可在不拖延诉讼程序之正常进行下做出者，司法当局须做出该检查。如属未满 16 岁之人就性犯罪做证言，得鉴定其人格。

2. 因诉讼中的身份而不得做证人的情况

《澳门刑事诉讼法典》第 120 条规定了由于某人在诉讼程序中的身份角色与证人发生冲突，而不得以证人身份做证之情况，也称为"作证之障碍"。

其一，同一案件或相牵连案件中的嫌犯或共同嫌犯，而在此身份仍维持的期间内，不得做证人。同一案件的共同嫌犯，是指基于同一诉讼标的而被起诉的共同嫌犯，如甲、乙、丙三人共同实施了抢劫行为。相牵连案

---

[1] Paulo Pinto de Albuquerque, *Comentário do Código de Processo Penal*, Universidade Católica Editora, 2011, p. 365.

[2] 澳门中级法院第 1050/2009 号裁判。

[3] Paulo Pinto de Albuquerque, *Comentário do Código de Processo Penal*, Universidade Católica Editora, 2011, p. 365.

件中的嫌犯或共同嫌犯，是指根据《澳门刑事诉讼法典》第 15 条的情况而引致牵连的案件中的嫌犯或共同嫌犯（关于牵连，详见本书第三章），如甲和乙互相殴打，侵犯彼此之身体完整性，则甲和乙为共同嫌犯。在上述情况下，只要其仍为同一案件或相牵连案件之嫌犯，均不得在其嫌犯身份维持期间，以证人身份做证。原因在于，如果其以证人身份做证，则其应当宣誓，不能拒绝做证，必须如实回答向其提出的问题，并且做伪证需要承担相应的刑事责任。而作为嫌犯，其有权为自己辩护，并且为保障其辩护权的充分行使，其有权拒绝陈述，而且也不会因为其编造事实或者隐匿罪证而承担刑事责任。因此，要求嫌犯以证人身份做证，无法充分保障其辩护权的行使。

根据 2001 年 2 月 21 日统一司法见解的合议庭裁判①，"《澳门刑事诉讼法典》第 120 条第 1 款 a 项的禁止作证是指同一案件或有牵连案件中的任一被告，以证人身份提供证言，但并不妨碍众被告以被告身份提供陈述，亦不妨碍法院在自由心证原则范围内，利用该等陈述去形成其心证，即使针对其他共同被告亦然"。也就是说，即使同一案件或相牵连案件中的嫌犯或共同嫌犯不能以证人身份做证，陈述其所知晓之其他嫌犯的犯罪事实，但是并不妨碍其以嫌犯声明的方式向法庭陈述，法庭也可以采纳这一陈述来认定其他嫌犯的犯罪事实。正如终审法院在其统一司法见解的裁判中所论证的，此种做法并不会削弱对做出陈述的嫌犯的辩护权保障，因此也不会违反《澳门刑事诉讼法典》第 120 条第 1 款 a 项之规定。这一司法见解被刊登于 2001 年 3 月 12 日第 11 期《澳门特别行政区公报》第一组，并具有强制执行效力。

其二，已成为辅助人以及作为民事当事人的人也不得作为证人。辅助

---

① 驻中级法院助理检察长就 2000 年 9 月 21 日中级法院对第 132/2000 号上诉案所做的合议庭裁判，向终审法院提起统一司法见解的非常上诉。1998 年 9 月 30 日，原高等法院在第 911 号上诉案所做的合议庭裁判内指出，"《澳门刑事诉讼法典》第 121 条第 1 款 a）项的禁止作证是指同一案件或相牵连案件中的任一被告，为使另一共同被告入罪或开脱罪责而以证人身份，经宣誓作证。在讯问被告中，并不禁止向被告提出涉及同案另一被告或有牵连案件的其他被告的行为问题。被告对提问的回答，与其他证据材料一起，可以作为回答事实问题的依据"。"因此，不能就此断言法院使用了被禁止的取证方法。"而澳门中级法院于 2000 年 9 月 21 日，在其第 132/2000 上诉案的合议庭裁判中，做出如下相反决定："在同一案件或有牵连的共同案件情况下，且在共同被告范围内，共同被告间不得互相作证。在法院心证的依据中，考虑共同被告的陈述，以便作为针对其他共同被告的证据，并采纳该等陈述为证言，是一种不可行的取证方法，因此属被禁止使用的证据，导致无效。"因此，关于同一法律问题，上述两个合议庭裁判做出相反的决定，其中存在重要的对立，此为提出统一司法见解的非常上诉之理由。

人及民事当事人都是诉讼之主体，在诉讼中有着自己的诉讼请求和主张，显然与证人所要求之客观、中立、如实描述案件事实的地位不符，因此不得作为证人。由于该等人士已经有其他表达他们的主张和立场的场合，因此法律不允许他们再次以证人身份表达主张。

（二）证人的拒绝做证权

通常来讲，任何人均有做证之义务，以实现发现案件事实真相并追究犯罪，恢复并维持社会秩序之目的。然而，法律允许基于保护其他更为重要的社会价值的需要，而免除证人的做证义务。例如，基于身份、职业或公务关系等的拒绝做证权，其中基于身份关系的拒绝做证权属绝对权利，只要符合法律规定的身份关系，均有权拒绝做证；而基于职业或公务关系的拒绝做证权属于相对权利，如果有权限决定之法院基于法定理由命令证人做证，则证人必须做证。

1. 基于身份关系的拒绝做证权

《澳门刑事诉讼法典》第121条"血亲及姻亲之拒绝"规定，有权基于身份关系而行使拒绝做证权的人包括两种：一种是基于现存的血亲或姻亲关系，包括嫌犯之直系血亲卑亲属、直系血亲尊亲属、兄弟姊妹、二亲等内之姻亲、收养人、嫌犯所收养之人及嫌犯之配偶，以及与嫌犯在类似配偶状况下共同生活之人；另一种是基于曾经的姻亲关系，而有关事实发生在该姻亲关系期间，即"曾为嫌犯之配偶或曾与嫌犯在类似配偶状况下共同生活之人，就婚姻或同居存续期间所发生之事实"有权拒绝做证。当然，有权拒绝做证的人放弃其拒绝做证权，而经宣誓后向有关机关所做之证言，仍属有效。但是有权限接收该证言之实体，须提醒上款所指之人有权拒绝做证言，否则所做证言无效。

2. 基于职业关系的拒绝做证权

为保护某些特定职业的正常运行，法律允许需保守职业秘密的人员有权行使其拒绝做证权。这些特殊的职业包括律师、医生、新闻工作者、信用机构之成员、宗教司祭或各教派司祭，以及法律容许或规定需保守秘密的其他人，如税务保密、电子通信保密、银行保密等。第32/93/M号法令《金融体系的法律制度》第78~80条之规定[1]，信用机构之公司机关成员、

---

[1]　Manuel Leal-Henriques, *Anotação e Comentário ao Código de Processo Penal de Macau* – Volume I, Centro de Formação Jurídica e Judiciária, 2013, p. 867.

工作人员、核数师、专家、受托人及长期或偶然向其提供服务之其他人员，不得为本身或他人利益而泄露或使用因担任本身职务所获知有关事实之信息。客户之姓名及其他数据、存款账户及其活动、资金运用及其他银行活动，尤应受保密之约束。

除宗教秘密外，基于其他职业关系的拒绝做证权并不绝对。司法当局可以对拒绝做证的理由进行必需的调查；如在调查后认为该推辞没有正当理由，法官可以依职权或应声请，在听取涉及该职业秘密之有关职业之代表机构的意见后要求上级法院介入，该法院（如果该附随事项系向终审法院提出者，则终审法院）有权决定无须保守职业秘密而做证言，只要按照刑法之适用规定及原则，此决定当属合理。

3. 基于公务关系的拒绝做证权

根据《澳门刑事诉讼法典》第123条，不得向公务员询问其在执行职务时知悉且构成秘密的事实。而且同除基于宗教秘密以外的其他职业秘密之拒绝做证权一样，基于公务关系的拒绝做证权也不绝对。司法当局可以对拒绝做证的理由进行必需的调查；如在调查后认为该推辞没有正当理由，法官可以依职权或应声请，在听取该公务员所属之机构的意见后要求上级法院介入，该法院（如果该附随事项系向终审法院提出者，则终审法院）有权决定无须保守职业秘密而做证言，只要按照刑法之适用规定及原则，此决定当属合理。

此外，《澳门刑事诉讼法典》第124条还规定了有关澳门特别行政区机密的拒绝做证问题。该条第1款规定，关于构成澳门特别行政区机密之事实之证言，由特别法规范之。澳门特别行政区机密尤其包括即使透露并不构成犯罪，但一旦透露仍可能对澳门特别行政区内部或对外安全又或对澳门特别行政区基本原则之维护造成损害之事实。如证人提出有关事实系构成澳门特别行政区机密，则此机密应在30日内透过有权限之当局确认；如经过30日而未获确认，则应做证。

（三）询问证人的程序

询问证人的程序主要规定于《澳门刑事诉讼法》第115条及第125条。此外，关于特定人员做证方式的特殊规定，则需要准用《澳门民事诉讼法典》的相关规定。

（1）关于证人被询问的问题之范围。《澳门刑事诉讼法典》第115条第

1 款规定，只能向证人询问有关证明对象的事实，不得向其询问与案件无关的事实。

（2）关于询问证人的方式。《澳门刑事诉讼法典》第 125 条第 1 款规定，做证言系一亲身行为，在任何情况下均不得透过受权人为之。该条第 2 款还规定，不可以向证人提出暗示性问题或离题的问题，亦不得提出其他可能妨碍答复的自发性及真诚的问题。当中，"暗示性问题"是指会引导证人回答提问者所希望取得的某一答案的问题，由于证人是被引导而做出回答的，因而会影响答案的真实性。法律不允许向证人提出暗示性问题，是由于如果证人被引导做出虚假的证言，证人有可能就需要为此而负相应的刑事责任。因此，"应以唤醒证人记忆的方式提问，而不是以自己已确信相关事实的方式进行提问"①。另外，"离题的问题"是指该问题与所需要侦查的实质内容没有任何关系，而仅为一些会影响他人对证人的名誉或观感的问题，从而借此希望影响法官的自由心证。

（3）证人的宣誓。在询问证人身份等基本资料后，证人如必须宣誓，应为之。如果证人未满 16 周岁，则无须宣誓。

（4）展示有关物品及证人呈交证据之附卷。如属适宜，可以向证人展示任何诉讼文书、与该诉讼有关之文件、犯罪所使用之工具或其他被扣押之对象。如证人呈交可作为证据之对象或文件，则记载此事，并将该物件附于有关卷宗或妥为保管。

（5）特定人员的做证豁免权及特权。《澳门刑事诉讼法典》并没有指明刑事诉讼中做证豁免权和特权的具体内容，而仅在第 126 条规定，法律就做证义务及做证言之方式与地点所规定之豁免权及特权，适用于刑事诉讼程序。这里，需要准用《澳门民事诉讼法典》第 525～527 条有关做证豁免权及做证特权的规定②。根据《澳门民事诉讼法典》第 525 条之规定，下列人士享有先以书面做证言之特权，只要其做此选择：行政长官，司长、行政会委员及立法会议员，终审法院法官及中级法院法官，检察长，廉政专员、审计长、警察总局局长及海关关长，司法官之管理及纪律机关之成员，宗

---

① Enrico Altavilla, *Psicologia Judiciária* – Volume Ⅱ, p. 256, 转引自〔葡〕Manuel Leal-Henriques《澳门刑事诉讼法教程》（上册）（第二版），卢映霞、梁凤明译，法律及司法培训中心，2011，第 142 页。

② Manuel Leal-Henriques, Manuel Simas-Santos, *Código de Processo Penal de Macau*, Imprensa Oficial de Macau, 1997, p. 327.

教教派之高层人物，代表律师之机构之主持人，享有国际保护之人①。行政长官亦享有在其居所或办公处所接受询问之特权，按其选择而定。指定上述证人之当事人得请求让该证人在法院陈述；为此，须说明此对完全理解案情属必需之理由；法官须对请求做出裁判，对该裁判不得提起上诉。法律规定的豁免权和特权不能违反宪制性规范和刑诉的基本原则（如辩论原则）②。

二 嫌犯、辅助人及民事当事人的声明

《澳门刑事诉讼法典》第 127～131 条对透过声明做出的证据做了主要规定。嫌犯、辅助人及民事当事人在诉讼的任何阶段，都可以做出声明。而所谓声明，是指口头陈述。《澳门刑事诉讼法典》第 86 条第 1 款规定："任何声明均须以口头方式作出，但法律另有规定者除外，而以口头作出声明时不许可朗读为此目的而事先制作之书面文件。"

透过声明做出的证据可以分为嫌犯的声明、辅助人的声明以及民事当事人的声明。辅助人的声明以及民事当事人的声明起着如同人证般的作用，而嫌犯的声明在诉讼程序的任一阶段中都起着双重的作用，一是作为证据方法的作用，一是作为辩护工具的作用。

（一）嫌犯的声明

虽然嫌犯拥有沉默权，但他仍然可以选择做出声明以证明自身的清白或为自己做辩解，该等声明被称为"嫌犯的声明"。需要注意的是，只有已经按照相关法律规定成为嫌犯后，其所做出的声明方能成为针对其本人的证据（参阅《澳门刑事诉讼法典》第 47 条第 3 款）。

对于嫌犯的声明，法律要求须由嫌犯本人亲自做出。但是在任何情况下，在嫌犯做出声明时，均应保证其人身上不受任何束缚，即使该名嫌犯正被拘留或拘禁。唯一能够对嫌犯的人身加以限制的情况是为了预防嫌犯逃走或做出暴力行为的危险而必须做出防范的措施（《澳门刑事诉讼法典》第 127 条第 1 款）。另外，由于禁止自证其罪原则以及嫌犯为了保障其辩护

---

① 如需享有国际保护之人做证，须遵守国际法之规定；如无该等规定，而有关之人选择以书面做证言者，则适用《澳门民事诉讼法典》第 527 条之制度。

② Manuel Lopes Maia Gonçalves, *Codigo de Processo Penal：Anotado*，Almedina，2005，p. 342.

的需要，嫌犯很可能会做出虚假的声明，因此，法律并不会要求嫌犯在做出声明前宣誓，以约束其如实回答（《澳门刑事诉讼法典》第 127 条第 3 款）。所以，即使嫌犯在诉讼程序中做出了虚假声明，亦不需要为此承担任何刑事责任。

另外，根据《澳门刑事诉讼法典》第 324 条的规定可知，如果嫌犯选择保持沉默而不做出任何声明，并不会因该沉默而承受不利的后果。但是如果嫌犯选择做出涉及自身的诉讼目标声明，法院则听取并自由评价嫌犯所做的一切陈述。此外，嫌犯也可以对有关犯罪行为予以承认。援引《澳门刑事诉讼法典》第 325 条的规定，如果嫌犯在法官面前声明欲自认对其归责的事实，主持审判的法官须询问其是否基于自由意思及在不受任何胁迫下做出自认，以及是否拟做出完全及毫无保留的自认，否则无效。如果有关犯罪可处以最高限度不超逾 3 年的徒刑，那么该完全及毫无保留的自认将导致有关事实因此被视作已获证实，检察院亦应放弃对所归责的事实的证据调查。随后，如果没有其他理由认为嫌犯应被判以无罪，则可立即确定可科处的制裁，司法税亦予以减半。然而如果法院凭心证怀疑自认不是在自由状态下做出的，尤其是对嫌犯可否完全被归责存有疑问，或法院凭心证怀疑所自认事实的真实性；又或有多名共同嫌犯，且非所有嫌犯均做出完全、毫无保留及不相矛盾的自认时，法官须决定继续以普通程序进行审理并对相应的证据做出调查。

（二）辅助人及民事当事人的声明

有关辅助人及民事当事人所做的声明的规定体现《澳门刑事诉讼法典》第 131 条中。援引《澳门刑事诉讼法典》第 131 条的规定，应辅助人、民事当事人或嫌犯的声请，又或当司法当局认为适宜时，可以听取辅助人及民事当事人的声明。虽然如同嫌犯一样，辅助人及民事当事人在做出声明前都无须宣誓，但是依照《澳门刑事诉讼法典》第 131 条第 2 款的规定，他们均具有据实陈述的义务，违反该义务而做出虚假声明的人，须承担相应的刑事责任。

三 透过对质的证据

《澳门刑事诉讼法典》第 132～133 条对对质做了主要规定。对质是一种以面对面的方式所进行的证据方法。根据《澳门刑事诉讼法典》第 132 条的规定，如果各共同嫌犯、嫌犯与辅助人、各证人或证人与嫌犯及辅助人，或上述人士与民事当事人或各民事当事人之间所做的声明出现矛盾，而且对质被认为对发现事实真相属有用时，则矛盾各方可以进行对质。但对质得依职权或应任何利害关系人的声请而进行（参阅《刑事诉讼法典》第 133 条第 1 款）。

四 透过辨认的证据

辨认的主要规定体现在《澳门刑事诉讼法典》第 134～136 条中。辨认是指对先前认知的一种确认，即确认辨认时的认知与先前的认知具有一致性①。根据《澳门刑事诉讼法典》第 134 条及第 135 条的规定，辨认包括人的辨认和物的辨认，经辨认的物体即相应地成为物证。因此，辨认是为了确认涉及犯罪行为的人及物，例如，犯罪人及犯罪武器等。

首先，在人的辨认方面，主要规定在《澳门刑事诉讼法典》第 134 条中。在进行辨认期间，会要求应做识别的人对该人加以描述，并指出一切其所能记忆的细微之处。另外，会向其询问以前是否见过该人及当时的状况；亦会向其询问其他可能影响该识别可信性的情节。如果暂时所获得的识别数据并不完整，有权实体须要求应做识别的人离场，并召唤至少两名与需加以识别的人尽可能相似的人，并把该需加以识别的人安排在上述两人旁边。如果情况属可能，更应使其在可能曾被该辨认者见到的相同状况下出现。随后，再次传召应做识别的人，并向其询问在该等在场的人中能否辨认出需加以识别的人，并要求其在可能辨认出的情况下指出该人。

其次，在物的辨认方面，援引《澳门刑事诉讼法典》第 135 条的规定，仅当有需要辨认任何与犯罪有关的对象时，方需进行物的辨认，并经适当配合后，按照《澳门刑事诉讼法典》第 134 条第 1 款就人的辨认的规定进行。如辨认后仍有疑问，则将需加以辨认的对象与最少两件相似的物件放在一起，并向辨认者询问在该等物件中能否辨认出某件，如辨认出，则要求其指出之。

再次，辨认必须遵守法定程序，违反辨认程序所做的辨认不具有证据

① 刘高龙、赵国强主编，骆伟健、范剑虹副主编《澳门法律新论》（下卷），社会科学文献出版社、澳门基金会，2011，第 984 页。

价值（参阅《澳门刑事诉讼法典》第134条第4款和第135条第3款）。

最后，《澳门刑事诉讼法典》第136条规定了多个辨认的情况。多个辨认包括由数人进行辨认、对数人或对数物进行辨认。需要注意的是，如属数人进行辨认，那么各人须分开进行辨认，并防止各人间的相互联络。而如属后两种情况，则对每一人或每一对象的辨认亦须分开进行。多个辨认亦相应适用《澳门刑事诉讼法典》第134条和第135条的规定。

五 事实的重演

事实的重演，或称作重演事实，主要由《澳门刑事诉讼法典》第137条和第138条做出规定，是指"为了确定所曾发生的某一事实，并尽可能忠于该事实的发生情节及地点，以便对诉讼参与者所描述的事实其真确性作出评定"①。因此，与其他证据方法不同的是，重演事实并不是为了证明某一过去事实的发生，而是为了证实、确定相关事实能否在某一条件下发生，以及其可能实行的方式。换言之，重演事实是为了证实所推测的事实与过去发生的事实能否在相同条件下发生。《澳门刑事诉讼法典》第138条还规定了重演事实的相关程序，并规定尽可能避免将重演事实公开。

六 鉴定证据

鉴定证据的主要规定体现在《澳门刑事诉讼法典》第139～149条中。有权实体可以指定具有特别之技术、科学或艺术知识的专家来协助理解或审查有关事实，该等专家的见解或意见是为鉴定证据（参阅《澳门刑事诉讼法典》第139条）。

（一）鉴定证据与人证之区别

鉴定证据和人证均属言辞证据，但二者有明显的区别。第一，鉴定证据是运用专门知识和技能进行的判断，因此属于意见性证据；而人证则是

---

① 〔葡〕Manuel Leal-Henriques：《澳门刑事诉讼法教程》（上册）（第二版），卢映霞、梁凤明译，法律及司法培训中心，2011，第148页。

证人就其所知悉的案件事实提供的陈述，因此属于对事实的描述，而不是根据一定的专门知识和技能进行的判断。第二，鉴定证据是在刑事不法行为发生后才形成的，并往往基于诉讼程序中涉及的专门性问题而进行；而人证则通常是证人在刑事不法行为发生过程中或者发生前后了解的有关事实情况。因此，换言之，鉴定证据形成于案件发生之后，而人证则多形成于案件进入诉讼程序之前。

（二）进行鉴定的机构

法律对进行鉴定的机构做出了明确的阶梯式规定。首先，鉴定证据必须在适当的场所、实验室或官方部门内进行。其次，如果在上述所指的地点不可能或不适宜进行，则应在法院所存有的鉴定人名单所载的人中指定一名鉴定人进行相关的鉴定。最后，如果仍然没有合资格的人选，又或其不可能在有效时间内做出响应，则由诚实可靠且在有关方面公认为有能力的人进行相关的鉴定。只有在无法按前一顺序的方法进行鉴定时，又或该鉴定人不能在有效时间内做出响应时，才能采取后一顺序的鉴定方式。如鉴定显得特别复杂，或鉴定要求对多方面事宜有所认识，得将该鉴定交由数名鉴定人以合议方式或结合不同学科的知识进行。

（三）鉴定人的义务

在经司法当局或刑事警察机关指定后，鉴定人必须诚实地完成该等有权限实体所指定的工作。否则，该鉴定人将被其他鉴定人代替，并可能因此而接受一定的金钱上的处罚（参阅《澳门刑事诉讼法典》第140条）。同时，鉴定人须按照《澳门刑事诉讼法典》第81条第2款的规定做出承诺，否则将按照《澳门刑事诉讼法典》第81条第3、4款以及《澳门刑法典》第324条的规定，视其为拒却并处以相应的刑事处罚。

（四）鉴定的程序

不论是依职权或应声请进行的鉴定，都须以批示命令进行。批示内须指出有关机构或鉴定人的姓名，鉴定的目标，进行鉴定的日期、时间及地点（如有可能，则在指定日期、时间及地点前先听取鉴定人的意见）。根据《澳门刑事诉讼法典》第142条第2款，如属可能或适宜，司法当局或刑事警察机关（《澳门刑事诉讼法典》第142条第2款的葡文版本为"órgão de

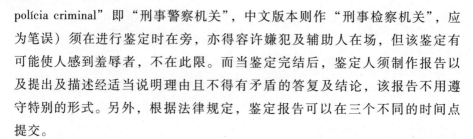

polícia criminal" 即 "刑事警察机关"，中文版本则作 "刑事检察机关"，应为笔误）须在进行鉴定时在旁，亦得容许嫌犯及辅助人在场，但该鉴定有可能使人感到羞辱者，不在此限。而当鉴定完结后，鉴定人须制作报告以及提出及描述经适当说明理由且不得有矛盾的答复及结论，该报告不用遵守特别的形式。另外，根据法律规定，鉴定报告可以在三个不同的时间点提交。

（1）鉴定完结后，经口述载于笔录内，并随即提交所制作的报告（《澳门刑事诉讼法典》第 143 条第 2 款）。

（2）如未能在进行鉴定后随即制作报告，则在 60 日内提交；但是如属特别复杂的情况，得应鉴定人附理由说明的声请，将该期间延长 30 日（《澳门刑事诉讼法典》第 143 条第 3 款）。

（3）如知悉鉴定结果对提出控诉或起诉的判断非属必要，则获有权限司法当局的许可后，有关鉴定报告可以最迟在听证开始前提交（《澳门刑事诉讼法典》第 143 条第 4 款）。

如果是由超逾一名鉴定人进行鉴定，且各人之间有不同的意见，那么则各自呈交其报告；如属结合不同学科知识的鉴定，亦须各自呈交报告。上指方式亦适用于以合议方式进行的鉴定，且应在该报告中载有投票中取胜及落败者的意见。另外，鉴定人只可以根据其专业知识来做出鉴定，而不可以对案件加入任何主观判断。

（五）　对鉴定证据的补充解释及新鉴定

《澳门刑事诉讼法典》第 144 条规定，对于鉴定证据，可以要求鉴定人补充解释。如显示对发现事实真相属有利，有权限之司法当局得在诉讼程序中任何时刻依职权或应声请传召鉴定人做补充解释，并应告知该人做出补充解释之日期、时间及地点。在侦查期间，刑事警察机关也有权要求鉴定人就其被命令进行的鉴定做出补充解释。而且，如果为发现事实真相，司法当局还可在诉讼程序的任何时刻依职权或应声请命令由另一名或数名鉴定人进行新鉴定或重新进行先前之鉴定。对于 "另一名或数名鉴定人进行新鉴定或重新进行先前之鉴定" 的情况，有学者理解该新鉴定，仍可以由先前进行鉴定的人做出，因为法律并没有做出有关的禁止。因此上述情况应理解为只是指重新进行先前的鉴定，而不是限于必须委托不同于先前进行鉴定的另一鉴定人[①]。

（六） 鉴定证据之价值

鉴定证据构成法官自由心证的例外情况。《澳门刑事诉讼法典》第 149 条 "鉴定证据之价值" 规定，鉴定证据固有的技术、科学或艺术上的判断推定为不属审判者自由评价之范围[②]。但是，这并不意味着法官受该等鉴定证据的绝对约束。如果法官的心证有别于鉴定人意见书所载的判断，其应说明分歧的理由。例如，在下述所指的情况中，出现前后两个鉴定证据相互矛盾，则法官可以透过说明分歧的理由而选择相信其一。因此，原则上，对于鉴定证据，法官必须相信而不可自由判断。另外，如果法官不相信，其也可以再委任另一名或数名鉴定人进行新鉴定或重新进行先前的鉴定——只要显示这对发现事实真相属有利，而不可以单凭自由心证而否定之（《澳门刑事诉讼法典》第 144 条），除非有关鉴定报告属于明显错误的情况。然而，即使法官再委任另外的鉴定人进行新鉴定或重新进行先前的鉴定，该第二次做出的鉴定亦不会就此取代原先做出的鉴定，法官在最后仍然可以选择相信两者的其中之一。

七 书证

书证的主要规定体现在《澳门刑事诉讼法典》第 150 ～ 155 条中。根据《澳门刑事诉讼法典》第 150 条的规定，书证是指依据刑法规定视为文件的表现于文书或其他技术工具的表示、记号或注记，亦即是以文件形式及其所载内容来证明案件真实情况的证据。其包括文书证据（文件），以及以摄影、录像、录音或以电子方式复制的物、公文书及经认证的文书。刑法分则第四编第二章伪造罪第 243 条 a 项规定了何为文件，即 "（一）表现于文书，又或记录于碟、录音录像带或其他技术工具，而可为一般人或某一圈子之人所理解之表示，该表示系令人得以识别其由何人作出，且适合用作证明法律上之重要事实，而不论在作出表示时系作为此用，或之后方作此

[①] 对于有关见解，请参阅 Marques Ferreira, *Meios De Prova* and Maia Gonçalves, *Código de Processo Penal*, 转引自〔葡〕Manuel Leal-Henriques《澳门刑事诉讼法教程》（上册）（第二版），卢映霞、梁凤明译，法律及司法培训中心，2011，第 153 页。

[②] 但是该等推定仅限于对 "固有的技术、科学或艺术上的判断"，而不包括所调查的事实。

用者；及（二）对一物实际所作或给予之记号，又或实际置于一物上之记号，其系用以证明法律上之重要事实，且令一般人或某一圈子之人得以识别其用途及其所证明之事；……"因此，例如出生证明、身份证明、工作证、营业执照、账册、账单、票据、经济合同、飞机票、火车票等，都可以视为书证。所以，书证具有表现形式和形成方式多样性的特点。然而，匿名表示的文件原则上不予以采纳，但是如果该文件本身就是犯罪对象或犯罪元素的则除外。

另外，《澳门民法典》第 356 条明确规定了三种文书的类型，包括公文书、经认证的文书以及私文书。公文书是指"公共当局在其权限范围内、或公证员或被授予公信力之官员在其所获授权之行事范围内依法定手续缮立的文书"；经认证的文书是指"当事人按公证法之规定在公证员面前确认之私文书"；私文书则是除了公文书和经认证的文件以外的其他文书。上述三种文书都属于书证的范围，并都可以作为刑事诉讼中的证据方法。那么作为书面文件，援引《澳门刑事诉讼法典》第 152 条的规定，如果文件以非官方语言作成，则在有需要时依据第 82 条第 3 款的规定命令将之翻译。另外，如果文件难以阅读，则将之清楚转录，并将该转录本附同该文件保存；如果文件以密码作成，则进行鉴定以便将之译码。最后，如果文件为声音的记录，则在有需要时依据《澳门刑事诉讼法典》第 91 条第 2 款的规定将之转录于笔录中。

原则上，该等证据属于法官自由心证的范围。然而，援引《澳门刑事诉讼法典》第 154 条的规定，如果没有对公文书或经认证文书的真确性或其内容的真实性提出有依据的质疑，则该文书所载的实质事实视作获证明，故此，有关内容就排除了法官的自由心证。但是针对私文书中所载的内容，法律没有对其效力做规定，而留待法官依据自由心证原则予以判断。另外，如果《澳门刑事诉讼法典》第 153 条第 3 款中所指的机械复制物在同一或另一诉讼程序中已被认定为与原本相同，那么其即具有与原本相同的证据价值，因此，亦被排除在法官自由心证的范围之外，否则属于法官自由心证的范围。但是需要注意的是，有关机械复制物的证据价值方面，以摄影、录像、录音或以电子程序复制的物，以及一般而言，任何机械复制物，仅当依据刑法其非为不法取得时①，才可以作为证明事实或证明被复制的物的证据。

---

① 对此，可以参考《澳门刑事诉讼法典》第三卷第三编"获得证据之方法"的相关规定。

八 其他证据方法

根据证据自由原则和《澳门刑事诉讼法典》第 112 条："凡非为法律所禁止之证据，均为可采纳者。"可知，原则上只要不为法律所禁止的情况，刑事诉讼程序中接受任何证据方法——即使非为法律所规定。因此，并非仅法律规定的证据方法才被接纳。

所谓法律所禁止的证据，是指法律明文规定不可以作为证据使用的情况。例如，《澳门刑事诉讼法典》第 113 条第 1 款规定，透过酷刑或胁迫，又或一般侵犯人之身体或精神之完整性而获得之证据均为无效，且不得使用；又如，《澳门刑事诉讼法典》第 116 条"间接证言"规定，如证言之内容系来自听闻某些人所说之事情，法官得传召该等人做证言；如法官不传召该等人做证言，则该部分证言不得作为证据方法，但因该等人死亡、嗣后精神失常或未能被寻获而不可能对其做出询问者，不在此限。另外，拒绝指出或不具条件指出透过何人或从何知悉有关事实之人，其所做之证言，在任何情况下均不得作为证据；还有，《澳门刑事诉讼法典》第 117 条"公众所述之事情及个人之确信"第 1 款规定[1]，对公众所述之事情或公开流传之谣言所做之复述，不得被作为证言采纳。

然而，正如王伟华助理检察长所指出的，为了寻求事实的真相，法官在采纳新证据方面有较大的自由度，但新证据在法庭上可能引发争论。然而，立法确立新证据仍是十分重要的，尤其当该证据在社会上存在争议，法律可借以设定该证据的证据规则，以避免滥用新证据。例如，政府在公共地方透过设置的录像设备所收集的录像记录（尤其来自交通部门管理的录像系统）过往对不少刑事案件的破案起了重要作用，法官过往都将这些公共录像视为证据。澳门立法会通过第 2/2012 号法律明确"天眼"可用作刑事案件的合法证据，这肯定有助于发挥该类证据在惩治公共地方发生的犯罪中所起的作用[2]。

---

[1] 根据该条第 2 款，就有关事实之纯属个人确信之表述或对该等事实之个人理解，仅在下列情况下及在该等情况所指之严格范围内方可采纳：①该表述或理解不可能与就具体事实所做之证言分开；②基于任何科学、技术或艺术方面之原因而做出该表述或理解；③在法官确定可科处之刑罚或保安处分时做出该表述或理解。

[2] 王伟华：《刑事诉讼法的基本内容》，澳门大学中文法学士课程材料。

第四节　获得证据的方法

获得证据的方法，是指在刑事诉讼程序的过程中，司法当局及刑事警察机关调查和搜集证据所运用的方法或手段。获得证据的方法有很多，如询问证人，听取嫌犯、辅助人、民事当事人的声明，进行犯罪之重演，检查、搜查搜索和扣押，等等。《刑事诉讼法典》第三卷第三编"获得证据之方法"仅仅规定了四种方法，即检查、搜查及搜索、扣押、电话监听，是因为这四种方法均属于强制性侦查手段，可能涉及对人民基本权利的侵犯，需要由立法明确规定其程序。而对于其他任意性的侦查手段，并没有在该编予以规定（关于强制性侦查与任意性侦查的区别，参见本书第二章第四节）。上述获得证据的方法适用于整个刑事诉讼过程，即侦查、预审及审判阶段；而《澳门刑事诉讼法典》第六卷"初步阶段"第一编第二章"保全措施及警察措施"中还规定了专门适用于初步阶段的强制性措施，包括证据保全、认别涉嫌人身份及索求资料、搜查及搜索、函件扣押等。本书在此仅讨论前者。

一　检查

《澳门刑事诉讼法典》第 156 条第 1 款规定，透过对人、地方及物之检查，查看犯罪可能遗下之痕迹，以及有关犯罪之方式及地方、犯罪行为人或犯罪所针对之人之一切迹象。根据葡萄牙学者的论述，检查是一种获得证据的方法，可以针对人、地方或物，目的是要检查犯罪的痕迹[1]。检查是一种获得证据的方法，收集和分析重要实质的痕迹以对犯罪的实施做出决定[2]。检查针对的对象可以是人、地方或物。例如，在伤害身体完整性的案件中，通过对被害人身体上受伤的痕迹的检查，并结合鉴定，来确定伤情。又如，对交通肇事现场进行检查，固定和提取车辆运行的痕迹，以还原事

---

[1]　Paulo Pinto de Albuquerque, *Comentário do Código de Processo Penal*, Universidade Católica Editora, 2011, p. 476.

[2]　Manuel Leal-Henriques, Manuel Simas-Santos, *Código de Processo Penal de Macau*, Imprensa Oficial de Macau, 1997, p. 378.

故发生的情境，帮助查清案件事实。还有，对吸毒现场发现的吸毒工具进行检查，查看是否遗留吸毒的痕迹等。

（一）检查的程序

一旦获知实施犯罪的消息，就须采取措施，尽可能防止犯罪的痕迹在检查前湮灭或改变。并于有需要时采取必要的保障手段，禁止一切无关的人进入或通过现场，或禁止做出任何可能损害发现事实真相的行为。如果具有当局权力的人员到达犯罪现场时，犯罪遗下的痕迹已经在改变或已经消失，那么其应尽可能描述曾带有痕迹的人、地方及物所处的状态，并尽可能将有关痕迹重造及描述其改变或消失的方式、时间及原因，以便有权机关仍可从中知悉最接近事实真相的一切资料。

（二）有权进行检查的机关

通常来说，检查由有权限的司法当局或刑事警察机关进行。但是在紧急情况下，如果不立即采取措施，则有可能导致犯罪的痕迹在检查前湮灭或改变，对证据之获得构成迫切之危险，则具有当局权力的人员可以先行采取措施，无须其他权力机关的批准。所谓具当局权力的人员，包括不是刑事警察机关的警察部队的人员①。

（三）受检查之拘束

受检查人及身处受检查之地方的人均有义务配合检查的进行。《澳门刑事诉讼法典》第157条规定，如有人拟避免或阻碍任何应做之检查，或避免或阻碍提供应受检查之物，得透过有权限之司法当局之决定而强行检查或强迫该人提供该物。但是如检查可能使人感到羞辱，应尊重受检查人之尊严，并尽可能尊重其羞耻心；进行检查时，仅进行检查之人及有权限之司法当局方可在场；如延迟检查不构成危险，受检查之人得由其信任之人陪同，而受检查之人应获告知有此权利。同时，根据《澳门刑事诉讼法典》第158条，身处受检查之地方的人也有义务配合检查的进行。有权限之司法当局或刑事警察机关，以及在其尚未赶到而有必要时，其他具有当局权利

---

① Paulo Pinto de Albuquerque, *Comentário do Código de Processo Penal*, Universidade Católica Editora, 2011, p. 476.

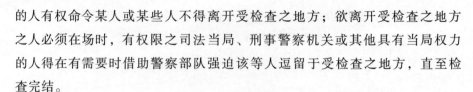

的人有权命令某人或某些人不得离开受检查之地方；欲离开受检查之地方之人必须在场时，有权限之司法当局、刑事警察机关或其他具有当局权力的人得在有需要时借助警察部队强迫该等人逗留于受检查之地方，直至检查完结。

另外，不应将检查与上述曾提及的鉴定证据相混淆。检查是获得证据的方法，而鉴定证据是证据方法。检查只是为了查看犯罪所可能遗下的痕迹，原则上，并不要求鉴定人的参与。与此不同的是，如果进行鉴定，则须对所收集的迹象进行分析，而不是单纯地查看。

二 搜查与搜索

此处探讨之搜查与搜索，是指适用于刑事诉讼全过程，规定于《澳门刑事诉讼法典》第三卷第三编第二章之"搜查及搜索"，并不包括《澳门刑事诉讼法典》第234条作为警察措施，在紧急情况下适用之搜查与搜索。

搜查，针对的对象是人，是指当有迹象显示某人身上隐藏任何与犯罪有关或可作为证据的对象时，则可以命令对该人进行搜查来获得相关证据。而搜索针对的对象是地方，而且是保留予某些人进入的地方或公众不可自由进入的地方，是指有迹象显示上述所指的对象，又或嫌犯或其他应被拘留的人，正处于上述所指之特定地方时，则可以命令进行搜索来获得相关证据。

（一）搜查与搜索的前提：有迹象的怀疑

正如葡萄牙学者所指出的，搜索是对保留予某些人进入的地方或公众不可自由进入的地方进行的，是基于有迹象显示嫌犯、任何应被拘留的人或与犯罪有关或能证明犯罪的物，正处于上述的地方而进行的[1]。无论是搜查或搜索，都是基于存在一怀疑，搜索是基于有迹象而合理怀疑嫌犯、任何应被拘留的人或与犯罪有关或能证明犯罪的物，正处于保留予某些人进入的地方或公众不可自由进入的地方，因而进行搜索[2]。

---

[1] Manuel Lopes Maia Gonçalves, *Codigo de Processo Penal: Anotado*, Almedina, 2005, p. 387.

[2] Paulo Pinto de Albuquerque, *Comentário do Código de Processo Penal*, Universidade Católica Editora, 2011, p. 486.

（二）搜查与搜索的主体

根据《澳门刑事诉讼法典》第 159 条第 3 款之规定，通常来说，搜查及搜索系由有权限之司法当局以批示许可或命令进行，并应尽可能由该司法当局主持。这里所称之司法当局，包括检察院及法官。然而在某些情况下，《澳门刑事诉讼法典》也规定了一些特殊的情况：必须由法官亲自在场或必须由法官命令或批示许可的搜索，检察院并无权限；可以例外地允许刑事警察机关先行实行的搜查与搜索；检察院在特殊情况下对住所搜索的命令权。对这些特别规定的详细阐述如下。

1. 必须由法官亲自在场主持的搜索

《澳门刑事诉讼法典》第 162 条第 3 款规定，如搜索律师事务所或医生诊所，搜索须由法官亲自在场主持，否则无效；如有代表该职业之机构，则法官须预先告知该机构之主持人，以便其本人或其代表能在场。此处之"医生诊所"，应当包括官方卫生场所和私营卫生场所。而且根据该条第 4 款，如搜索官方卫生场所，则上款所指之告知须向该场所之领导人或其法定替代人为之。

2. 应当由法官命令或批示许可的搜索

除例外情况下①可以由检察院命令搜索或刑事警察机关实行搜索外，住所搜索仅可由法官命令或许可进行。并且除非被搜索地方所针对的人同意，并且该同意以任何方式记录于文件上，住所搜索不得在下午九时至上午七时之间进行，否则无效。此处所指之住所，包括有人居住的房屋或其封闭的附属地方。Paulo Pinto de Albuquerque 教授对附属做出了解释："附属，必须是物理上与房屋相连和保留在私人生活的空间，由所有分层建筑所有人共同享益的在共有部分的集体车库不属住所的附属部分，但连同单位一同出租的车库则属住所的附属部分。""附属部分是封闭的，即使没有锁而只是以任何方式与外界相隔。"②

3. 可以由刑事警察机关先行实行的搜查及搜索

根据《澳门刑事诉讼法典》第 159 条第 4 款，在以下三种情况下可以

---

① 即《澳门刑事诉讼法典》第 159 条第 4 款 a、b 项 "有理由相信延迟进行搜查或搜索可对具重大价值之法益构成严重危险" 及 "获搜查及搜索所针对之人同意，只要该同意以任何方式记录于文件上" 之情形。

② Paulo Pinto de Albuquerque, *Comentário do Código de Processo Penal*, Universidade Católica Editora, 2011, p. 497.

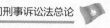

例外地允许刑事警察机关在尚未获得任何司法当局的批示或许可前进行搜查及搜索。

首先，有理由相信延迟进行搜查或搜索可对具重大价值之法益构成严重危险。此处立法采用了一个相对模糊的概念，即"重大价值之法益"。立法者这样规定是因为很难订定一些规则能准确地和具体地对情况做出定义。因此，在具体适用这一法律规定时，要采取谨慎的标准①。刑事警察机关在出现重大价值法益之迫切且严重的危险时，不仅可以针对某人或"保留予某些人进入之地方或公众不可自由进入之地方"实行搜查或搜索（《澳门刑事诉讼法典》第159条第4款），亦可对"有人居住之房屋或其封闭的附属地方"实行搜索（《澳门刑事诉讼法典》第162条第2款）。但是，为判断是否存在"重大价值之法益"，以免被搜索针对人的权利受到无端侵犯，该种情况下的搜查或搜索必须立即告知预审法官，并由预审法官审查该措施，以便使之有效，否则该措施无效。

其次，获搜查及搜索所针对之人同意，且该同意以任何方式记录于文件上。这种记录并不一定要求独立的书面授权，可以是"任何方式"的记录。由于获得了相对人的同意，此种情况下的搜查与搜索并不一定需要司法当局之批准，刑事警察机关可以自行实行搜查及搜索，甚至是针对住所之搜索。

最后，在因实施可处以徒刑之犯罪而因现行犯被拘留的情况下，可以由刑事警察机关进行搜查或搜索。此情况下，搜查和搜索只能针对该现行犯所身处之地方进行，不得将其带至其住所继续进行搜索。因为，此种情况下的搜索应当被理解为"剥夺自由之后的保全证据行为"，因此，"搜查或搜索应在现行犯情况下被拘留后才进行，应立即通知检察院以对被拘留的嫌犯进行讯问，使拘留及随后的搜查及搜索有效"②。

第17/2009号法律《禁止不法生产、贩卖和吸食麻醉药品及精神药物》还规定，在因该法律所定犯罪而提起的诉讼程序中做出调查及诉讼行为时，刑事警察机关具有如下之搜索与搜查职权。该法第26条"在公众地方及交通工具搜索与搜查"规定，刑事警察机关基于有依据的理由相信有人在公

① Manuel Leal-Henriques, Manuel Simas-Santos, *Código de Processo Penal de Macau*, Imprensa Oficial de Macau, 1997, p. 384.

② Paulo Pinto de Albuquerque, *Comentário do Código de Processo Penal*, Universidade Católica Editora, 2011, p. 488.

众地方或交通工具内实施或将之用作实施该法律所指犯罪，则即使未经有权限司法当局预先许可，亦可立即搜索该地方或交通工具，并进行必要的身体搜查、行李检查及扣押。实行上款所指措施后，须立即将所实施的措施通知有权限司法当局，并由其在最迟 72 小时内审查该措施，以便使之有效，否则该措施无效。该法第 27 条则规定了在有强烈迹象显示涉嫌人体内藏毒的情况下，刑事警察机关的搜查权和鉴定权。根据该条规定，如有强烈迹象显示涉嫌人体内藏有该法列明的植物、物质或制剂，刑事警察机关须对其进行搜查，并在有需要时进行鉴定。可将涉嫌人送往医院或其他合适的场所，并要求其在进行鉴定所确实必需的时间内，留于上述地点。如不获涉嫌人的同意，则进行搜查或鉴定须取决于有权限司法当局的预先许可，并应尽可能由该司法当局主持。并且，拒绝接受按上款规定获许可进行的搜查或鉴定，且事先已被适当警告其行为的刑事后果者，处最高 2 年徒刑，或科最高 240 日罚金。

4. 可以由检察院命令进行的住所搜索

通常来说，住所搜索只能由法官命令进行，并且非经当事人同意，不得在夜间进行。但是在《澳门刑事诉讼法典》第 159 条第 4 款 a、b 项"有理由相信延迟进行搜查或搜索可对具重大价值之法益构成严重危险"及"获搜查及搜索所针对之人同意，只要该同意以任何方式记录于文件上"之情形下，检察院也可以命令进行住所搜索。然而检察院并不具有"重大价值之法益"的判断权，检察院在"有理由相信延迟进行搜查或搜索可对具重大价值之法益构成严重危险"的情况下命令进行的住所搜索，也必须立即告知预审法官，并由预审法官审查该措施，以便使之有效，否则该措施无效。

(三) 搜查与搜索的程序

除由刑事警察机关进行的搜查与搜索外，通常情况下，搜查与搜索均需在行动做出前将命令搜查或搜索之批示之副本交予搜查所针对之人或事实支配搜索地之人。在搜查的情况下，该副本须指明该人得指定其信任且到场不会造成耽搁之人于搜查时在场。进行搜查时应尊重个人尊严，并尽可能尊重搜查所针对之人之羞耻心。在搜索的情况下，该副本须指明该人得在场观看搜索，并由其信任且到场不会造成耽搁之人陪同或替代。如上述人员不在，则尽可能将该副本交予该人之一名血亲、邻居、门卫或其替代人。如命令或执行搜索者有理由推定，有迹象显示某人身上隐藏任何与犯罪有关或可作为证据之对象，得于搜索之同时或搜索期间，对身处搜索地之人进行搜查；在搜索时，得同样强迫身处搜索地之人不得离开。

三 扣押

扣押是指对曾用于或预备用于实施犯罪的物件，构成犯罪的产物、利润、代价或酬劳的对象，以及行为人在犯罪地方遗下的所有对象或其他可作为证据的对象予以扣留。扣押，原则上仅具有预防的性质，并旨在保全证据，因此与用以保障支付诉讼判决金额的经济担保（《澳门刑事诉讼法典》第 211 条）和假扣押（《澳门刑事诉讼法典》第 212 条）不同。

（一）扣押的对象

根据《澳门刑事诉讼法典》第 163 条第 1 款，扣押的对象包括曾用于或预备用于实施犯罪的物件，构成犯罪的产物、利润、代价或酬劳的对象，以及行为人在犯罪地方遗下的所有对象或其他可作为证据的对象。刑事诉讼法对于扣押的对象采广义观点，动产和不动产都可以被扣押，包括尸体、尸体的部分、胎儿、人体可分离的部分（如义肢）和人体的产物（如尿液、精液和唾液）[1]。葡萄牙第 254/76 号法令还规定，可以扣押有色情或淫秽内容的视听传播的对象或形态[2]。

（二）扣押的决定程序

根据《澳门刑事诉讼法典》第 163 条第 3 款的规定，扣押原则上是由司法当局以批示许可或命令为之，或宣告有效。但是如果依据上述的搜查或搜索的规定，又或遇有紧急情况或如有延误将构成危险时，刑事警察机关有权在进行搜查或搜索时实行扣押。但最迟须于 72 小时内由司法当局宣告有效。如果该许可、命令或宣告有效的扣押系基于检察院的决定，则利害关系人有权于 10 日内向预审法官申诉。这一申诉须分开提出，且仅具移

---

① Paulo Pinto de Albuquerque, *Comentário do Código de Processo Penal*, Universidade Católica Editora, 2011, p. 504.

② Manuel Lopes Maia Gonçalves, *Codigo de Processo Penal: Anotado*, Almedina, 2005, p. 396.

审效力，不会产生中止之效力。

除了上述《澳门刑事诉讼法典》第 163 条针对一般扣押的情况做出的规定外，《澳门刑事诉讼法典》中还规定了一些具有特别性质的扣押（参阅《澳门刑事诉讼法典》第 164 条及续后条文）。对于该等特别性质的扣押，由于当中涉及私人权利以及合法利益，因此法律特别地对相关扣押做出较为详细的规定，以冀既能起到发现事实真相的作用，同时亦可以保护私人的权利及合法利益。该等特别性质的扣押，包括函件扣押、在律师事务所或医生诊所内进行的扣押以及在银行场所内进行的扣押等。

1. 函件扣押

基于保护公民私人生活和家庭生活的隐私，并且考虑到其姓名、名誉和肖像权的保护[1]，立法特别规定了函件扣押的特别规定。根据《澳门刑事诉讼法典》第 164 条第 1 款，函件包括"书信、包裹、有价物、电报或其他函件"，此处应做广义理解，只要是寄给一确定的收件人，例如通过邮政及电讯局、商业的物流公司以及委托私人传递之函件，为保护收件人对其隐私及其他基本权利的合理期待，该函件不得由收件人或收件人委托人之外的其他人擅自开启。立法者是要保护公民私人和家庭生活的隐私保留的权利和其姓名、名誉和肖像权。正如 Paulo Pinto de Albuquerque 教授所言，刑事诉讼法关于函件扣押的程序规定，保护的是所有的函件（当其不是被收件人打开的情况）[2]。

函件的扣押只能适用于相对比较严重的案件，具体来说，必须同时满足以下三个条件：函件系涉嫌人所发或寄交涉嫌人者，即使函件系以另一姓名或透过别人寄发或接收；涉及之犯罪可处以最高限度超逾 3 年之徒刑；扣押对发现事实真相或在证据方面非常重要。对于嫌犯与辩护人之间的函件，法律有更加严格的规定。根据《澳门刑事诉讼法典》第 164 条第 2 款，禁止扣押及以任何方式管制嫌犯与其辩护人间之函件，除非法官基于有依据之理由相信该函件为犯罪对象或犯罪元素，否则所做之扣押或管制无效。

扣押函件并不强制要求由法官亲自进行，法官可做出许可或扣押之命令。然而，许可或命令扣押之法官为首先知悉被扣押函件内容之人。如认

---

[1] Manuel Leal-Henriques, Manuel Simas-Santos, *Código de Processo Penal de Macau*, Imprensa Oficial de Macau, 1997, p. 394.

[2] Paulo Pinto de Albuquerque, *Comentário do Código de Processo Penal*, Universidade Católica Editora, 2011, p. 509.

为函件在证据方面属重要者，则将之附于卷宗；否则须将函件返还予对之有权利之人，此时函件不得作为证据，而法官就其所知悉但在证据方面属不重要之内容负有保密义务。

2. 在律师事务所、医生诊所内进行的扣押

律师与委托人之间、医生与病人之间的职业秘密，属法律需要保护之利益。律师事务所、医生诊所的搜索须法官亲自进行，同样地，在律师事务所或医生诊所内进行的扣押，也需要准用在上述场所搜索之条款，由法官亲自主持，并告知该职业的相关机构或人员。而且法官应当首先知悉被扣押的内容，如认为被扣押物在证据方面属重要者，则将之附于卷宗；否则须将扣押物返还予对之有权利之人，此时，扣押物不得作为证据，而法官就其所知悉但在证据方面属不重要之内容负有保密义务。

3. 在银行场所内进行的扣押

存于银行或其他信用机构，甚至个人保险箱内之证券、有价物、款项及其他对象均可由司法当局命令扣押。如果某一物品对发现事实真相非常重要，或者具有重要之证据价值，则无论该物品是否为嫌犯所有，或者是否以嫌犯名义存放，均可扣押。因此，银行等场所内的扣押并不必须由法官亲自进行，法官和检察院均有权命令进行。然而，为体现法律对银行秘密之特殊保障，《澳门刑事诉讼法典》第166条第2、3款规定，如需检查银行的函件或任何文件，以寻找须扣押的物品或文件，则该检查必须由法官亲自进行，如有需要，得由刑事警察机关及具资格之技术人员协助进行，而各人就其所知悉但在证据方面属不重要之全部内容均负有保密义务。

4. 涉及职业秘密及本地区机密的扣押

《澳门刑事诉讼法典》第122条所规定的律师、医生、新闻工作者、信用机构之成员、宗教司祭或各教派司祭及法律容许或规定须保守职业秘密之其他人，以及第123条所规定的公务员，在司法当局命令时，须向司法当局提交其本人所占有而应予扣押之文件或任何对象，除非上述人员以书面方式提出，有关文件或对象系属职业秘密或澳门特别行政区机密。如同拒绝做证的规定，上述人员提出的书面理由是否正当，依《澳门刑事诉讼法典》第122条及第124条之规定，在属职业秘密之抗辩的情况下由法院决定，而属本地区机密之抗辩则由有权限当局审查确认。

四 电话监听

《澳门基本法》第 30 条规定了言论自由的基本权利，第 32 条规定了私人生活的隐私权。电话监听无疑限制甚至在某种程度上剥夺了上述权利的行使。因此，电话监听仅在特定的案件中，并且在为发现事实真相或在证据方面属非常重要的情况下方得实施。

（一）电话监听的对象

根据《澳门刑事诉讼法典》第 172 条之规定，电话监听的对象包括电话谈话或通信。而根据《澳门刑事诉讼法典》第 175 条"延伸"之规定，电话监听的规定相应适用于以有别于电话之其他技术方法传达之谈话或通信。也就是说，只要是通过技术方法传达的谈话或通信，例如电子邮件、实时聊天记录、手机短信，甚至通过网络互动平台进行的谈话或通信均属于电话监听的对象。葡萄牙刑事诉讼法典修改后（《葡萄牙刑事诉讼法典》第 189 条第 1 款）做了更为详细的规定，明确提出电话监听适用于电子邮件或其他通过数据传输方式来传送的数据、实时通信（如 MSN 通信等）、手机接收的文字讯息、手机所发送的号码和讯息内容等[①]。

（二）电话监听适用的前提

首先，电话监听仅在比较严重的案件中适用。这些案件，根据《澳门刑事诉讼法典》第 172 条第 1 款的规定，包括：可处以最高限度超逾 3 年徒刑之犯罪；涉及贩卖麻醉品的犯罪；关于禁用武器、爆炸装置或材料又或相类似装置或材料的犯罪；走私罪；透过电话实施的侮辱罪、恐吓罪、胁迫罪及侵入私人生活罪。

其次，关于适用前提的规定。通常来说，基于比例原则，电话监听应当是不得已而为之的手段，只有在常规侦查手段不能奏效或者极其困难时方可适用。这一要求，被称为监听方面的"辅助性原则"，即"原则上，一切其他调查之可能性用尽之后，才能诉诸电话监听。只是由于特别高昂的

---

① Paulo Pinto de Albuquerque, *Comentário do Código de Processo Penal*, Universidade Católica Editora, 2011, p. 544, p. 547.

费用和巨大的工作量这些情节并不能说明电话监听的命令是合理的"①。《德国刑事诉讼法典》第110a条第1款规定，监听和记录电信通信仅得在"以其他方式查清案情或侦查被指控人所在地十分困难或无望"的情况下适用。《葡萄牙刑事诉讼法典》也明确规定，即"有理由相信电话监听对发现事实真相属不可缺少，否则将会不可能或非常困难以其他方法获得证据"，方可监听。而在澳门，根据《澳门刑事诉讼法典》第172条第1款，电话监听的前提条件规定得较为宽泛，只要"有理由相信电话监听对发现事实真相或在证据方面属非常重要"的情况下即可适用。虽然此规定在一定程度上起到了保障基本法所规定的言论自由权及私人生活的隐私权的效果。然而该规定并未明确将监听作为侦查中的"辅助性手段"。根据澳门的规定，只要其对发现事实真相或在证据方面属非常重要即可适用，无论该目的是否可以通过其他普通侦查手段获得，这属于监听"辅助性原则"之缺失。建议澳门将来在修法时可以考虑参考德国及葡萄牙的条文做相应修改，纳入"辅助性原则"，以更好地保障相关人员的基本权利。

最后，关于电话监听的范围。一旦法官以批示命令或许可进行监听，是否意味着该人与任何人进行的谈话均属于监听范围？如果属有权拒绝做证之情况，如嫌犯与其享有拒绝做证权的家人之通话，或者与医生、牧师等的通话，是否属于拒绝监听之范围？《澳门刑事诉讼法典》第172条第2款仅规定了对嫌犯与辩护人之间的谈话或通信的特别保护，即嫌犯与其辩护人间之谈话或通信只有在法官基于有依据之理由相信该等谈话及通信为犯罪对象或犯罪元素时，方得截听及录音；除此之外，嫌犯与其他拒绝做证权的主体，尤其是亲密家庭成员及牧师的谈话，均可监听。这一规定与《澳门刑事诉讼法典》中有关拒绝做证权的规定所体现的价值追求相矛盾，在普通的侦查行为中，上述家庭成员之间的信赖关系，以及基于宗教信仰的信赖关系被法律所保护，但在电话监听这种更加严重侵犯隐私权的措施中，上述关系并未得到特别保护，似乎存在无法解释的矛盾。《德国刑事诉讼法典》第100a条第4款规定，存在事实依据认为，通过监听仅可能获得来自私人生活状态之核心领域的知悉情况时，不准许该措施。通过监听获得的来自私人生活状态之核心领域的知悉情况，不得使用。干预该情况的

---

① 安德拉德：《在新〈澳门刑事诉讼法典〉中作为获得证据之方式的电话监听》，《澳门法律学刊》1997年第4卷第1期。

记录应当不被迟延地删除。而且根据《德国刑事诉讼法典》第 100c 条有关住宅监听的规定，对私人生活状态之核心领域的保护更为严苛。根据德国联邦宪法法院的见解，亲密的家庭成员、牧师和辩护人的谈话等均属于该核心领域的谈话，不属于监听的范围①。

（三）电话监听的程序

电话监听须由法官以批示命令或许可进行。电话监听须缮立笔录，该笔录须连同录音带或类似材料，立即传达予命令或许可行动之法官，让其知悉有关内容。如法官认为所收集之资料或当中某些资料在证据方面属重要者，则将之附于卷宗；否则须命令将之毁灭，而所有曾参与行动之人就其所知悉之内容均负有保密义务。同时，嫌犯及辅助人以及谈话被监听之人，均有知情权。嫌犯及辅助人，以及谈话被监听之人，均得查阅有关笔录，以便能完全了解笔录与录音内容是否相符，并得缴付费用，以获取笔录中有关资料之副本。但如属在侦查或预审期间命令进行之行动，且命令该行动之法官有理由相信，嫌犯或辅助人一旦知悉笔录或录音之内容，可能使侦查或预审之目的受损害者，不得查阅笔录及取得副本。

（四）电话监听的无效

根据《澳门刑事诉讼法典》第 174 条"无效"之规定，《澳门刑事诉讼法典》第 172 条及第 173 条所指之有关电话监听的要件及条件必须成立，否则无效。但法律并没有明确规定，此种无效是诉讼行为的无效，还是属于第 112 条所指之"证据禁止"的情况。如属诉讼行为的无效，则该无效并未明确规定为不可补正之无效，所以应为取决于争辩的无效，因此尚有补正之可能。而如属于证据禁止之情况，则此种电话监听就与通过酷刑所取得的证据一样，具有绝对排除适用的效力。葡萄牙的法学家对此问题有不同意见②。在澳门司法实务界，就笔者所查阅之资料，尚无相关讨论。从电话监听所侵犯之权利性质考虑，似乎将其视为绝对禁止更为妥当，以充分保障言论自由及私人生活的隐私权。

---

① BVerfGE 109, 279 ff., 转引自宗玉琨译注《德国刑事诉讼法典》，知识产权出版社，2013，第 63 页。

② 〔葡〕Manuel Leal-Henriques：《澳门刑事诉讼法教程》（上册）（第二版），卢映霞、梁凤明译，法律及司法培训中心，2011，第 171～176 页。

五 透过"线人"而取得的证据

所谓"线人"（homens de confiança），是指透过不同的角色来掩饰身份，以便混入犯罪分子之中（尤其是贩毒及有组织犯罪），从而使他人相信其为活跃于社会边缘的犯罪分子，借此为警方搜集透过一般侦查途径无法取得的犯罪消息①。此种透过"线人"而取得证据的方式，通常被称为"诱惑侦查"（undercover investigation）。

诱惑侦查是一种双面性的侦查手段，运用得当，能够及时侦破犯罪；运用不当，将会导致国家权力的滥用，并且对公民权利构成极大的威胁。因此，诱惑侦查绝不是不计手段的侦查谋略，必须考虑其正当性问题。诱惑侦查可以大体分为两种方式，包括机会提供型诱惑侦查与犯意诱发型诱惑侦查。侦查机关不能主动诱发一个无辜的公民犯罪，并进而对之提起公诉。但是在实践中，由于案件情况的复杂性，如何判断公民是否无辜，其犯罪行为是否与侦查机关的诱惑侦查行为具有因果关系，却是一个比较复杂的问题。澳门刑事诉讼法修改的时候，检察院曾经提出有关"放蛇"是否应当合法的讨论，但终因该问题的复杂性和存在的争论而未能明确规定。

在澳门，《澳门刑事诉讼法典》并未规定透过"线人"获得证据的方法，但在其他法律中却有着一些明确规定。第 17/2009 号法律《禁止不法生产、贩卖和吸食麻醉药品及精神药物》第 31 条"不予处罚的行为"第 1 款规定，刑事调查人员或受刑事警察当局监控行动的第三人，为预防或遏止该法律所指犯罪之目的，隐藏其身份而以有别于教唆或有别于间接正犯的其他共同犯罪方式做出违法行为的预备行为或实行违法行为，如其行为能与此行为之目的保持应有的适度性，则不予处罚。第 6/97/M 号法律《有组织犯罪法》第 15 条"不受处罚的行为"第 1 款规定，刑事调查人员或第三人，为着预防或遏止罪行的目的，将身份或身份资料隐藏，在刑事警察当局监督下从事活动，渗透黑社会，取得黑社会成员的身份，并在从事黑社会犯罪活动的人的要求下，接受、持有、藏有、运输或交出武器、弹药或犯罪工具，庇护其黑社会成员，筹款或提供集会地点等行为，不受处罚。

---

① 〔葡〕Manuel Leal-Henriques：《澳门刑事诉讼法教程》（上册）（第二版），卢映霞、梁凤明译，法律及司法培训中心，2011，第 187 页。

第 10/2000 号法律《澳门特别行政区廉政公署组织法》第 7 条 "不处罚的情况"第 2、3 款规定，如有关人士事先经廉政专员以有依据的批示给予适当的许可，为第 3 条第 1 款第 2~4 项所规定的目的而由其本人或透过第三者假装接受由公务员或非公务员所提出的不合法要求，且此做法系适合获取证据以揭发在该法律适用范围内所包括的任何犯罪者，则上述做法将不受处罚。如假装接受利益对获取证据以揭发该法律第 3 条第 1 款第 2~4 项所指的任何犯罪属适当者，亦可获许可。

六　证据的保全

证据的保全是指法院在起诉前或在对证据进行调查前，或在证据可能灭失或在以后难以取得的情况下，有权限实体采取的对有关证据进行的固定保存的行为。《澳门刑事诉讼法典》中规定了三大类的证据保全措施。

（一）以强制措施进行的证据保全

《澳门刑事诉讼法典》第 188 条规定，如果有扰乱诉讼程序进行的危险，尤其是对证据的取得、保全或真实性构成危险，则可以透过采用相关的强制措施以对证据做出妥善的保存。

（二）由刑事警察机关做出的证据保全措施

根据《澳门刑事诉讼法典》第 232 条的规定，即使在接获有权限司法当局的命令进行调查前，刑事警察机关仍有权限做出必需及迫切的保全行为，以确保证据。有关措施、保全行为包括检查犯罪痕迹、向有助于发现犯罪行为人及有助于重组犯罪的人收集资料、对可扣押的对象采取保全措施等。

（三）供未来备忘的声明

参阅《澳门刑事诉讼法典》第 253 条以及第 276 条的规定，如证人患重病、前往外地或欠缺在澳门居住的许可，而可预见该等情况将阻碍其在审判时做证，预审法官应检察院、嫌犯、辅助人或民事当事人的声请或依职权，可以在侦查期间或预审期间询问有关证人，以便有需要时能在审判中考虑其证言。

第七章
强制措施及财产担保措施

　　为保障刑事诉讼的顺利进行，满足侦查犯罪及预防犯罪的需要，有必要采取某些具有强制性的侵犯基本权利的手段，例如，侵犯人身自由之逮捕、羁押；侵犯生理权利之抽取血液、DNA 样本提取；侵犯财产权的扣押；侵犯住宅权之搜索；侵犯通信秘密权之函件扣押、电信监听等。早在 20 世纪 50 年代，德国学者 Niese 教授提出，刑事诉讼中的强制性处分措施不仅具有程序性的意义，还具有实体法上的意义，即属于"双重性质的诉讼行为"。因为其对某些实体性权利产生了限制或剥夺的效果，例如，羁押虽然具有程序法上的保障被羁押人接受刑事诉讼程序的效果，同时也在实体法上产生了一定时期内剥夺其人身自由的效果①。本章所讨论的，是针对人身自由的强制措施以及针对特定财产的，以保障应付款项最终被缴纳为目的的财产担保措施。

第一节　强制措施的概念及特征

一　强制措施的概念

　　刑事诉讼中的强制措施及财产担保措施是为了确保诉讼程序的顺利进

---

　　①　林钰雄：《刑事诉讼法》，元照出版有限公司，2010，第 296 页。

行，以及保障应付款项能得以缴纳，而由司法当局依法对嫌犯或特定财产做出的处分措施。其中，强制措施仅能针对嫌犯之人身自由做出。强制嫌犯做出或不做出特定行为，或剥夺嫌犯人身自由，包括身份资料及居所之书录，担保，定期报到，禁止离境及接触，中止职务、职业或权利，羁押；财产担保措施则针对特定财产做出，以保障应付款项能够最终被缴纳，包括经济担保及假扣押。

葡萄牙学者 Germano Marques da Silva 教授指出：

> 在诉讼的任一阶段中，嫌犯都有可能破坏诉讼程序的司法公正、逃跑又或企图逃跑、阻碍侦查的进行、企图躲藏或消灭一些证据方法、胁迫或恐吓证人，以及可能继续进行犯罪活动；嫌犯亦有可能处分其财产，以便逃避支付或有的赔偿或对其所科处的罚金。

> 为了避免出现这些危险，《刑事诉讼法典》第四卷第一部分就规定了一系列人身及财产性质的保障措施，并透过限制嫌犯的人身及财产自由，来确保诉讼的最终目的：保障终局有罪判决的执行以及诉讼程序得以正常开展①。

因此，强制措施是指对嫌犯的人身自由加以限制或者剥夺之强制处分，目的在于"保证诉讼程序的正常运行。强制措施必须由法律明文规定"，正如贝莱扎教授所指出，强制措施的立法属"封闭列举方式"②。

二 强制措施的特征

强制措施是必须由法律明文规定，由司法当局命令或许可，在刑事诉讼程序中针对嫌犯而实施的措施。法律中无规定的强制措施，因不可被执行或付诸实施，不产生任何效力。具体来说，强制措施具有如下特征。

首先，强制措施通常需要由法官命令或许可。根据《澳门基本法》第28、33、103条的规定，澳门居民享有的人身自由、出入境自由以及私人财产须受到应有的保护。因此，诉讼程序中，应由法官决定做出对人的

---

① Germano Marques da Silva, *Curso de Processo Penal II*, Editorial Verbo, 2002, p. 255.
② 贝莱扎：《刑事诉讼法笔记》（第二册），第13页，转引自高伟文《澳门法律中的强制措施》，《澳门检察》2000年第2期。

基本权利加以限制甚至剥夺的措施。在侦查阶段，检察院有权限建议对嫌犯采用某一强制措施，预审法官不可以在没有检察官建议的情况下，自行决定对嫌犯采用措施。一般而言，检察院对有关强制措施仅有建议权。但例外的是，根据《澳门刑事诉讼法典》第181条的规定，检察院有权直接强制要求嫌犯提供资料，以便在卷宗内缮立身份资料及居所的书录，而不用取决于法官的决定。而当侦查终结后，法官可依职权决定对嫌犯采用任一措施，而无须取决于检察院的建议，但仍应先听取检察院意见。

其次，强制措施的适用要求必须存有一刑事诉讼程序。这是由于采用该等措施就是为了保障诉讼程序的顺利进行，因此必须首先存在一诉讼程序。《澳门刑事诉讼法典》第177条第2款规定，如果基于有依据的理由相信有免除责任或追诉权消灭的事由，则不得采用任何强制措施。

最后，强制措施的适用对象只可以是嫌犯（参阅《澳门刑事诉讼法典》第177条第1款）。因此，不具有嫌犯身份的人不可以适用或维持任一强制措施。另外，即使已成为嫌犯，如基于有依据的理由相信有免除责任或追诉权消灭的事由，则不得采用任何强制措施。

三 带有强制性特征的刑事诉讼措施

刑事诉讼中的其他措施，虽然也带有一定的强制性特征，但并非强制措施。具体来说，可以分为三类。

（一）获得证据的防范措施

所谓获得证据的防范措施，是指在刑事诉讼中，为了保障某些证据的提起，而对相关人员采取的某些强制性手段。其主要包括《澳门刑事诉讼法典》第156条"前提"中所规定之"禁止一切无关之人进入或通过现场"，第158条规定之"有权限之司法当局或刑事警察机关得命令某人或某些人不得离开受检查之地方；欲离开受检查之地方之人必须在场时，有权限之司法当局或刑事警察机关得在有需要时借助警察部队强迫该等人逗留于受检查之地方，直至检查完结"（该规定依据《澳门刑事诉讼法典》第161条系适用于搜索之情形），以及第232条规定之在接获有权限司法当局之命令进行调查前，刑事警察机关做出必需及迫切之保全行为等。上述这些对人身自由的限制，并非针对嫌犯实施，也非必须由司法当局确定，因此不属强制措施。

（二）认别涉嫌人身份的措施

《澳门刑事诉讼法典》第 233 条"认别涉嫌人身份及索求资料"第 3 款规定，如有值得怀疑之理由，刑事警察机关得将无能力表明或拒绝表明本身身份之人带往最近之警区，并得在认别身份所确实必需之时间内，强迫涉嫌人逗留于警区，但在任何情况下均不得超逾 6 小时[①]。被要求提供身份资料者，其身份也不是嫌犯，该措施也无须经过司法当局批准，因此《澳门刑事诉讼法典》第 233 条所规定之提供身份资料的措施并非强制措施。

（三）拘留

《澳门刑事诉讼法典》第六卷"初步阶段"第一编第三章规定的拘留，虽然体现了对人身自由的强制，且剥夺人身自由的期限可以长达 48 小时，但仍然不是强制措施。这主要是因为，拘留措施多是在紧急情况下实施的警察措施，在拘留前没有经过司法当局许可或命令，并且实施拘留后应当立即对被拘留人进行讯问，发现不应当拘留的，必须立即释放。而且虽然根据《澳门刑事诉讼法典》第 47 条，拘留后必须立即宣告被拘留人成为嫌犯并告知其应当享有的《澳门刑事诉讼法典》第 50 条规定的权利，但拘留并非针对嫌犯做出，该人在被拘留时尚不具有嫌犯之身份。葡萄牙 PGR 第 12/92 号法律意见中分析了羁押与拘留的区别。

> 羁押和拘留有相似之处，均是应防范性诉讼要求而采取的措施并在最后判决前剥夺人身自由，但两者在目的、存续期间、利益关系人的诉讼身份几方面不同。羁押是一种在本案最后判决前可被替代的强制措施，它推定嫌犯的诉讼身份成立，而只能由法官命令执行。拘留是一种防范措施或警察采取的措施，未必要经过司法命令，并未推定嫌犯的诉讼身份，性质不稳定，存续期间不超过 48 小时[②]。

---

① 根据第 6/97/M 号法律《有组织犯罪法》第 30 条的规定，当不能遵守 6 小时之期限时，应立即将这情况连同充分依据，告知有关刑事警察机关最高领导人，得由其许可将逗留的最长时间延长至 24 小时。

② 转引自高伟文《澳门法律中的强制措施》，《澳门检察》2000 年第 2 期。

第二节　有关强制措施适用的原则

如前所述，刑事诉讼中的强制措施及财产担保措施只基于诉讼目的而做出，不属于犯罪后果，并不与《澳门基本法》第 29 条所确立的宪法性原则——无罪推定原则相抵触。同时，作为强制性处分的强制措施及财产担保措施，必须遵从合法性原则、令状原则及合比例原则。需要指出的是，本节所讨论之诸原则除适用于强制措施与财产担保措施外，还应当适用于其他强制性处分的措施，如搜查及搜索、扣押、电话监听等。

一　合法性原则

在强制性处分意义上的合法性原则（princípio da legalidade），也称为"法律保留原则"，是指国家实施的限制或剥夺人民基本权利的强制性处分措施必须以法律明确的授权为依据，并且应当遵守法律在做出此授权时所规定的种种限制条件①。

国家机关权力的行使，必须有法律上明确、具体的根据，这是现代法治国家的基本要求，以避免国家权力的滥用。刑事诉讼中国家机关追诉犯罪的活动带有一定的强制性，而且上述的强制性处分，其强制性已经严重到对人民的基本权利予以限制或剥夺的程度，自然需要由法律明文规定。与之相反，考虑到国家追诉活动的必要性和复杂性，某些对基本权利侵犯较小，具任意性质的侦查行为或其他诉讼行为，则无须明确的条件限制。也就是说，对所有涉及人民基本权利的强制性处分由法律明文规定并受到诸多限制，是现代立法在侦查犯罪的必要性与人权保障的需要之间进行平衡的结果。

日本刑事诉讼法中的"强制侦查法定主义"理论较好地诠释了这一原则。《日本刑事诉讼法典》第 197 条第 1 款规定："为实现侦查的目的，可以进行必要的调查。但除本法有特别规定的以外，不得进行强制处分。"日本学者认为，在现行法上，将任意侦查作为原则（任意侦查原则），而强制

---

① 林钰雄：《刑事诉讼法》，元照出版有限公司，2010，第 304 ~ 305 页。

侦查则只能属于例外，仅限于刑事诉讼法有特别规定的场合方可进行（强制侦查法定主义）。因此，对于任意侦查，法律没有特别限制，即使法律没有明文规定，原则上也可以采取适当的方式进行；对于强制侦查，则只要刑事诉讼法上没有具体的规定，就不得进行①。仅从字面上看，任意侦查原则和强制侦查法定主义应当是适用于侦查程序的原则，但由于在审查起诉的过程中，也时常伴随着侦查活动，所以该原则实际上适用于整个刑事审判前程序。

《澳门刑事诉讼法典》第176条规定，按照具防范性和必要性的诉讼程序上的要求，人的自由只能由法律规定的强制措施或财产担保措施全部或部分予以限制。因此，在刑事诉讼程序中适用有关措施，需要符合类型法定原则以及尽数列举原则。即仅为法律已明文规定的强制措施或财产担保措施才可在诉讼程序中予以适用，且须严格遵守法律为该等措施所规范的程序、批准权限、适用对象、条件、内容和期间限制等。换言之，对于强制措施或财产担保措施的适用只可以严格按照法律的规定，不能依职权裁量。

然而，正如我国台湾学者林钰雄所指出的，法律保留原则（即合法性原则）虽是公法上的基础原则，然而在台湾，无论在"刑事立法"层面还是在"司法实务"层面，均未严格遵守。例如，有关对被告进行抽血检验处分、采集并检验尿液等措施，直到2003年才在立法中明确规定；监听措施直到1999年才明确规定。但截至今日，例如公权力机关向电信业者调取通信记录的习惯做法，在台湾仍然未有法律明确规定②。在德国，刑事诉讼法典第100g条对于提取电信通信数据做了明确规定，只允许在特定案件中满足特定要件的情况下采用，尤其提到了有关数据与案件的重大性成适当比例时方可提取。在澳门，仍然有些强制性处分的采用，没有经过法律的明确授权，例如，在机场通过X光机对可能藏有毒品的人进行检验，以确定是否在体内藏毒，对通信记录的提取，在住宅外拍照、录像等。上述涉及人民基本权利的强制性手段，应当由立法审慎考虑其授权及适用要件的问题。

---

① 〔日〕安富洁：《刑事诉讼法》，法学书院，1993，第2页；〔日〕石川才显：《通说刑事诉讼法》，三省堂，1992，第106～107页，转引自宋英辉主编《刑事审判前程序研究》，中国政法大学出版社，2002，第32页。

② 林钰雄：《刑事诉讼法》，元照出版有限公司，2010，第201页。

当然，根据与法律保留原则相关的"层级性保留"理论，并不要求所有与公民基本权利相关的侦查措施均由立法明确授权及规范。林钰雄教授在介绍德国的"门槛理论"后指出，"超过一定质量的基本权干预，固需特别、个别的法律授权基础，但若影响轻微的干预措施（如短期跟监、盯梢），则得求诸于一般之授权基础"①。也就是说，如果某些强制性处分所涉及的人民基本权的性质轻微，则该国家机关仅有法律上的一般授权即可，而那些性质严重的限制或剥夺基本权利的强制性处分措施，则需要立法明确、特别及个别授权。

二　令状原则

所谓令状（warrant），是指记载有关强制性措施裁判的裁判书。令状原则，是指在进行强制性措施时，关于该强制性措施是否合法，必须由法院或法官予以判断并签署令状；当执行强制性措施时，原则上必须向被处分人出示该令状。

（一）令状原则之内涵

令状原则，又称为法官保留原则，体现了立法在强制性处分问题上所要求的司法权保障。林钰雄教授指出，法官保留原则（令状原则）是指将特定的强制处分之决定权限委由法官来行使，并且也仅有法官能够行使，其他担当刑事诉讼程序的国家机关（尤其是检察官），仅具声请权限而已②。

德国法学家赫尔曼教授指出："德国刑事诉讼法注意到这个强制性，它将没收、搜查措施（《德国刑事诉讼法典》第 94～100 条、第 102～110 条）与待审羁押和暂时逮捕措施（《德国刑事诉讼法典》第 112～131 条）直接相关地规定在一起。德国的法学思想一直认为，允许以强制性侵犯公民的权利时，关键的是一方面必须对国家权力的强制权明确地予以划分与限制，另一方面必须由法院对强制性措施进行审查，使公民由此享受到有效的法律保障。"③ 日本法学教授土本武司博士认为，由

---

① 林钰雄：《刑事诉讼法》，元照出版有限公司，2010，第 307 页。
② 林钰雄：《刑事诉讼法》，元照出版有限公司，2010，第 298 页。
③ 〔德〕约阿希姆·赫尔曼：《〈德国刑事诉讼法典〉中译本引言》，载《德国刑事诉讼法典》，李昌珂译，中国政法大学出版社，1998，第 6 页。

于在实现刑罚权的过程中强制力的行使是不可避免的，就会多少对被疑人及第三者正常的权利产生影响，因而实体真实的发现与个人基本人权的保障便成为时常对立的要素。尤其是侦查在本质上是职权主义、实体真实发现主义的，所以发现实体真实与保障个人基本人权之间的矛盾在这一过程中就十分突出。但是在侦查程序中，也必须体现发现实体真实与保障人权相协调的刑事司法目的。因此，为谋求被疑人及第三者的权利保障，日本宪法（保护人权的第33、34条，保护财产权利的第35条，以及作为自白法则的第36、38条）和刑事诉讼法对侦查给予了各种司法上的抑制。在侦查中的强制处分方面，不论对人的强制抑或对物的强制，原则上都必须经法官许可（令状原则），对其程序法律给予了严格的规定[①]。

在澳门，刑事诉讼中亦采令状原则，以规范强制性处分之适用，避免人民的基本权利受到粗暴、武断之无理侵犯。澳门刑事诉讼中的令状原则具体包括两种类型，即法官亲为型与法官命令/许可型，而后者又可以分为事前签发和事后认可两种模式。

第一，令状原则可以划分为法官亲为型和法官命令/许可型。所谓法官亲为型，即必须由法官亲自进行的强制性处分。例如，《澳门刑事诉讼法典》第162条"住所搜索"第3款规定，如搜索律师事务所或医生诊所，搜索须由法官亲自在场主持，否则无效；如有代表该职业之机构，则法官须预先告知该机构之主持人，以便其本人或其代表能在场。又如，根据《澳门刑事诉讼法典》第166条"银行场所内进行之扣押"的规定，为扣押存于银行或其他信用机构，甚至个人保险箱内之证券、有价物、款项及其他对象，法官有权检查银行之函件或任何文件，但该检查必须由法官亲自进行。所谓法官命令/许可型，是指由法官并且仅能由法官命令或许可进行的强制性处分。例如，《澳门刑事诉讼法典》第162条第1款规定的住所搜索[②]，"对有人居住的房屋或其封闭的附属部分的搜索，仅可由法官命令或许可进行"。又如，《澳门刑事诉讼法典》第一部分第四卷第二编规定的除

---

① 〔日〕土本武司：《日本刑事诉讼法要义》，董璠舆、宋英辉译，五南图书出版公司，1997，第二章第二节。

② 住所搜索在特定情况下也可以由侦查机关进行，《澳门刑事诉讼法典》第162条第2款规定了可以由侦查机关进行住所搜索的情形，即如属"有理由相信延迟进行搜查或搜索可对具重大价值之法益构成严重危险"或"获搜查及搜索所针对之人同意，只要该同意以任何方式记录于文件上"之情况，住所搜索亦得由检察院命令进行，或由刑事警察机关实行。

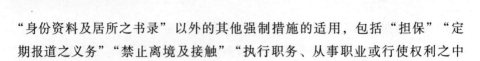

"身份资料及居所之书录"以外的其他强制措施的适用，包括"担保""定期报道之义务""禁止离境及接触""执行职务、从事职业或行使权利之中止""羁押"等，均须获得法官的许可或命令方得进行。

第二，在法官命令或许可进行的强制性处分中，又可以细分为两种模式：一类是事前签发模式，强制性处分的令状必须在事前由法官签发，得到法官的命令或许可，如前述第 162 条第 1 款之住所搜索；另一类是事后认可模式，侦查机关可自行进行某些强制性处分，但事后必须立即得到法官的认可，如《澳门刑事诉讼法典》第 159 条第 4 款 a 项所规定之刑事警察机关进行的搜索，即在"有理由相信延迟进行搜查或搜索可对具重大价值之法益构成严重危险"的情况下，刑事警察机关可以先行搜查，但是根据该条第 5 款的规定，刑事警察机关须立即将所实施之措施告知预审法官，并由预审法官审查该措施，以便使之有效，否则该措施无效。

（二）令状原则之例外

强制性处分除依法依据令状进行外，还存在着由侦查机关自行决定的情形，被称为令状原则之例外。所谓令状原则之例外，是指非经法官令状即可实施之强制性处分。也就是说，如果在特殊、紧急之情况下，侦查机关，包括检察院及刑事警察机关，可以在没有令状的情况下实施一定的强制性处分，如紧急情况下的拘留、无证搜查及搜索等。依其决定主体不同，又可以分为三种类型，即检察院决定、刑事警察当局决定及刑事警察自行实施。

一是强制性处分由检察院决定，刑事警察机关无权自行决定。例如，《澳门刑事诉讼法典》第 240 条"非现行犯情况下之拘留"第 1 款后半部分规定，对于非现行犯的拘留，在可采用羁押措施之情况下，需要透过检察院之命令状为之。在澳门，某些强制性处分的决定权可以由司法当局行使，即法官和检察院均有权决定，由于该类措施并不一定需要法官签发的令状，因此也可以归入上述所指之令状原则之例外。例如，《澳门刑事诉讼法典》第 159 条第 3 款规定，搜查及搜索系由有权限之司法当局以批示许可或命令进行，并应尽可能地由该司法当局主持。又如，《澳门刑事诉讼法典》第 157 条"受检查之拘束"第 1 款规定，如有人拟避免或阻碍任何应做之检查，或避免或阻碍提供应受检查之物，得透过有权限之司法当局之决定而强行检查或强迫该人提供该物。

二是强制性处分可以由刑事警察当局决定，但刑事警察无权决定。例如，《澳门刑事诉讼法典》第 240 条第 2 款规定，如属下列情况，刑事警察当局亦得主动命令非现行犯情况下之拘留：①可采用羁押措施；②恐防有关之人逃走属有依据者；③因情况紧急，且如有延误将构成危险，以致不可能等待司法当局之介入。又如，《澳门刑事诉讼法典》第 255 条第 1 款规定，凡有需要确保某人在侦查之行为中在场，因而须做出特定告诫者，检察院或获授权进行侦查措施之刑事警察当局得发出到场命令状，当中载明有关之人之身份资料，并载明应到场之日期、地点及时间，以及载明无合理解释而不到场所引致之制裁。

三是可以由刑事警察进行的强制性处分。虽然此种强制性处分中权力被滥用的风险最高，但基于侦查案件的快捷性、时效性的需要，在某些情况下警察也可以进行某些强制性处分。例如，《澳门刑事诉讼法典》第 238 条规定的现行犯之拘留，即"属可科处徒刑之犯罪之现行犯情况，即使对该犯罪可选科罚金者"，则任何司法当局或警察实体均可进行拘留。又如，《澳门刑事诉讼法典》第 233 条规定，在开放予公众且不法分子惯常前往之地方内，刑事警察机关得认别身处其中之人之身份。如有值得怀疑之理由，刑事警察机关得将无能力表明或拒绝表明本身身份之人带往最近之警区，并得在认别身份所确实必需之时间内，强迫涉嫌人逗留于警区，但在任何情况下均不得超逾 6 小时。

三　合比例原则

合比例原则是公权力行使必须遵循的基本原则，在刑事诉讼中，尤其是涉及基本权利的强制性处分措施的适用方面更应当遵循。《澳门刑事诉讼法典》在有关"强制措施及财产担保措施"适用的部分，规定了合比例原则①。然而从强制性处分各措施所涉及之基本权利来看，诸如搜查、搜索、强制检查、扣押、通信监听、拘留等各项强制性处分措施均

---

① 《澳门刑事诉讼法典》第 178 条"适当及适度原则"规定：①具体采用之强制措施及财产担保措施，对于有关情况所需之防范要求应属适当，且对于犯罪之严重性及预料可科处之制裁应属适度；②强制措施及财产担保措施之执行，不应妨碍与有关情况所需之防范要求不相抵触之基本权利之行使；③仅当其他强制措施明显不适当或不足够时，方得采用羁押措施，但不影响第 193 条之规定之适用。

应采用此原则。

合比例原则又可以划分为适当及适度原则与必要性原则（补充性原则）。

（一）适当及适度原则

1. 适当及适度原则之内涵

根据适当性原则，任何一种限制或剥夺人民基本权利的强制性处分措施都必须是可以适当达至目的的，尤其是可以维护刑事诉讼程序的秩序和避免犯罪行为的再次发生。因此，这些措施应严格按照案件的具体情况开展。例如，根据《澳门刑事诉讼法典》第176条第1款和第178条第1款第一部分的规定，适当性原则应当考虑特定诉讼程序的需要，以采取最适当措施的选择标准。所以在某一刑事诉讼程序中，当要采用强制性处分措施时，必须考虑该等措施是否符合具体诉讼程序的需要。另外，根据《澳门刑事诉讼法典》第178条第2款的规定，强制措施及财产担保措施的执行，不应妨碍与有关情况所需的防范要求不相抵触的基本权利的行使。

适度性原则是指任何限制嫌犯或相关人士基本权利的措施都不应大于社会的利益。刑事强制性处分的适用，相较于"犯罪之严重性"及"预料可科处之制裁应属适度"（第178条第1款的最后部分）。因此，"此一原则为所展开的诉讼程序的目的与措施的相对人所要承担的责任之间取得一个平衡点，以免出现超逾防范目的的不适度措施。而事实上，无论在任何情况下，当适用该等措施时，均不应将单纯作为防御需要而采取的措施歪曲成为真正的制裁……"[1]，否则，这样将违反无罪推定原则。

2. 适当及适度原则之例外

根据《澳门刑事诉讼法典》第181条第1款的规定可知，严厉性最轻的强制措施——身份资料及居所书录措施，并不适用适当及适度原则。因为根据该条规定，在首次司法讯问完结后，如果诉讼程序应继续进行，则必须采取此一措施。

而且在澳门刑事诉讼中，还存在某些"不可保释的犯罪"[2]。其主要是指《澳门刑事诉讼法典》第178条"适当及适度原则"第3款的规定，

---

[1] 〔葡〕Manuel Leal-Henriques：《澳门刑事诉讼法教程》（上册）（第二版），卢映霞、梁凤明译，法律及司法培训中心，2011，第203页。

[2] 例如，澳门中级法院第166/2004号裁判，澳门中级法院第280/2004号裁判。

仅当其他强制措施明显不适当或不足够时，方得采用羁押措施，但不影响第 193 条之规定的适用。也就是说，在《澳门刑事诉讼法典》第 193 条规定的情况下，羁押措施的适用无须考虑适当及适度原则。此外，根据第 6/97/M 号法律《有组织犯罪法》第 29 条 "羁押" 之规定，倘所归责的罪属第 2 条（黑社会罪）、第 3 条（以保护为名的勒索罪）、第 7 条（国际性贩卖人口罪）、第 10 条第 1 款 a、b 项（不法资产物品的转换、转移或掩饰罪）及第 13 条第 2 款（违反司法保密罪）所规定的其中一项，法官应对嫌犯实施羁押措施。根据此条，在上述犯罪的情况下，法官应当实施羁押，没有选择权，因此与《澳门刑事诉讼法典》第 193 条相同，亦属于适当及适度原则之例外。需要注意的是，葡萄牙刑事诉讼法中并没有此种例外[1]。关于是否应当规定特定重大犯罪作为 "不可保释的犯罪"，将在后文详述。

（二）必要性原则

必要性原则，又称补充性原则，与上述的适当及适度原则相关联。如果现实情况中存有其他严重程度较低的措施，而该等措施亦可以保障诉讼程序的进行或达至相同的诉讼目的时，则优先适用严重程度较低的措施。又或如果并无必要，就不应随意限制或剥夺该人的人身或财产自由。例如，在《澳门刑事诉讼法典》所规定的强制措施中，羁押作为最严厉的强制措施，仅是在最后才适用。亦即只有在法律所规定的其他强制措施明显不适当或不足够时，方得采用羁押措施（第 178 条第 3 款）。

第三节　强制措施的适用要件

强制措施必须遵循合法性原则，即法律明文规定的方可适用。根据《澳门刑事诉讼法典》第 176 条，强制措施的适用前提应由法律明确规定，包括强制措施适用的一般要件和特别要件。关于强制措施适用的特别要件，将结合强制措施的种类对每一种强制措施分别进行讨论。

---

[1]　高伟文：《澳门法律中的强制措施》，《澳门检察》2000 第 2 期。

一 一般要件

适用强制措施的一般要件，是指强制措施在适用时必须满足的条件。强制措施的一般要件体现了强制措施适用的适当及适度原则的要求。并非每个刑事案件的嫌犯均可采用强制措施手段，原则上，只有满足强制措施适用之一般要件，才可以考虑采纳强制措施。

（一）一般要件

根据《澳门刑事诉讼法典》第 188 条的规定，强制措施适用的一般要件包括以下几种情况：①逃走或有逃走之危险；②有扰乱诉讼程序进行之危险，尤其是对证据之取得、保全或真实性构成危险；③基于犯罪之性质与情节或嫌犯之人格，有扰乱公共秩序或安宁之危险，或有继续进行犯罪活动之危险。上述任一情况的出现，都可以视为采取强制措施的一般要件获得满足。是否属上述情况，均应透过具体的案件事实作为依据，并附以说明理由，而不能仅凭单纯的主观判断或臆测。

需要注意的是，并非满足上述强制措施适用的一般要件即可考虑强制措施的适用，还需要满足《澳门刑事诉讼法典》第 178 条有关适当及适度原则的要求，"对于有关情况所需之防范要求应属适当，且对于犯罪之严重性及预料可科处之制裁应属适度"。

（二）一般要件之例外

强制措施适用的一般要件并不适用于身份资料及居所之书录。根据《澳门刑事诉讼法典》第 181 条，只要首次讯问完结后，诉讼程序应继续进行，司法当局必须强制嫌犯提供资料，以便在卷宗内缮立身份资料及居所之书录，无须考虑是否满足第 188 条的一般要件。澳门前普通法院法官 Alberto Mendes 指出，识别身份及居所之规定，并不要求具备第 188 条 a、b、c 项所列举的情形[①]。《澳门刑事诉讼法典》第 188 条也对此做出明确规定。

而且，强制措施适用的一般要件也不适用于法律特别规定的某些案件。

---

① Alberto Mendes：《澳门新〈澳门刑事诉讼法典〉中的羁押与财产担保措施》，《澳门法律学刊》1997 年第 4 卷第 2 期。

具体来说，这些案件包括两类，即《澳门刑事诉讼法典》第 193 条规定的犯罪和第 6/97/M 号法律《有组织犯罪法》第 29 条规定的犯罪。

二 强制措施适用的特别要件

除上述强制措施适用的一般要件外，《澳门刑事诉讼法典》还根据每种强制措施特别规定了其适用的特别要件。总体来说，《澳门刑事诉讼法典》所规定的强制措施分为三类：第一类是相对特殊的，法官和检察院均有权做出的"身份资料及居所之书录"；第二类是要求嫌犯作为或不作为一定行为的限制人身自由之强制措施；第三类是剥夺人身自由的强制措施，即羁押。

（一）身份资料及居所之书录

身份资料及居所之书录由《澳门刑事诉讼法典》第 181 条规定。根据该条，首次讯问完结后，如诉讼程序应继续进行，即使已依据第 233 条之规定认别嫌犯身份，司法当局仍须强制嫌犯提供资料，以便在卷宗内缮立身份资料及居所之书录。嫌犯须指出其居所、工作地点或其选择的其他住所，以便对其做出通知。贝莱扎教授指出，身份资料及居所之书录严格来说并不构成真正的强制措施，完全不取决于诉讼程序的特殊要求，而只是要求嫌犯提供身份资料及指出住所，在一定期限内，嫌犯如果不通知有关当局，不得离开居所。在葡萄牙，该措施被称为特殊强制措施[①]。该措施具有如下特征。

首先，该措施在适用上具有强制性，无须考虑有关强制措施适用的原则。身份资料及居所之书录，只要符合《澳门刑事诉讼法典》第 181 条规定之条件即必须采取，不受有关强制措施适用原则的限制。高伟文指出，只要嫌犯身份一经确定，便强制执行此措施，无须受适当及适度原则、必要性原则的限制[②]。Manuel Leal-Henriques 教授也指出，身份资料及居所之书录是刑事诉讼中最低限度之强制措施，是成为嫌犯后只要诉讼程序继续进行，就会强制地采用的措施。该措施在对嫌犯首次讯问完结后会强制适

---

① 高伟文：《澳门法律中的强制措施》，《澳门检察》2000 年第 2 期。
② 高伟文：《澳门法律中的强制措施》，《澳门检察》2000 年第 2 期。

用，无须遵守适当及适度原则①。

其次，该措施的适用主体比较宽泛，检察院和法官均有权适用。在所有强制措施中，身份资料及居所之书录是唯一可以同时由检察院或法官实施的强制措施，而非专属于法官的职权。

再次，身份资料及居所之书录作为刑事诉讼强制措施中比较特殊的种类，属于强制性最低的措施。如果嫌犯没有被拘禁，则应于书录中载明嫌犯已被告知在法律规定的情况下或当接获适当通知时，其有义务向有权限当局报到或听从其安排。另外，须保证其亦已被告知有义务在未做有关新居所或身处何地的通知前，不得迁居或离开居所超逾 5 日。违反上述义务，法官可以命令嫌犯提供担保。

最后，在适用规则上，身份资料及居所之书录可以和刑事诉讼中的强制措施一并采用。例如，对嫌犯可以采用身份资料及居所之书录及羁押措施；也可以在采用身份资料及居所之书录后，再对嫌犯采用担保及限制离境等措施。

（二）限制人身自由之强制措施

所谓限制人身自由之强制措施，是指相对于羁押而言的，为保障诉讼的顺利进行，而要求嫌犯以作为或不作为形式履行义务的各种强制措施，包括：担保，定期报到，禁止离境及接触，执行职务、从事职业或行使权利的中止。在刑事诉讼中，基于适当及适度原则与必要性原则，在符合强制措施适用的一般要件（《澳门刑事诉讼法典》第 188 条）的情况下，应当优先考虑适用非羁押的手段，即此处所讨论之各种强制措施。为保障这些措施在诉讼中有效发挥作用，可以合并适用。《澳门刑事诉讼法典》第 189 条规定，除羁押外，在任何情况下，任何强制措施均得与提供担保之义务一并采用。

1. 担保

担保是指法官要求嫌犯支付一定金额的资金或提交一定价值的财产，以保护其履行有关的诉讼义务。根据《澳门刑事诉讼法典》第 182 条的规定，如果所归责的犯罪可以科处徒刑，法官得命令嫌犯履行提供担保的义

---

① Manuel Leal-Henriques, Manuel Simas-Santos, *Código de Processo Penal de Macau*, Imprensa Oficial de Macau, 1997, pp. 428 – 429.

务，以确保其履行刑事诉讼程序中的相关义务。在定出担保的金额时，应考虑担保所拟达到的防范目的、所归责犯罪的严重性、犯罪所造成的损害以及嫌犯的社会经济状况。由于采用此一强制措施时，会考虑嫌犯的社会经济状况，因此如果嫌犯不能提供担保，或在提供担保方面有严重困难或不便，法官得依职权或应声请，以非为羁押且在有关情况下依法可采用的其他强制措施代替之。

同时，法律亦规定了强制嫌犯提交担保但其不提供的情况（参阅《澳门刑事诉讼法典》第 190 条第 4 款以及援引第 212 条的规定），针对这一情况，可以对嫌犯采取假扣押的财产担保措施[1]。除此之外，如果嫌犯违反担保的义务，则其价额即归本地区所有（《澳门刑事诉讼法典》第 192 条第 2 款）。

2. 定期报到

定期报到是法官要求嫌犯定期向指定的司法当局或刑事警察机关报到的一种强制措施。根据《澳门刑事诉讼法典》第 183 条的规定，如果所归责的犯罪是可以科处最高限度超逾 6 个月徒刑的话，则法官可以命令嫌犯须履行定期向一司法当局或某一刑事警察机关报到的义务。法官因此需要订定报到的规定，例如预定日期以及时间。为此，法官须考虑嫌犯职业上的需要及其居住地点，以保障该强制措施能在适当和适度的情况下被履行。

3. 禁止离境及接触

禁止离境及接触是指法官命令嫌犯不得离开澳门，或未经许可时不得离开澳门；又或不得与某些人接触，或不得常至某些地方或某些场合。根据《澳门刑事诉讼法典》第 184 条的规定，如果有强烈迹象显示嫌犯曾故意实施可以科处最高限度超逾 1 年徒刑的犯罪，法官得命令嫌犯履行上述所指的全部或部分义务。所以，必须注意不是简单的迹象，而是具有"强烈迹象"，表示嫌犯很有可能已经实施刑事不法行为[2]。

4. 执行职务、从事职业或行使权利的中止

执行职务、从事职业或行使权利的中止，是指法官命令嫌犯中止执行

---

[1] 〔葡〕Manuel Leal-Henriques：《澳门刑事诉讼法教程》（上册）（第二版），卢映霞、梁凤明译，法律及司法培训中心，2011，第 216 页。

[2] 〔葡〕Manuel Leal-Henriques：《澳门刑事诉讼法教程》（上册）（第二版），卢映霞、梁凤明译，法律及司法培训中心，2011，第 217 页。

公共职务，或中止从事须具公共资格或须获公共当局许可或认可方得从事的职业或业务①，又或中止行使亲权、监护权、保佐权、管理财产权或发出债权证券权。根据《澳门刑事诉讼法典》第 185 条的规定，当有关犯罪属于可以科处最高限度超逾 2 年徒刑的犯罪时，法官得对嫌犯采用上述所指的中止措施，但必须最终有可能宣告有关禁止为所归责犯罪的效果时方得采用；如有需要时，法官亦得一并采用依法容许的其他措施，只要有关禁止有可能在终局裁判中被裁定。

（三）羁押

羁押是指法官命令将嫌犯拘禁在一定场所内，从而剥夺其人身自由的强制措施。其作为最严厉的强制措施，仅当法官认为上述所指的强制措施对于有关情况仍然是不适当或不足够时，方可适用。原则上，羁押具有例外和补充的性质，仅当法律规定某些特定犯罪必须羁押时，羁押方具有强制性（包括《刑事诉讼法典》第 193 条及第 6/97/M 号法律《有组织犯罪法》第 29 条之规定，详见本书第二章第四节有关适当及适度原则之例外部分）。

1. 羁押适用的一般情形

在满足《澳门刑事诉讼法典》第 188 条有关强制措施适用的一般条件的前提下，根据《澳门刑事诉讼法典》第 186 条的规定，羁押的适用情形包括两种。

一是有强烈迹象显示嫌犯曾故意实施可以科处最高限度超逾 3 年徒刑的犯罪，如法官认为其他强制措施对于有关情况系不适当或不足够，得命令将嫌犯羁押。其中，"强烈迹象"是一个非常重要的前提条件。在诉讼程序初端阶段，法律不要求有强烈迹象而是有迹象便足够；为权衡"强烈"的程度，刑事起诉法官只需根据卷宗所载材料，"经结合其人生经验及事情的平常性后认为极大可能，深信嫌犯须负刑事责任"便足够②。高伟文检察官也指出，"立法者不单指迹象，而是强烈迹象，表达有确凿证据怀疑正犯和共同犯罪的犯罪活动。也就是说，不单是怀疑事实，而是要让人相信将该等事实归责于嫌犯是合适且充分的，否则对可能是无罪的或

---

① 例如，律师和会计师。
② 澳门中级法院第 56/2001 号裁判。

者没有确实迹象证明被判有罪的人，采取如此严重的措施是非常危险的"。"如果认为立法者用强烈迹象表达的只不过是法官在权衡对嫌犯犯罪活动收集的有证明力的材料后的一种心理命令，（因此要求更小心地分析多过收集更多的证据），这种理解并非没有理由"①。在德国和中国台湾的刑事诉讼法中也有类似的要求，例如《德国刑事诉讼法典》第 112 条之"具有犯罪行为的重大嫌疑"及中国台湾"刑事诉讼法典"第 101 条之"犯罪嫌疑重大"。

那么，该条所要求之"强烈迹象"，与提起控诉所要求之"充分迹象"（《澳门刑事诉讼法典》第 265 条），哪一种要求更为严格呢？澳门中级法院的法官指出，"为支持控诉，只须有'充分'犯罪迹象，而非'强烈'犯罪迹象（见《澳门刑事诉讼法典》第 265 条第 1、2 款的规定），故检察院对彼等作出有关黑社会罪名的指控并不会导致把此罪的犯罪迹象自动转为达至强烈的程度"②。因此，因为羁押涉及对人身自由的剥夺，其所要求的"强烈迹象"的要求高于提出控诉之"充分迹象"。在德国刑事诉讼中，也有类似的规定，将"怀疑"分为三种：第一，初始怀疑，是指充分的事实依据使得认为犯罪行为存在，一个很小的可能性就够了；第二，足够的犯罪行为嫌疑，指从当前的对犯罪行为的评断来看，被指控人极有可能获得有罪判决，这种可能性要大于无罪判决，这种怀疑在起诉和开启审判程序阶段是必须的；第三，犯罪行为重大嫌疑，是指被指控人实施了犯罪行为的可能性极大，比足够的犯罪行为嫌疑要大，例如在做出羁押令时要求有犯罪行为重大嫌疑③。

二是作为羁押对象的人曾不合规则地进入或正不合规则地逗留于澳门，又或正进行将该人移交至另一地区或国家的程序或驱逐该人的程序。在此情况下，无论嫌犯所涉嫌之犯罪是否可能判处超逾 3 年徒刑，法官在其他强制措施对于有关情况系不适当或不足够时，均可命令羁押。第 6/2004 号法律《非法入境、非法逗留及驱逐出境的法律》第 26 条明确规定，"如属《刑事诉讼法典》第三百六十八条所指"，可以适用简易程序，"但听证不能

---

① 高伟文：《澳门法律中的强制措施》，《澳门检察》2000 年第 2 期。

② 澳门中级法院第 231/2007 号裁判。

③ 参见 Werner Beulke《刑事诉讼法教科书》（第 10 版），C. F. 米勒出版社，第 311 边码；Klaus Volk：《刑事诉讼法基础》（第 7 版），C. H. 贝克出版社，第 8 章第 3 边码。转引自宗玉琨译注《德国刑事诉讼法典》，知识产权出版社，2013，第 145 页。

在拘留嫌犯及将之送交检察院后随即进行的情况，法官则可根据该法典第一百八十六条第一款 b 项的规定命令将嫌犯羁押"。

2. 羁押适用的特别情形：不可保释的犯罪

澳门法院在多个裁判中指出[1]，本地立法者以《澳门刑事诉讼法典》第193 条规定了"不可保释的犯罪"，是指无须考虑强制措施适用的适当及适度原则，也无须考虑《澳门刑事诉讼法典》第 188 条所规定的强制措施适用的一般要件，只要存在"强烈迹象"[2] 显示该人曾故意实施法律规定的某些特定犯罪，法官就应当做出羁押之规定。法律规定的特定犯罪，主要包括两种，即澳门《澳门刑事诉讼法典》第 193 条及第 6/97/M 号法律《有组织犯罪法》第 29 条。

根据《澳门刑事诉讼法典》第 193 条之规定，如所归责之犯罪系以暴力实施，且可处以最高限度超逾 8 年之徒刑，则法官应对嫌犯采用羁押措施。其中，凡犯罪涉及侵犯生命、身体完整性或人身自由，或犯罪中有做出该侵犯者，均视为以暴力实施犯罪。例如，《澳门刑法典》第204 条第 2 款所规定的抢劫罪，例如抢劫行为人使他人生命产生危险，或最少系有过失而严重伤害他人身体完整性的情况。又如，该条第 3 款规定的抢劫致人死亡的情况。除以暴力实施的犯罪外，以下犯罪，如可处以最高限度超逾 8 年的徒刑，也属于强制预防性羁押的情形，无须考虑适当及适度原则：盗窃车辆，或伪造与车辆有关之文件或车辆之认别资料；伪造货币、债权证券、印花票证、印花及等同之物，将之转手；不法制造或贩卖毒品。前澳门普通法院法官 Alberto Mendes 指出，在

---

① 参阅中级法院下述案件：第 11/2002 号案件的 2002 年 2 月 7 日、第 163/2001 号案件的 2001 年 9 月 13 日、第 139/2001 号案件的 2001 年 7 月 26 日、第 56/2001 号案件的 2001 年 4 月 26 日、第 55/2001 号案件的 2001 年 3 月 29 日、第 192/2000 号案件的 2000 年 12 月 7 日及第 135/2000 号案件的 2000 年 9 月 21 日合议庭裁判。在相同含义上，参阅前高等法院的第 882 号案件 1998 年 7 月 27 日合议庭裁判以及 Figueiredo Dias、Maria João Autunes 及 Alberto Mendes，在 1997 年向"新刑事诉讼法典研讨会"提交的论文。转引自澳门中级法院第 166/2004 号裁判。

② 需要注意的是，《澳门刑事诉讼法典》第 193 条及第 6/97/M 号法律《有组织犯罪法》第 29 条应当结合《澳门刑事诉讼法典》第 186 条第 1 款 a 项之规定，合并考虑。也就是说，即使在上述犯罪的情况下，也必须满足有"强烈迹象"显示嫌犯曾故意实施上述犯罪的条件，方属必须羁押的情形。澳门中级法院裁判指出，"即使嫌犯所涉及的罪行属《澳门刑事诉讼法典》第 193 条所指的任一罪行，法院在决定羁押嫌犯前，仍须查究就有关罪行而言，是否存在着强烈犯罪迹象"。参见澳门中级法院第 231/2007 号裁判、澳门中级法院第 241/2004 号裁判、澳门中级法院第 208/2004 号裁判等。

《澳门刑事诉讼法典》第 193 条的情形中,"除非是出于疏漏,否则有关伪造与车辆有关之文件或车辆之识别资料的规定并无任何实际内容,因为这些罪行无一可处八年以上的徒刑"[1]。澳门徐京辉助理检察长也指出,"伪造与车辆有关的文件或车辆的认别资料罪有可能构成《澳门刑法典》第 244 条规定的伪造文件罪,或第 245 条规定的伪造具特别价值的文件罪。但上述二罪的法定最高刑均在 8 年以下。因此,《澳门刑事诉讼法典》的上述规定与《澳门刑法典》的有关规定并不对应,显然这是立法上的一个不该有的疏忽"[2]。

3. "不可保释的犯罪"的合法性探讨

需要注意的是,在葡萄牙的刑事诉讼法中,所有羁押的适用均必须符合适当及适度原则,羁押的适用具有"预防及候补的性质",并没有类似《澳门刑事诉讼法典》第 193 条的"不可保释的犯罪"之规定[3]。在澳门,也有一些律师提出上诉,对因为属于"不可保释的犯罪"而做出的羁押决定之合法性提出质疑,认为此种规定有违无罪推定原则及有关强制措施适用的适当及适度原则。在澳门法院的裁判中,中级法院的法官也曾指出:"确实,可以不同意这种立法选择,这是可以理解并受尊重的。但是,法院只能严格遵守规定于《民法典》第 8 条中的解释规范。"[4]

从大陆法系国家的立法来考察,澳门刑事诉讼中所规定的"不可保释的犯罪"应该来自德国法的规定。根据《德国刑事诉讼法典》第 112 条,如果被指控人具有某些"重大的犯罪行为"的重大嫌疑,即使不存在该条第 2 款的羁押理由(类似于《澳门刑事诉讼法典》第 188 条所规定之强制措施适用的一般要件),亦允许命令待审羁押。根据《德国刑事诉讼法典》第 112 条第 3 项,"重大的犯罪行为"是指《德国国际刑法》第 6 条第 1 款第 1 项,或者《德国刑法典》第 129a 条第 1 款或第 2 款、第 129a 条第 1 款或第 2 款亦结合第 129b 条第 1 款,或第 211、212、226、306b、306c 条规定的犯罪行为,或者其犯罪行为危害他人身体或生命,

---

① Alberto Mendes:《澳门新〈刑事诉讼法典〉中的羁押与财产担保措施》,《澳门法律学刊》1997 年第 4 卷第 2 期。

② 徐京辉:《论刑事诉讼中的强制措施》,《澳门检察》2000 年创刊号。

③ 高伟文:《澳门法律中的强制措施》,《澳门检察》2000 年第 2 期。

④ 澳门中级法院第 166/2004 号裁判。

具有《德国刑法典》第308条第1~3款规定的犯罪行为。具体来说，包括谋杀罪，杀人罪，残害人群罪及故意的、危及生命、身体的炸药犯罪，暴力组织犯罪及对该组织的帮助，特别严重的伤害罪，特别严重的纵火罪等。在中国台湾，"刑事诉讼法典"第101条也有类似规定，如被告所犯为死刑、无期徒刑或最轻本刑为5年以上有期徒刑之罪者。

德国和中国台湾地区的"立法"规定，与澳门有关"不可保释的犯罪"应当适用羁押的规定非常类似。但是在德国和中国台湾地区，这一规定引发了诸多的批评，甚至有该条款是否"违宪"的争议。德国联邦宪法法院将德国的规定做了限制性解释，即在《德国刑事诉讼法典》第112条第3项的重大犯罪有急迫嫌疑时，只有当有逃亡或使调查工作难以进行之虞的羁押理由成立时，方得施行羁押；但是在认定这些羁押理由之成立与否时，并不需采用如其他犯罪情况下适用强制措施时的严格标准，而只需稍微轻度的逃亡或使调查工作难以进行之虞即可①。中国台湾地区大法官所作之2009年释665采纳了德国的主张，指出在特定重罪的情况下，也必须满足"有相当理由"显示该羁押的适用符合羁押的一般要件时方可适用②。可以看出，德国和中国台湾地区虽然有类似中国澳门"不可保释的犯罪"之规定，但都通过法院释法的形式予以修正，要求在此情况下，羁押适用的一般要件也应当被考虑，哪怕不需要类似其他案件所要求之严格标准。这一看法在澳门的司法裁判中也有所体现。例如，澳门中级法院法官在其裁判中指出，如有迹象犯的罪行在客观上是不可担保的，则（《澳门刑事诉讼法典》第186条及第188条所规定的）一般要件无须符合，有"强烈迹象"便足够，亦无须存在确实做出犯罪的证据。法律对不可担保的犯罪亦作适度性及补充性的推定③。也就是说，即使在针对不可保释的犯罪的案件中，对嫌犯是否适用羁押也应当适度考虑强制措施的一般适用要件，以适当满足适当及适度原则的要求。但是需要看到的是，在澳门，只有终审法院的统一司法见解的裁判在经政府公报后方可具有强制执行效力。在目前澳门的法律体系下，该"不可保释之犯罪"仍属绝对适用羁押的范围。

---

① 〔德〕克劳思·罗科信：《德国刑事诉讼法》，吴丽琪译，三民书局，1998，第284页。
② 林钰雄：《刑事诉讼法》，元照出版有限公司，2010，第365页。
③ 澳门中级法院第56/2001号裁判。

第四节　强制措施的决定、变更、废止及消灭

一　强制措施的决定

除身份资料及居所之书录可以例外地由检察院或法官采取外，其他强制措施的决定均属法官之职权。根据《澳门刑事诉讼法典》第 179 条第 1 款之规定，采用强制措施及财产担保措施，在侦查期间应当由检察院提出声请，而由法官以批示决定；而在侦查终结后，法官可以依职权批示适用强制措施，但应当先听取检察院的意见。法官决定适用强制措施，并不一定需要讯问嫌犯。根据《澳门刑事诉讼法典》第 179 条第 2 款的规定，法官在适用强制措施前，如有可能且属适宜者，则先听取嫌犯陈述，而该等措施得在首次司法讯问行为中采用。根据《澳门刑事诉讼法典》第 128 条关于首次司法讯问之规定，如果不应立即被审判的拘留嫌犯，应当由预审法官讯问，该讯问须在将该嫌犯送交该法官并指明拘留之理由及作为拘留依据之证据后立即为之，最迟不得超逾拘留后 48 小时。也就是说，只有被拘留的嫌犯，而检察院认为仍应维持其人身自由被剥夺之状态，才必须进行首次司法讯问，由法官决定是否羁押。否则，首次司法讯问并不属于法律强制性要求之内容。无论是否经过首次司法讯问，有关的强制措施批示均须通知嫌犯，并须在批示内提出不履行所命令之义务所导致之后果之警告。同时，在适用羁押措施的情况下，经嫌犯同意后，还须立即将有关羁押的批示告知其血亲、其信任之人或其指明之辩护人。但如果嫌犯未满 18 岁，则无须征得其同意，有关羁押批示必须告知其血亲、其信任之人或其指明之辩护人，该告知具强制性。

那么在侦查阶段，检察院向预审法官提出有关具体适用何种强制措施的声请后，预审法官的决定权应当如何理解呢？对此，有两种观点。一种观点认为，只要检察院声请采取强制措施，法官就应当"自由地"做出决定，只服从法律。因此，如果认为其他更为严厉的强制措施是适当的并做相应决定，就无任何无效或不当情事。也就是说，预审法官可以改变检察院声请的强制措施种类，甚至可以做出采用相对更为严重的强制措施的决

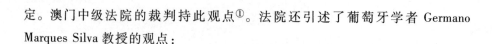

定。澳门中级法院的裁判持此观点①。法院还引述了葡萄牙学者 Germano
Marques Silva 教授的观点：

> 我们认为，法官有决定适用某项措施的必要性以及选择认为适宜
> 措施的完全自由。问题只是在侦查阶段，即检察官主导的阶段，向其
> 请求对被告适用强制措施时应如何办？法官不应当在未被声请的情况
> 下介入侦查阶段。刑事控诉法官在侦查阶段不能够依职权采取此项措
> 施，但是可以被声请采取此措施。因为，在检察官看来，如果具备某
> 些依据前提，完全应当由法官就是否具备采取措施的必要前提条件以
> 及是否适用于该案作出决定。因此，无论是哪一种强制措施，目的都
> 不是用于专案侦查，它不是用于诉讼程序的侦查工具，而是为实现法
> 律所规定的特定标的而服务于案件②。

另一种观点认为，侦查阶段的主导者是检察院，由其全权负责查明事实
及调查真相，而预审法官在侦查阶段介入的目的是保障嫌犯的基本权利不受
侵犯③。葡萄牙第48/2007号法律明确规定，在侦查阶段中，刑事起诉法庭不
得适用于较检察院所声请的更为严厉的强制措施。笔者同意此种观点。根据
侦查阶段的诉讼构造，检察院是程序的主导者，而预审法官的参与属被动之
司法复核权，只有在采取有关措施可能会侵犯嫌犯或其他利害关系人之基本
权利时，预审法官方得介入，而且介入之角色定位，应当具有消极性，不应
成为侦查的主导者，决定对嫌犯适用较检察院声请更为严厉之强制措施。

二 强制措施的变更

如前所述，强制措施并非一惩罚性手段，而是一目的性手段，其制度
价值在于保障诉讼的顺利进行，并预防行为人再次犯罪。在无罪推定原则
之下，刑事强制措施的适用必须遵循适当及适度原则，尽量适用较为轻缓
的强制措施。因此，强制措施的变更包括两种情况：一种是由轻变重的情

---

① 澳门中级法院第231/2003号裁判、澳门中级法院第153/2004号裁判。
② Germano Marques da Silva, *Curso de Processo Penal II*, pp. 222 – 223，转引自澳门中级法院第
231/2003号裁判。
③ 〔葡〕Manuel Leal-Henriques：《澳门刑事诉讼法教程》（上册）（第二版），卢映霞、梁凤明
译，法律及司法培训中心，2011，第209页。

况，如果随着诉讼的进展，或者由于嫌犯的某些行为，需要对嫌犯采用更为严厉的强制措施时，可以将本来严厉性程度较低的强制措施变为更为严厉的强制措施；另一种是由重变轻的情况，如果案件发展的结果使得某些较为严厉的强制措施失去其适用的基础，或者较为严厉的措施期限届满，均可考虑变更为严厉性较小的强制措施，甚至取消强制措施的适用。《澳门刑事诉讼法典》规定了如下强制措施变更的情况。

（一）将身份资料及居所之书录变更为担保

根据《澳门刑事诉讼法典》第 181 条第 3 款的规定，如嫌犯在被采取身份资料及居所之书录后，违反相关法定义务，即使有关犯罪不可处以徒刑，法官仍得命令其提供担保。

（二）本应羁押的嫌犯因精神失常而变更为预防性收容

根据《澳门刑事诉讼法典》第 186 条第 2 款，如显示受羁押之嫌犯精神失常，经听取辩护人及尽可能听取一亲属之意见后，在精神失常状态持续期间，法官得不予羁押，而命令其在精神病医院或其他适当之相类场所内进行预防性收容，并采取所需之防范措施，以防其有逃走及再次犯罪之危险。

（三）嫌犯违反强制措施的义务而变更为其他法律允许之强制措施

《澳门刑事诉讼法典》第 187 条规定，如违反采用强制措施时所规定之义务，法官经考虑所归责犯罪之严重性及违反义务之理由后，得命令采用该法典所规定且在有关情况下容许采用之其他强制措施。

（四）因防范要求降低而采取较轻的强制措施

《澳门刑事诉讼法典》第 196 条第 3 款规定，在出现采用强制措施所取决的防范要求降低的情况时，则法官可以以其他较轻的强制措施代替之前已采用的强制措施，或决定以严厉性较低的方式执行已采用的强制措施。

（五）因对羁押的复查而决定变更强制措施

《澳门刑事诉讼法典》第 197 条规定了羁押措施的复查制度。根据该条规定，在执行羁押期间，法官应依职权每 3 个月一次复查羁押前提是否仍存在，以决定羁押须维持或应予代替或废止。

（六） 羁押的暂缓执行

《澳门刑事诉讼法典》第 195 条规定，基于嫌犯患严重疾病、怀孕或处于产褥期之理由，法官得在采用羁押措施之批示内或在执行羁押期间，决定暂缓执行该措施。暂缓执行羁押所取决之情况不再存在时，暂缓随即终止；如属处于产褥期之情况，则分娩后之第 3 个月完结时，暂缓必须随即终止。在暂缓执行羁押期间，嫌犯须遵守适合其状况或与其状况不相抵触之措施，尤其是履行逗留在住宅及留医之义务。

三　强制措施的废止

强制措施的废止，是指在强制措施维持期间，如果出现不应继续采用强制措施的情况，则司法当局须撤销该等强制措施。根据《澳门刑事诉讼法典》第 196 条第 1 款的规定，如有下列情况，法官须立即以批示废止该强制措施：①措施并非在法律规定的情况或条件下采用；②构成采用措施的依据的情况已经不再存在。

另外，根据《澳门刑事诉讼法典》第 196 条第 2 款的规定，如果在废止该强制措施后，出现依法构成采用措施的依据的理由，可以再次采用已被废止的措施。但不得损害法定期间的单一性，即指如果采用已被废止的措施时，不应该超过该强制措施的法定存续期间。废止强制措施后，如果符合法定要件，仍可以在同一诉讼程序中对同一嫌犯重新适用。但是强制措施的最长存续期间是单一的，例如，如果嫌犯在侦查中被羁押了 3 个月，在预审中又被羁押了 2 个月，由于未有在第一审做出判刑时可以羁押 18 个月，所以还可以羁押该嫌犯 13 个月①。其间的程序单一性原则，适用于所有的强制措施：定期报到的义务，从事职业、执行职务、进行活动及行使权利之中止，禁止及施加行为，停留在房屋内的义务，羁押。该原则也会因法定期间的达致而导致适用措施的期间消灭，防止当在相同侦查中指出

---

① Paulo Pinto de Albuquerque, *Comentário do Código de Processo Penal*, Universidade Católica Editora, 2011, pp. 608 – 609.

新的犯罪时会重新开始计算期间，例如，如果在一盗窃车辆的诉讼中，嫌犯在被羁押后6个月后未有提出控诉，所以嫌犯应被释放，而不能因在相同的侦查中发现新的盗窃车辆罪而应被调查而被重新拘禁[①]。

四　强制措施的消灭

强制措施的消灭，是指如果出现法律规定的情况，则强制措施立即消灭。根据《澳门刑事诉讼法典》第198条的规定，如果下列情况出现时，强制措施立即消灭：①如在《澳门刑事诉讼法典》第270条第2款所规定的期间内无声请开展预审，则在侦查归档时；②不起诉批示已确定；③做出无罪判决，即使对该判决已提起上诉，但是如果就同一案件嫌犯其后被判有罪，则在此有罪判决未确定期间，亦可以使嫌犯受到在有关情况下容许采用的强制措施的拘束；④有罪判决已确定。

另外，当强制措施的存续期间届满时，措施亦即告消灭。

（一）羁押的最长存续期间

根据《澳门刑事诉讼法典》第199条的规定，羁押的最长存续期间为：①6个月，如在该期间内未有提出控诉；②10个月，如在该期间内已进行预审，但未有做出起诉批示；③18个月，如在该期间内未有在第一审做出判刑，但是如因审理先决问题而中止诉讼时，上述期间可另外增加6个月；④2年，如在该期间内已做出判决，但判刑仍未确定，但是如因审理先决问题而中止诉讼时，上述期间可另外增加6个月。

对《澳门刑事诉讼法典》第193条所指的特别犯罪而提起的诉讼程序，则上述羁押期间分别延长至8个月、1年、2年和3年。而对于这些期间延长，葡萄牙最高法院几乎一致认为必须由法官透过批示形式做出决定，因为这种措施往往涉及需要对有关法律前提要件进行司法审查，且反映公民的基本权利。因此，不应将羁押措施的期间以自动续期的方式来予以延长[②]。

---

① Paulo Pinto de Albuquerque, *Comentário do Código de Processo Penal*, Universidade Católica Editora, 2011, pp. 609 - 610.

② 〔葡〕Manuel Leal-Henriques：《澳门刑事诉讼法教程》（上册）（第二版），卢映霞、梁凤明译，法律及司法培训中心，2011，第221页。

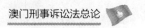

（二）禁止离境及接触措施的存续期间

根据《澳门刑事诉讼法典》第 202 条第 2 款的规定，禁止离境及接触措施的存续期间与羁押措施的存续期间相同。

（三）定期报到和执行职务、从事职业或行使权利的中止的最长存续期间

根据《澳门刑事诉讼法典》第 202 条第 1 款，定期报到和执行职务、从事职业或行使权利的中止的最长存续期间自开始执行起计：①12 个月，如在该期间内未有提出控诉；②20 个月，如在该期间内已进行预审，但未有做出起诉批示；③36 个月，如在该期间内未在第一审做出判刑；④4 年，如在该期间内已做出判决，但判刑仍未确定。

（四）担保措施的存续期间

担保措施的存续期间因针对有关嫌犯有否判处徒刑而有不同。如果嫌犯判处徒刑，则该担保措施的存续期应至徒刑开始执行时为止。但是如果并没有判处嫌犯徒刑的话，则有关措施的存续期应与其嫌犯身份的存续期相同。

第五节　强制措施的救济与赔偿

刑事诉讼中的强制措施，虽然其严厉程度不同，但或多或少均会影响嫌犯的正常生活，甚至侵犯其基本权利。为此，刑事诉讼法在规定强制措施的决定、变更、废止及消灭的条件和程序后，还需规定嫌犯对强制措施的救济和赔偿机制，包括上诉、人身保护令及赔偿等。

一　上诉

允许对法官的强制措施批示提出上诉的目的，是为了针对适用或维持限制嫌犯自由的司法决定重新做出审查，并作为伸张个人辩护权或财产权

的一种权能^①。

（一）上诉的适用范围

根据《澳门刑事诉讼法典》第 203 条的规定，对采用或维持强制措施的裁判可以提起上诉。如果是检察院做出之身份资料及居所之书录，则由于其并非由法官做出，自然无法上诉。

依据学者 Manuel Leal-Henriques 教授的见解，"仅能透过声明异议的方式才能对检察院的决定提出争议。故此，对第 203 条的规定应作狭义的解释，因为身份及居所资料的书录并不属于上述规定的适用范围"。Manuel Leal-Henriques 教授亦认为，"针对检察院所作出的批示，还可以向有权限的预审法官提出争议，以便获得可提起上诉的司法决定"。这是由于在侦查阶段，原则上"预审法官具有制约检察院活动的权限"^②。

（二）提出上诉的程序

关于强制措施批示的上诉，应当遵照《澳门刑事诉讼法典》第九卷有关上诉的规定。由于该等强制措施会限制甚至剥夺嫌犯的人身自由，所以在检察院或嫌犯提出上诉后，法官应最迟在收到卷宗后 30 日内就该上诉做出审判。该上诉仅具有移审的效力，并不会中止强制措施的执行。

（三）上诉与人身保护令的关系

根据《澳门刑事诉讼法典》第 203 条的规定，对强制措施的上诉，"不影响以下各条之规定之适用"。这里所指之"以下各条之规定"，是指有关人身保护令的规定。那么根据这一条文，上诉可以和人身保护令并用吗？葡萄牙刑事诉讼法就该条规定分别在 2007 年和 2010 年做出了修改，现行《葡萄牙刑事诉讼法典》第 219 条（相对应于《澳门刑事诉讼法典》第 203 条）已经删去"但不影响以下各条之规定之适用"。从这一法条表述的变化可以看出，葡萄牙现行法律肯定了上诉和人身保护令可以并行适用的观点。Germano Marques da Silva 教授指出，人身保护令不是一上诉措施，而是一不平常的具有

---

① 〔葡〕Manuel Leal-Henriques：《澳门刑事诉讼法教程》（上册）（第二版），卢映霞、梁凤明译，法律及司法培训中心，2011，第 223 页。

② 〔葡〕Manuel Leal-Henriques：《澳门刑事诉讼法教程》（上册）（第二版），卢映霞、梁凤明译，法律及司法培训中心，2011，第 215 页。

独立诉讼性质的措施,目的是在很短的时间内终止非法剥夺自由的情况①。葡萄牙最高法院先后在其数个裁判中提出同一主张,即上诉和人身保护令可以并行适用。葡萄牙最高法院的裁判认为:

> 即使针对作出羁押决定的法院裁判得提起平常上诉,并不妨碍"人身保护令"措施的声请、审理及裁判。
>
> "人身保护令"措施的例外性并不体现其作为透过平常上诉对法院裁判提出争议的补充性手段,而是且仅是回应违反诉讼快捷性的上诉机制,及因需耗时审理而产生的严重问题的一种例外解决措施。
>
> 因此,针对非法拘禁而提起的"人身保护令"措施,其所陈述的依据与平常上诉中所阐述的依据有所不同②。

二 人身保护令（habeas corpus）

人身保护令（habeas corpus）作为保障因滥用权力而受到侵害的人身自由的措施,是一种例外的、特殊的以及独立的措施。根据第9/1999号法律《司法组织纲要法》第44条第2款第10项"就人身保护令事宜行使审判权"之规定,人身保护令,是由终审法院发出,并旨在保护被非法剥夺人身自由的人免受非法拘留或拘禁的命令并且是专属于终审法院职权范围内的措施。人身保护令包括因违法拘留而发出的人身保护令与因违法拘禁而发出的人身保护令。

（一）因违法拘留而发出的人身保护令

根据《澳门刑事诉讼法典》第237~244条,拘留是指司法当局、警察实体或其他任何人对犯有可科处徒刑的罪的现行犯,或司法当局或刑事警察机关对符合法定条件的非现行犯,依法采取的临时剥夺自由,以实现特定目的的诉讼措施③。根据《澳门刑事诉讼法典》第237条的规定,拘留的

---

① Manuel Leal-Henriques, Manuel Simas-Santos, *Código de Processo Penal de Macau*, Imprensa Oficial de Macau, 1997, p.474.
② 〔葡〕Manuel Leal-Henriques:《澳门刑事诉讼法教程》(上册)(第二版),卢映霞、梁凤明译,法律及司法培训中心,2011,第230~231页。
③ 刘高龙、赵国强主编,骆伟健、范剑虹副主编《澳门法律新论》(下卷),社会科学文献出版社、澳门基金会,2011,第991页。

目的在于：①最迟在 48 小时内，将被拘留的人提交接受以简易诉讼形式进行的审判，或交由有权限的法官以便进行首次司法讯问，又或对其采用强制措施；②确保被拘留的人于法官主持诉讼行为时在场；③确保将缺席审判时所宣示的有罪判决通知被拘留人；④确保徒刑或收容保安处分得以执行。

根据《澳门刑事诉讼法典》第 204 条的规定，因任何当局之命令而被拘留的人，得以下列任一理由作为依据，声请终审法院命令立即将之提交法院。

（1）移交法院的期限已过。根据《澳门刑事诉讼法典》第 128 条第 1 款及第 237 条的规定，最长不可以拘留超过 48 小时。因此，只要超过该期限，无论其属于何种情况，或由哪一实体决定，均属非法拘留。

（2）拘留非在法律容许的地方。如果拘留人被安置在法律容许以外的地方，如一私人的住宅、一酒店的房间等，则属于非法拘留①。

（3）拘留是由无权限的实体进行或命令的。《澳门刑事诉讼法典》规定了拘留的权限实体，在非现行犯拘留的情况下，原则上应当由法官做出批示，仅在例外情况下，方可由检察院，甚至可能是刑事警察当局实行拘留。如不符合法律规定的条件，则属非法拘留。

（4）拘留的事实理由不合法。《澳门刑事诉讼法典》第 237 条规定了拘留的目的，若拘留是该规定以外的目的，则足以构成采取人身保护令的理由。另外，若拘留人和有关的事实之间不能构成一充分的连贯性，其也可以成为缺少依据的理由②。

终审法院在收到相关声请后，如不认为声请明显无理由，则经听取检察院的意见，以及被拘留的人所委托的辩护人或为此目的被指定的辩护人的意见后，须决定是否命令或在有需要时以电话命令立即提交被拘留的人。如法院已命令提交，但有权机关仍不提交，则按照《澳门刑法典》第 312 条第 2 款以加重违令罪处罚之。

（二）因违法拘禁而发出的人身保护令

澳门刑事诉讼法规定的拘禁，包括两种意义：羁押以及监禁（服刑）。

---

① Manuel Leal-Henriques, Manuel Simas-Santos, *Código de Processo Penal de Macau*, Imprensa Oficial de Macau, 1997, p. 475.

② Manuel Leal-Henriques, Manuel Simas-Santos, *Código de Processo Penal de Macau*, Imprensa Oficial de Macau, 1997, p. 475.

因此，违法拘禁就是指违反法律规定的前提条件而实行的羁押或监禁。根据《澳门刑事诉讼法典》第206条的规定，被违法拘禁的人或任何人均有权以下列情况为依据而主张违法拘禁，并向终审法院院长提出声请，请求给予人身保护令。

（1）拘禁是由无权限的实体进行或命令的。例如，由检察院在经过《澳门刑事诉讼法典》第129条之首次非司法讯问后做出之羁押决定，属于非法拘禁。

（2）拘禁的事实理由不合法。拘禁的理由不符合法律规定或不是法律所规定的，例如，在非属"不可保释的犯罪"之情况下，拘禁的理由不满足《澳门刑事诉讼法典》第188条所规定之强制措施适用的一般要件，或者采用其他较不严重的强制措施已足够，无须采用拘禁措施等。

（3）拘禁时间超越法律或法院裁判所定的期限。如前所述，羁押具有法定的期限，如果超过法律规定之期限，当属非法拘禁。

上述声请应一式两份向终审法院院长提出，而请求书须提交予命令维持拘禁的当局。随后，该局有义务将请求书连同关于进行或维持拘禁的情况的报告，实时送交终审法院院长。如果终审法院院长在接到有关请求书以及报告时，拘禁仍然正在维持，那么，终审法院院长应召集有管辖权的分庭，以便其在随后8日内进行评议，同时须通知检察院及辩护人（如未委托辩护人，则终审法院院长在此时同时指定）。最后由分庭开会进行评议是否发出人身保护令，并立即将所做的评议公开。

如果有权机关不遵守终审法院就人身保护令的请求所做出的裁判，则按照《澳门刑法典》第333条第3款或第4款所规定的渎职罪处罚之。

三　对违法或不合理剥夺自由之损害赔偿

作为强制措施的救济机制，刑事诉讼法规定了对违法或不合理的剥夺自由之损害赔偿制度，其包括两种赔偿类型，对明显违法拘留或羁押做出赔偿，以及对合法但不合理，并且造成特定损害的羁押做出赔偿。根据《澳门刑事诉讼法典》第209条的规定，曾受明显违法拘留或羁押，或所受的羁押虽然合法，但因在审查羁押所取决的事实前提时存有明显错误而使羁押显得不合理，并使被羁押的人因被剥夺自由而遭受不正常及特别严重的损害时，就被剥夺自由而受的损害，被羁押的人得向有管辖权的法院声请赔偿。如果以"合法但不合理"为由要求赔偿，必须同时具备三个要件：第一，虽然不是违法，但这羁押是不合理的（基于审查事实的前提存在明显错误）；第二，出现不正常及特别严重的损害；第三，行为与结果存在因果关系①。然而，如果该错误是同时因被羁押的人的故意或过失而促成的，则该人无权要求赔偿。

根据《澳门刑事诉讼法典》第 210 条的规定，在任何情况下，该损害赔偿的请求均不得在被拘留或拘禁的人获释或就有关的刑事诉讼程序做出确定性裁判的 1 年后提出。

另外，即使被不合理剥夺自由的人死亡，只要其本身未放弃请求损害赔偿权，则其未分居及分产的配偶、直系血亲卑亲属及直系血亲尊亲属具有正当性声请损害赔偿。但需要注意的是，判予上述声请人的损害赔偿的总和，不得超逾应判予被拘留或拘禁的人的损害赔偿。

第六节　财产担保措施

一　概述

为了确保涉及金钱或其他有价值财产等具有经济性质的裁判能够得以执行，法官会强制性地要求嫌犯提供一定金额的资金或资产作为经济担保，又或对嫌犯或应负民事责任的人的财产进行扣押。该等措施就称作财产担保措施②。因此，财产担保措施属于一种纯财产保证性质的措施，具有物资性，是确保诉讼中不同款项得以缴纳的经济性工具。

二　财产担保措施的种类

根据《澳门刑事诉讼法典》第 211 条和第 212 条的规定，财产担保措

---

① Manuel Leal-Henriques, Manuel Simas-Santos, *Código de Processo Penal de Macau*, Imprensa Oficial de Macau, 1997, p. 484.

② 刘高龙、赵国强主编，骆伟健、范剑虹副主编《澳门法律新论》（下卷），社会科学文献出版社、澳门基金会，2011，第 999 页。

施有两种，即经济担保和预防性假扣押。

（一）经济担保

经济担保是指当有依据恐防就有关金钱性刑罚、司法税或诉讼费用的担保，又或缴付其他与犯罪有关而对本地区应负的债务的担保，又或保证缴付损害赔偿或实行犯罪所引致的其他民事债务的担保，在实质上将欠缺或减少，而应检察院或受害人的声请，使嫌犯或应负民事责任的人按法官所定的条件及种类提供经济担保。另外，有关的经济担保将一直维持至做出确定的无罪判决，又或直至相关债务消灭时为止。如果属有罪判决，则透过经济担保所支付的价额，按罚金、司法税、诉讼费用、损害赔偿及其他民事债务的顺序缴付。

（二）预防性假扣押

如果嫌犯或应负民事责任的人拒绝提供其被命令的经济担保，那么法官得应检察院或受害人的声请，依据民事诉讼法律①的相关规定命令进行假扣押。另外，援引《澳门刑事诉讼法典》第 212 条第 5 款可知，嫌犯或应负民事责任的人一旦提供被命令的经济担保，则假扣押随即予以废止。因此，预防性假扣押实质上是对经济担保的一种保障措施或补充措施，仅当嫌犯或应负民事责任的人拒绝提供其被命令的经济担保时才适用。

本节所讨论之经济担保与假扣押不同于《澳门刑事诉讼法典》第 182 条所规定之担保金措施。如果嫌犯在刑事诉讼程序中已根据担保强制措施的要求缴纳担保金，仍不妨碍民事索偿人如认为有需要时，可随时向法庭提出《澳门刑事诉讼法典》第 211 条第 2 款经济担保的声请，并因应情况可再提出该法典第 212 条第 1 款所指之假扣押声请。这是因为，嫌犯所缴纳之保证金，具有强制措施之属性，根据《澳门刑事诉讼法典》第 198 条第 4 款的规定，将会在对其开始执行徒刑时才告消灭，为保障民事当事人之权利，自然可以在担保金外适用经济担保或假扣押之财产担保措施。

---

① 参阅《澳门民事诉讼法典》第 351 ~ 355、704 ~ 752 条，以及《澳门民法典》第 615 ~ 618 条的规定。

图书在版编目（CIP）数据

澳门刑事诉讼法总论/李哲著.—北京：社会科学文献
出版社，2015.9
　（澳门特别行政区法律丛书）
　ISBN 978 - 7 - 5097 - 6898 - 3

　Ⅰ.①澳…　Ⅱ.①李…　Ⅲ.①刑事诉讼法 - 研究 -
澳门　Ⅳ.①D927.659.52

　中国版本图书馆 CIP 数据核字（2014）第 289475 号

·澳门特别行政区法律丛书·

澳门刑事诉讼法总论

著　　者 / 李　哲

出 版 人 / 谢寿光
项目统筹 / 王玉敏　沈　艺
责任编辑 / 沈　艺　王晓卿

出　　版 / 社会科学文献出版社·全球与地区问题出版中心（010）59367004
　　　　　　地址：北京市北三环中路甲 29 号院华龙大厦　邮编：100029
　　　　　　网址：www.ssap.com.cn
发　　行 / 市场营销中心（010）59367081　59367090
　　　　　　读者服务中心（010）59367028
印　　装 / 北京季蜂印刷有限公司

规　　格 / 开　本：787mm × 1092mm　1/16
　　　　　　印　张：24.5　字　数：417 千字
版　　次 / 2015 年 9 月第 1 版　2015 年 9 月第 1 次印刷
书　　号 / ISBN 978 - 7 - 5097 - 6898 - 3
定　　价 / 89.00 元